超《ちょう》図《ず》解《かい》！

戦《せん》国《ごく》武《ぶ》将《しょう》事《じ》典《てん》

［監修］小和田哲男

はじめに

ときどき、テレビ番組などの企画《きかく》で、「好《す》きな歴史上《れきしじょう》の人物は誰《だれ》ですか？」といったアンケートが行われるが、ベスト10の半分以上《いじょう》を、戦国《せんごく》時代の武将《ぶしょう》が占《し》めることもめずらしくない。それだけ、歴史上《れきしじょう》の人物のなかで戦国武将《せんごくぶしょう》は人気があるのだ。

多くの場合、上位《じょうい》3人は「天下取りの三英傑《さんえいけつ》」などといわれた織田信長《おだのぶなが》、豊臣秀吉《とよとみひでよし》、徳川家康《とくがわいえやす》が入る。やはり天下統一《とういつ》を目指して勝ち抜《ぬ》いていった3人の魅力《みりょく》は、ゆるぎないものがある。

だが、戦国《せんごく》時代は「地方の時代」でもあった。天下を取るまではいかなかったが、地方でこつこつ力をつけ、あざやかな下剋上《げこくじょう》を演《えん》じてみせた武将《ぶしょう》や、天下人《てんかびと》を手玉にとるような痛快《つうかい》な生き方をした武将《ぶしょう》も少なくない。

この本は、あまり名前の知られていない武将《ぶしょう》も、数多くとりあげている。歴史《れきし》の教科書には載《の》っていないが、戦国《せんごく》時代を精《せい》いっぱい、しかも生き生きとかけ抜《ぬ》けた武将《ぶしょう》を厳選《げんせん》した。

さらに、彼《かれ》ら戦国武将《せんごくぶしょう》が、実際《じっさい》にどう戦《たたか》ったのか、戦国《せんごく》を代表する戦《たたか》いにもふれている。戦国武将《せんごくぶしょう》を様ざまな角度でとらえられる本に仕上がっているのではないだろうか。武将《ぶしょう》たちの生きざまを感じながら、読んでみてほしい。

小和田哲男《おわだてつお》

超図解《ちょうずかい》！ 戦国武将事典《せんごくぶしょうじてん》

もくじ

その壱《いち》 戦国《せんごく》の始まり

その弐《に》 織田信長《おだのぶなが》の章

その参《さん》 豊臣秀吉《とよとみひでよし》の章

その四　徳川《とくがわ》家康《いえやす》の章

この本の使い方

戦国武将《せんごくぶしょう》のエピソードには、いくつかの説《せつ》がある場合があります。この本では、2016年8月現在《げんざい》、もっとも有力とされているものを採用《さいよう》しました。

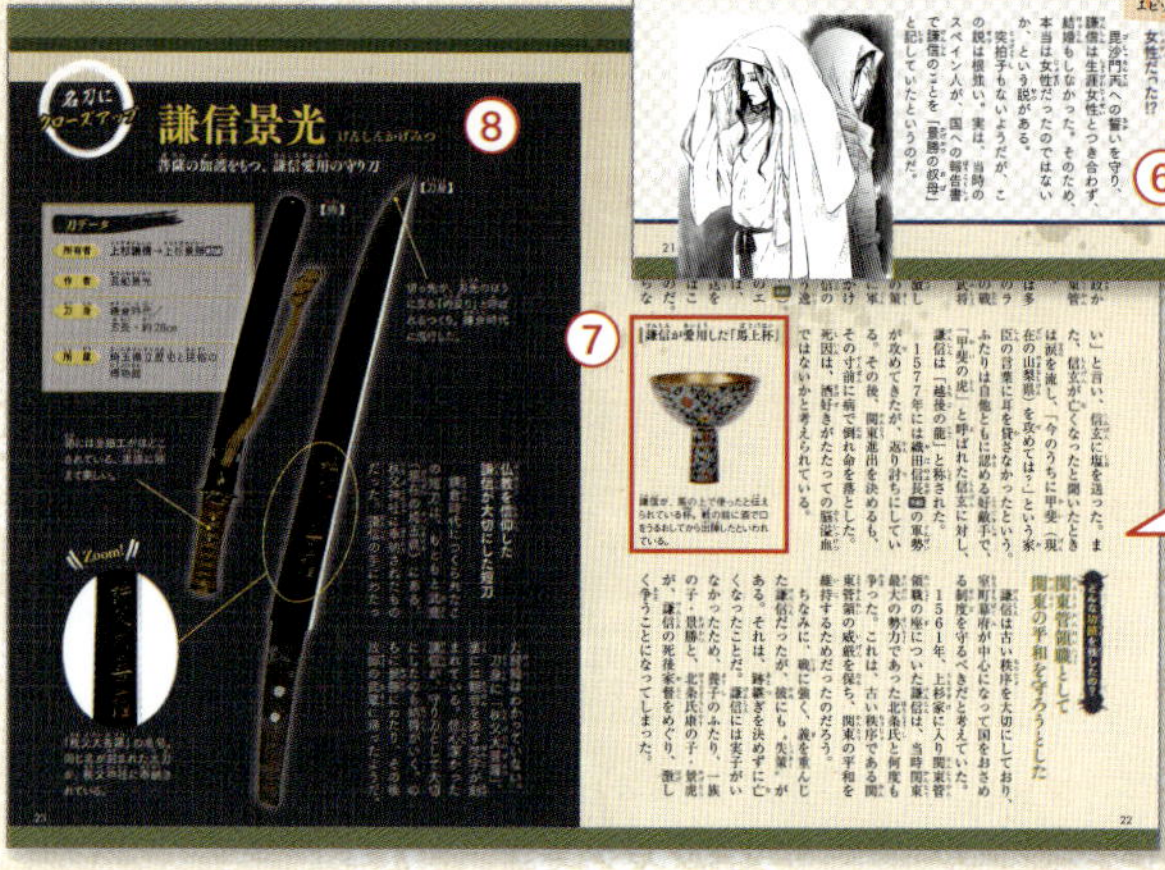

意味がわかりづらい言葉は、240ページの「戦国《せんごく》“キーワード”辞典《じてん》」でまとめて解説《かいせつ》しています。

①武将《ぶしょう》の名前と読み方

名前がいくつかある武将《ぶしょう》は、もっとも知られている名を紹介《しょうかい》しています。

②武将《ぶしょう》イラスト

武将《ぶしょう》を、資料《しりょう》などをもとにイラストで再現《さいげん》しています。

③家紋《かもん》

武将《ぶしょう》たちが「家の印《しるし》」として使っていた紋《もん》です。

④武将《ぶしょう》の基本情報《きほんじょうほう》

出身地と生没年《せいぼつねん》を紹介《しょうかい》しています。享年《きょうねん》（亡《な》くなった年齢《ねんれい》）は、数え年で記《しる》しました。数え年とは、生まれた年を「1歳《さい》」とし、以後《いご》、元旦《がんたん》を迎《むか》えるごとに+1歳《さい》する数え方です。

⑤武将《ぶしょう》のエピソード

その武将《ぶしょう》の人となりや人生を紹介《しょうかい》しています。とくに重要《じゅうよう》な15名は、エピソードを下記のカテゴリに分けてまとめました。

どんな人

武将《ぶしょう》の幼少期《ようしょうき》や、どんな人物だったかわかるエピソードを厳選《げんせん》。

人生

その武将《ぶしょう》が生まれてから亡《な》くなるまで、どんな人生を送ったか、わかりやすく解説《かいせつ》。

功績

武将《ぶしょう》が行った政治《せいじ》や外交、後世の評価《ひょうか》を中心に紹介《しょうかい》。

⑥知っ得エピソード

⑤で紹介《しょうかい》しきれなかったエピソードのうち、武将《ぶしょう》をもっと身近に感じられるような情報《じょうほう》を紹介《しょうかい》します。

⑦ビジュアル資料《しりょう》

その武将《ぶしょう》にまつわる写真や書状《しょじょう》などの資料《しりょう》を掲載《けいさい》しました。

⑧名刀にクローズアップ

武将《ぶしょう》の魂《たましい》ともいえる刀について、写真とともにくわしく紹介《しょうかい》。「甲冑《かっちゅう》」にクローズアップした武将《ぶしょう》もいます。

ほかにも様ざまな情報《じょうほう》を網羅《もうら》！

〈関連《かんれん》人物〉

←その武将《ぶしょう》と、関《かか》わりが深い人びとを厳選《げんせん》して紹介《しょうかい》します。

〈合戦《かっせん》〉

↑各《かく》時代の代表的《だいひょうてき》な戦《いくさ》を、合戦《かっせん》CG《シージー》とともに解説《かいせつ》します。

その壱《いち》

戦《せん》国《ごく》の始まり

下《げ》剋上《こくじょう》を成《な》しとげた「最初《さいしょ》の戦国《せんごく》武将《ぶしょう》」

北条《ほうじょう》早雲《そううん》

出身地	備中《びっちゅう》(現在《げんざい》の岡山県《おかやまけん》)
生　年	1456年
没　年	1519年(享年《きょうねん》64)

実力でのし上がった北条《ほうじょう》5代の始祖《しそ》

関東《かんとう》の覇者《はしゃ》、北条氏《ほうじょうし》。のちに豊臣《とよとみ》秀吉《ひでよし》P.104にほろぼされる１５９０年までの約《やく》１００年、関東《かんとう》を中心に、５代にわたって権力《けんりょく》をふるった戦国《せんごく》時代を代表する一族といえるが、その祖《そ》となったのが北条早雲《ほうじょうそううん》だ。

伊豆《いず》（現在《げんざい》の静岡県《しずおかけん》）を支配《しはい》していた足利政知《あしかがまさとも》が亡《な》くなると、その跡《あと》継《つ》ぎをめぐって争《あらそ》いが起き、伊豆《いず》は混乱《こんらん》した。室町幕府《むろまちばくふ》の役人だった早《そう》雲《うん》は、伊豆《いず》の修善寺《しゅぜんじ》で様子を探《さぐ》っていたが、ある日「とき来たり」とわずかな兵《へい》とともに出陣《しゅつじん》。政知《まさとも》の子《こ》・茶々丸《ちゃちゃまる》を攻撃《こうげき》して、伊豆《いず》を手に入れた。このとき、早雲《そううん》は自分の姉が嫁《とつ》いだ今川氏《いまがわし》の力を借《か》りている。

その後、勢力《せいりょく》を相模《さがみ》（現在《げんざい》の神奈《かな》川県《がわけん》）に広げると、１４９５年、小《お》田《だ》原城《わらじょう》を攻《せ》め、手中《しゅちゅう》におさめる。小田《おだ》原城《わらじょう》に移《うつ》り住《す》むと、これを整備《せいび》・拡《かく》大《だい》。のちに小田原城《おだわらじょう》は、「難攻不落《なんこうふらく》」と呼《よ》ばれる、関東《かんとう》を支配《しはい》する、北条《ほうじょう》５代の拠点《きょてん》となる。それは、かの有名な武田信玄《たけだしんげん》P.16や上杉謙信《うえすぎけんしん》P.20も攻《せ》め落《お》とせなかったほどだ。

こうして、幕府《ばくふ》に仕《つか》える役人のひとりだった早雲《そううん》は、「下剋上《げこくじょう》」によって領主《りょうしゅ》にのぼりつめた。早雲《そううん》はのちに、「最初《さいしょ》の戦国武将《せんごくぶしょう》」と呼《よ》ばれるようになる。その後は１５１９年に病死するまで、勢力《せいりょく》の拡大《かくだい》と内政《ないせい》に力を注《そそ》いだようだ。

なお、早雲《そううん》の出身は室町幕府《むろまちばくふ》に仕《つか》えた名門・伊勢氏《いせし》の一族とされており、本人は「伊勢新九郎《いせしんくろう》」、「伊勢宗《いせそう》瑞《ずい》」などと名乗っていたようだ。「北《ほう》条《じょう》」は2代目当主・氏綱《うじつな》の時代から、「早雲《そううん》」は１４９４年ごろに出家してから名乗ったといわれている。

知っ得エピソード

慈悲《じひ》深《ぶか》い早雲《そううん》は農民《のうみん》のヒーローだった!?

早雲《そううん》は農民《のうみん》たちにやさしく、場合によっては年貢《ねんぐ》を免除《めんじょ》することもあった。農民《のうみん》たちは日ごろから「あの方のためなら命を捨《す》ててでも役に立ちたいものだ」と言っていたという。そして、伊豆《いず》を攻《せ》めたときには、数多くの農民《のうみん》たちが自発的《じはってき》に民兵《みんぺい》となり、戦《いくさ》に参《さん》加《か》したそうだ。

関東《かんとう》の覇者《はしゃ》・北条《ほうじょう》氏《し》飛躍《ひやく》の立役者《たてやくしゃ》

北《ほう》条《じょう》氏《うじ》康《やす》

出身地	相模《さがみ》（現在《げんざい》の神奈川県《かながわけん》）
生　年	1515年
没　年	1571年（享年《きょうねん》57）

氏康《うじやす》ってどんな人?

北条家《ほうじょうけ》を発展《はってん》させた、文武両道《ぶんぶりょうどう》のまじめな人物

北条氏康《ほうじょううじやす》は、関東《かんとう》の小田原《おだわら》（神奈川県《かながわけん》）を拠点《きょてん》とした、北条家《ほうじょうけ》の３代目だ。祖父《そふ》・早雲《そううん》P.10が基礎《きそ》をつくり、父・氏綱《うじつな》が固《かた》めた地盤《じばん》を継《つ》いだ氏康《うじやす》は、領国《りょうごく》を広げ、支配体制《しはいたいせい》を整えた。

氏康《うじやす》は武《ぶ》に秀《ひい》で、「戦《たたか》いに勝つには、事前に敵《てき》の情報《じょうほう》を集めることが重要《じゅうよう》」という考えのもと、自身で偵察《ていさつ》を兼《か》ねて鷹狩《たかが》りを行ったこともある。

その一方で、教養《きょうよう》がある人が好《この》んだとされる本を読んだり、歌を詠《よ》むことが好《す》きだったりと、文芸《ぶんげい》にもすぐれていたようだ。自分の詠《よ》んだ歌を歌の上手な人に見てもらおうと、京都《きょうと》にまで行こうとしたこともあるという。氏康《うじやす》は、文武両道《ぶんぶりょうどう》の見本のような人物であったのだ。

また、手紙では「筋目《すじめ》」や「天道《てんどう》」という言葉を好《この》んで使っていたことがわかっている。「ルールを守ることを大切にしていれば、天が味方してくれる」と考えるようなまじめな人だったようだ。

どんな人生を送ったの?

戦《いくさ》と同盟《どうめい》により、北条家《ほうじょうけ》を繁栄《はんえい》させた

１５１５年、氏康《うじやす》は早雲《そううん》の嫡男《ちゃくなん》である氏綱《うじつな》の跡《あと》とりとして生まれた。病気がちの父に代わり、１５３８年ごろ、氏康《うじやす》が20代前半のときから政《せい》治《じ》を行っていたようだ。

27歳《さい》のときに父が亡《な》くなると、若《わか》くして家督《かとく》を継《つ》ぐ。このことを知った駿河《するが》（現在《げんざい》の静岡県《しずおかけん》）の今川義元《いまがわよしもと》P.30が、領地《りょうち》をねらって攻撃《こうげき》をしかけてきた。ときを同じくして、扇谷上杉氏《おうぎがやつうえすぎし》と山内《やまのうち》

知っ得エピソード

氏康《うじやす》の息子はみんな仲《なか》よし!?

戦国《せんごく》の世は、子が親を殺《ころ》すのが普通《ふつう》の下剋上《げこくじょう》の時代だ。兄弟で後継者《こうけいしゃ》をめぐって争《あらそ》うこともめずらしくなかった。ところが、氏康《うじやす》の７人の息子たちは仲《なか》がよく、ときには協《きょう》力《りょく》して政治《せいじ》を行っていた。これは、７人が同じ母親から生まれたことが関係《かんけい》しているのかもしれない。

上杉氏《うえすぎし》も攻《せ》めてくる――。

まとめて対応《たいおう》するのは難《むずか》しいと判断《はんだん》した氏康《うじやす》は、まず義元《よしもと》と和睦《わぼく》を結《むす》ぶ。そして両上杉氏《うえすぎし》に対しては、策《さく》略《りゃく》を用い、油断《ゆだん》している夜に攻《せ》めることで勝利《しょうり》をおさめた。これが、河《かわ》越夜戦《ごえやせん》 P.34 と呼《よ》ばれる戦《たたか》いである。

この戦《たたか》いのち、氏康《うじやす》は両上杉氏《うえすぎし》の領地《りょうち》を手に入れた。このときが、北条《ほうじょう》5代のなかでもっとも繁栄《はんえい》していた時代だったといえるだろう。

その後、甲斐《かい》（現在《げんざい》の山梨県《やまなしけん》）の武田氏《たけだし》と今川氏《いまがわし》との間に、のちに「甲相駿三国同盟《こうそうすんさんごくどうめい》」と呼《よ》ばれる同盟《どうめい》を結《むす》ぶ。この同盟《どうめい》をより確実《かくじつ》なものとするために、跡継《あとつ》ぎである氏政《うじまさ》と信玄《しんげん》の娘《むすめ》を結婚《けっこん》させ、自身の娘《むすめ》を義《よし》元《もと》の跡継《あとつ》ぎである氏真《うじざね》と結婚《けっこん》させた。

1559年、前年から続《つづ》く天候不《てんこうふ》順《じゅん》から、ききんと疫病《えきびょう》が発生し、国が危機《きき》を迎《むか》えた。氏康《うじやす》は、自分が退《しりぞ》くことで時代の流れが変わり、天災《てんさい》がおさまると考え、息子・氏政《うじまさ》に家《か》督《とく》をゆずって隠居《いんきょ》した。しかし、実《じっ》権《けん》はにぎったままだったようだ。

1561年、上杉氏《うえすぎし》を継《つ》いだ上杉《うえすぎ》謙信《けんしん》 P.20 が、11万人の大軍《たいぐん》で小田原城《おだわらじょう》を包囲《ほうい》し、攻《せ》め落《お》とそうとした。しかし、氏康《うじやす》は「難攻不落《なんこうふらく》」の小田原《おだわら》城《じょう》をもって、約《やく》1か月間の猛攻《もうこう》を退《しりぞ》けた。その後、57歳《さい》で病死するまで、小田原城《おだわらじょう》を守り続《つづ》けたという。

現在《げんざい》の小田原城《おだわらじょう》

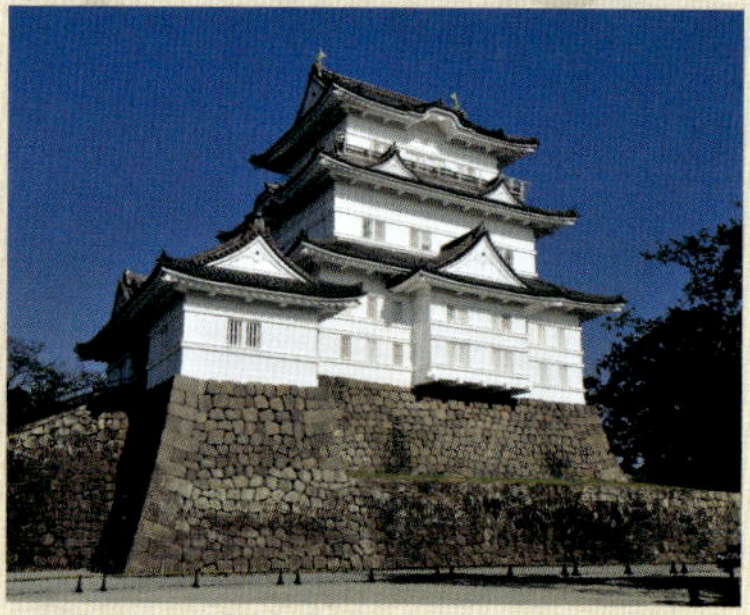

神奈川県《かながわけん》小田原市《おだわらし》にある、現在《げんざい》の小田原城《おだわらじょう》。江《え》戸《ど》時代の大地震《おおじしん》でくずれたため、現在残《げんざいのこ》っているものは復興《ふっこう》された天守である。

どんな功績《こうせき》を残《のこ》したの？

祖父《そふ》と父の教えを守り、「義《ぎ》」をもって政治《せいじ》を行う

氏康《うじやす》の政治《せいじ》の特徴《とくちょう》は、「人にやさしい」ということだ。これは、祖父《そふ》と父からの教えに影響《えいきょう》を受けている。「家臣《かしん》たちへの〝義《ぎ》〟を大切にするように。また、家臣《かしん》だけでなく農民《のうみん》たちも慈《いつく》しみ、適材適所《てきざいてきしょ》を心がけること」と、氏綱《うじつな》は息子に伝《つた》えている。この教えを守った氏康《うじやす》は、民衆《みんしゅう》を慈《いつく》しんだ慈悲《じひ》深い人物として評価《ひょうか》されたそうだ。

一方、氏康《うじやす》は武将《ぶしょう》としてもすぐれており、戦《たたか》いのために「伝馬《てんま》」と呼《よ》ばれる制度《せいど》を整備《せいび》した。これは、主《しゅ》要《よう》な道に、馬を乗りかえるための「伝馬宿《てんましゅく》」を一定区間ごとに設置《せっち》するというものだ。これにより、迅速《じんそく》な情報《じょうほう》の伝達《でんたつ》が可能《かのう》となった。

氏康《うじやす》と関《かか》わりのあった人びと

氏康《うじやす》を支《ささ》えるも、謀反《むほん》を起こす

松田憲秀《まつだのりひで》

?~1590年（享年《きょうねん》?）

「松田家《まつだけ》」は、早雲《そううん》の時代《じだい》からの重臣《じゅうしん》の家系《かけい》だ。文武《ぶんぶ》ともにすぐれ、氏康《うじやす》も彼《かれ》をよく頼《たよ》っていたという。しかし、小田《おだ》原攻《わらぜ》めP.174で謀反《むほん》。のちに切腹《せっぷく》した。

北条氏《ほうじょうし》を長きにわたり支《ささ》えた

大道寺盛昌《だいどうじもりまさ》

1495~1556年（享年《きょうねん》62）

早雲《そううん》、氏綱《うじつな》、氏康《うじやす》の3代に仕《つか》える。内《ない》政《せい》に長《た》け、北条氏《ほうじょうし》に重用された。河越夜《かわごえや》戦《せん》では扇谷上杉氏《おうぎがやつうえすぎし》を相手に戦功《せんこう》をあげ、のちに河越城《かわごえじょう》の城主代理《じょうしゅだいり》を任《まか》された。

籠城戦《ろうじょうせん》を制《せい》した、勇猛《ゆうもう》な武将《ぶしょう》

北条綱成《ほうじょうつなしげ》

1515~1587年（享年《きょうねん》73）

もとは今川家《いまがわけ》の家臣《かしん》、「福島家《くしまけ》」の一族だったとされ、父の正成《まさなり》が武田家《たけだけ》に敗《やぶ》れたため、小田原城《おだわらじょう》に落ちのびたと考えられている。氏綱《うじつな》に拾われ、北条家《ほうじょうけ》に名を連《つら》ねるようになったようだ。

すぐれた武将《ぶしょう》で、河越夜戦《かわごえやせん》では8万もの両上杉氏《うえすぎし》を相手に、わずか3000の兵《へい》で籠城《ろうじょう》。数か月もの間城《しろ》を守り続《つづ》け、氏康軍《うじやすぐん》を勝利《しょうり》に導《みちび》いた。

戦《いくさ》のとき、「八幡《はちまん》」と書かれた黄色の軍旗《ぐんき》をかかげ、「勝った！　勝った！」とさけび、自軍《じぐん》の士気《しき》を高めながら突撃《とつげき》していたといわれる。彼《かれ》の部隊《ぶたい》は、周辺《しゅうへん》の国ぐにから恐《おそ》れられていたそうだ。

早雲《そううん》の息子で、北条《ほうじょう》5代に仕《つか》えた

北条幻庵《ほうじょうげんあん》

1493~1589年（享年《きょうねん》97）

北条《ほうじょう》家《け》初代《しょだい》当主・早雲《そううん》の三男で、本名は長綱《ながつな》。97歳《さい》まで生きたといわれ、北条《ほうじょう》5代すべての人物に仕《つか》えた。文化人として一流で、和歌や茶道、庭園づくりなどに通じていたという。氏康《うじやす》の娘《むすめ》が嫁《とつ》いだときに持たせた、礼儀《れいぎ》作法などが書かれた『幻庵《げんあん》おほへ書《おぼえがき》』という書物が有名。

北条幻庵《ほうじょうげんあん》の屋敷跡《やしきあと》

神奈川県《かながわけん》小田原市《おだわらし》にある、幻庵《げんあん》の屋敷跡《やしきあと》。土塁《どるい》や築《つき》山《やま》の跡《あと》が残《のこ》っている。

戦国《せんごく》最強《さいきょう》と恐《おそ》れられた「甲斐《かい》の虎《とら》」

武《たけ》田《だ》信《しん》玄《げん》

出身地	甲斐《かい》（現在《げんざい》の山梨県《やまなしけん》）
生　年	1521年
没　年	1573年（享年《きょうねん》53）

信玄《しんげん》ってどんな人？

かしこいがゆえに、父親に嫌《きら》われてしまう

戦国最強《せんごくさいきょう》と名高く、織田信長《おだのぶなが》P.48や徳川家康《とくがわいえやす》P.182にも恐《おそ》れられたという猛《もう》将《しょう》・武田信玄《たけだしんげん》。生まれたころからとても大柄《おおがら》で、あまり泣《な》かない子だったようだ。

父・信虎《のぶとら》とは、仲《なか》が悪かった。信《しん》玄《げん》は早くから中国《ちゅうごく》の兵学《へいがく》「孫子《そんし》」の教えを学び、信虎《のぶとら》をやりこめてしまう。信虎《のぶとら》はかしこい信玄《しんげん》を嫌《きら》い、弟・信繁《のぶしげ》P.19に跡《あと》を継《つ》がせようとした。

そこで信玄《しんげん》は、わざと字を下手に書いたり、馬から落ちたりして見せた。信虎《のぶとら》は、「信玄《しんげん》には能力《のうりょく》がない」と思いこみ気を抜《ぬ》いてしまう。信玄《しんげん》はそんな信虎《のぶとら》のすきをついてクーデターを起こし、見事武田家《たけだけ》を継《つ》いだ。こう聞くと、策士《さくし》で豪胆《ごうたん》な人間に見えるが、「実の父を追い出したことを後世の人に非難《ひなん》されたら……」と恐《おそ》れるような面もあった。以後《いご》信《しん》心《じん》深くなり、あるときは1000人の僧《そう》を招《まね》いて経《きょう》を読ませたという。

ちなみに、信玄《しんげん》は美人が大好《だいす》きだったが、これは父親ゆずり。親子ともども、正室《せいしつ》、側室《そくしつ》ともに名だたる美人をそろえたという。

どんな人生を送ったの？

天下統一《とういつ》を目指し、戦国最強《せんごくさいきょう》の軍団《ぐんだん》を率《ひき》いた

父・信虎《のぶとら》は、自分に異《い》を唱《とな》える家《か》臣《しん》を追放したり、農民《のうみん》に重税《じゅうぜい》を課《か》したため、家臣《かしん》たちの間で不満《ふまん》がたまっていた。信玄《しんげん》がクーデターを起こしたとき、信虎《のぶとら》についた者はほとんどいなかったという。弟・信繁《のぶしげ》も信《しん》玄《げん》に忠誠《ちゅうせい》を誓《ちか》い、そばで支《ささ》え続《つづ》けた。

知っ得エピソード

信玄《しんげん》のふたつの遺言《ゆいごん》は守られなかった！

信玄《しんげん》はふたつの遺言《ゆいごん》を残《のこ》している。ひとつは「自分の死は秘密《ひみつ》にしろ」というもの。もうひとつは「勝頼《かつより》P.78の子が16歳《さい》になったら、家督《かとく》をゆずれ」というものだ。しかし信《しん》玄《げん》の死はすぐに周囲《しゅうい》に知れわたり、勝頼《かつより》は当主に居座《いすわ》った。結果《けっか》、武田家《たけだけ》は急速に力を失《うしな》い、ほろびてしまった。

21歳《さい》で家督《かとく》を継《つ》いだ信玄《しんげん》は、天下統一《とういつ》をねらい、軍隊《ぐんたい》を強化する。そうしてできあがったのが、のちに戦《せん》国最強《ごくさいきょう》と称《しょう》される「武田軍団《たけだぐんだん》」。「孫《そん》子《し》の教え」の言葉を引用した、「風林《ふうりん》火山《かざん》」の旗《はた》を持ったことでも有名だ。

信玄《しんげん》はすぐれた家臣《かしん》とともに、周《しゅう》辺諸国《へんしょこく》を攻《せ》めとっていく。まずは信《しな》濃《の》（現在《げんざい》の長野県《ながのけん》）の諏訪氏《すわし》をほろぼすと、続《つづ》いて北信濃《きたしなの》を攻略《こうりゃく》。このとき、信玄《しんげん》を恐《おそ》れた北信濃《きたしなの》の武将《ぶしょう》たちは、越後《えちご》（現在《げんざい》の新潟県《にいがたけん》）に逃《のが》れ、上杉謙信《うえすぎけんしん》P.20に助けを求《もと》めた。彼《かれ》らのために立ち上がった謙信《けんしん》とは、5度にわたって戦《たたか》った（川中島《かわなかじま》の戦《たたか》いP.40）。「越後《えちご》の龍《りゅう》」と称《しょう》された謙信《けんしん》に対し、信玄《しんげん》は「甲斐《かい》の虎《とら》」と呼《よ》ばれた。

その一方で、北条氏康《ほうじょううじやす》P.12や今川義《いまがわよし》元《もと》P.30との間に「甲相駿三国同盟《こうそうすんさんごくどうめい》」を結《むす》ぶ。同盟《どうめい》を強固《きょうこ》なものにするため、息子・義信《よしのぶ》の妻《つま》に義元《よしもと》の娘《むすめ》を迎《むか》え、娘《むすめ》を北条氏政《ほうじょううじまさ》P.146の妻《つま》とした。

しかし、桶狭間《おけはざま》の戦《たたか》いP.86で義元《よしもと》が戦死《せんし》すると、信玄《しんげん》は領地《りょうち》を広げるために今川領《いまがわりょう》に攻《せ》め入った。同時に、もうひとつの同盟国《どうめいこく》・北条氏《ほうじょうし》とも対立。北条氏《ほうじょうし》の居城《きょじょう》・小田原城《おだわらじょう》を包囲《ほうい》したが、落とすことはできなかった。

１５７２年、信玄《しんげん》が52歳《さい》のとき、天下を取るために上洛《じょうらく》を目指す。途《と》中《ちゅう》、三方ヶ原《みかたがはら》の戦《たたか》いで、徳川家康《とくがわいえやす》P.182相手に大勝。しかし、直後に病に倒《たお》れ、作戦《さくせん》を中止。引き返す途中《とちゅう》、夢半《ゆめなか》ばにして信濃《しなの》の駒場《こまんば》で亡《な》くなった。

孫子《そんし》の旗《はた》

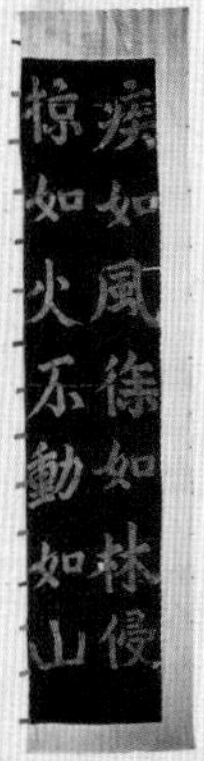
疾如風徐如林侵
掠如火不動如山

信玄《しんげん》の軍旗《ぐんき》には「風《ふう》林《りん》火《か》山《ざん》」、すなわち「疾《はや》きこと風の如《ごと》く、徐《しず》かなること林の如《ごと》く、侵掠《しんりゃく》すること火の如《ごと》く、動かざること山の如《ごと》し」と記《しる》されたと伝《つた》わる。

どんな功績《こうせき》を残《のこ》したの？

農業《のうぎょう》と経済《けいざい》を発展《はってん》させ、人びとの生活を豊《ゆた》かにした

信玄《しんげん》は、「人は石垣《いしがき》、人は城《しろ》、人は堀《ほり》、情《なさ》けは味方、仇《あだ》は敵《てき》なり」と唱《とな》えた。これは「城《しろ》が強くても、人の心が離《はな》れては世をおさめられない。いずれ相手に仇《あだ》となるふるまいは、自分の身に返る」という意味だ。この言葉通り、信玄《しんげん》の政策《せいさく》は人を大切にし、国を豊《ゆた》かにするものばかりだ。

まずは、洪水《こうずい》を防《ふせ》ぐために「信玄《しんげん》堤《づつみ》」と呼《よ》ばれる堤防《ていぼう》をつくった。さらに、新しい田畑をひらき、農業を発展《はってん》させた。現在《げんざい》でも山梨県《やまなしけん》の特産《とくさん》品《ひん》となっている「甲州《こうしゅう》ぶどう」の植《しょく》栽《さい》を奨励《しょうれい》したことなども知られる。

また、国の法律《ほうりつ》、『甲州法度《こうしゅうはっと》』を定めた。57条《じょう》のルールが記《しる》され、なかでも「喧嘩両成敗《けんかりょうせいばい》」の項目《こうもく》は有名だ。

信玄《しんげん》と関《かか》わりのあった人びと

信玄《しんげん》の弟で、武田家《たけだけ》「副将軍《ふくしょうぐん》」

武田信繁《たけだのぶしげ》

1525～1561年（享年《きょうねん》37）

信玄《しんげん》の実の弟で、兄の信頼《しんらい》を得《え》て、戦《いくさ》の際《さい》は「副将軍《ふくしょうぐん》」として全軍《ぜんぐん》を指揮《しき》することもあった。川中島《かわなかじま》の戦《たたか》いで信玄《しんげん》を守るために敵軍《てきぐん》に突撃《とつげき》し、戦死《せんし》した。

『甲陽軍鑑《こうようぐんかん》』の原作者といわれる

高坂昌信《こうさかまさのぶ》

1527～1578年（享年《きょうねん》52）

川中島《かわなかじま》（長野県《ながのけん》）の信濃海津城主《しなのかいづじょうしゅ》。「弾正《だんじょう》」の名が有名。武田家《たけだけ》の重臣《じゅうしん》で、信玄《しんげん》の寵愛《ちょうあい》を受けたとも。武田氏《たけだし》の戦術《せんじゅつ》を記《しる》した『甲陽軍鑑《こうようぐんかん》』の原作者と伝《つた》わる。

最強部隊《さいきょうぶたい》「赤備《あかぞな》え」を率《ひき》いた猛将《もうしょう》

山県昌景《やまがたまさかげ》

?～1575年（享年《きょうねん》?）

武田家家臣《たけだけかしん》・飯富家《おぶけ》の次男として生まれ、信玄《しんげん》に仕《つか》えた。武《ぶ》にすぐれ、徳川家康《とくがわいえやす》と戦《たたか》った三方ケ原《みかたがはら》の戦《たたか》いでは、徳川本陣《とくがわほんじん》に突撃《とつげき》。家康《いえやす》は「山県《やまがた》という者、恐《おそ》ろしや」と口にし、逃《に》げだしたという。

昌景《まさかげ》は、「赤備《あかぞな》え」を率《ひき》いたことでも有名だ。赤備《あかぞな》えは、全身の武具《ぶぐ》を赤で統一《とういつ》した武田家最《たけださい》強《きょう》の部隊《ぶたい》。のちに徳川《とくがわ》四天王のひとり、井伊直政《いいなおまさ》 P.194 が受《う》け継《つ》いでいる。

「戦《いくさ》の神」と呼《よ》ばれた信玄《しんげん》の軍師《ぐんし》

山本勘助《やまもとかんすけ》

1493?～1561年（享年《きょうねん》69?）

信玄《しんげん》に見出《みいだ》され、軍師《ぐんし》として活躍《かつやく》した。武田軍《たけだぐん》に様ざまな策《さく》を授《さず》け、「戦《いくさ》の神」と称《しょう》される。しかし、川中島《かわなかじま》の戦《たたか》いで上杉謙信《うえすぎけんしん》に「啄木鳥戦法《きつつきせんぽう》」を見破《みやぶ》られると、味方を守るために敵陣《てきじん》に突撃《とつげき》。戦死《せんし》した。

武田二十四将図《たけだにじゅうししょうず》

信玄《しんげん》と、彼《かれ》を支《ささ》えた武将《ぶしょう》たちが描《えが》かれた集団肖像画《しゅうだんしょうぞうが》。ここで紹介《しょうかい》した4人の姿《すがた》もある。

戦《たたか》いの天才と呼《よ》ばれた「越後《えちご》の龍《りゅう》」

上《う》杉《えすぎ》謙《けん》信《しん》

出身地	越後《えちご》（現在《げんざい》の新潟県《にいがたけん》）
生　年	1530年
没　年	1578年（享年《きょうねん》49）

謙信《けんしん》ってどんな人?

「毘沙門天《びしゃもんてん》」を信仰《しんこう》し、勝利《しょうり》祈願《きがん》の誓《ちか》いを生涯《しょうがい》守る

甲冑《かっちゅう》の飾《かざ》りに神をかたどったものを用いるほど信心《しんじん》深かった上杉謙信《うえすぎけんしん》。とくに、北の方角と財宝《ざいほう》を守る武神《ぶしん》、「毘沙門天《びしゃもんてん》」を熱心《ねっしん》に信仰《しんこう》。勝利《しょうり》祈《き》願《がん》のために「生涯女性《しょうがいじょせい》とつき合わない」という誓《ちか》いを立て、これを守り続《つづ》けた。自身のことは、姿《すがた》を現《あらわ》さずに災難《さいなん》をとり除《のぞ》く神「摩利支天《まりしてん》」の生まれ変《か》わりだと考えていたという。

また、義《ぎ》に厚《あつ》く、弱者を助け、強者に立ち向かう人間だった。何度も戦《いくさ》をしているが、それはすべて助けを求《もと》めてきた武将《ぶしょう》のためで、自分の野心によるものではなかったのだ。面倒見《めんどうみ》もよく、養子《ようし》である景勝《かげかつ》P.150には自《みずか》ら字を教えていたそうだ。

ちなみに、たいそう酒好《さけず》きだったという。それは、馬に乗ったままお酒が飲めるように専用《せんよう》の杯《さかずき》をつくり、愛用《あいよう》していたほどである。

どんな人生を送ったの?

義《ぎ》をもって戦《いくさ》に臨《のぞ》んだ、負けを知らない戦《いくさ》の天才

謙信《けんしん》は、越後《えちご》（現在《げんざい》の新潟県《にいがたけん》）の戦国《せんごく》大名・長尾為景《ながおためかげ》の子として生まれた。父親が亡《な》くなると、兄・晴景《はるかげ》が跡《あと》を継《つ》ぎ、謙信《けんしん》は寺に預《あず》けられる。

ところが、晴景《はるかげ》は体が弱く、家臣《かしん》たちの反乱《はんらん》が続《つづ》いた。そのため、謙《けん》信《しん》は17歳《さい》のときに城《しろ》に呼《よ》び戻《もど》され、反乱《はんらん》を鎮圧《ちんあつ》。19歳《さい》で、兄に代わって春日山城《かすがやまじょう》に入り、城主《じょうしゅ》となる。

上杉姓《うえすぎせい》を名乗るようになったのは、1552年、北条氏康《ほうじょううじやす》P.12に追われた上杉憲政《うえすぎのりまさ》が謙信《けんしん》を頼《たよ》ってきたことがきっかけだ。謙信《けんしん》は憲政《のりまさ》をかくまい、

知っ得エピソード

謙信《けんしん》は、本当は女性《じょせい》だった!?

毘沙門天《びしゃもんてん》への誓《ちか》いを守り、謙信《けんしん》は生涯女性《しょうがいじょせい》とつき合わず、結婚《けっこん》もしなかった。そのため、本当は女性《じょせい》だったのではないか、という説《せつ》がある。

突拍子《とっぴょうし》もないようだが、この説《せつ》は根強い。実は、当時のスペイン人が、国への報告書《ほうこくしょ》で謙信《けんしん》のことを「景勝《かげかつ》の叔母《おば》」と記《しる》していたというのだ。

北条領《ほうじょうりょう》に攻《せ》め入る。その後、憲政《のりまさ》から関東《かんとう》の政治《せいじ》をとりしきる「関東管《かんとうかん》領職《れいしょく》」を継《つ》ぎ、上杉姓《うえすぎせい》に改《あらた》めた。

ほかにも、謙信《けんしん》を頼《たよ》った武将《ぶしょう》は多い。5度にわたって戦《たたか》い、終生のライバルと称《しょう》される武田信玄《たけだしんげん》P.16との戦《たたか》いも、信濃《しなの》（現在《げんざい》の長野県《ながのけん》）の武将《ぶしょう》に頼《たよ》られたのがきっかけだ。

5度の戦《たたか》いのうち、もっとも激《はげ》しかったのが4回目の戦《たたか》いだ。信玄《しんげん》の策《さく》を察知《さっち》した謙信《けんしん》は、夜中のうちに軍《ぐん》を移動《いどう》させ、武田本陣《たけだほんじん》に急襲《きゅうしゅう》をかけた。単騎《たんき》で信玄《しんげん》に斬《き》りかかる謙信《けんしん》の刀を、信玄《しんげん》は軍配《ぐんばい》で防《ふせ》いだという逸《いつ》話《わ》が伝《つた》わっている（川中島《かわなかじま》の戦《たたか》いP.40）。

信玄《しんげん》との関係《かんけい》は深く、数かずのエピソードが残《のこ》っている。たとえば、信玄《しんげん》が今川氏《いまがわし》との戦《いくさ》で、塩《しお》の輸送《ゆそう》を止められたときのことだ。謙信《けんしん》はこれを聞くと、「戦《たたか》いは刀でするものだ。農民《のうみん》たちに迷惑《めいわく》をかけてはならない」と言い、信玄《しんげん》に塩《しお》を送った。また、信玄《しんげん》が亡《な》くなったと聞いたときは涙《なみだ》を流し、「今のうちに甲斐《かい》（現《げん》在《ざい》の山梨県《やまなしけん》）を攻《せ》めては？」という家《か》臣《しん》の言葉に耳を貸《か》さなかったという。ふたりは自他ともに認《みと》める好敵手《こうてきしゅ》で、「甲斐《かい》の虎《とら》」と呼《よ》ばれた信玄《しんげん》に対し、謙信《けんしん》は「越後《えちご》の龍《りゅう》」と称《しょう》された。

1577年には織田信長《おだのぶなが》P.48の軍勢《ぐんぜい》が攻《せ》めてきたが、返《かえ》り討《う》ちにしている。その後、関東《かんとう》進出を決めるも、その寸前《すんぜん》に病で倒《たお》れ命を落とした。死因《しいん》は、酒好《さけず》きがたたっての脳溢血《のういっけつ》ではないかと考えられている。

謙信《けんしん》が愛用《あいよう》した「馬上杯《ばじょうはい》」

謙信《けんしん》が、馬の上で使ったと伝《つた》えられている杯《さかずき》。戦《いくさ》の前に酒で口をうるおしてから出陣《しゅつじん》したといわれている。

どんな功績《こうせき》を残《のこ》したの？

関東管領職《かんとうかんれいしょく》として関東《かんとう》の平和を守ろうとした

謙信《けんしん》は古い秩序《ちつじょ》を大切にしており、室町幕府《むろまちばくふ》が中心になって国をおさめる制度《せいど》を守るべきだと考えていた。

1561年、上杉家《うえすぎけ》に入り関東管《かんとうかん》領職《れいしょく》の座《ざ》についた謙信《けんしん》は、当時関東《かんとう》最大《さいだい》の勢力《せいりょく》であった北条氏《ほうじょうし》と何度も争《あらそ》った。これは、古い秩序《ちつじょ》である関《かん》東管領《とうかんれい》の威厳《いげん》を保《たも》ち、関東《かんとう》の平和を維持《いじ》するためだったのだろう。

ちなみに、戦《いくさ》に強く、義《ぎ》を重んじた謙信《けんしん》だったが、彼《かれ》にも〝失策《しっさく》〟がある。それは、跡継《あとつ》ぎを決めずに亡《な》くなったことだ。謙信《けんしん》には実子がいなかったため、養子《ようし》のふたり、一族の子・景勝《かげかつ》と、北条氏康《ほうじょううじやす》の子・景虎《かげとら》が、謙信《けんしん》の死後家督《かとく》をめぐり、激《はげ》しく争《あらそ》うことになってしまった。

名刀にクローズアップ

謙信景光《けんしんかげみつ》

菩薩《ぼさつ》の加護《かご》をもつ、謙信愛用《けんしんあいよう》の守り刀

刀データ

所有者	上杉謙信《うえすぎけんしん》→上杉景勝《うえすぎかげかつ》 P.150
作　者	長船景光《おさふねかげみつ》
刀《とう》　身《しん》	鎌倉時代《かまくらじだい》／ 刃長《はちょう》・約《やく》28㎝
所《しょ》　蔵《ぞう》	埼玉県立歴史《さいたまけんりつれきし》と民俗《みんぞく》の 博物館《はくぶつかん》

切っ先が、刃先《はさき》のほうに反る「内反《うちぞ》り」と呼《よ》ばれるつくり。鎌倉《かまくら》時代に流行した。

鞘《さや》には金細工がほどこされている。黒漆《くろうるし》に映《は》えて美しい。

「秩父大菩薩《ちちぶだいぼさつ》」の名号。同じ名が刻《きざ》まれた太刀《たち》が、秩父神社《ちちぶじんじゃ》に奉納《ほうのう》されている。

仏教《ぶっきょう》を信仰《しんこう》した謙信《けんしん》が大切にした短刀

鎌倉《かまくら》時代につくられたこの短刀は、もともと武蔵《むさし》（現在《げんざい》の埼玉県《さいたまけん》）にある、秩父神社《ちちぶじんじゃ》に奉納《ほうのう》されたものだった。謙信《けんしん》の手にわたった経緯《けいい》はわかっていない。

刀身《とうしん》に「秩父大菩薩《ちちぶだいぼさつ》」、裏《うら》には観音《かんのん》を表す梵字《ぼんじ》が刻《きざ》まれている。信心《しんじん》深かった謙信《けんしん》が、守り刀として大切にしたのも納得《なっとく》がいく。のちに景勝《かげかつ》にわたり、その後故郷《こきょう》の武蔵《むさし》に帰ったようだ。

中国《ちゅうごく》地方を一代で制《せい》した安芸《あき》の智将《ちしょう》

毛利元就《もうりもとなり》

出身地	安芸《あき》（現在《げんざい》の広島県《ひろしまけん》）
生　年	1497年
没　年	1571年（享年《きょうねん》75）

元就《もとなり》ってどんな人？

知略《ちりゃく》をめぐらせてささいな情報《じょうほう》から策《さく》を練《ね》った

毛利家《もうりけ》は、鎌倉《かまくら》時代から続《つづ》く名族だ。しかし領地《りょうち》は狭《せま》く、また周辺《しゅうへん》には大内氏《おおうちし》や尼子氏《あまごし》などの有力大名がたくさんいた。そのため、元就《もとなり》は一族の生き残《のこ》りのために、知恵《ちえ》をしぼり続《つづ》けた。

そのうちのひとつが、息子たちを別の家に出し、それぞれに力をつけさせるというものだ。長男・隆元《たかもと》に家を継《つ》がせると、次男・元春《もとはる》P.149は吉川家《きっかわけ》に、三男・隆景《たかかげ》P.148は小早川家《こばやかわけ》に送った。ともに名字に「川」がつくため、「毛利両川《もうりりょうせん》」と呼《よ》ばれている。

元就《もとなり》は、息子たちをどの家に割《わ》り当《あ》てるかを、幼《おさな》いころの「雪合戦《ゆきがっせん》」の様子を見て決めたという。隆元《たかもと》は言いつけを守り、遊びたい気持ちをおさえ大人しくしていた。このようながまん強い性格《せいかく》は、家を守る跡継《あとつ》ぎにふさわしい。元春《もとはる》は、まっすぐ敵《てき》へ向かっていく。それなら、真っ向勝負をしかけてくる敵《てき》が多い山陰《さんいん》地方の吉川家《きっかわけ》へ。隆景《たかかげ》は作戦《さくせん》を考えるのが得意《とくい》なので、情勢《じょうせい》が複雑《ふくざつ》な山陽《さんよう》の小早川家《こばやかわけ》がいい。このように、「遊び」の場も、元就《もとなり》にとっては子供《こども》たちの適性《てきせい》を知る機会《きかい》だったのだ。

さらに、息子たちに協力《きょうりょく》することの大切さを伝《つた》えるために「三子教訓状《さんしきょうくんじょう》」を書いた。有名な「三矢《さんし》の教え」は、これがもとになった逸話《いつわ》だ。

元就《もとなり》はのちに周辺《しゅうへん》の大名を下し、中国《ちゅうごく》地方を支配《しはい》しているが、それは、すぐれた作戦《さくせん》によるところが大きい。最善《さいぜん》に至《いた》る道をささいなことでも知る手段《しゅだん》とする。そんな思慮深《しりょぶか》い性格《せいかく》こそが、毛利家《もうりけ》を大大名におしあげたゆえんなのだろう。

知っ得エピソード

冷酷《れいこく》な面もあるが、領民《りょうみん》の命を救《すく》ったことも！

家臣《かしん》であれ、はむかう者はことごとく排除《はいじょ》した元就《もとなり》だったが、領民《りょうみん》を思うやさしい一面もあった。当時、大きな建物《たてもの》をつくるとき、神の怒《いか》りを鎮《しず》めるために、生けにえとして人を生き埋《う》めにする習わしがあった。元就《もとなり》は、代わりに「百万一心《ひゃくまんいっしん》」と彫《ほ》った石を埋《う》め、民《たみ》の命を救《すく》ったという。

どんな人生を送ったの?

一代で毛利家《もうりけ》を中国《ちゅうごく》地方の覇者《はしゃ》に

元就《もとなり》は、毛利家《もうりけ》の次男として生まれた。父や兄が早くに亡《な》くなり、兄の息子・幸松丸《こうまつまる》が跡《あと》を継《つ》ぐと、元就《もとなり》は後見人《こうけんにん》となって支《ささ》えた。そして、情勢《じょうせい》を見極《みきわ》め、これまで従《したが》っていた大内氏《おおうちし》から離《はな》れ、当時力をつけ始めていた尼子氏《あまごし》につくことを決める。

しかし、幸松丸《こうまつまる》が亡《な》くなり、元就《もとなり》が跡《あと》を継《つ》ぐと、尼子氏《あまごし》が元就《もとなり》の命をねらい始めた。そのため、元就《もとなり》は大《おお》内氏《うちし》に再度寝返《さいどねがえ》る。1540年には、居城《きょじょう》・吉田郡山城《よしだこおりやまじょう》を3万の尼子軍《あまごぐん》に包囲《ほうい》されるピンチを迎《むか》えるも、籠城《ろうじょう》戦《せん》を切り抜《ぬ》け、これを退《しりぞ》けた。

転機《てんき》を迎《むか》えたのは、1551年、陶晴賢《すえはるかた》P.29が主君・大内義隆《おおうちよしたか》P.29を裏切《うらぎ》る事件《じけん》が起きたときだ。最初《さいしょ》、元就《もとなり》は晴賢《はるかた》の味方のふりをしたが、しだいに対立。三男・隆景《たかかげ》と協力《きょうりょく》し、晴《はる》賢《かた》を厳島《いつくしま》におびきだして、ほろぼした（厳島《いつくしま》の戦《たたか》いP.36）。その勢《いきお》いで大内《おおうち》家《け》に攻め入り、領地《りょうち》を拡大《かくだい》する。

さらに、尼子氏《あまごし》の居城《きょじょう》・月山富田《がっさんとだ》城《じょう》に総攻撃《そうこうげき》をしかけたP.44。1566年に尼子氏《あまごし》が降伏《こうふく》すると、中国《ちゅうごく》地方一帯《いったい》を支配《しはい》する覇者《はしゃ》となった。

その後も、尼子氏《あまごし》の残党《ざんとう》と戦《たたか》うなど、戦続《いくさつづ》きの生涯《しょうがい》だったが、最期《さいご》は居城《きょじょう》で、息子や孫《まご》たちに毛利家《もうりけ》をたくし、病死している。

現在《げんざい》の広島県宮島《ひろしまけんみやじま》（厳島《いつくしま》）

厳島《いつくしま》の戦《たたか》いでは、晴賢軍《はるかたぐん》だけで5000人の兵《へい》が戦死《せんし》した。厳島《いつくしま》の海は、血で赤く染《そ》まったという。

どんな功績《こうせき》を残《のこ》したの?

鉄や銀の重要性《じゅうようせい》を見抜《みぬ》き、製鉄《せいてつ》を盛《さか》んに行った

元就《もとなり》は、毛利家《もうりけ》を繁栄《はんえい》させるために、軍事力《ぐんじりょく》を拡大《かくだい》し、国を豊《ゆた》かにしなければならなかった。そのためには、日本を代表する銀山、「石見銀《いわみぎん》山《ざん》」をおさえる必要があった。実際《じっさい》、尼子氏《あまごし》との間で、この銀山をめぐる争《あらそ》いが何度も起こっている。

鉄や銀には、貨幣《かへい》として、ときに武器《ぶき》の材料《ざいりょう》として、国をうるおす力がある。実際《じっさい》、毛利氏《もうりし》の領地《りょうち》であった山陰《さんいん》地方では、砂鉄《さてつ》を使った日本古来の製鉄《せいてつ》が盛《さか》んに行われていた。これらの鉄からは、日本刀や火縄銃《ひなわじゅう》などの武器《ぶき》がつくられるのだ。元就《もとなり》が毛利氏《もうりし》を一代で発展《はってん》させたのは、鉄や銀の力を知り、有効《ゆうこう》活用していたことも要因《よういん》であろう。

甲冑にクローズアップ

伝・元就所用 色々威腹巻

でん・もとなりしょよう いろいろおどしはらまき

色とりどりの糸でつくられた華《はな》やかな逸品《いっぴん》

甲冑《かっちゅう》データ

所蔵《しょぞう》　毛利博物館《もうりはくぶつかん》

3本の突《つ》き出《だ》しが勇《いさ》ましい兜《かぶと》。この形は、室町《むろまち》時代末期《まっき》に流行したそうだ。

肩《かた》からうでにかけて防《ぼう》御《ぎょ》する部分を、「大袖《おおそで》」という。胴《どう》まわりと同じく、色とりどりの糸でつくられている。

元就《もとなり》のものと伝《つた》わる、美しい腹巻《はらまき》

腹巻《はらまき》とは、背中《せなか》合わせの「よろい」の一種。この色々《いろいろ》威腹巻《おどしはらまき》は、元就《もとなり》が所用《しょよう》していたと伝《つた》えられている。

腹巻《はらまき》は茜色《あかねいろ》、白色、紫《むらさき》色《いろ》の糸でつくられ、仕立てがていねいでとても美しい。兜《かぶと》は「三つぐわ」と呼《よ》ばれる3本の突《つ》き出《だ》しが特徴《とくちょう》だ。

一代で尼子《あまご》氏《し》を繁栄《はんえい》させた

尼子経久《あまごつねひさ》

尼子経久《あまごつねひさ》は、出雲《いずも》（現在《げんざい》の島根県《しまねけん》）の守護代《しゅごだい》・尼子清定《あまごきよさだ》の子として生まれる。当時、出雲《いずも》の実権《じっけん》は、守護《しゅご》・京極政《きょうごくまさ》経《つね》がにぎっていた。

父の跡《あと》を継《つ》いだ経久《つねひさ》は、出《いず》雲《も》を京極氏《きょうごくし》から奪取《だっしゅ》するべく尽力《じんりょく》。だが、寺や神社の領地《りょうち》をうばったり税《ぜい》をおさめなかったりしたため、政経《まさつね》の怒《いか》りにふれ、居城《きょじょう》・月山富《がっさんと》田《だ》城《じょう》を追われてしまう。

しかし、2年後の正月、経久《つねひさ》は奇襲《きしゅう》により月山富《がっさんと》田《だ》城《じょう》をうばい返す。その後、政経《まさつね》を追放し、出雲《いずも》を支配《しはい》した。さらに勢力《せいりょく》を広げようとしたが、支配下《しはいか》にあった毛利元就《もうりもとなり》P.24が、ライバルである大内氏《おおうちし》と通じたために対立し、以後抗争《いごこうそう》をくり返した。

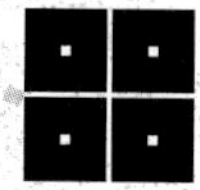

出身地

出雲《いずも》（現在《げんざい》の島根県《しまねけん》）

生年

1458年

没年

1541年（享年《きょうねん》84）

大内氏《おおうちし》、毛利氏《もうりし》と戦《たたか》い続《つづ》けた

尼子晴久《あまごはるひさ》

尼子経久《あまごつねひさ》の長男・政久《まさひさ》の子。祖父《そふ》・経久《つねひさ》が隠居《いんきょ》後、月山富《がっさんと》田《だ》城《じょう》の城主《じょうしゅ》となる。

１５４０年、勢力《せいりょく》を広げようとして、経久《つねひさ》の反対をおしきり毛利元就《もうりもとなり》P.24と戦《たたか》った。晴《はる》久《ひさ》は大軍《たいぐん》を率《ひき》いて元就《もとなり》の本拠《ほんきょ》地《ち》を包囲《ほうい》したが、戦《いくさ》が長引き、翌年《よくねん》に大敗《たいはい》。同年、祖父《そふ》・経《つね》久《ひさ》も亡《な》くなり、最大《さいだい》のピンチを迎《むか》える。

しかし、晴久《はるひさ》は強かった。翌年《よくねん》に大内義隆《おおうちよしたか》P.29が攻《せ》めて来たが、迎撃《げいげき》し、見事退《しりぞ》けたのだ。さらに、反《はん》撃《げき》に転じて石見銀山《いわみぎんざん》を手中におさめている。

その後も大内氏《おおうちし》、毛利氏《もうりし》との戦《たたか》いは終わらず、１５６０年に晴久《はるひさ》が亡《な》くなったときも続《つづ》いていた。晴久《はるひさ》の死後、尼子氏《あまごし》は元就《もとなり》に敗《やぶ》れ、滅亡《めつぼう》している。

出身地

出雲《いずも》（現在《げんざい》の島根県《しまねけん》）

生年

1514年

没年

1560年（享年《きょうねん》47）

大大名だが、文化人として有名

大内義隆《おおうちよしたか》

大内氏《おおうちし》は、大陸《たいりく》との貿易《ぼうえき》で利益《りえき》を上げて繁栄《はんえい》を築《きず》いた、長門《ながと》（現在《げんざい》の山口県《やまぐちけん》）の大大名だ。大内義隆《おおうちよしたか》は、その31代である。父・義興《よしおき》から家督《かとく》を継《つ》いだ義隆《よしたか》は、貿易拡大《ぼうえきかくだい》のために北九州《きたきゅうしゅう》を支配《しはい》。さらに毛《もう》利《り》氏と組み、1541年にはライバルの尼子氏《あまごし》も打《う》ち破《やぶ》った。

しかし翌年《よくねん》、尼子氏《あまごし》をほろぼすために出陣《しゅつじん》したが、大敗《たいはい》してしまう。養子《ようし》・晴持《はるもち》を失《うしな》うと、以後《いご》戦《たたか》いを避《さ》けるようになる。そして、公家《くげ》や学者を招《まね》いたり、スペインのキリスト教宣教師《せんきょうし》のフランシスコ・ザビエルに会って布教《ふきょう》を許可《きょか》したりと、学芸《がくげい》に精《せい》を出すようになった。これに不満《ふまん》をもった重臣《じゅうしん》・陶晴賢《すえはるかた》に謀反《むほん》を起こされ、最期《さいご》は自害《じがい》した。

出身地
長門《ながと》（現在《げんざい》の山口県《やまぐちけん》）

生　年
1507年

没　年
1551年（享年《きょうねん》45）

主君を裏切《うらぎ》って実権《じっけん》を得《え》る

陶晴賢《すえはるかた》

大内氏《おおうちし》の重臣《じゅうしん》・陶興房《すえおきふさ》の次男として生まれ、陶家《すえけ》を継《つ》ぐと、父と同じく大内氏《おおうちし》の重臣《じゅうしん》となる。大内義隆《おおうちよしたか》にとても信《しん》頼《らい》され、尼子晴久《あまごはるひさ》P.28との合戦《かっせん》では総大将《そうだいしょう》をつとめた。

しかし、義隆《よしたか》が戦《いくさ》を避《さ》けるようになると、対立。戦国《せんごく》の世、迫《せま》りくる他国の武将《ぶしょう》への対策《たいさく》を願《ねが》うも、義隆《よしたか》は耳を貸《か》さなかった。そこで、1551年、謀反《むほん》を起こして主君であった義隆《よしたか》を自《じ》害《がい》に追いこみ、大内氏《おおうちし》の実権《じっけん》を得《え》た。

その後、離反《りはん》しようとする毛利元就《もうりもとなり》P.24と対立。元《もと》就《なり》の策《さく》にはまり、2万の軍勢《ぐんぜい》を率《ひき》いて厳島《いつくしま》に向かうも、奇襲《きしゅう》を受けて大敗《たいはい》した（厳島《いつくしま》の戦《たたか》いP.36）。追いつめられて、最期《さいご》は主君と同じく自害《じがい》した。

出身地
長門《ながと》（現在《げんざい》の山口県《やまぐちけん》）

生　年
1521年

没　年
1555年（享年《きょうねん》35）

桶狭間《おけはざま》で夢《ゆめ》ついえた「海道一の弓取り」

今川義元《いまがわよしもと》

出身地	駿河《するが》（現在《げんざい》の静岡県《しずおかけん》）
生　年	1519年
没　年	1560年（享年《きょうねん》42）

天下をねらう大大名だが　不意《ふい》をつかれ、散《ち》った

「海道一の弓取り（武将《ぶしょう》）」と呼《よ》ばれた義元《よしもと》の生まれは、駿河《するが》（現在《げんざい》の静岡県《しずおかけん》）を支配《しはい》していた名家だ。しかし、義元《よしもと》が生まれたとき、すでに4人の兄がいたため、家を継《つ》ぐ可能《かのう》性《せい》はとても低《ひく》かった。義元《よしもと》は僧《そう》になるために寺で修行《しゅぎょう》し、僧侶《そうりょ》・太原雪斎《たいげんせっさい》から教育を受けた。

ところが、義元《よしもと》が18歳《さい》のときに長兄・氏輝《うじてる》が病死すると、風向きが変《か》わる。義元《よしもと》は師《し》の雪斎《せっさい》を家臣《かしん》に迎《むか》えると、兄を討《う》ち負《ま》かし、見事今川家《いまがわけ》の家督《かとく》を継《つ》いだ。

当主になった義元《よしもと》は、まず外交問題に着手した。武田信玄《たけだしんげん》P.16の父・信虎《のぶとら》の娘《むすめ》（信玄《しんげん》の姉）と結婚《けっこん》し、武田《たけだ》氏《し》と同盟《どうめい》を結《むす》ぶ。その後、信虎《のぶとら》に代わって家督《かとく》を継《つ》いだ信玄《しんげん》に加《くわ》え、北条《ほうじょう》氏《し》とも手を組み、「甲相駿三国同盟《こうそうすんさんごくどうめい》」を成立《せいりつ》させた。

雪斎《せっさい》の助けを借《か》りながら、義元《よしもと》は周辺国《しゅうへんこく》に軍《ぐん》を送り、領地《りょうち》を西へと広げていく。なかでも、当時尾張《おわり》（現在《げんざい》の愛知県《あいちけん》）で勢《いきお》いをつけつつあった織田信秀《おだのぶひで》とは、何度も争《あらそ》った。その際《さい》に、織田家《おだけ》で人質《ひとじち》生活を送っていた三河《みかわ》（現在《げんざい》の愛知県《あいちけん》）の徳川家康《とくがわいえやす》P.182を、戦《いくさ》でとらえた信秀《のぶひで》の息子と交換《こうかん》し、従《したが》わせている。

駿河《するが》、遠江《とおとうみ》（現在《げんざい》の静岡県《しずおかけん》）に加《くわ》え、三河《みかわ》も手に入れ、順調《じゅんちょう》に領地《りょうち》を広げていったが、１５５５年に雪斎《せっさい》が病死すると、その勢《いきお》いにかげりが見え始める。そして１５６０年、信秀《のぶひで》亡《な》き後の尾張《おわり》をとろうと、２万５０００の軍勢《ぐんぜい》を率《ひき》いて出陣《しゅつじん》。途中《とちゅう》、尾張《おわり》の桶狭間《おけはざま》の近くで休んでいるところを、織田信長《おだのぶなが》P.48に襲撃《しゅうげき》され、討死《うちじに》した（桶狭間《おけはざま》の戦《たたか》いP.86）。

知っ得エピソード

桶狭間《おけはざま》の戦《たたか》い後、今川家《いまがわけ》は散《ち》り散《ち》りに…

義元《よしもと》の死後、息子・氏真《うじざね》が家督《かとく》を継《つ》いだが、家臣《かしん》たちがどんどん離《はな》れていってしまう。それでも氏真《うじざね》は、母の助けを借《か》りて領地《りょうち》をおさめようとしたが、その母の実家、武田家《たけだけ》から攻撃《こうげき》を受け、戦国大名《せんごくだいみょう》としての今川家《いまがわけ》は滅亡《めつぼう》。その後は居所《いどころ》を次つぎ替《か》え、最期《さいご》は家康《いえやす》を頼《たよ》り江戸《えど》で過《す》ごした。

主君を裏切《うらぎ》り国を盗《と》った「美濃《みの》のマムシ」

斎藤道三《さいとうどうさん》

出身地	美濃《みの》（現在《げんざい》の岐阜県《ぎふけん》）？
生　年	1494年？
没　年	1556年（享年《きょうねん》63？）

裏切《うらぎ》りをくり返して国を手に入れた策略家《さくりゃくか》

主君を次つぎと裏切《うらぎ》り、その悪どいやり口から「美濃《みの》のマムシ」と恐《おそ》れられた斎藤道三《さいとうどうさん》。道三《どうさん》の父・長井《ながい》新左衛門《しんざえもん》は、つてを頼《たよ》って武士《ぶし》になると、美濃《みの》（現在《げんざい》の岐阜県《ぎふけん》）の守護《しゅご》・土岐氏《ときし》の部下である長井長弘《ながいながひろ》に仕《つか》えた。当時、土岐氏《ときし》は家督《かとく》の座《ざ》をめぐって兄弟が対立していた。新左《しんざ》衛門《えもん》は、長弘《ながひろ》とともに弟の頼芸《よりなり》を守《しゅ》護《ご》に担《かつ》ぎ上げ、権力《けんりょく》を強める。

１５３３年に長弘《ながひろ》が亡《な》くなると、新左衛門《しんざえもん》の子・道三《どうさん》はまず、長井家《ながいけ》の家督《かとく》をうばう。その後、守護代《しゅごだい》をつとめていた斎藤家《さいとうけ》を乗っとると、１５５２年には頼芸《よりなり》を追《お》い払《はら》い、ついには美濃《みの》一国を手に入れた。

このように、近年見つかった史料《しりょう》により、これまで道三《どうさん》がひとりで行ったとされていた「国盗《くにと》り」が、実は父との２代にわたっていたことがわかってきた。１５３３年、長弘《ながひろ》と同じ年に父が亡《な》くなり、道三《どうさん》が跡《あと》を継《つ》いだようだ。

１５４８年、隣国《りんごく》の尾張《おわり》（現在《げんざい》の愛知県《あいちけん》）の織田信秀《おだのぶひで》と和睦《わぼく》をしたときに、娘《むすめ》・濃姫《のうひめ》P.55を信秀《のぶひで》の息子・信長《のぶなが》P.48と結婚《けっこん》させた。なお、道三《どうさん》は、大ばか者といわれていた信長《のぶなが》を、早くから評価《ひょうか》した人物でもある。

１５５４年に隠居《いんきょ》すると、長男・義龍《よしたつ》P.76に家督《かとく》をゆずる。しかし、義龍《よしたつ》は妻《つま》の前夫《ぜんぷ》の子では、とささやかれており、道三《どうさん》は次男や三男ばかりかわいがった。家督《かとく》の座《ざ》を追われることを恐《おそ》れた義龍《よしたつ》は、弟たちを殺害《さつがい》してしまう。さらには、道三《どうさん》にも兵《へい》を向けた。それを聞いた信長《のぶなが》が助けに向かったが間に合わず、道三《どうさん》は息子の裏切《うらぎ》りにより戦死《せんし》した。

知っ得エピソード

義理《ぎり》の甥《おい》が、義理《ぎり》の息子を殺《ころ》した!?

道三《どうさん》の妻《つま》に関《かん》する史料《しりょう》は、あまり残《のこ》っていない。しかし、明智光秀《あけちみつひで》P.60の叔母《おば》が、道三《どうさん》の妻《つま》だったと考えられている。そうなると、光秀《みつひで》は道三《どうさん》の「義理《ぎり》の甥《おい》」にあたるのだ。

つまり、光秀《みつひで》が信長《のぶなが》を死に追いやったのは、道三《どうさん》にとって「義理《ぎり》の甥《おい》が義理《ぎり》の息子を討《う》った」ことになる。

河越城《かわごえじょう》
北条綱成《ほうじょうつなしげ》が、約《やく》3000の兵《へい》で守っていた。
北条氏康軍《ほうじょううじやすぐん》
手紙を送って油断《ゆだん》させ、約《やく》8000の兵《へい》で夜中に奇襲《きしゅう》をかけた。
氏康軍《うじやすぐん》の動き

1546年

河越夜戦《かわごえやせん》

合戦場所《かっせんばしょ》

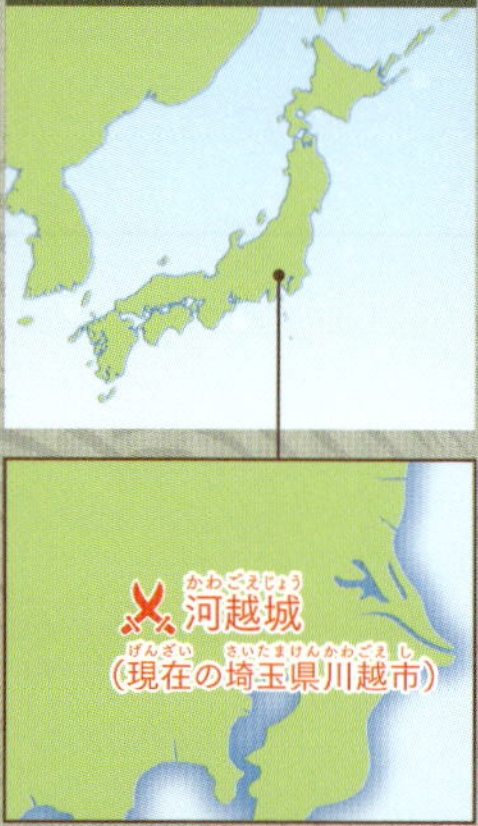
河越城《かわごえじょう》
（現在《げんざい》の埼玉県川越市《さいたまけんかわごえし》）

手紙を送って油断《ゆだん》させ、夜中に奇襲《きしゅう》をかけた

北条氏綱《ほうじょううじつな》が亡《な》くなって、子・氏康《うじやす》 P.12 が家督《かとく》を継《つ》ぐと、かつて氏綱《うじつな》に敗《やぶ》れた者たちが、北条氏《ほうじょうし》に次つぎと攻撃《こうげき》をしかけた。その代表が、扇谷上杉氏《おうぎがやつうえすぎし》の、上杉朝定《うえすぎともさだ》だ。朝定《ともさだ》は親戚《しんせき》の山内上杉氏《やまのうちうえすぎし》の、上杉憲政《うえすぎのりまさ》らに声をかけ、北条領《ほうじょうりょう》の河越城《かわごえじょう》を８万５０００もの兵《へい》で取《と》り囲《かこ》んだ。

このとき、河越城《かわごえじょう》を守っていたのは、北条綱成《ほうじょうつなしげ》 P.15 をはじめとするたった３０００人ほどの兵《へい》。氏康《うじやす》は、８０００人の兵《へい》を連《つ》れて小田《おだ》

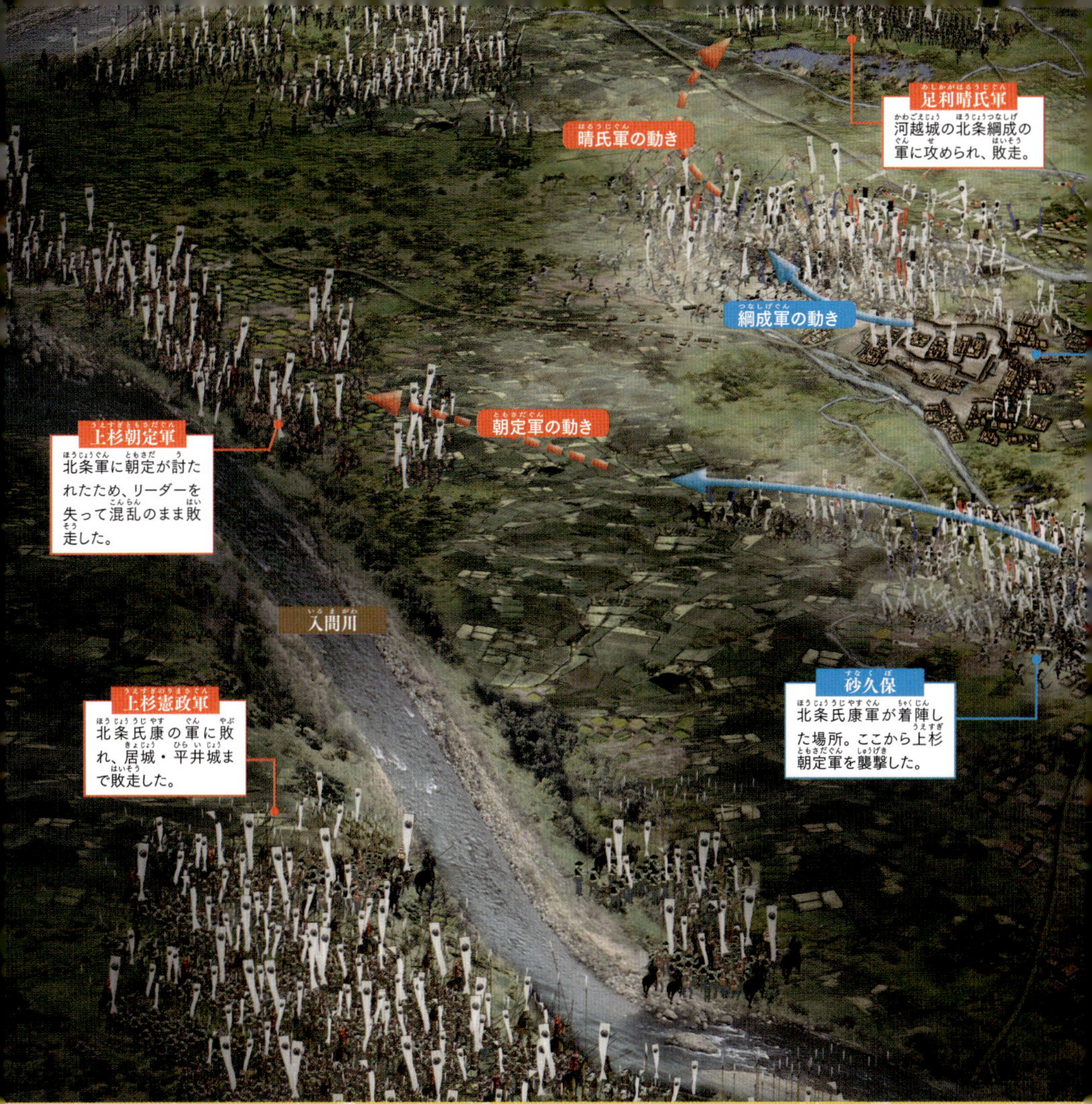
足利晴氏軍《あしかがはるうじぐん》
河越城《かわごえじょう》の北条綱成《ほうじょうつなしげ》の軍《ぐん》に攻《せ》められ、敗走《はいそう》。
晴氏軍《はるうじぐん》の動き
綱成軍《つなしげぐん》の動き
上杉朝定軍《うえすぎともさだぐん》
北条軍《ほうじょうぐん》に朝定《ともさだ》が討《う》たれたため、リーダーを失って混乱《こんらん》のまま敗《はい》走《そう》した。
朝定軍《ともさだぐん》の動き
入間川《いるまがわ》
砂久保《すなくぼ》
北条氏康軍《ほうじょううじやすぐん》が着陣《ちゃくじん》した場所。ここから上杉《うえすぎ》朝定軍《ともさだぐん》を襲撃《しゅうげき》した。
上杉憲政軍《うえすぎのりまさぐん》
北条氏康《ほうじょううじやす》の軍《ぐん》に敗《やぶ》れ、居城《きょじょう》・平井城《ひらいじょう》まで敗走《はいそう》した。

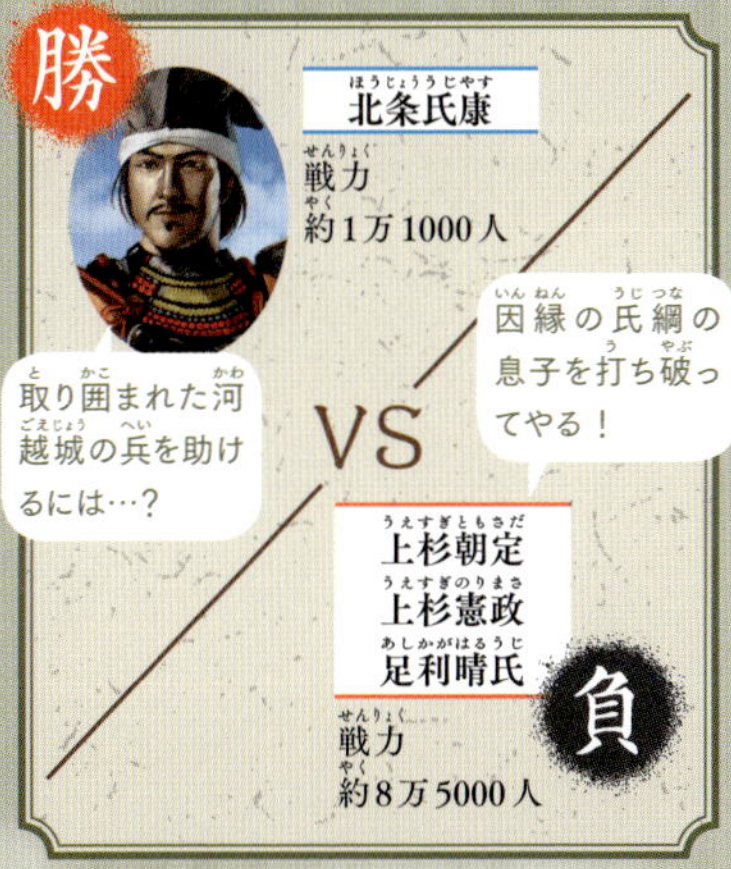
勝
北条氏康《ほうじょううじやす》
戦力《せんりょく》
約《やく》1万1000人
取《と》り囲《かこ》まれた河《かわ》越城《ごえじょう》の兵《へい》を助けるには…？
VS
因縁《いんねん》の氏綱《うじつな》の息子を打《う》ち破《やぶ》ってやる！
上杉朝定《うえすぎともさだ》
上杉憲政《うえすぎのりまさ》
足利晴氏《あしかがはるうじ》
負
戦力《せんりょく》
約《やく》8万5000人

原城《わらじょう》から河越《かわごえ》へ向かうと、途中《とちゅう》で朝定《ともさだ》に、「城《しろ》のなかの兵《へい》を助けてくれれば河越城《かわごえじょう》を明けわたす」という手紙を送った。朝定《ともさだ》は手紙を読んで、氏康《うじやす》が降参《こうさん》したのだと気をゆるめてしまう。

そんな両上杉軍《うえすぎぐん》の様子を探《さぐ》っていた氏康《うじやす》は、深夜12時半ごろ、暗やみのなか敵陣《てきじん》へと突入《とつにゅう》した。不《ふ》意《い》をつかれた朝定軍《ともさだぐん》は、逃《に》げることしかできず、大敗《たいはい》。この戦《たたか》いで、扇谷上杉《おうぎがやつうえすぎ》氏《し》は滅亡《めつぼう》する。

戦国《せんごく》の始まり
合戦《かっせん》弐《に》

1555年

厳島《いつくしま》の戦《たたか》い

陶晴賢軍《すえはるかたぐん》
挟《はさ》み撃《う》ちにされ、晴《はる》賢軍《かたぐん》は敗走《はいそう》。大江浦《おおえのうら》まで逃《に》げ、自害《じがい》した。
村上水軍《むらかみすいぐん》の動き
村上水軍《むらかみすいぐん》
毛利側《もうりがわ》につき、晴賢《はるかた》軍《ぐん》の船をこわした。

合戦場所《かっせんばしょ》

厳島《いつくしま》
（現在《げんざい》の広島県廿日市市《ひろしまけんはつかいちし》）

2万の大軍《たいぐん》を討《う》つべく元就《もとなり》が奇策《きさく》を生みだす！

厳島《いつくしま》の戦《たたか》いは、毛利元就《もうりもとなり》 P.24 と陶《すえ》晴賢《はるかた》 P.29 が厳島《いつくしま》（現在《げんざい》の広島県廿日《ひろしまけんはつか》市市《いちし》）で行った合戦《かっせん》だ。

当時、中国《ちゅうごく》地方の支配《しはい》を二分していたのは、尼子《あまご》氏《し》と大内氏《おおうちし》だった。1542年、大内義隆《おおうちよしたか》 P.29 は尼《あま》子《こ》氏《し》の本陣《ほんじん》に攻《せ》め入ったが、1年にわたる消耗戦《しょうもうせん》の末《すえ》、兵《へい》を引きあげることになる。この失敗《しっぱい》でやる気を失《うしな》ってしまった義隆《よしたか》を自害《じがい》に追《お》いこみ、大内氏《おおうちし》の実権《じっけん》をにぎったのが、晴賢《はるかた》だ。

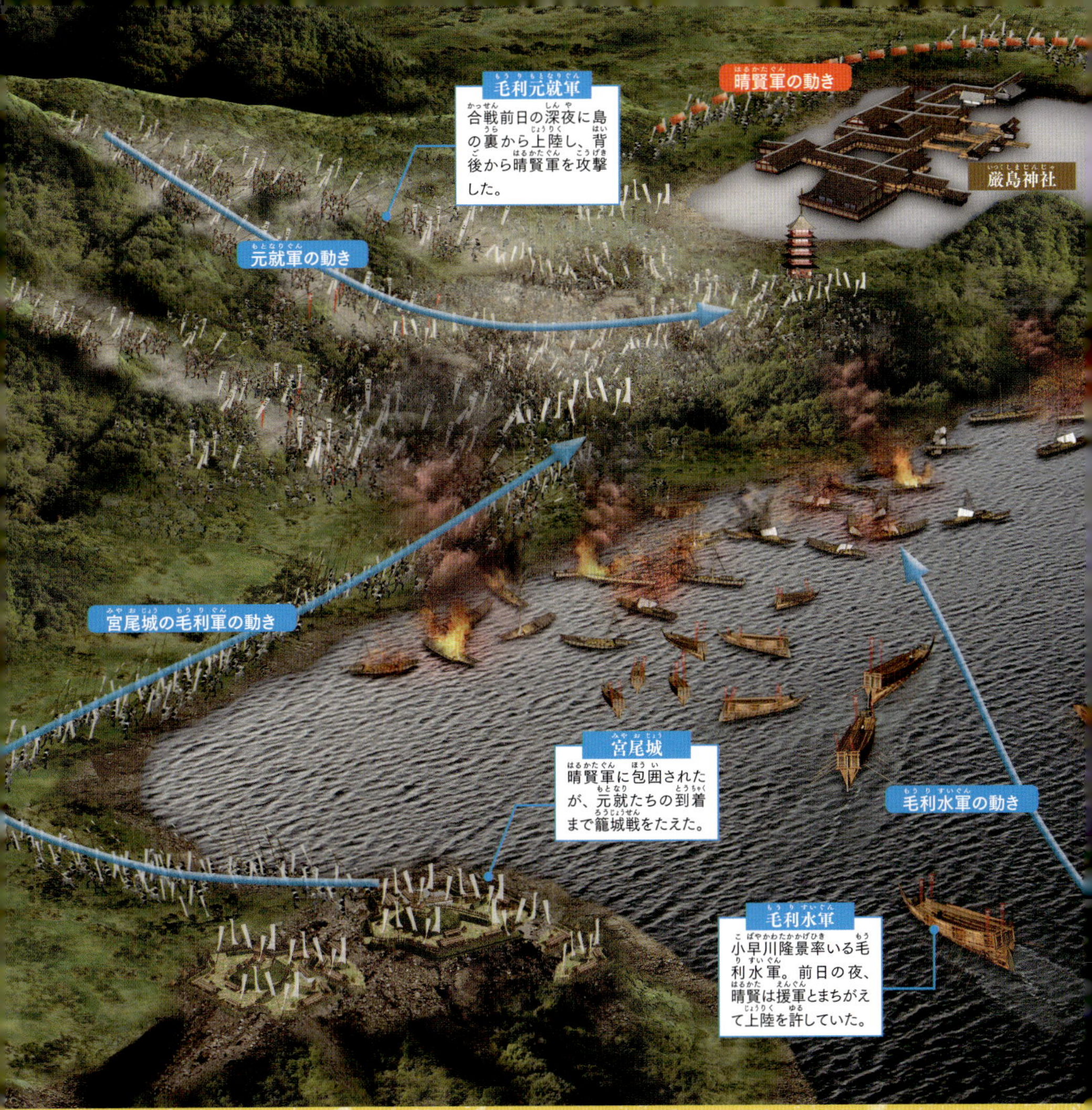

毛利元就軍《もうりもとなりぐん》
合戦《かっせん》前日の深夜《しんや》に島の裏《うら》から上陸《じょうりく》し、背《はい》後《ご》から晴賢軍《はるかたぐん》を攻撃《こうげき》した。
晴賢軍《はるかたぐん》の動き
厳島神社《いつくしまじんじゃ》
元就軍《もとなりぐん》の動き
宮尾城《みやおじょう》の毛利軍《もうりぐん》の動き
宮尾城《みやおじょう》
晴賢軍《はるかたぐん》に包囲《ほうい》されたが、元就《もとなり》たちの到着《とうちゃく》まで籠城戦《ろうじょうせん》をたえた。
毛利水軍《もうりすいぐん》の動き
毛利水軍《もうりすいぐん》
小早川隆景《こばやかわたかかげ》率《ひき》いる毛《もう》利《り》水軍《すいぐん》。前日の夜、晴賢《はるかた》は援軍《えんぐん》とまちがえて上陸《じょうりく》を許《ゆる》していた。

　しかし、支配地《しはいち》を拡大《かくだい》する晴賢《はるかた》を、おもしろく思わない者がいた。津和野三本松城主《つわのさんぼんまつじょうしゅ》・吉見正頼《よしみまさより》である。正頼《まさより》は元就《もとなり》に、ともに晴賢《はるかた》を討《う》とうと応援《おうえん》を求《もと》めてきたのだ。

　元就《もとなり》は、今後中国《ちゅうごく》地方を制《せい》するためにも、これをよい機会《きかい》と考え、晴賢《はるかた》と戦《たたか》うことを決めた。しかし、晴賢《はるかた》の2万の兵《へい》に対し、元就《もとなり》の兵《へい》力《りょく》はわずか4000。この劣勢《れっせい》をくつがえすべく、元就《もとなり》は、ある奇《き》策《さく》を考えだす。

勝
毛利元就《もうりもとなり》
戦力《せんりょく》
約《やく》4000人
中国《ちゅうごく》地方を制《せい》するためには、晴賢《はるかた》を討《う》たなければなるまい。兵力《へいりょく》の差《さ》を埋《う》めるには…？
VS
宮尾城《みやおじょう》は、元就《もとなり》の急所らしい。自《じ》軍《ぐん》は兵《へい》も多いし、攻《せ》めに行くか！
陶 晴賢《すえ はるかた》
戦力《せんりょく》
約《やく》2万人
負

次のページへ続《つづ》く

晴賢《はるかた》の軍《ぐん》を厳島《いつくしま》に誘《さそ》いだすには？

元就《もとなり》は、晴賢《はるかた》の大軍《たいぐん》を厳島《いつくしま》におびき寄《よ》せる策《さく》を練《ね》る。島は狭《せま》く平《へい》坦《たん》な場所が少ないため、大軍《たいぐん》では身動きがとれなくなるからだ。

元就《もとなり》はまず、厳島《いつくしま》に新しく宮尾《みやお》城《じょう》を築《きず》き、家臣《かしん》たちに籠城《ろうじょう》の準備《じゅんび》をさせた。さらに、三男・小早川《こばやかわ》隆景《たかかげ》P.148に村上水軍《むらかみすいぐん》と交渉《こうしょう》させ、彼《かれ》らを味方に引き入れた。

そのうえで元就《もとなり》は、「今、宮尾《みやお》城《じょう》を攻《せ》められたらひとたまりもない」といううわさを流した。さらに毛利家《もうりけ》の重臣《じゅうしん》・桂元澄《かつらもとずみ》に、「宮《みや》尾城《おじょう》を攻《せ》めるとき、寝返《ねがえ》って晴賢《はるかた》に味方する」と約束《やくそく》した、ウソの手紙を送らせた。

元就《もとなり》の策《さく》にはまった晴賢《はるかた》は、宮《みや》尾城《おじょう》を落とすために2万の軍勢《ぐんぜい》を

厳島《いつくしま》の戦《たたか》い合戦《かっせん》地図

毛利軍《もうりぐん》の動き
陶軍《すえぐん》の動き
安芸《あき》
2 村上水軍《むらかみすいぐん》が、毛利軍《もうりぐん》に合流。
3 隆景率《たかかげひき》いる水軍《すいぐん》は、援《えん》軍《ぐん》をよそおい、厳島神《いつくしまじん》社《じゃ》付近《ふきん》に上陸《じょうりく》。翌朝《よくあさ》、晴賢軍《はるかたぐん》を正面から攻《こう》撃《げき》した。
宮尾城《みやおじょう》
厳島神社《いつくしまじんじゃ》
包ヶ浦《つつみがうら》
3 元就《もとなり》のいる本隊《ほんたい》は、まわりこんで包ヶ浦《つつみがうら》に上《じょう》陸《りく》。翌朝《よくあさ》、晴賢軍《はるかたぐん》を背《はい》後《ご》から攻撃《こうげき》した。
厳島《いつくしま》
4 挟《はさ》み撃《う》ちにされた晴賢《はるかた》は敗走《はいそう》。大江浦《おおえのうら》まで逃《のが》れ、自害《じがい》。
大江浦《おおえのうら》
1 晴賢《はるかた》が、宮尾城《みやおじょう》を攻《せ》めるべく厳島《いつくしま》に上陸《じょうりく》。
※元就軍《もとなりぐん》、隆景軍《たかかげぐん》の進軍《しんぐん》は、同時に行われたため、両方とも3としている。

厳島《いつくしま》に上陸《じょうりく》させた。晴賢軍《はるかたぐん》は、城《しろ》の各所《かくしょ》に、まさにアリのはい出る隙間《すきま》もないほどの陣《じん》をしく。

嵐《あらし》の夜に奇襲《きしゅう》をかけ、晴賢《はるかた》を追いつめる！

決戦《けっせん》は、嵐《あらし》の夜。晴賢《はるかた》が宮尾城《みやおじょう》を攻《せ》めているという知らせを聞いた元就《もとなり》は、すさまじい暴風《ぼうふう》にひるむ者たちを「この嵐《あらし》で敵《てき》は油断《ゆだん》する」と説得《せっとく》して出陣《しゅつじん》した。闇《やみ》にまぎれて上陸《じょうりく》した元就軍《もとなりぐん》は、晴賢軍《はるかたぐん》の背後《はいご》へと兵《へい》を進める。

翌朝《よくあさ》、一斉《いっせい》にときの声（士気《しき》を高めるために叫《さけ》ぶ声）をあげながら、元就軍《もとなりぐん》は晴賢軍《はるかたぐん》に総攻撃《そうこうげき》をかけた。そのとき、別方向《べつほうこう》からも声があがる。前日、まさか暴風雨《ぼうふうう》のなか元就《もとなり》がしかけてくるとは思わなかった晴賢《はるかた》が、援軍《えんぐん》とまちがえて小早川軍《こばやかわぐん》の上陸《じょうりく》を許《ゆる》してしまっていたのだ。

あわてて逃《に》げようとする晴賢軍《はるかたぐん》だったが、狭《せま》い島に逃《に》げ場《ば》はない。おまけに海上は封鎖《ふうさ》され、自軍《じぐん》の船は村上水軍《むらかみすいぐん》にこわされていた。負けを認《みと》めた晴賢《はるかた》は、自害《じがい》を選《えら》ぶ。

この戦《たたか》いで晴賢《はるかた》を失《うしな》った陶氏《すえし》、大内氏《おおうちし》は弱体化。のちに滅亡《めつぼう》へと追いこまれた。

厳島《いつくしま》の戦《たたか》いハイライト

1561年

川中島《かわなかじま》の戦《たたか》い（第四次）

上杉軍《うえすぎぐん》
部隊《ぶたい》を円形に配置《はいち》し、次つぎに攻撃《こうげき》をしかける「車懸《くるまがか》りの陣《じん》」で武田軍《たけだぐん》に急襲《きゅうしゅう》をかけた。
上杉謙信《うえすぎけんしん》
武田信玄《たけだしんげん》
武田本陣《たけだほんじん》

5度にわたって行われた信玄《しんげん》と謙信《けんしん》の戦《たたか》い

武田信玄《たけだしんげん》 P.16 と上杉謙信《うえすぎけんしん》 P.20 の間で行われた「川中島《かわなかじま》の戦《たたか》い」。信濃《しなの》（現在《げんざい》の長野県《ながのけん》）川中島周辺《かわなかじましゅうへん》でくり広げられたこの戦《たたか》いは、実は5度にわたって行われている。

信濃《しなの》を統一《とういつ》するために、戦《たたか》いを続《つづ》けていた信玄《しんげん》。北信濃《きたしなの》の村上義清《むらかみよしきよ》らは、打倒《だとう》・信玄《しんげん》のために、越後《えちご》（現在《げんざい》の新潟県《にいがたけん》）の謙信《けんしん》に応援《おうえん》を頼《たの》んだ。このまま信玄《しんげん》が領地《りょうち》を拡大《かくだい》すれば、いつかかならず越後《えちご》に攻《せ》め入ってくる……。そう考え

合戦場所《かっせんばしょ》

川中島《かわなかじま》
（現在《げんざい》の長野県長野市《ながのけんながのし》）

武田軍《たけだぐん》
不意《ふい》をつかれた武田《たけだ》軍《ぐん》は、部隊《ぶたい》を広げて敵《てき》を包《つつ》むようにして戦《たたか》う「鶴翼《かくよく》の陣《じん》」で防戦《ぼうせん》した。

た謙信《けんしん》は、信玄《しんげん》と戦《たたか》うことを決めた。これが、ふたりの長きにわたる戦《たたか》いの始まりである。

1度目は、信玄《しんげん》が戦《たたか》いを避《さ》け、兵《へい》を引いた。2度目は、途中《とちゅう》、今川義元《いまがわよしもと》 P.30 の仲介《ちゅうかい》で戦《いくさ》をやめた。3度目は、小競《こぜ》り合《あ》いになったが、将軍《しょうぐん》・足利義輝《あしかがよしてる》の要請《ようせい》で両軍《りょうぐん》ともすぐに撤退《てったい》した。このとき、交換《こうかん》条件《じょうけん》として、信玄《しんげん》は自分を信濃守《しなののしゅ》護《ご》に任命《にんめい》するよう要求《ようきゅう》し、北信濃《きたしなの》に海津城《かいづじょう》を築《きず》いている。

信濃《しなの》を統一《とういつ》したいが、謙信《けんしん》が邪魔《じゃま》だな…。

分

武田信玄《たけだしんげん》

戦力《せんりょく》
本隊約《ほんたいやく》8000人
＋別働隊約《べっどうたいやく》
1万3000人

VS

信濃《しなの》の武将《ぶしょう》たちを助けなければ。信玄《しんげん》を止めてやるぞ！

上杉謙信《うえすぎけんしん》

戦力《せんりょく》
約《やく》1万8000人

分

← 次のページへ続《つづ》く

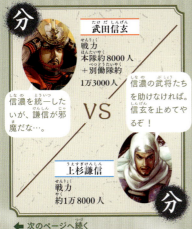

ふたりの一騎打《いっきう》ちの伝説《でんせつ》が残《のこ》る、壮絶《そうぜつ》な死闘《しとう》

5度の戦《たたか》いのうち、もっとも有名なのが4度目の「八幡原《はちまんぱら》の戦《たたか》い」である。1561年、謙信《けんしん》は南下し、妻女山《さいじょさん》に陣《じん》を置《お》いた。妻女山《さいじょさん》は、信玄《しんげん》が築《きず》いた海津城《かいづじょう》と2キロメートルしか離《はな》れておらず、かつ海津城《かいづじょう》を見下ろせる位置《いち》にあった。

この動きをだまって見過《みす》ごすわけにはいかない。軍勢《ぐんぜい》を整えた信《しん》玄《げん》は、北条氏《ほうじょうし》や今川氏《いまがわし》の援軍《えんぐん》と合流しながら進み、謙信《けんしん》の本陣《ほんじん》から4キロメートルしか離《はな》れていない茶臼山《ちゃうすやま》に本陣《ほんじん》を置《お》いた。

ところがその後、謙信《けんしん》の軍《ぐん》に動きは見られない。持久戦《じきゅうせん》を避《さ》けたかった信玄《しんげん》は、海津城《かいづじょう》に進軍《しんぐん》すると、隊《たい》をふたつに分け、妻女山《さいじょさん》を背後《はいご》から攻撃《こうげき》させた。逃《に》げて本陣《ほんじん》

川中島《かわなかじま》の戦《たたか》い（第四次）合戦《かっせん》地図

上杉軍《うえすぎぐん》と、その動き
武田軍《たけだぐん》と、その動き
10 上杉軍《うえすぎぐん》が春日山城《かすがやまじょう》に退却《たいきゃく》する。
9 武田軍《たけだぐん》が優勢《ゆうせい》になり、謙信軍《けんしんぐん》が少しずつ後退《こうたい》。
2 信玄《しんげん》が茶臼山《ちゃうすやま》に陣《じん》を置《お》く。
7 八幡原《はちまんぱら》で、両軍《りょうぐん》が戦《たたか》う。不意《ふい》をついた上杉軍《うえすぎぐん》が優勢《ゆうせい》に。
茶臼山《ちゃうすやま》
6 信玄《しんげん》が八幡原《はちまんぱら》に軍《ぐん》を移動《いどう》させる。
八幡原《はちまんぱら》
8 武田軍《たけだぐん》の別働隊《べつどうたい》がかけつけ、謙信軍《けんしんぐん》を挟《はさ》み撃《う》ちにする。
3 持久戦《じきゅうせん》を避《さ》けるために、信玄《しんげん》が海津城《かいづじょう》に進軍《しんぐん》する。
5 謙信《けんしん》は、信玄《しんげん》の策《さく》を見抜《みぬ》いて夜中に下山。
海津城《かいづじょう》
武田信玄《たけだしんげん》
妻女山《さいじょさん》
上杉謙信《うえすぎけんしん》
1 謙信《けんしん》が妻女山《さいじょさん》に陣《じん》を置《お》く。
4 武田軍別働隊《たけだぐんべつどうたい》が、謙《けん》信《しん》を背後《はいご》から攻撃《こうげき》するために進軍《しんぐん》。

川中島《かわなかじま》の戦《たたか》い（第四次）ハイライト

から飛びだした上杉軍《うえすぎぐん》を、本隊《ほんたい》で迎撃《げいげき》する作戦《さくせん》に出たのだ。これを「啄木鳥戦法《きつつきせんぽう》」という。

ところが、別働隊《べつどうたい》が向かった妻女山《さいじょさん》に上杉軍《うえすぎぐん》は見当たらなかった。

翌朝《よくあさ》、信玄《しんげん》の目の前に信《しん》じられない光景《こうけい》が広がっていた。朝靄《あさもや》のなか、謙信《けんしん》の軍《ぐん》がこちらへ向かってくるのだ。信玄《しんげん》の策《さく》を見破《みやぶ》っていた謙信《けんしん》は、密《ひそ》かに本陣《ほんじん》を出て進撃《しんげき》していた。謙信《けんしん》は、部隊《ぶたい》が次つぎ入《い》れ替《か》わりながら前進する「車懸《くるまがか》りの陣《じん》」を組んで、武田本陣《たけだほんじん》を突破《とっぱ》していく――。

この戦《たたか》いで、ふたりが一騎打《いっきう》ちしたという伝説《でんせつ》が残《のこ》っている。謙信《けんしん》が振《ふ》りおろした刀を、信玄《しんげん》が軍配《ぐんばい》で防《ふせ》いだというものだ。

不意《ふい》をつかれた武田軍《たけだぐん》は、窮地《きゅうち》におちいった。信玄《しんげん》の弟・信繁《のぶしげ》 P.19 や、軍師《ぐんし》・山本勘助《やまもとかんすけ》 P.19 などがこの戦《たたか》いで亡《な》くなっている。

しかし、妻女山《さいじょさん》から別働隊《べつどうたい》がかけつけ、上杉軍《うえすぎぐん》を挟《はさ》み撃《う》ちにすると、謙信《けんしん》はすぐに撤退《てったい》。両軍《りょうぐん》合わせてなんと７０００人もの兵士《へいし》が亡《な》くなったといわれるが、この戦《たたか》いでも決着はつかなかった。

このあとに行われた5度目の戦《たたか》いは、両軍《りょうぐん》戦《たたか》わず撤退《てったい》している。

1566年

月山《がっさん》富田《とだ》城《じょう》の戦《たたか》い

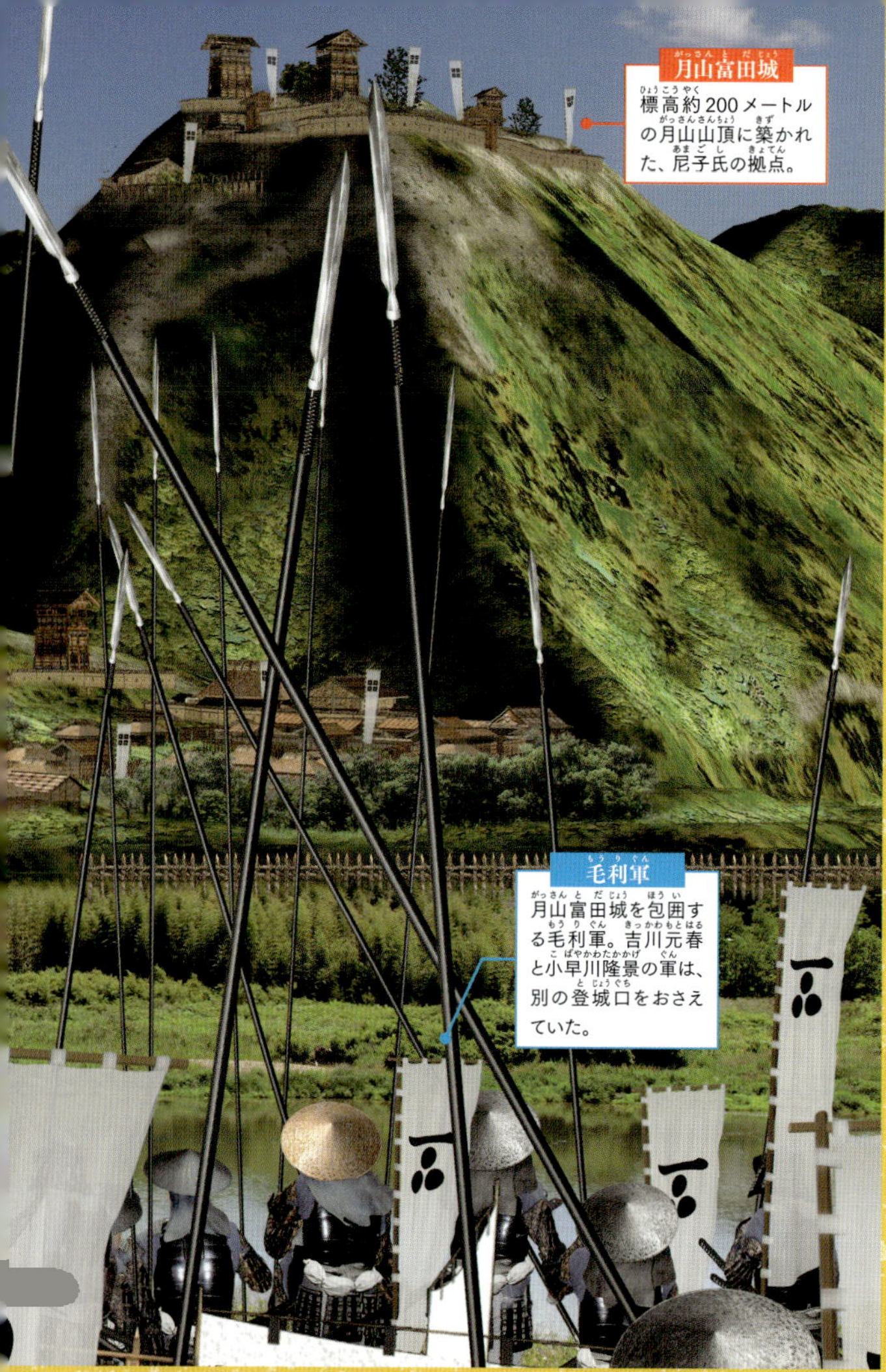
月山富田城《がっさんとだじょう》
標高約《ひょうこうやく》200メートルの月山山頂《がっさんさんちょう》に築《きず》かれた、尼子氏《あまごし》の拠点《きょてん》。
毛利軍《もうりぐん》
月山富田城《がっさんとだじょう》を包囲《ほうい》する毛利軍《もうりぐん》。吉川元春《きっかわもとはる》と小早川隆景《こばやかわたかかげ》の軍《ぐん》は、別の登城口《とじょうぐち》をおさえていた。

合戦場所《かっせんばしょ》

月山富田城《がっさんとだじょう》
（現在《げんざい》の島根県安来市《しまねけんやすぎし》）

総攻撃《そうこうげき》と兵糧攻《ひょうろうぜ》めで宿敵《しゅくてき》・尼子氏《あまごし》を討《う》った

厳島《いつくしま》の戦《たたか》い P.36 で大内氏《おおうちし》の実権《じっけん》をにぎっていた陶晴賢《すえはるかた》 P.29 を討《う》ち、勢力《せいりょく》を拡大《かくだい》していた毛利元就《もうりもとなり》 P.24。続《つづ》いて元就《もとなり》は、中国《ちゅうごく》地方を制《せい》するべく、大内氏《おおうちし》のライバル・尼子氏《あまごし》を討《う》つことを決める。

元就《もとなり》は、1556年、1559年に尼子氏《あまごし》の領地《りょうち》を攻《せ》めたが、尼《あま》子《ご》晴久《はるひさ》 P.28 の抵抗《ていこう》により、攻《せ》めきれず撤退《てったい》していた。しかし1560年、晴久《はるひさ》が47歳《さい》という若《わか》さで亡《な》くなると、風向きが変わる。

山中御殿《さんちゅうごてん》
月山《がっさん》の半《なか》ばにあった尼子氏《あまごし》の居住地《きょじゅうち》。敷地《しきち》はなんと、約《やく》6000平方メートルもあった。

尼子氏《あまごし》の居城《きょじょう》・月山富田城《がっさんとだじょう》は、標高約《ひょうこうやく》２００メートルの山の上にあり、「難攻不落《なんこうふらく》」と呼《よ》ばれた。元就《もとなり》は水軍《すいぐん》を使って月山富田城《がっさんとだじょう》への補給路《ほきゅうろ》を止めると、城《しろ》へ続《つづ》く３つの登城口《とじょうぐち》を息子の小早川隆景《こばやかわたかかげ》P.148、吉川元春《きっかわもとはる》P.149とで分担《ぶんたん》し、総攻撃《そうこうげき》をかけた。籠城戦《ろうじょうせん》となったが、同時に兵糧攻《ひょうろうぜ》めをしたことで、尼子氏《あまごし》は降伏《こうふく》した。この戦《いくさ》はなんと１年にもおよび、途中《とちゅう》たえきれず城《しろ》から逃《に》げだす者も多かったそうだ。

勝

毛利元就《もうりもとなり》
戦力《せんりょく》
約《やく》3万人

強敵《きょうてき》・晴久《はるひさ》亡《な》き今が、月山富《がっさんと》田城《だじょう》を落とすチャンスだ！

VS

月山富田城《がっさんとだじょう》は、難《なん》攻不落《こうふらく》の城《しろ》。籠《ろう》城戦《じょうせん》をたえきってやる！

尼子義久《あまごよしひさ》
戦力《せんりょく》
約《やく》1万人

負

スペシャルコラム

戦国《せんごく》時代を代表する刀・槍《やり》

武将《ぶしょう》の“魂《たましい》”ともいえる、刀や槍《やり》。「名刀にクローズアップ」で紹介《しょうかい》できなかった刀や槍《やり》のなかで、とくに魅力的《みりょくてき》なものを二振《ふたふ》り紹介《しょうかい》！

天下人《てんかびと》に受《う》け継《つ》がれた名刀

鬼丸国綱 おにまるくにつな

所有者 北条時頼《ほうじょうときより》→豊臣秀吉《とよとみひでよし》 P.104 →徳川家康《とくがわいえやす》 P.182

鎌倉《かまくら》時代の刀鍛冶《かたなかじ》、粟田口国綱《あわたぐちくにつな》が、鎌倉幕府《かまくらばくふ》の北条時頼《ほうじょうときより》の命《めい》でつくった太刀《たち》。名前の由来は不明《ふめい》だが、伝説《でんせつ》のひとつに、「時頼《ときより》が鬼《おに》の夢《ゆめ》に苦しんでいたとき、この太刀《たち》が鬼《おに》を斬《き》ったから」というものがある。室町幕府《むろまちばくふ》がほろんだとき、松永久秀《まつながひさひで》 P.84 らにうばわれた。のちに天下人《てんかびと》である豊臣秀吉《とよとみひでよし》や徳川家康《とくがわいえやす》らにわたったが、ふたりとも手もとには置《お》かなかったようだ。所有者がことごとく戦《たたか》いで命を落としていたため、遠ざけられたのかもしれない。

刀データ

作者	粟田口国綱《あわたぐちくにつな》
刀身《とうしん》	鎌倉《かまくら》時代／刃長《はちょう》・約《やく》78cm
所蔵《しょぞう》	宮内庁《くないちょう》

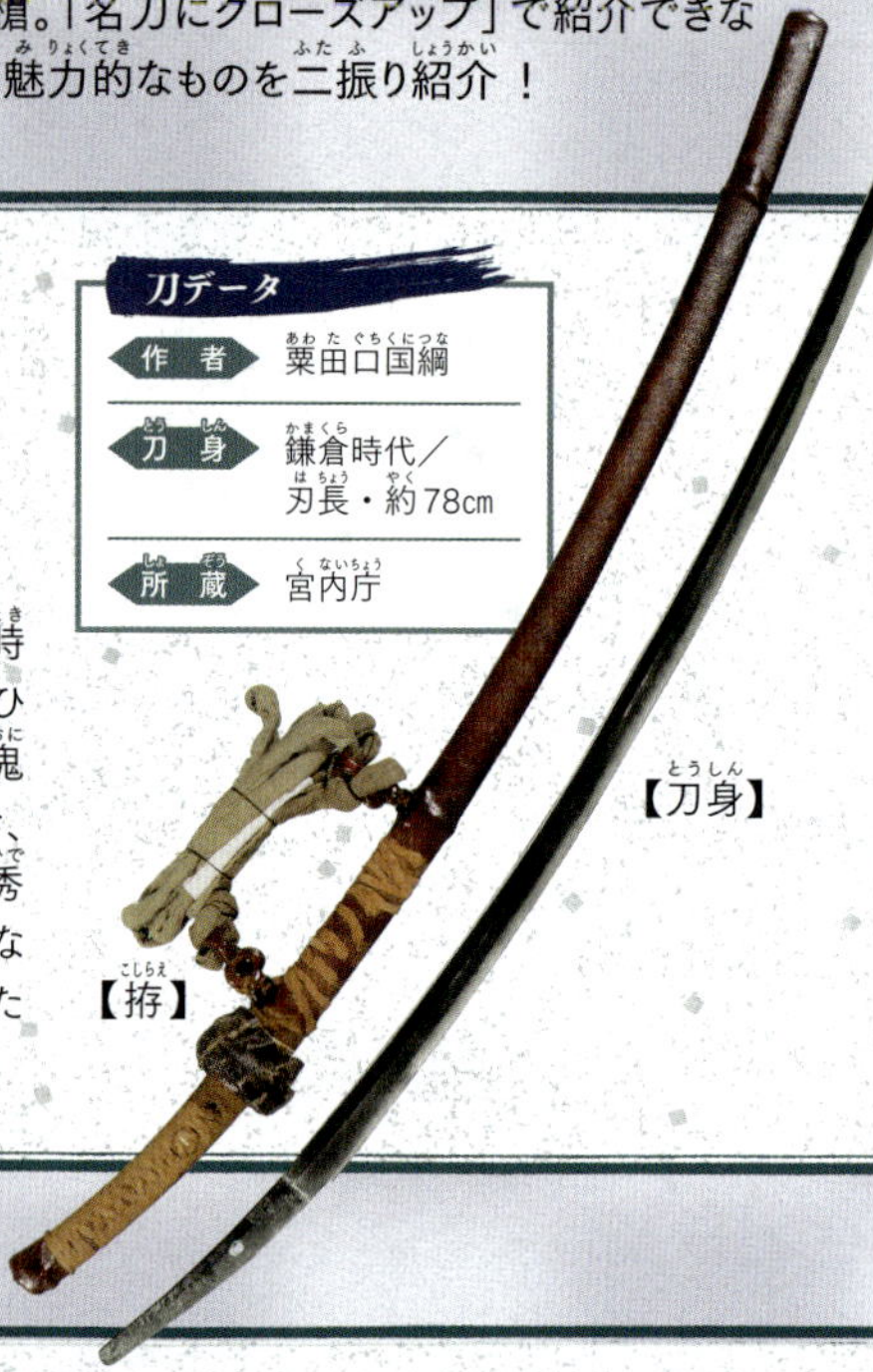

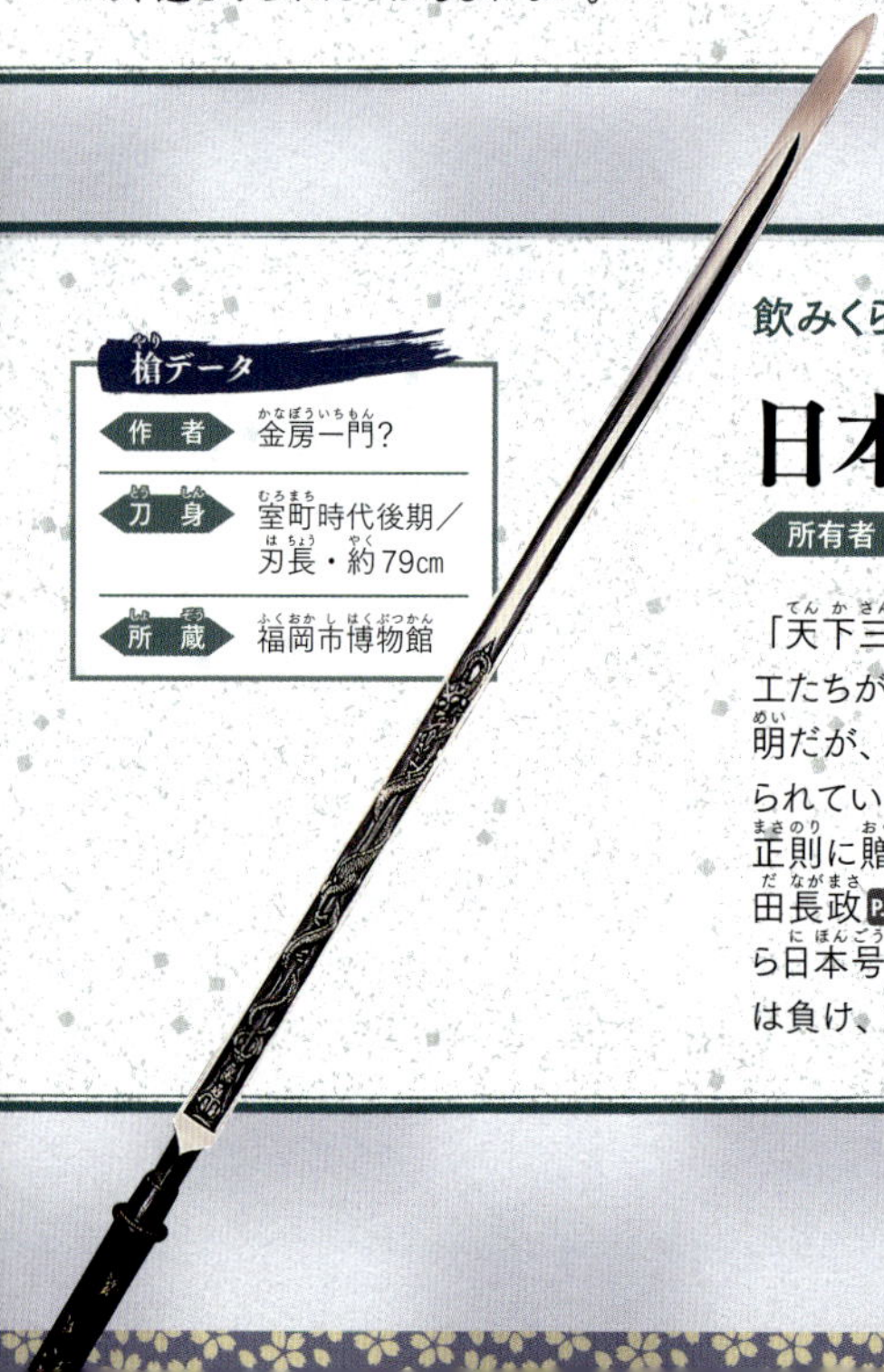

飲みくらべのかけに使われた「天下三槍《てんかさんそう》」

日本号 にほんごう

所有者 豊臣秀吉《とよとみひでよし》 P.104 →福島正則《ふくしままさのり》 P.132 →母里太兵衛《もりたへえ》

「天下三槍《てんかさんそう》」のひとつ。刀身《とうしん》に彫《ほ》られた龍《りゅう》が見事で、槍《やり》の刀工たちが勉強のために写しとるほどの出来ばえだ。作者は不明《ふめい》だが、大和《やまと》（現在《げんざい》の奈良県《ならけん》）の金房一門《かなぼういちもん》の作では、と考えられている。豊臣秀吉《とよとみひでよし》によって「日本号《にほんごう》」と名づけられ、福島正則《ふくしままさのり》に贈《おく》られた。ところが正則《まさのり》は、あいさつにやって来た黒田長政《くろだながまさ》 P.200 の家臣《かしん》・母里太兵衛《もりたへえ》に酒をつぎ、「飲《の》み干《ほ》せたら日本号《にほんごう》をやろう」と、かけの景品《けいひん》にしてしまう。結果、正則《まさのり》は負け、太兵衛《たへえ》は日本号《にほんごう》を手に入れた。

槍《やり》データ

作者	金房一門《かなぼういちもん》?
刀身《とうしん》	室町《むろまち》時代後期／刃長《はちょう》・約《やく》79cm
所蔵《しょぞう》	福岡市博物館《ふくおかしはくぶつかん》

その弐《に》

織《お》田《だ》信《のぶ》長《なが》の章

天下統一《とういつ》に迫《せま》った覇王《はおう》、あと一歩届《とど》かず紅蓮《ぐれん》の炎《ほのお》に散《ち》る

織《お》田《だ》信《のぶ》長《なが》

出身地	尾張《おわり》（現在《げんざい》の愛知県《あいちけん》）
生　年	1534年
没　年	1582年（享年《きょうねん》49）

信長《のぶなが》ってどんな人？

変《か》わったものが大好《だいす》きで「大うつけ」と呼《よ》ばれた

尾張《おわり》（現在《げんざい》の愛知県《あいちけん》）の戦国《せんごく》大名、織田信秀《おだのぶひで》の子として生まれた信長《のぶなが》は、織田家《おだけ》の跡《あと》とり息子として期待されており、わずか2歳《さい》のときに那古野《なごや》城《じょう》の城主《じょうしゅ》となった。若《わか》いころはあまり遊ばず、有名な先生について、弓や鉄砲《てっぽう》など武士《ぶし》にとって大切な武術《ぶじゅつ》に励《はげ》んだ。なかでも馬術《ばじゅつ》は朝晩《あさばん》練習するほど熱心《ねっしん》で、それは大人になってからも変《か》わらなかったそうだ。

武術《ぶじゅつ》は熱心《ねっしん》に打ちこんだ信長《のぶなが》だったが、素行《そこう》はあまりよくなかったようだ。町中を歩きながら柿《かき》やうりを食べたり、変《か》わった服装《ふくそう》が大好《だいす》きで、片袖《かたそで》を脱《ぬ》いで丈《たけ》が短い袴《はかま》をはいたりしていた。当時、家柄《いえがら》のよい人間は行儀《ぎょうぎ》もよくしなければならないと考えられていたので、家臣《かしん》や町の人は信長《のぶなが》を「尾張《おわり》の大うつけ（大ばか者）」と呼《よ》んでいた。

信長《のぶなが》の妻《つま》となる濃姫《のうひめ》P.55の父で、美《み》濃《の》（現在《げんざい》の岐阜県《ぎふけん》）の城主《じょうしゅ》であった斎藤道三《さいとうどうさん》P.32は、そのうわさを聞いて「大事な娘《むすめ》と結婚《けっこん》させて大丈夫《だいじょうぶ》なのか」と心配になり、様子を見に行った。だが、このとき信長《のぶなが》は予想を裏《うら》切《ぎ》り、きちんとした服装《ふくそう》に着がえて会ったそうだ。道三《どうさん》は信長《のぶなが》がうつけではなく能力《のうりょく》をもった人間だと見《み》抜《ぬ》き、「うちの息子は、近い将来《しょうらい》信長《のぶなが》に負けて家臣《かしん》になるだろう」とまで語ったという。結局《けっきょく》、道三《どうさん》の孫《まご》が信《のぶ》長《なが》と戦《たたか》って負けることになる。

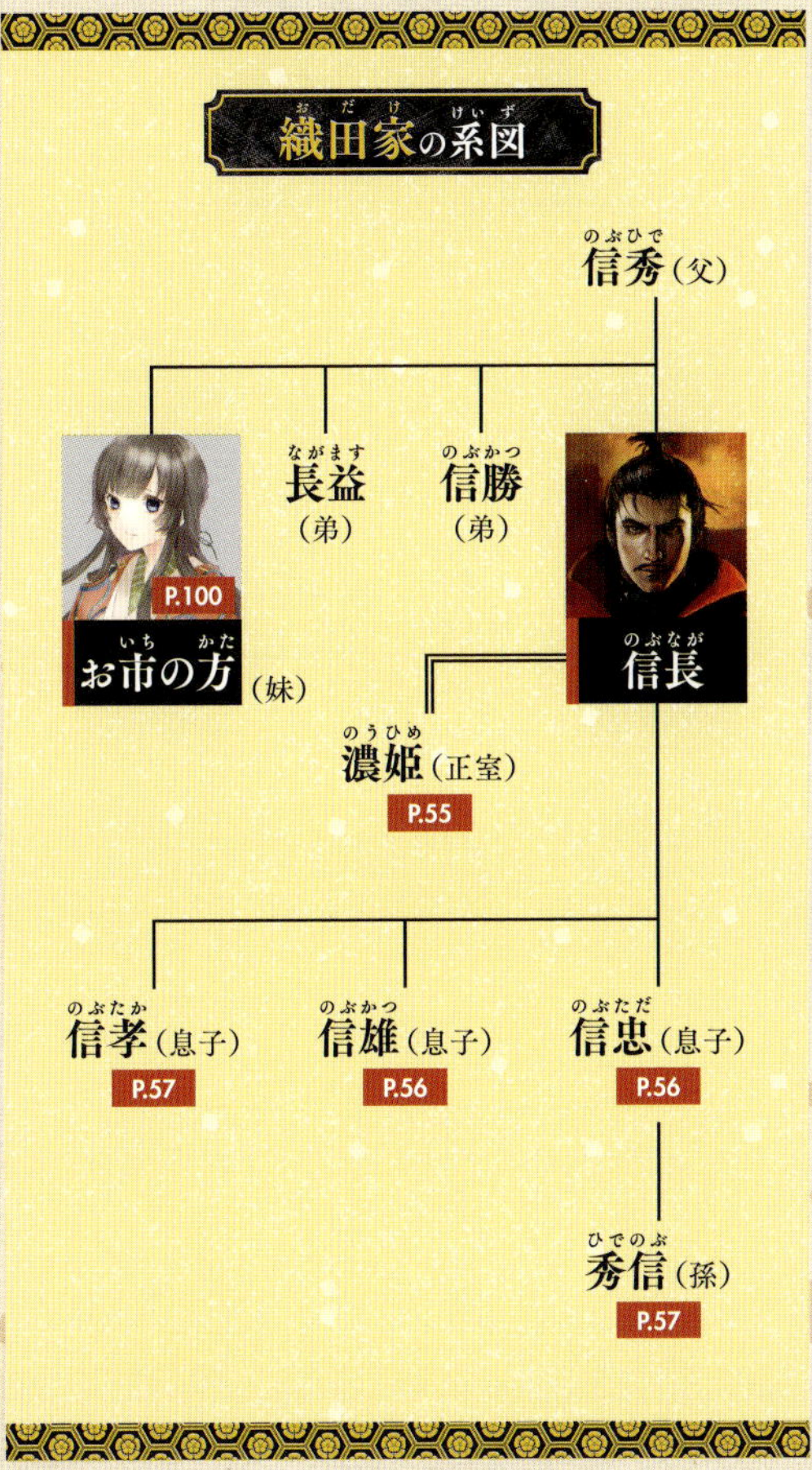
織田家《おだけ》の系図《けいず》
信秀《のぶひで》（父）
長益《ながます》（弟）
信勝《のぶかつ》（弟）
P.100
お市《いち》の方《かた》（妹）
信長《のぶなが》
濃姫《のうひめ》（正室）
P.55
信孝《のぶたか》（息子）
P.57
信雄《のぶかつ》（息子）
P.56
信忠《のぶただ》（息子）
P.56
秀信《ひでのぶ》（孫）
P.57

どんな人生を送ったの？

桶狭間《おけはざま》の戦《たたか》いでその名を世にとどろかす

信長《のぶなが》が家督《かとく》を継《つ》いだ当時、領土《りょうど》は尾張《おわり》の一部にすぎなかった。しかし信長《のぶなが》は、戦《いくさ》の才能《さいのう》を開花させ、周囲《しゅうい》の国を次つぎと討《う》ちとっていく――。

その快進撃《かいしんげき》の始まりといわれるのが、信長《のぶなが》が27歳《さい》のときに起こった桶《おけ》狭間《はざま》の戦《たたか》い P.86 だ。1560年、駿河《するが》（現在《げんざい》の静岡県《しずおかけん》）の大名・今川義元《いまがわよしもと》 P.30 が、大軍《たいぐん》を率《ひき》いて尾張《おわり》に入った。義《よし》元《もと》は当時尾張《おわり》の一部を支配下《しはいか》にしており、さらなる進出をもくろんでいた。今川家《いまがわけ》とは、信長《のぶなが》の父の時代から領地《りょうち》をめぐって小競《こぜ》り合《あ》いを重ねてきた仲《なか》である。義元《よしもと》は態勢《たいせい》を整え、いよいよ尾張《おわり》を奪取《だっしゅ》しようと、2万5000の大軍《たいぐん》を率《ひき》いて尾張《おわり》に入った。対する信長軍《のぶながぐん》はその半分にも満《み》たない兵数《へいすう》だったという。しかし、信長《のぶなが》は奇襲攻撃《きしゅうこうげき》をかけて義元《よしもと》を討《う》ちとる。この戦《たたか》いの後、信長《のぶなが》の名は一気に知れわたることとなる。

その後、道三《どうさん》の孫《まご》の龍興《たつおき》を討《う》ちとり、美濃《みの》を手中《しゅちゅう》にする。信長《のぶなが》が「天《てん》下布武《かふぶ》」の印《いん》を手紙に使い始めたのはこのころのことだ。そうすることで、自分が天下をおさめることを宣《せん》言《げん》したのだ。

天下統一《とういつ》を目前にするも家臣《かしん》の裏切《うらぎ》りにあう

天下統一《とういつ》を目指す信長《のぶなが》を頼《たよ》った人間がいる。室町幕府《むろまちばくふ》の将軍候補《しょうぐんこうほ》の足《あし》利義昭《かがよしあき》 P.70 だ。信長《のぶなが》は義昭《よしあき》を15代将軍《しょうぐん》に担《かつ》ぎ上げ、京都《きょうと》に入った。

だが、自分を無視《むし》して政治《せいじ》を行う信長《のぶなが》に義昭《よしあき》が不満《ふまん》をもち、朝倉氏《あさくらし》や浅井氏《あざいし》、比叡山延暦寺《ひえいざんえんりゃくじ》、石山本願寺《いしやまほんがんじ》と手を組み、反乱《はんらん》を起こす。反信長《はんのぶなが》

織田信長《おだのぶなが》年表

1534年（1歳）	尾張《おわり》（現在《げんざい》の愛知県《あいちけん》）に生まれる
1549年（16歳）	濃姫《のうひめ》と結婚《けっこん》する
1552年（19歳）	父・信秀《のぶひで》が死去。家督《かとく》を相続《そうぞく》する
1555年（22歳）	城主《じょうしゅ》・織田信友《おだのぶとも》を追放し、清洲城《きよすじょう》を手中《しゅちゅう》にする
1556年（23歳）	稲生《いのう》の戦《たたか》いで、弟の織田《おだ》信勝《のぶかつ》を擁立《ようりつ》した林秀貞《はやしひでさだ》、林通具《はやしみちとも》、柴田勝家《しばたかついえ》らを破《やぶ》る。翌年《よくねん》に、信勝《のぶかつ》を殺害《さつがい》する
1559年（26歳）	京都《きょうと》に上洛《じょうらく》。13代将軍《しょうぐん》・足利義輝《あしかがよしてる》に謁見《えっけん》する 岩倉城《いわくらじょう》の戦《たたか》いで織田信賢《おだのぶかた》を討《う》つ。尾張《おわり》を統一《とういつ》する
重要！ 1560年（27歳）	桶狭間《おけはざま》の戦《たたか》いで今川義元《いまがわよしもと》を討《う》つ

軍《ぐん》には戦《いくさ》上手として知られる武田信玄《たけだしんげん》P.16もいて、ともに信長《のぶなが》を追いつめた。

しかし、信玄《しんげん》の死によって信長《のぶなが》はピンチを脱出《だっしゅつ》。信長《のぶなが》は義昭《よしあき》を追放し室町幕府《むろまちばくふ》をほろぼすと、本願寺《ほんがんじ》との戦《いくさ》を開始P.92。さらに延暦寺《えんりゃくじ》を焼《や》き討《う》ちにする。仏教《ぶっきょう》の聖地《せいち》である延暦寺《えんりゃくじ》に総攻撃《そうこうげき》をかけることは、神をも恐《おそ》れぬ行為《こうい》である。

さらに信玄《しんげん》の息子・勝頼《かつより》P.78が率《ひき》いる武田軍《たけだぐん》を破《やぶ》るP.94。このとき活躍《かつやく》したのが1000人もの鉄砲隊《てっぽうたい》だ。一斉《いっせい》に砲撃《ほうげき》された鉄砲《てっぽう》に混乱《こんらん》した武田《たけだ》軍《ぐん》は、なすすべなく撤退《てったい》したという。

1582年、中国《ちゅうごく》攻《ぜ》めに苦戦《くせん》する豊臣秀吉《とよとみひでよし》P.104の援軍要請《えんぐんようせい》を受け、加勢《かせい》するため居城《きょじょう》・安土城《あづちじょう》を出発。その道中、立ち寄《よ》った京都《きょうと》の本能寺《ほんのうじ》で、家臣《かしん》・明智光秀《あけちみつひで》P.60に襲《おそ》われるP.98。信長《のぶなが》は少ない武器《ぶき》をとって抵抗《ていこう》したが、追いつめられ、ついに本能寺《ほんのうじ》に火を放ち、自《みずか》ら命を絶《た》った。

岐阜城《ぎふじょう》の信長像《のぶながぞう》

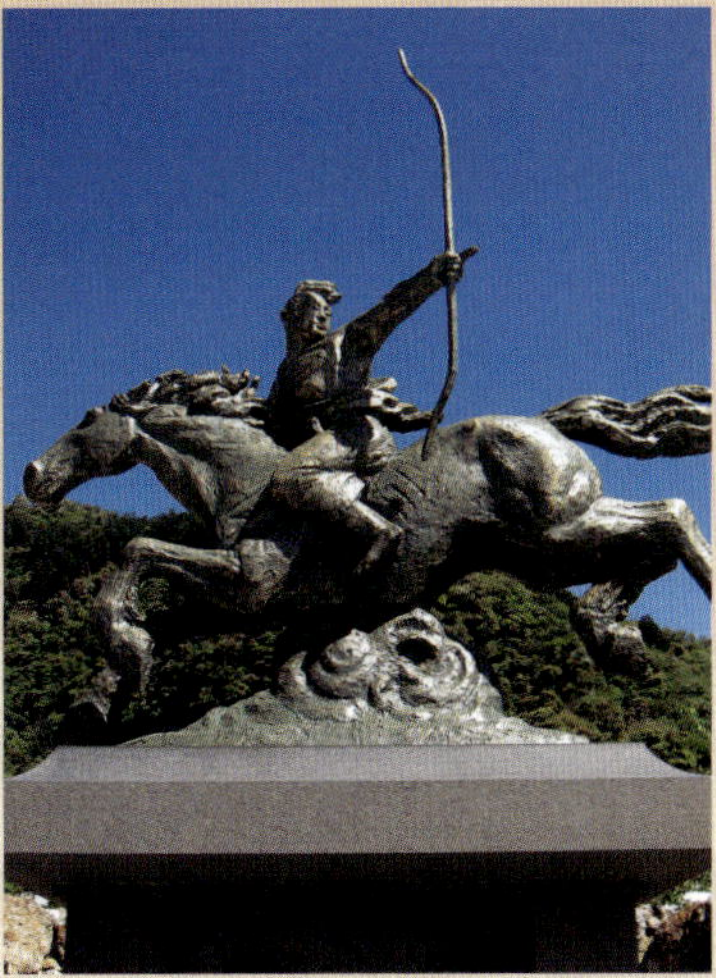

若《わか》き日の騎馬姿《きばすがた》の信長《のぶなが》。岐阜城《ぎふじょう》は、信長《のぶなが》が美濃《みの》を手中《しゅちゅう》におさめたあと居城《きょじょう》にした城《しろ》で、天下取りの拠点《きょてん》となった。

1562年（29歳）	徳川家康《とくがわいえやす》と清洲《きよす》同盟《どうめい》を結《むす》ぶ
1567年（34歳）	稲葉山城《いなばやまじょう》攻《ぜ》めで斎藤龍興《さいとうたつおき》を破《やぶ》る
1568年（35歳）	足利義昭《あしかがよしあき》を奉《ほう》じて上洛《じょうらく》する。義昭《よしあき》を将軍《しょうぐん》に担《かつ》ぎ上げる
1570年（37歳）	姉川《あねがわ》の戦《たたか》いで浅井《あざい》・朝倉《あさくら》氏《し》を破《やぶ》る 本願寺《ほんがんじ》との10年におよぶ石山合戦《いしやまかっせん》が始まる
1573年（40歳）	義昭《よしあき》を追放し、室町幕府《むろまちばくふ》をほろぼす
重要! 1575年（42歳）	長篠《ながしの》・設楽原《したらがはら》の戦《たたか》いで武田勝頼《たけだかつより》を破《やぶ》る
1576年（43歳）	本拠地《ほんきょち》を近江《おうみ》に移《うつ》す。安土城《あづちじょう》を築《きず》く
1577年（44歳）	手取川《てどりがわ》の戦《たたか》いで、上杉謙信《うえすぎけんしん》に敗《やぶ》れる
1580年（47歳）	朝廷《ちょうてい》の仲介《ちゅうかい》により、本願寺《ほんがんじ》の顕如《けんにょ》と和睦《わぼく》。石山合戦《いしやまかっせん》終結《しゅうけつ》
1582年（49歳）	本能寺《ほんのうじ》の変《へん》。明智光秀《あけちみつひで》の謀反《むほん》により、自害《じがい》

どんな功績《こうせき》を残《のこ》したの？

人びとの生活を安定させ、経済《けいざい》を盛《さか》んにした

信長《のぶなが》は、国をおさめるには人びとの生活を安定させることが大事だと考えていたようだ。豊《ゆた》かになれば、その分味方が増《ふ》えると考えたのだろう。

しかし、国を安定させようとする信長《のぶなが》の前に、最大《さいだい》の障害《しょうがい》が立ちはだかる。うつけ者の信長《のぶなが》とちがって、行儀《ぎょうぎ》がよかった弟・信勝《のぶかつ》だ。家臣《かしん》たちのなかには、信長《のぶなが》ではなく信勝《のぶかつ》に織田家《おだけ》を継《つ》がせたいと考える人が多かった。彼《かれ》らは信勝《のぶかつ》に、信長《のぶなが》にはむかうようそそのかしたのだ。母のとりなしもあり、信長殺害《のぶながさつがい》をくわだてた信勝《のぶかつ》を、信長《のぶなが》は一度は許《ゆる》すことにした。

しかし信勝《のぶかつ》の家臣《かしん》の柴田勝家《しばたかついえ》P.58が、信勝《のぶかつ》が再《ふたた》び裏切《うらぎ》ろうとしているという情報《じょうほう》をもらしてきた。そこで信長《のぶなが》は勝家《かついえ》を自分の家臣《かしん》にし、信勝暗殺《のぶかつあんさつ》をくわだてる。それは信勝《のぶかつ》に病気になったとウソをつき、「お見舞《みま》いに来い」と言っておびきだす作戦だった。信勝《のぶかつ》は策《さく》にはまり、信長《のぶなが》は弟を殺《ころ》して尾張統一《おわりとういつ》に近づいた。

無事《ぶじ》に家督《かとく》を継《つ》いだ信長《のぶなが》は、国の安定と領民《りょうみん》の生活向上のために様ざまな政策《せいさく》を打ちだした。まずはきつい坂をなだらかにしたり、川に橋を架《か》けたりして、道路を整備《せいび》。そして、怪《あや》しい人物を取《と》り締《し》まったり、通行料をとったりするための関所《せきしょ》をなくして、人びとが自由に行き来できるようにした。人びとはありがたがって、感謝《かんしゃ》の証《あかし》に信長《のぶなが》が長生きすることを神に祈《いの》ったという。

さらに、外国との貿易《ぼうえき》も積極的《せっきょくてき》に行った。外国から手に入れた鉄砲《てっぽう》は、戦《いくさ》にも大いに役立ったという。

知っ得エピソード

信長《のぶなが》はおもてなし名人!?

敵《てき》を皆殺《みなごろ》しにするなど非情《ひじょう》なイメージがある信長《のぶなが》だが、実は「おもてなし」が大好《だいす》きだったそうだ。

居城《きょじょう》の岐阜城《ぎふじょう》にも安土城《あづちじょう》にも、信長《のぶなが》はたくさんの客を招《まね》いた。そして、自《みずか》ら城内《じょうない》を案《あん》内《ない》したという。そこで、自分が集めていた茶器《ちゃき》などの名品を見せていたようだ。

名刀にクローズアップ

へし切長谷部 へしきりはせべ

茶坊主《ちゃぼうず》を手討《てう》ちにしたことが名前の由来

刀データ	
所有者	織田信長《おだのぶなが》→黒田官兵衛《くろだかんべえ》 P.122
作　者	長谷部国重《はせべくにしげ》
刀《とう》　身《しん》	南北朝《なんぼくちょう》時代／刃長《はちょう》・約《やく》64.8cm
拵《こしらえ》	江戸《えど》時代／全長・92.2cm 柄《つか》・21.5cm 鞘《さや》・69.5cm
所《しょ》　蔵《ぞう》	福岡市博物館《ふくおかしはくぶつかん》

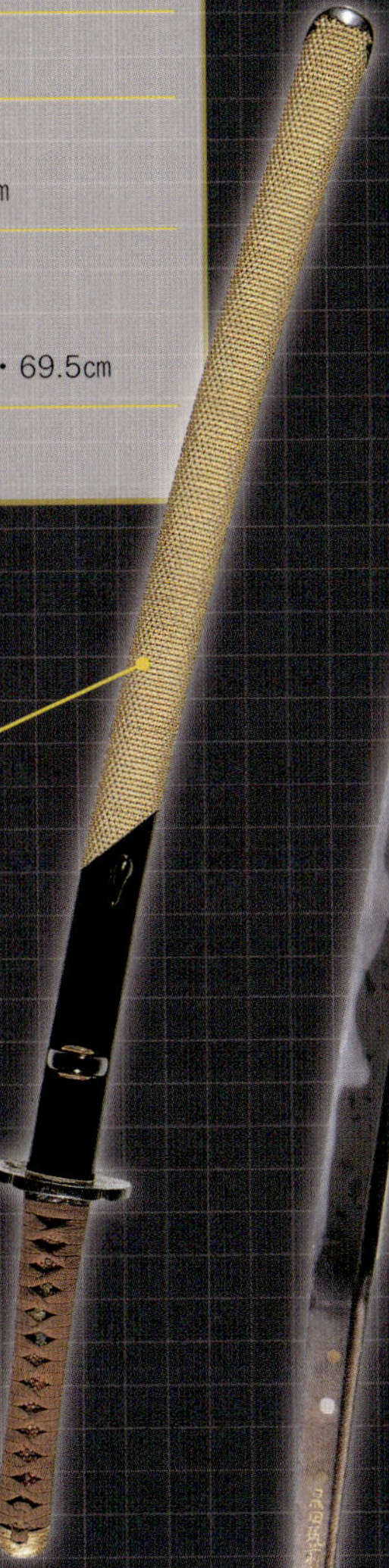
【拵《こしらえ》】
拵《こしらえ》は、傷《いた》みが激《はげ》しいので現在《げんざい》は使用不可《ふか》。桃山《ももやま》時代に流行《はや》った豪華《ごうか》な拵《こしらえ》。

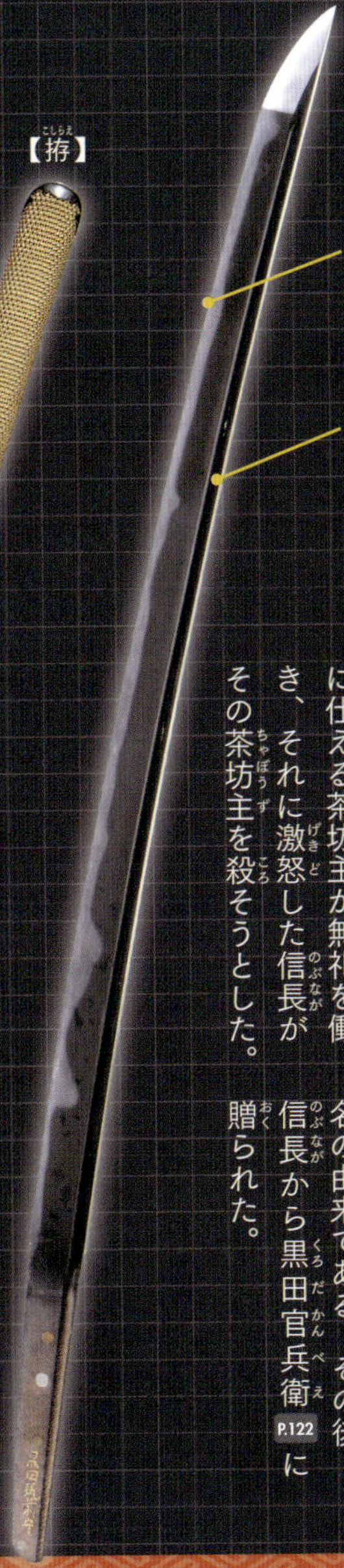
【刀身《とうしん》】
反《そ》りは浅《あさ》い。
刀身《とうしん》の厚《あつ》さは、ややうすい。

棚《たな》ごと茶坊主《ちゃぼうず》をへし切った刀

　この刀の名前は信長《のぶなが》に由来している。あるとき信長《のぶなが》に仕《つか》える茶坊主《ちゃぼうず》が無礼《ぶれい》を働《はたら》き、それに激怒《げきど》した信長《のぶなが》がその茶坊主《ちゃぼうず》を殺《ころ》そうとした。

茶坊主《ちゃぼうず》はあわてて台所の棚《たな》の下に逃《に》げこむと、信長《のぶなが》は棚《たな》にこの刀をおし当てて、棚《たな》もろとも茶坊主《ちゃぼうず》を斬《き》ってしまった。このことが、刀名の由来である。その後、信長《のぶなが》から黒田官兵衛《くろだかんべえ》 P.122 に贈《おく》られた。

信長《のぶなが》と関《かか》わりのあった人びと

突如切腹《とつじょせっぷく》をとげた信長《のぶなが》の養育係《よういくがかり》

平手政秀《ひらてまさひで》

1492〜1553年（享年《きょうねん》62）

信長《のぶなが》の父の時代からの家臣《かしん》で、信長《のぶなが》の養育係《よういくがかり》だった。1553年に突然切腹《とつぜんせっぷく》し、その理由は信長《のぶなが》のうつけぶりをいさめるためなど諸説《しょせつ》あるが、真相は謎《なぞ》のままだ。

「黒母衣衆《くろほろしゅう》」の筆頭をつとめる

河尻秀隆《かわじりひでたか》

?〜1582年（享年《きょうねん》?）

信長《のぶなが》の父の時代から仕《つか》えた。家臣《かしん》の精鋭部隊《せいえいぶたい》の「黒母衣衆《くろほろしゅう》」の筆頭。信長《のぶなが》の息子・信忠《のぶただ》 P.56 軍《ぐん》の指揮官《しきかん》としても活躍《かつやく》。本能寺《ほんのうじ》の変《へん》直後に武田家旧臣《たけだけきゅうしん》に襲《おそ》われ死亡《しぼう》。

信長《のぶなが》から一字もらった古株《ふるかぶ》の家臣《かしん》

金森長近《かなもりながちか》

1524〜1608年（享年《きょうねん》85）

古くから信長《のぶなが》に仕《つか》え、信長《のぶなが》から一字賜《たまわ》り「長近《ながちか》」を名乗る。1575年、越前《えちぜん》一向一揆《いっこういっき》で戦功《せんこう》をあげる。信長《のぶなが》の死後、豊臣《とよとみ》、徳川《とくがわ》に仕《つか》え、関《せき》ケ《が》原《はら》の戦《たたか》い P.230 後、初代高山藩主《しょだいたかやまはんしゅ》となる。

金森長近像《かなもりながちかぞう》

岐阜県《ぎふけん》の高山城跡《たかやまじょうあと》にある金森長近《かなもりながちか》の銅像《どうぞう》。

失敗《しっぱい》を責《せ》められ追放される

佐久間信盛《さくまのぶもり》

?〜1582年（享年《きょうねん》?）

信長《のぶなが》の父の家臣《かしん》で、幼少《ようしょう》のころから信長《のぶなが》に仕《つか》える。織田《おだ》軍《ぐん》の筆頭として、織田《おだ》家屈指《けくっし》の兵数《へいすう》を率《ひき》いるが、合戦《かっせん》での失策《しっさく》などをとがめられ、信長《のぶなが》に追放される。

斎藤家《さいとうけ》から寝返《ねがえ》った頑固者《がんこもの》

稲葉一鉄《いなばいってつ》

1515〜1588年（享年《きょうねん》74）

美濃《みの》の斎藤氏《さいとうし》に仕《つか》えていたが1567年に信長《のぶなが》に寝返《ねがえ》る。その後姉川《あねがわ》の戦《たたか》い P.90 などで活躍《かつやく》。頑固者《がんこもの》で知られ、「頑固《がんこ》一徹《いってつ》」という言葉の語源《ごげん》になったという。

謎《なぞ》が多い信長《のぶなが》の正室《せいしつ》

濃姫《のうひめ》

1535?～1612年（享年《きょうねん》78?）

斎藤道三《さいとうどうさん》の娘《むすめ》で、政略結婚《せいりゃくけっこん》で信長《のぶなが》の正《せい》室《しつ》になる。信長《のぶなが》の死後、信長《のぶなが》の息子・信《のぶ》雄《かつ》P.56（母は濃姫《のうひめ》ではない）に守られたという。しかし、濃姫《のうひめ》については記録《きろく》が少ないため謎《なぞ》も多く諸説《しょせつ》ある。子供《こども》ができないので離縁《りえん》された、早くに病死してしまった、または本能寺《ほんのうじ》の変《へん》で信長《のぶなが》とともに戦《たたか》ったなど様ざまな説《せつ》が伝《つた》わる。

信長《のぶなが》と濃姫像《のうひめぞう》

清洲城《きよすじょう》の信長《のぶなが》と濃姫《のうひめ》の銅像《どうぞう》。濃姫《のうひめ》が信長《のぶなが》を見つめているような配置《はいち》。

徳川軍《とくがわぐん》に討《う》たれた信長《のぶなが》の幼《おさな》なじみ

池田恒興《いけだつねおき》

1536～1584年（享年《きょうねん》49）

母が信長《のぶなが》の乳母《うば》（高貴《こうき》な身分の女性《じょせい》の代わりに、子育てをする女性《じょせい》）だったため、子供《こども》のころから信長《のぶなが》と一緒《いっしょ》に育つ。1578年に荒木村重《あらきむらしげ》P.68が信長《のぶなが》に謀反《むほん》を起こすと、村重《むらしげ》の居城《きょじょう》を攻《せ》め、戦後《せんご》村重《むらしげ》の領地《りょうち》をあたえられた。

1582年、信長《のぶなが》の息子・信孝《のぶたか》P.57について四国《しこく》攻《ぜ》めに乗りだす予定だったが、本《ほん》能寺《のうじ》の変《へん》が起き中止に。信孝《のぶたか》や豊臣秀吉《とよとみひでよし》と協力《きょうりょく》し、山崎《やまざき》の戦《たたか》いで明智光秀《あけちみつひで》を討《う》った。その後、織田《おだ》家《け》の相続会議《そうぞくかいぎ》「清洲会議《きよすかいぎ》」では、織田家四宿老《おだけよんしゅくろう》（経験豊富《けいけんほうふ》な重臣《じゅうしん》）として、豊臣秀吉《とよとみひでよし》や柴田勝家《しばたかついえ》らとともに列席《れっせき》。会議《かいぎ》後は、秀吉《ひでよし》に従《したが》うようになる。小牧《こまき》・長久手《ながくて》の戦《たたか》いP.172では秀吉《ひでよし》方《かた》として参戦《さんせん》。徳川家康《とくがわいえやす》P.182の領地《りょうち》を攻《こう》撃《げき》しようとねらうが、見破《みやぶ》られ徳川軍《とくがわぐん》に襲《おそ》われて討死《うちじに》した。

信長《のぶなが》の書記官《しょきかん》で『信長公記《しんちょうこうき》』の作者

太田牛一《おおたぎゅういち》

1527～?年（享年《きょうねん》?）

信長《のぶなが》の一代記『信長公記《しんちょうこうき》』の著者《ちょしゃ》として知られる。若《わか》いころから信長《のぶなが》に仕《つか》え、弓の名手だった。美濃《みの》攻《ぜ》めで武功《ぶこう》をあげほうびを得《え》るが、それ以後《いご》は信長《のぶなが》の側近《そっきん》の書記官《しょきかん》として活躍《かつやく》。内政面《ないせいめん》を支《ささ》える。信長《のぶなが》の死後は豊臣秀吉《とよとみひでよし》に仕《つか》えた。

磔《はりつけ》にされた信長《のぶなが》の叔母《おば》

岩村殿《いわむらどの》

?～1575年（享年《きょうねん》?）

信長《のぶなが》の父の妹で、信長《のぶなが》の叔母《おば》。美濃岩《みのいわ》村城主《むらじょうしゅ》の遠山《とおやま》氏《し》に嫁《とつ》ぐが、子供《こども》ができず夫《おっと》も死去したため、信長《のぶなが》の子を養子《ようし》にとり、女城主《おんなじょうしゅ》となる。その後武田《たけだ》家《け》に寝返《ねがえ》り、岩村城《いわむらじょう》で信長《のぶなが》と交戦《こうせん》するがとらえられ、磔《はりつけ》の刑《けい》にされた。

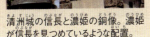

信長《のぶなが》とともに散《ち》った跡継《あとつ》ぎ息子

織田信忠《おだのぶただ》

織田信長《おだのぶなが》P.48の長男。信長《のぶなが》の息子のなかでは一番できがよく、早くから後継者《こうけいしゃ》としての教育を受け、信長《のぶなが》も大きな失《しっ》敗《ぱい》をしない優等生《ゆうとうせい》な信忠《のぶただ》を、かわいがっていたという。そのかいあってか、1582年の武田勝頼《たけだかつより》P.78攻《ぜ》めでは、わずか1か月たらずで勝頼《かつより》を討《う》ち、勝頼《かつより》の首をもって信長《のぶなが》に報告《ほうこく》にきており、跡継《あとつ》ぎにふさわしい活躍《かつやく》を見せる。信長《のぶなが》の晩年《ばんねん》は、信忠《のぶただ》が織《お》田軍《だぐん》を指揮《しき》していたようである。

1582年の本能寺《ほんのうじ》の変《へん》P.98では、信長《のぶなが》とともに京《きょう》都《と》に入り、妙覚寺《みょうかくじ》に宿泊《しゅくはく》していた。明智光秀《あけちみつひで》P.60の挙《きょ》兵《へい》を知ると二条御所《にじょうごしょ》に移《うつ》って応戦《おうせん》するが、力尽《つ》きて自害《じがい》したと伝《つた》えられる。26年の短い生涯《しょうがい》だった。

出身地
尾張《おわり》(現在《げんざい》の愛知県《あいちけん》)

生　年
1557年

没　年
1582年(享年《きょうねん》26)

織田家《おだけ》の家督《かとく》をねらうが秀吉《ひでよし》の臣下《しんか》に入る

織田信雄《おだのぶかつ》

織田信長《おだのぶなが》P.48の次男。一時、北畠家《きたばたけけ》の後継者《こうけいしゃ》となるために養子《ようし》となるが、信長《のぶなが》の命《めい》で北《きた》畠《ばたけ》一族を殺害《さつがい》する。

信長《のぶなが》の死後、豊臣秀吉《とよとみひでよし》P.104と協力《きょうりょく》し、もともと仲《なか》が悪かった弟の信孝《のぶたか》P.57を自害《じがい》させ、清《きよ》洲城《すじょう》(現在《げんざい》の愛知県《あいちけん》)に入った。しかし、1584年には秀吉《ひでよし》と対立し、徳川家康《とくがわいえやす》P.182とともに戦《たたか》うP.172。家康《いえやす》は秀吉《ひでよし》に勝利《しょうり》したものの、信雄《のぶかつ》は独断《どくだん》で秀吉《ひでよし》と和解《わかい》。以後《いご》、信雄《のぶかつ》は秀吉《ひでよし》に従《したが》うようになった。信雄《のぶかつ》は父ゆずりの攻撃的《こうげきてき》な性格《せいかく》ながら、変《か》わり身も早かったようだ。

関ケ原《せきがはら》の戦《たたか》いP.230では石田三成《いしだみつなり》P.126側《がわ》についたため、敗北《はいぼく》して領地《りょうち》を没収《ぼっしゅう》される。しかし、のちに許《ゆる》されて、大名として江戸時代《えどじだい》まで生き残《のこ》った。

出身地
尾張《おわり》(現在《げんざい》の愛知県《あいちけん》)

生　年
1558年

没　年
1630年(享年《きょうねん》73)

家督相続《かとくそうぞく》に敗《やぶ》れた信長《のぶなが》の三男

織田信孝《おだのぶたか》

織田《おだ》信長《のぶなが》P.48の三男。信雄《のぶかつ》P.56より早く生まれたが、母の身分が低《ひく》いので、三男とされたといわれる。のちに伊勢《いせ》の領《りょう》主《しゅ》・神戸《かんべ》具盛《とももり》の養子《ようし》となり、神戸《かんべ》信孝《のぶたか》とも名乗る。本能寺《ほんのうじ》の変《へん》P.98後、豊臣秀吉《とよとみひでよし》P.104と合流し明智光秀《あけちみつひで》P.60討伐《とうばつ》の総大将《そうだいしょう》となる。見事に山崎《やまざき》の戦《たたか》いで勝《しょう》利《り》をおさめ、父の仇《かたき》を討《う》った。

しかし、その活躍《かつやく》もむなしく、「清洲会議《きよすかいぎ》」では、秀吉《ひでよし》が推《お》した信長《のぶなが》の孫《まご》の秀信《ひでのぶ》が跡継《あとつ》ぎに。このことで秀吉《ひでよし》との間に溝《みぞ》ができ、秀吉《ひでよし》に対抗《たいこう》するために柴《しば》田《た》勝家《かついえ》P.58に、叔母《おば》のお市《いち》の方《かた》P.100を嫁《とつ》がせたという。１５８３年、勝家《かついえ》が亡《な》くなると、信孝《のぶたか》も兄・信雄《のぶかつ》に攻《せ》められ、自害《じがい》。不遇《ふぐう》な生涯《しょうがい》を閉《と》じた。

出身地
尾張《おわり》（現在《げんざい》の愛知県《あいちけん》）

生年
1558年

没年
1583年（享年《きょうねん》26）

わずか3歳《さい》で織田《おだ》家《け》の当主に

織田秀信《おだひでのぶ》

信忠《のぶただ》P.56の息子で、子供《こども》のころは三法師《さんぼうし》と呼《よ》ばれた。本能《ほんのう》寺《じ》の変《へん》P.98後の「清洲会議《きよすかいぎ》」では、豊臣秀吉《とよとみひでよし》P.104から信長《のぶなが》の跡《あと》継《つ》ぎに担《かつ》ぎ上げられる。このとき秀信《ひでのぶ》は、わずか３歳《さい》。その小さな肩《かた》に、祖父《そふ》・信長《のぶなが》の築《きず》いた巨大勢力《きょだいせいりょく》を支《ささ》えられるはずもなかった。秀信《ひでのぶ》を担《かつ》ぎ上げたことで発言力を強めた秀吉《ひでよし》は勢《いきお》いにのり、天下の主導権《しゅどうけん》をにぎっていく。秀信《ひでのぶ》も、織田家臣《おだかしん》だったはずの豊臣家《とよとみけ》に仕《つか》えることになった。現《げん》に秀信《ひでのぶ》の「秀《ひで》」は秀吉《ひでよし》から一字あたえられたものだ。結果的《けっかてき》に秀信《ひでのぶ》の家督相続《かとくそうぞく》は、秀吉《ひでよし》に利用《りよう》される形になった。

関ケ原《せきがはら》の戦《たたか》いP.230で敗北《はいぼく》。高野山《こうやさん》に追放され５年後にその地で死んだと伝《つた》わる。

出身地
美濃《みの》（現在《げんざい》の岐阜県《ぎふけん》）

生年
1580年

没年
1605年（享年《きょうねん》26）

「鬼《おに》」と呼《よ》ばれた信長《のぶなが》家臣団《かしんだん》のリーダー

柴《しば》田《た》勝《かつ》家《いえ》

出身地	尾張《おわり》（現在《げんざい》の愛知県《あいちけん》）
生　年	不明《ふめい》
没　年	1583年（享年《きょうねん》?）

勇猛果敢《ゆうもうかかん》に戦《いくさ》に挑《いど》み 信長《のぶなが》の信頼《しんらい》を得《え》る

織田信長《おだのぶなが》P.48の忠臣《ちゅうしん》として有名《ゆうめい》な勝《かつ》家《いえ》だが、もともとは信長《のぶなが》の弟である信勝《のぶかつ》の家臣《かしん》だった。信勝《のぶかつ》は兄・信長《のぶなが》を大うつけ（大ばか者）と見ており、信長《のぶなが》の代わりに織田家《おだけ》を継《つ》ごうとしていたが、信長《のぶなが》に敗北《はいぼく》。再《ふたた》び信長《のぶなが》にはむかおうとしたものの、信長《のぶなが》の能《のう》力《りょく》に惹《ひ》かれた勝家《かついえ》が信勝《のぶかつ》を見限《みかぎ》って、信勝《のぶかつ》の裏切《うらぎ》りを信長《のぶなが》に報告《ほうこく》。以来《いらい》、勝家《かついえ》は信長《のぶなが》に仕《つか》えるようになった。

勝家《かついえ》は、戦場《せんじょう》では真っ先に敵陣《てきじん》に切りこみ、撤退《てったい》するときには最後《さいご》について味方を守るなど、信長《のぶなが》の家臣《かしん》のなかでもっとも勇敢《ゆうかん》な武将《ぶしょう》として頼《たよ》りにされるようになった。戦《たたか》いでの勇猛《ゆうもう》さから「鬼柴田《おにしばた》」とも、一番に敵《てき》に突進《とっしん》することから「かかれ柴《しば》田《た》」とも呼《よ》ばれた。

1575年、北庄城《きたのしょうじょう》（福井県《ふくいけん》）に入ると、佐々成政《さっさなりまさ》P.68、前田利家《まえだとしいえ》P.114らを従《したが》え、北陸《ほくりく》地方の平定を目指す。一大勢力《せいりょく》の一向一揆《いっこういっき》や戦《いくさ》上手の上杉《うえすぎ》謙信《けんしん》P.20がひかえる北陸《ほくりく》は、攻略《こうりゃく》が難《むずか》しい地域《ちいき》。そこに主力として送りこまれた勝家《かついえ》は、信長《のぶなが》からの信頼《しんらい》も厚《あつ》かったのだろう。そして北陸《ほくりく》平定に成功《せいこう》し、信長家臣団《のぶながかしんだん》の筆頭家老《かろう》として不動《ふどう》の地位《ちい》を築《きず》くのである。

1582年、信長《のぶなが》の後継者《こうけいしゃ》をめぐり、清洲城《きよすじょう》で「清洲会議《きよすかいぎ》」が行われた。ここで、豊臣秀吉《とよとみひでよし》P.104と対立するが、結局《けっきょく》秀吉《ひでよし》の意見が通ることとなった。この後、織田家《おだけ》での力をつけるため信長《のぶなが》の妹・お市《いち》の方《かた》P.100と結婚《けっこん》する。しかし、すでに勝家《かついえ》は織田家《おだけ》での発言力を失《うしな》ってしまっていた。

翌年《よくねん》、賤ヶ岳《しずがたけ》で秀吉《ひでよし》と直接《ちょくせつ》対決するが敗北《はいぼく》（賤ヶ岳《しずがたけ》の戦《たたか》いP.168）。北庄《きたのしょう》城《じょう》で、お市《いち》の方《かた》とともに自害《じがい》した。

知っ得エピソード

「鬼《おに》」と呼《よ》ばれた勝家《かついえ》に意外な一面があった!?

現在残《げんざいのこ》っている肖像画《しょうぞうが》がひげ面《づら》だからか、数多くの合戦《かっせん》で勇猛果敢《ゆうもうかかん》に戦《たたか》い「鬼柴田《おにしばた》」と呼《よ》ばれていたからか、いかついイメージの強い柴田勝家《しばたかついえ》。しかし、実際《じっさい》は、佐々成政《さっさなりまさ》や前田利家《まえだとしいえ》たちから「おやじ殿《どの》」と慕《した》われ、甥《おい》の佐久間盛《さくまもり》政《まさ》をかわいがるような、面倒《めんどう》見《み》のよい人物であった。

覇王《はおう》信長《のぶなが》へ反逆《はんぎゃく》し破滅《はめつ》の階段《かいだん》をのぼる

明智光秀《あけちみつひで》

出身地	美濃《みの》（現在《げんざい》の岐阜県《ぎふけん》）
生　年	1528年？
没　年	1582年（享年《きょうねん》55？）

光秀《みつひで》ってどんな人？

和歌や茶道をたしなむまじめな教養人《きょうようじん》だった

織田信長《おだのぶなが》P.48を本能寺《ほんのうじ》で自害《じがい》へと追いこんだP.98明智光秀《あけちみつひで》。その裏切《うらぎ》り者《もの》の素顔《すがお》は、常識人《じょうしきじん》でまじめであったといわれている。事務《じむ》仕事をきっちりとこなしながら、合戦《かっせん》でも成果《せいか》を残《のこ》す有能《ゆうのう》な人物だった。だからこそ朝倉氏《あさくらし》、将軍《しょうぐん》・足利義昭《あしかがよしあき》P.70、信長《のぶなが》といった当時の権力者《けんりょくしゃ》たちに仕《つか》えることができたのだろう。

その一方で、一流の文化人としても呼《よ》び声《ごえ》が高かった。とくに和歌と茶の湯が得意《とくい》だった。どちらも、当時の武将《ぶしょう》が身につけておくべき教養《きょうよう》のひとつであったため、光秀《みつひで》も熱心《ねっしん》に学んでいたようだ。

意外にも、武勇伝《ぶゆうでん》が数多い。非常《ひじょう》に力が強く、太刀《たち》で敵《てき》の馬の首を断《た》ち切ったとか、味方が敵《てき》に首を斬《き》られそうになったのを見て、敵《てき》の兜《かぶと》を引きつかんで倒《たお》したなどのエピソードが残《のこ》っている。

どんな人生を送ったの？

信長《のぶなが》に取り立てられ重用される

美濃《みの》（現在《げんざい》の岐阜県《ぎふけん》）の土岐氏《ときし》の一族出身といわれるが、前半生は不《ふ》明点《めいてん》も多い。若《わか》いころ越前《えちぜん》（現在《げんざい》の福井県《ふくいけん》）一乗谷《いちじょうだに》にいた朝倉氏《あさくらし》に仕《つか》え、そこで将軍《しょうぐん》になる前の足利義昭《あしかがよしあき》と出会い、家臣《かしん》にスカウトされたという。義昭《よしあき》に仕《つか》えた光秀《みつひで》は、義昭《よしあき》を将軍《しょうぐん》に就《つ》かせるために画策《かくさく》。その過程《かてい》で出会ったのが信長《のぶなが》だった。信長《のぶなが》の協力《きょうりょく》で、義昭《よしあき》は将軍《しょうぐん》に就任《しゅうにん》する。その後、光秀《みつひで》は義昭《よしあき》と信長《のぶなが》、ふたりの主君に仕《つか》えるようなる。これは、義昭《よしあき》と信《のぶ》

知っ得エピソード

実は協力者《きょうりょくしゃ》がいた？ 光秀謀反《みつひでむほん》の真実

本能寺《ほんのうじ》の変《へん》は、光秀以外《みつひでいがい》の人にとって青天の霹靂《へきれき》のできごとだった。その動機《どうき》は現在《げんざい》も謎《なぞ》とされ、実は協力者《きょうりょくしゃ》がいたという説《せつ》もある。足利義昭《あしかがよしあき》が自分を裏切《うらぎ》った信長《のぶなが》を光秀《みつひで》に討《う》たせたとか、信長《のぶなが》を邪魔《じゃま》に思った公家《くげ》が光秀《みつひで》に協力《きょうりょく》したとか、豊臣秀吉《とよとみひでよし》P.104が協力者《きょうりょくしゃ》だったという説《せつ》まである。

長《なが》との関係《かんけい》が良好《りょうこう》だったからこそ、実現《じつげん》した特殊《とくしゅ》な例《れい》だった。ふたりの仲《なか》が悪くなると、義昭《よしあき》を見限《みかぎ》り信長《のぶなが》につく。義昭《よしあき》が信長《のぶなが》を攻撃《こうげき》したときに、光秀《みつひで》はほかの武将《ぶしょう》とともに義昭《よしあき》側《がわ》の砦《とりで》を攻撃《こうげき》している。

1577年、信長《のぶなが》から命《めい》じられ丹《たん》波《ば》(現在《げんざい》の兵庫県《ひょうごけん》、京都府《きょうとふ》)をおさめ、丹波亀山城《たんばかめやまじょう》をあたえられる。その後も、信長《のぶなが》の信頼厚《しんらいあつ》い部下として活躍《かつやく》した。

一方で、失言した光秀《みつひで》の頭を信長《のぶなが》が公衆《こうしゅう》の面前でたたいたなど、信長《のぶなが》につらくあたられたエピソードも有名だ。だが、これらの説《せつ》の信憑性《しんぴょうせい》は薄《うす》く、このことが本能寺《ほんのうじ》の変《へん》P.98の原因ではともうわさされるが、実際《じっさい》のところはよくわかってない。

1582年、突如本能寺《とつじょほんのうじ》にいた信《のぶ》長《なが》を襲撃《しゅうげき》する。もともと光秀《みつひで》は、信《のぶ》長《なが》の命《めい》で、中国攻《ちゅうごくぜ》めに参加《さんか》するはずだった。それが「敵《てき》は本能寺《ほんのうじ》にあり」と言い、行先を変更《へんこう》して信長《のぶなが》を襲《おそ》ったのだ。信長《のぶなが》を自害《じがい》へと追いこむが、それを聞いてすぐにかけつけた豊臣《とよとみ》秀吉《ひでよし》P.104に、攻《せ》められて敗走《はいそう》。敗走《はいそう》中に農民《のうみん》に襲《おそ》われ、首を取られた。信《のぶ》長《なが》を討《う》ちとり、一時は光秀《みつひで》が天下に一番近い存在《そんざい》だったが、秀吉《ひでよし》にあまりに早く討《う》たれたため、このことを「三日天下《みっかてんか》」と呼《よ》ぶ。

坂本城跡《さかもとじょうあと》

光秀《みつひで》の居城《きょじょう》・坂本城《さかもとじょう》(滋賀県《しがけん》)の跡地《あとち》。坂本城《さかもとじょう》は琵《び》琶《わ》湖《こ》の湖畔《こはん》に建《た》っていた。

どんな功績《こうせき》を残《のこ》したの？

有能《ゆうのう》な人物を信頼《しんらい》し領国管理《りょうごくかんり》を任《まか》せる

家臣《かしん》や領民《りょうみん》思いでよい政治《せいじ》を行ったという。有能《ゆうのう》な人材は、身分や立場を問わず自分の家臣《かしん》にした。家臣《かしん》だけではなく、合戦《かっせん》で攻《せ》めとった土地の農民《のうみん》や町人を取り立てて、町の復興《ふっこう》を命《めい》じた。また、もともとその地を支配《しはい》していた人物を、代官《だいかん》などに命《めい》じて、農民《のうみん》や町人たちを束《たば》ねさせるなどの管理《かんり》を任《まか》せている。有能《ゆうのう》な人物を多く抱《かか》えていたからこそ、領国《りょうごく》のことは家臣《かしん》に任《まか》せて、各地《かくち》の合戦《かっせん》や織田家中《おだかちゅう》でも活躍《かつやく》できたのだろう。

明智家中《あけちかちゅう》の軍法《ぐんぽう》も自《みずか》ら定めている。その内容《ないよう》は几帳面《きちょうめん》な光秀《みつひで》らしく、鉄《てっ》砲《ぽう》や槍《やり》の数の指定といった軍《ぐん》の細かいルールまでもが示《しめ》されている。

光秀《みつひで》と関《かか》わりのあった人びと

光秀《みつひで》からヘッドハンティングされた重臣《じゅうしん》

斎藤利三《さいとうとしみつ》

1534〜1582年（享年《きょうねん》49）

美濃《みの》の斎藤氏《さいとうし》の一族（斎藤道三《さいとうどうさん》 P.32）とは別家系《べっかけい》）で、織田信長《おだのぶなが》 P.48 に仕《つか》えていたが、光秀《みつひで》に見出《みいだ》され明智家《あけちけ》に仕《つか》えることになる。明智秀満《あけちひでみつ》と並《なら》び、筆頭家老《かろう》として活躍《かつやく》した。

本能寺《ほんのうじ》の変《へん》の際《さい》、光秀《みつひで》はごく限《かぎ》られた重臣《じゅうしん》にしか謀反《むほん》の意を打ち明けなかったが、利三《としみつ》はその数少ないひとりだった。山崎《やまざき》の戦《たたか》いでは先頭に立って豊臣秀吉《とよとみひでよし》の軍《ぐん》と戦《たたか》うが、敗戦《はいせん》。逃走中《とうそうちゅう》のところをつかまり、京都《きょうと》で斬首《ざんしゅ》された。

利三《としみつ》の娘《むすめ》・福《ふく》は、徳川幕府《とくがわばくふ》3代将軍《だいしょうぐん》・家光《いえみつ》の乳母《うば》として、大奥《おおおく》を管理《かんり》した春日局《かすがのつぼね》だ。

琵琶湖《びわこ》をわたって主君の城《しろ》へ入る

明智秀満《あけちひでみつ》

1537〜1582年（享年《きょうねん》46）

通称《つうしょう》・左馬之助《さまのすけ》。光秀《みつひで》の重臣《じゅうしん》で、娘婿《むすめむこ》でもあった。山崎《やまざき》の戦《たたか》いでは安土城《あづちじょう》（滋賀県《しがけん》）を守る。光秀敗戦《みつひではいせん》の知らせを受けると、琵琶湖《びわこ》の対岸にある光秀《みつひで》の居城《きょじょう》・坂本城《さかもとじょう》まで、馬で乗り入れわたりきったという逸話《いつわ》が残《のこ》る。しかし、そこでも敵《てき》に囲《かこ》まれ、坂本城《さかもとじょう》に火をかけ、自害《じがい》した。

琵琶湖《びわこ》をわたる秀満《ひでみつ》

秀満《ひでみつ》が琵琶湖《びわこ》をわたる様子を描《えが》いた錦絵《にしきえ》。

光秀《みつひで》死後の行動に謎《なぞ》が多い嫡男《ちゃくなん》

明智光慶《あけちみつよし》

?〜1582年（享年《きょうねん》?）

光秀《みつひで》の嫡男《ちゃくなん》。本能寺《ほんのうじ》の変《へん》後に病死したとも、山崎《やまざき》の戦《たたか》いで豊臣勢《とよとみぜい》の攻撃《こうげき》に屈《くっ》し自害《じがい》したともいわれる。一説《いっせつ》には生《い》き残《のこ》り、寺の住職《じゅうしょく》になったともいう。

女の命の髪《かみ》を売って家計を支《ささ》える

煕子《ひろこ》

?〜1582年（享年《きょうねん》?）

光秀《みつひで》の家臣《かしん》・妻木氏《つまきし》の娘《むすめ》で、光秀《みつひで》の正室《せいしつ》。若《わか》いころから光秀《みつひで》を支《ささ》え、金欠《きんけつ》の際《さい》に自分の髪《かみ》を売って金を工面したという。光秀《みつひで》も煕子《ひろこ》を愛《あい》し側室《そくしつ》をもたなかった。

秀吉《ひでよし》と対立し大名身分をはく奪《だつ》される

滝川《たきがわ》一益《かずます》

出身地
近江《おうみ》（現在《げんざい》の滋賀県《しがけん》）

生年
1525年

没年
1586年（享年《きょうねん》62）

織田信長《おだのぶなが》P.48の家臣《かしん》で、近江《おうみ》（現在《げんざい》の滋賀県《しがけん》）甲賀《こうか》出身とされる。若《わか》いころから信長《のぶなが》に仕《つか》え、1582年の武田《たけだ》攻《ぜ》めで武田氏《たけだし》を滅亡《めつぼう》させる活躍《かつやく》をみせ、ほうびに厩橋《まやばし》（前橋《まえばし》）城《じょう》をあたえられた。

本能寺《ほんのうじ》の変《へん》P.98後は信長《のぶなが》の三男・信孝《のぶたか》P.57と柴田勝家《しばたかついえ》P.58側《がわ》につき、賤ヶ岳《しずがたけ》の戦《たたか》いP.168で豊臣秀吉《とよとみひでよし》P.104と戦《たたか》う。しかし、勝家《かついえ》が負けたため秀吉《ひでよし》に降伏《こうふく》。大名の身分をうばわれ、出家して同じ織田家臣団《おだかしんだん》の丹羽長秀《にわながひで》のもとで隠《いん》居生活《きょ》を送る。その後は、秀吉《ひでよし》の呼《よ》びかけにより、小《お》牧《こまき》・長久手《ながくて》の戦《たたか》いP.172で徳川家康《とくがわいえやす》P.182と戦《たたか》ったり、小田原《だわら》攻《ぜ》めP.174に外交で関《かか》わったりと秀吉政権《ひでよしせいけん》を補佐《ほさ》しながら、余生《よせい》を過《す》ごした。

織田家臣団《おだかしんだん》の重鎮《じゅうちん》として活躍《かつやく》

丹羽《にわ》長秀《ながひで》

出身地
尾張《おわり》（現在《げんざい》の愛知県《あいちけん》）

生年
1535年

没年
1585年（享年《きょうねん》51）

若《わか》いころから織田信長《おだのぶなが》P.48の家臣《かしん》として活躍《かつやく》し、信長《のぶなが》から厚《あつ》い信頼《しんらい》を得《え》ていた。信長《のぶなが》の養女《ようじょ》を妻《つま》とし、信長《のぶなが》の上洛前《じょうらくまえ》から、すでに指揮官《しきかん》クラスの地位を得《え》ていたという。実は、豊臣秀吉《とよとみひでよし》P.104が若《わか》いころ名乗っていた「羽柴《はしば》」という名字は、丹羽《にわ》の「羽」と、柴田勝家《しばたかついえ》P.58の「柴《しば》」を一字ずつもらってつけたものなのだ。それほど、当時の長秀《ながひで》が織田《おだ》政権《せいけん》のなかで力をもっていたことがうかがえる。

本能寺《ほんのうじ》の変《へん》P.98後は、秀吉《ひでよし》につき、山崎《やまざき》の戦《たたか》いではともに明智光秀《あけちみつひで》P.60を攻《せ》め、「清洲会議《きよすかいぎ》」でも秀吉《ひでよし》を支持《しじ》。賤ヶ岳《しずがたけ》の戦《たたか》いP.168でも秀吉側《ひでよしがわ》につき、勝家《かついえ》の死後、勝家《かついえ》の居城《きょじょう》だった北庄城主《きたのしょうじょうしゅ》となった。

キリスト教を信《しん》じ大名身分をうばわれる

高山右近《たかやまうこん》

織田信長《おだのぶなが》P.48に仕《つか》える荒木村《あらきむら》重《しげ》P.68の家臣《かしん》。早くからキリスト教徒《きょうと》となり、洗礼名《せんれいめい》ドン・ジュストと名乗った。村重《むらしげ》が信長《のぶなが》を裏切《うらぎ》ると、右近《うこん》は信長《のぶなが》と村重《むらしげ》を和解《わかい》させようとするが、失敗《しっぱい》。それを見た信長《のぶなが》は宣教師《せんきょうし》に頼《たの》み、右近《うこん》を村重《むらしげ》から切り離《はな》そうとする。宣教師《せんきょうし》の説得《せっとく》に応《おう》じた右近《うこん》は、信長《のぶなが》に降伏《こうふく》した。

その後、豊臣秀吉《とよとみひでよし》P.104のもとで活躍《かつやく》したが、秀吉《ひでよし》からキリシタンをやめるように言われ、それを拒否《きょひ》したため大名の地位《ちい》をうばわれることに。1614年に徳川幕府《とくがわばくふ》がキリシタン禁止令《きんしれい》を出すと、フィリピンにわたり、そこで亡《な》くなった。まさしく、キリスト教に殉《じゅん》じた生涯《しょうがい》であった。

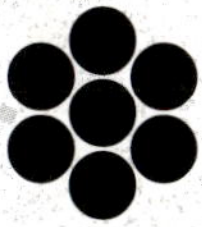

出身地
摂津《せっつ》（現在《げんざい》の大阪府《おおさかふ》）

生年
1552年

没年
1615年（享年《きょうねん》64）

フォーカス！ 天正遣欧少年使節《てんしょうけんおうしょうねんしせつ》

少年使節団《しょうねんしせつだん》がヨーロッパを訪《おとず》れる

1582年、九州《きゅうしゅう》の大友宗麟《おおともそうりん》P.80、大村純忠《おおむらすみただ》、有馬晴信《ありまはるのぶ》などのキリシタン大名や、キリスト教に理解《りかい》を示《しめ》した織田信長《おだのぶなが》P.48が、当時のローマ法王《ほうおう》グレゴリー13世や、イスパニア国王へあいさつするために企画《きかく》。伊東《いとう》マンショ、千々《ちぢ》石《わ》ミゲル、原《はら》マルチノ、中浦《なかうら》ジュリアンの4人の少年を派遣《はけん》した。この14、15歳《さい》の少年たちを「天正遣欧少年使節《てんしょうけんおうしょうねんしせつ》」という。一行はローマで大歓迎《だいかんげい》され、1590年に帰国した。しかし、豊《とよ》臣秀吉《とみひでよし》P.104政権《せいけん》でキリスト教は禁止《きんし》されており、彼《かれ》らの経験《けいけん》が役に立つことはなかった。

天正遣欧使節《てんしょうけんおうしせつ》の肖像画《しょうぞうが》

右上から、伊東《いとう》マンショ、右下・千々石《ちぢわ》ミゲル、中央・通訳《つうやく》のメスキータ神父、左上・中《なか》浦《うら》ジュリアン、左下・原《はら》マルチノ。

勇猛《ゆうもう》な戦《たたか》いぶりをみせるが戦場《せんじょう》に散《ち》る

森《もり》可成《よしなり》

森蘭丸《もりらんまる》ら兄弟の父。もとは美濃《みの》（現在《げんざい》の岐阜県《ぎふけん》）の斎藤氏《さいとうし》の家臣《かしん》であったが、早くから織田信長《おだのぶなが》 P.48 に仕《つか》え、１５５５年、信長《のぶなが》の清洲城《きよすじょう》攻《ぜ》めに参加《さんか》。信《のぶ》長《なが》の伯父《おじ》である織田広信《おだひろのぶ》を討《う》ちとったとされている。

その後も勇敢《ゆうかん》な戦《たたか》いぶりをみせて活躍《かつやく》。その功績《こうせき》により１５６５年、美濃《みの》の金山城主《かなやまじょうしゅ》となった。

１５７０年に、可成《よしなり》は近江《おうみ》（現在《げんざい》の滋賀県《しがけん》）の宇《う》佐山城《さやまじょう》の守備《しゅび》を任《まか》され入城《にゅうじょう》。同年、信長《のぶなが》と敵対《てきたい》する朝倉氏《あさくらし》と浅井氏《あざいし》の連合軍《れんごうぐん》が宇佐山城《うさやまじょう》に総攻撃《そうこうげき》をかけた。大軍《たいぐん》に囲《かこ》まれながら可成《よしなり》は奮戦《ふんせん》するが、討死《うちじに》。しかし、連合軍《れんごうぐん》を足止めしたので、信長軍《のぶながぐん》には大きく貢献《こうけん》した。

出身地
尾張《おわり》（現在《げんざい》の愛知県《あいちけん》）

生　年
1523年

没　年
1570年（享年《きょうねん》48）

信長《のぶなが》のそばに仕《つか》え運命をともにする

森《もり》蘭丸《らんまる》

「蘭丸《らんまる》」の名は幼名《ようみょう》で、本当の名前は「長定《ながさだ》」という。森《もり》可成《よしなり》の次男で、子供《こども》のころから兄弟とともに、織田信長《おだのぶなが》 P.48 のそばに仕《つか》えた。あるとき信《のぶ》長《なが》が蘭丸《らんまる》に「おまえがほしいものを当ててやろう」と言い、見事蘭丸《らんまる》の答え「死《し》んだ父の居城《きょじょう》」を言い当てたという。それほどふたりは気心が通じており、信長《のぶなが》は蘭丸《らんまる》を信頼《しんらい》していたようだ。

１５８２年には、信長《のぶなが》の武田勝頼《たけだかつより》 P.78 攻《ぜ》めに参加《さんか》して、そのほうびとして岩村城《いわむらじょう》をあたえられる。

本能寺《ほんのうじ》の変《へん》 P.98 では、信長《のぶなが》とともに京都《きょうと》の本能寺《ほんのうじ》に宿泊中《しゅくはくちゅう》だった。そこを明智光秀《あけちみつひで》 P.60 軍《ぐん》に襲《おそ》われ、弟と主《あるじ》・織田信長《おだのぶなが》と運命をともにした。

出身地
尾張《おわり》（現在《げんざい》の愛知県《あいちけん》）

生　年
1565年

没　年
1582年（享年《きょうねん》18）

水軍《すいぐん》を率《ひき》いて名だたる武将《ぶしょう》を撃破《げきは》

九鬼嘉隆《くきよしたか》

伊勢《いせ》（現在《げんざい》の三重県《みえけん》）の北《きた》畠氏《ばたけし》の家臣《かしん》だったが、北畠氏《きたばたけし》が没落《ぼつらく》し、織田信長《おだのぶなが》P.48に仕《つか》える。1569年の大河内城攻《おかわちじょうこう》略《りゃく》で、水軍《すいぐん》の大将《たいしょう》として活躍《かつやく》。

1578年の信長《のぶなが》の石山本《いしやまほん》願寺《がんじ》との戦《たたか》いP.92でも水軍《すいぐん》を率《ひき》いて、大活躍《だいかつやく》する。鉄板でおおった巨大《きょだい》な船を用いて、毛《もう》利輝元《りてるもと》P.202の水軍《すいぐん》を撃破《げきは》。この船は、大砲《たいほう》や銃《じゅう》が備《そな》えてあり、防御力《ぼうぎょりょく》、攻撃力《こうげきりょく》ともに前代未聞《ぜんだいみもん》の強さだった。これにより九鬼水軍《くきすいぐん》の名を世に知らしめた。

信長《のぶなが》亡《な》き後は豊臣秀吉《とよとみひでよし》P.104に仕《つか》えた。小田原攻《おだわらぜ》めP.174や、文禄《ぶんろく》・慶長《けいちょう》の役《えき》P.178などの戦《たたか》いにも参加《さんか》している。

1600年の関ケ原《せきがはら》の戦《たたか》いP.230では、石田三成《いしだみつなり》P.126側《がわ》につき、負けて自害《じがい》した。

出身地
志摩《しま》（現在《げんざい》の三重県《みえけん》）

生　年
1542年

没　年
1600年（享年《きょうねん》59）

フォーカス！ 戦国時代《せんごくじだい》の水軍《すいぐん》

軍隊兼《ぐんたいけん》水上警察《けいさつ》だった!?

九鬼水軍《くきすいぐん》は九鬼嘉隆《くきよしたか》を首領《しゅりょう》とする、伊《い》勢湾一帯《せわんいったい》を拠点《きょてん》とした水軍《すいぐん》だった。そもそも戦国《せんごく》時代の水軍《すいぐん》は、海賊衆《かいぞくしゅう》と呼《よ》ばれる武士集団《ぶししゅうだん》がつとめることが多かった。彼《かれ》らは合戦《かっせん》に参加《さんか》するほかに、海上交通を取《と》り締《し》まる役割《やくわり》も担《にな》っていた。九鬼水軍《くきすいぐん》以外《いがい》にも、紀伊《きい》南部の熊野水軍《くまのすいぐん》、瀬戸内海《せとないかい》の村上水軍《むらかみすいぐん》、肥前《ひぜん》の松浦水軍《まつらすいぐん》などが有名。しかし、豊臣秀吉《とよとみひでよし》P.104が海賊禁止令《かいぞくきんしれい》を出すと、海賊衆《かいぞくしゅう》たちが海上交通を管理《かんり》することはなくなり、大名の家臣《かしん》になった。

九鬼大隅守船柵之図《くきおおすみのかみふねさくのず》

文禄《ぶんろく》・慶長《けいちょう》の役《えき》に出兵《しゅっぺい》する九鬼水軍《くきすいぐん》。

秀吉《ひでよし》に敗《やぶ》れた織田家《おだけ》きってのエリート

佐々成政《さっさなりまさ》

織田家中《おだかちゅう》でも優秀《ゆうしゅう》な人物とされた、織田信長《おだのぶなが》P.48の家臣《かしん》。その優秀《ゆうしゅう》さは、家臣《かしん》の選抜部《せんばつぶ》隊《たい》である「黒母衣衆《くろほろしゅう》」のひとりに選《えら》ばれるほどだった。

1581年には越中《えっちゅう》（現在《げんざい》の富山県《とやまけん》）をあたえられ、柴《しば》田勝家《たかついえ》P.58のもと、前田利家《まえだとしいえ》P.114らと上杉氏《うえすぎし》を攻《せ》めた。

信長《のぶなが》の死後は豊臣秀吉《とよとみひでよし》P.104に反発し、1584年の小牧《こまき》・長久手《ながくて》の戦《たたか》いP.172で、徳川家康《とくがわいえやす》P.182と織田信雄《おだのぶかつ》P.56側《がわ》につく。家康《いえやす》と秀吉《ひでよし》が和解《わかい》すると、雪のなか、家《いえ》康《やす》のもとへ駆《か》けつけ再戦《さいせん》を要求《ようきゅう》。しかし断《ことわ》られ、秀《ひで》吉《よし》に降伏《こうふく》した。のちに肥後《ひご》（現在《げんざい》の熊本県《くまもとけん》）をあたえられるが、一揆《いっき》が起こり統治《とうち》に失敗《しっぱい》。責任《せきにん》を取って切腹《せっぷく》させられた。

出身地

尾張《おわり》（現在《げんざい》の愛知県《あいちけん》）

生年

1539年

没年

1588年（享年《きょうねん》50）

信長《のぶなが》を裏切《うらぎ》り一族を見殺《みごろ》しに

荒木村重《あらきむらしげ》

はじめは足利将軍家《あしかがしょうぐんけ》に仕《つか》える池田氏《いけだし》の家臣《かしん》だったが、のちに織田信長《おだのぶなが》P.48についた。村《むら》重《しげ》の豪胆《ごうたん》さを表す逸話《いつわ》がある。信長《のぶなが》が槍《やり》の先に突《つ》き刺《さ》したまんじゅうを差《さ》しだすと、村重《むらしげ》は平気な顔でそれを食べたのだ。信長《のぶなが》は村重《むらしげ》の勇気《ゆうき》を高く評価《ひょうか》した。

ところが1578年、村重《むらしげ》は当時信長《のぶなが》と戦《たたか》っていた石山本願寺《いしやまほんがんじ》と、同盟《どうめい》を結《むす》んでしまった。村重《むらしげ》の裏《うら》切《ぎ》りを知った信長《のぶなが》に攻《せ》められ逃《に》げるが、城《しろ》に残《のこ》された村重《むらしげ》の一族は、信長《のぶなが》に見せしめとして処刑《しょけい》される。

それでも村重《むらしげ》本人は生き残《のこ》った。信長《のぶなが》の死後は豊《とよ》臣秀吉《とみひでよし》P.104の家臣《かしん》となり、のちに出家。千利休《せんのりきゅう》P.137に茶を習い、余生《よせい》を過《す》ごした。

出身地

摂津《せっつ》（現在《げんざい》の大阪府《おおさかふ》）

生年

1535年

没年

1586年（享年《きょうねん》52）

将軍《しょうぐん》家《け》再興《さいこう》に力を尽《つ》くした文化人

細川藤孝《ほそかわふじたか》

出家して、細川幽斎《ほそかわゆうさい》とも名乗った。室町幕府家臣《むろまちばくふかしん》の家に生まれ、細川家《ほそかわけ》の養子《ようし》となり、将軍《しょうぐん》・足利義輝《あしかがよしてる》に仕《つか》えた。「三《み》好三人衆《よしさんにんしゅう》P.83」が義輝《よしてる》を殺害《さつがい》すると、次期将軍候補《しょうぐんこうほ》の足利義《あしかがよし》昭《あき》P.70と朝倉氏《あさくらし》に身を寄《よ》せ、幕《ばく》府再興《ふさいこう》に尽力《じんりょく》する。やがて織《お》田信長《だのぶなが》P.48の協力《きょうりょく》で、義昭《よしあき》は将《しょう》軍《ぐん》に就任《しゅうにん》。その後信長《のぶなが》と義昭《よしあき》が不仲《ふなか》となると、藤孝《ふじたか》は信長《のぶなが》についた。

藤孝《ふじたか》は和歌の名人で、文化人としての一面もあった。関ケ原《せきがはら》の戦《たたか》いP.230で敵《てき》に囲《かこ》まれ窮地《きゅうち》におちいったとき、藤孝《ふじたか》の歌人の才能《さいのう》を惜《お》しんだ後陽成天皇《ごようぜいてんのう》自《みずか》ら「藤孝《ふじたか》を殺《ころ》してはいけない」と命令《めいれい》を出したという。関ケ原《せきがはら》の戦《たたか》い後は隠居《いんきょ》して、悠々自適《ゆうゆうじてき》に過《す》ごした。

出身地
山城《やましろ》（現在《げんざい》の京都府《きょうとふ》）

生年
1534年

没年
1610年（享年《きょうねん》77）

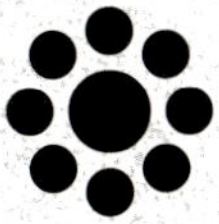

覇王信長《はおうのぶなが》に認《みと》められ娘婿《むすめむこ》に

蒲生氏郷《がもううじさと》

近江《おうみ》（現在《げんざい》の滋賀県《しがけん》）日野《ひの》城主《じょうしゅ》・蒲生賢秀《がもうかたひで》の子として生まれる。13歳《さい》のときに織田信《おだのぶ》長《なが》P.48に侵攻《しんこう》されると、人質《ひとじち》として差《さ》しだされた。翌年《よくとし》、氏《うじ》郷《さと》は初陣《ういじん》で見事な活躍《かつやく》をみせる。これを喜《よろこ》んだ信長《のぶなが》は、のちに娘《むすめ》と結婚《けっこん》させた。織田家《おだけ》との縁《えん》もあってか本能寺《ほんのうじ》の変《へん》P.98のときには、安土城《あづちじょう》から信長《のぶなが》の家族たちが逃《に》げるのを助けたという。豊臣秀吉《とよとみひでよし》P.104政権《せいけん》では92万石《まんごく》の大名となるが、40歳《さい》で病死する。

茶道にも熱心《ねっしん》に取り組み、千利休《せんのりきゅう》P.137の優秀《ゆうしゅう》な弟子である「利休七哲《りきゅうしちてつ》」のひとりに数えられる。また、キリシタン大名でもあった。高山右近《たかやまうこん》P.65の熱心《ねっしん》な勧《かん》誘《ゆう》により入信。洗礼《せんれい》を受け「レオン」とも名乗った。

出身地
近江《おうみ》（現在《げんざい》の滋賀県《しがけん》）

生年
1556年

没年
1595年（享年《きょうねん》40）

将軍《しょうぐん》就任《しゅうにん》の後に信長《のぶなが》に見捨《みす》てられる

足《あし》利《かが》義《よし》昭《あき》

出身地	山城《やましろ》（現在《げんざい》の京都府《きょうとふ》）
生　年	1537年
没　年	1597年（享年《きょうねん》61）

幕府再興《ばくふさいこう》は失敗《しっぱい》するが晩年《ばんねん》は秀吉《ひでよし》の相談役になる

室町幕府《むろまちばくふ》第12代将軍《しょうぐん》・足利義晴《あしかがよしはる》の息子で、第13代将軍《しょうぐん》・足利義輝《あしかがよしてる》の弟。出家して僧《そう》となっていたため、還俗《げんぞく》（出家した人が俗世《ぞくせ》の人に戻《もど》ること）して義秋《よしあき》（のちに義昭《よしあき》）を名乗った。

1565年に兄の義輝《よしてる》が「三好三人衆《みよしさんにんしゅう》 P.83 」に殺《ころ》されると、義昭《よしあき》まで奈《な》良《ら》の興福寺一乗院《こうふくじいちじょういん》に幽閉《ゆうへい》されてしまう。それを家臣《かしん》の細川藤孝《ほそかわふじたか》 P.69 らが救《すく》いだし、朝倉義景《あさくらよしかげ》 P.74 を頼《たよ》って一乗谷《いちじょうだに》に向かう。このとき、義景《よしかげ》のもとにいた明智光秀《あけちみつひで》 P.60 が、当時勢力《せいりょく》を拡大《かくだい》していた織田信長《おだのぶなが》 P.48 に応援《おうえん》を頼《たの》んだ。

信長《のぶなが》の協力《きょうりょく》によって義昭《よしあき》が京都《きょうと》に入ると、将軍就任《しょうぐんしゅうにん》が実現《じつげん》する。しかし、信長《のぶなが》は、義昭《よしあき》が権力《けんりょく》をにぎらないように義昭《よしあき》の行動を規制《きせい》。将軍《しょうぐん》とは名ばかりで、実権《じっけん》は信長《のぶなが》がにぎっていた。室町幕府《むろまちばくふ》を立て直したいと考える義昭《よしあき》と、天下統一《とういつ》を目指す信《のぶ》長《なが》。次第に考えが食い違《ちが》ってきてしまう。義昭《よしあき》は信長《のぶなが》に対して反抗的《はんこうてき》な態度《たいど》をとるようになった。

やがて、ふたりの衝突《しょうとつ》は決定的《けっていてき》となった。義昭《よしあき》は朝倉氏《あさくらし》や浅井氏《あざいし》、石《いし》山本願寺《やまほんがんじ》、毛利氏《もうりし》、武田氏《たけだし》、上杉氏《うえすぎし》など信長《のぶなが》に反対する者たちを指揮《しき》して包囲網《ほういもう》をつくる。1573年には自《みず》ら挙兵《きょへい》するも、敗北《はいぼく》。京都《きょうと》を追放されてしまった。

そのため本能寺《ほんのうじ》の変《へん》 P.98 で信長《のぶなが》が亡《な》くなったと聞いて、義昭《よしあき》は大喜《おおよろこ》びしたという。1587年には京都《きょうと》に戻《もど》ることが許《ゆる》され、出家して昌山道休《しょうざんどうきゅう》を名乗った。晩年《ばんねん》は幕府再興《ばくふさいこう》をあきらめ、豊臣秀吉《とよとみひでよし》 P.104 の相談相手をつとめ、1万石《まんごく》をあたえられた。1592年には秀吉《ひでよし》に従軍《じゅうぐん》して、文禄《ぶんろく》・慶長《けいちょう》の役《えき》 P.178 に参加《さんか》したといわれている。

知っ得エピソード

京都《きょうと》を追放されてもまだ室町幕府将軍《むろまちばくふしょうぐん》だった!?

信長《のぶなが》から京都《きょうと》を追放された義昭《よしあき》は、鞆《とも》の浦《うら》（広島県《ひろしまけん》）に逃《に》げた。この時点で室町幕府《むろまちばくふ》は滅亡《めつぼう》する。だが、義昭《よしあき》はまだ将軍《しょうぐん》の地位を解《と》かれたわけではなかった。鞆《とも》の浦《うら》でも将《しょう》軍《ぐん》として諸大名《しょだいみょう》に書類《しょるい》を出し、幕府再興《ばくふさいこう》を夢《ゆめ》みた。辞任《じにん》したのは1588年。京都《きょうと》を追放されて15年後のことだった。

義理《ぎり》と血縁関係《けつえんかんけい》の狭間《はざま》で苦悩《くのう》する

浅《あざ》井《い》長《なが》政《まさ》

出身地	近江《おうみ》（現在《げんざい》の滋賀県《しがけん》）
生　年	1545年
没　年	1573年（享年《きょうねん》29）

信長《のぶなが》の妹をめとるがのちに義兄《ぎけい》を裏切《うらぎ》ることに…

北近江《きたおうみ》（現在《げんざい》の滋賀県《しがけん》）の浅井久《あざいひさ》政《まさ》の子。初陣《ういじん》は1560年の六角氏《ろっかくし》攻《ぜ》めで、長政《ながまさ》が16歳《さい》のときだった。長《なが》政《まさ》は初陣《ういじん》ながら見事な活躍《かつやく》をみせ、これを機《き》に浅井家《あざいけ》を継《つ》ぐこととなった。織田信長《おだのぶなが》P.48の妹・お市《いち》の方《かた》P.100を妻《つま》にもつが、この結婚《けっこん》は浅井氏《あざいし》と織《お》田氏《だし》との間で同盟関係《どうめいかんけい》を結《むす》ぶためのものだった。浅井側《あざいがわ》としては、信長《のぶなが》が足利義昭《あしかがよしあき》P.70を将軍《しょうぐん》に就《つ》かせるというので、それに協力《きょうりょく》するために同盟締《どうめいてい》結《けつ》に承諾《しょうだく》したのだ。政略結婚《せいりゃくけっこん》ではあるが、長政《ながまさ》とお市《いち》の方《かた》との間には3人の娘《むすめ》が生まれた。

しかし、同盟《どうめい》は長くは続《つづ》かなかった。1570年に信長《のぶなが》が朝倉義景《あさくらよしかげ》P.74を攻《せ》めたのだ。実は同盟《どうめい》を結《むす》んだとき、「織田家《おだけ》は浅井家《あざいけ》と親しい朝倉家《あさくらけ》を勝手に攻《せ》めない」という約束《やくそく》をしていた。浅井家中《あざいかちゅう》からは朝倉氏《あさくらし》を支持《しじ》する意見が出たが、一方で織田家《おだけ》は妻《つま》の実家。長政《ながまさ》は選択《せんたく》を迫《せま》られる。

その決断《けつだん》は、信長《のぶなが》への裏切《うらぎ》りだった。長政《ながまさ》は、信長《のぶなが》よりも古いつき合いの、朝倉氏《あさくらし》との関係《かんけい》を重視《じゅうし》。長政《ながまさ》が背後《はいご》から攻撃《こうげき》しようと挙兵《きょへい》すると、信長《のぶなが》は急ぎ撤兵《てっぺい》してこの難《なん》を逃《のが》れた。

姉川《あねがわ》の戦《たたか》いP.90では形勢逆転《けいせいぎゃくてん》して、浅井《あざい》・朝倉《あさくら》の連合軍《れんごうぐん》は、織田《おだ》・徳川《とくがわ》の連合軍《れんごうぐん》の前に敗北《はいぼく》する。しかし、その後も「三好三人衆《みよしさんにんしゅう》P.83」や、石山《いしやま》本願寺《ほんがんじ》の顕如《けんにょ》P.77などと組んで反撃《はんげき》するなど、信長《のぶなが》と長政《ながまさ》の戦《たたか》いは続《つづ》いた。

1573年、ついに長政《ながまさ》は信長《のぶなが》に居城《きょじょう》・小谷城《おだにじょう》を大軍《たいぐん》で囲《かこ》まれる。長《なが》政《まさ》は父とともに城《しろ》のなかで自害《じがい》。妻《つま》のお市《いち》の方《かた》とその娘《むすめ》たちは城《しろ》が落ちる前に助けだされて無事《ぶじ》信長《ののぶなが》のもとに送り届《とど》けられた。

知っ得エピソード

信長《のぶなが》は骨《ほね》まで憎《にく》むほど義弟《ぎてい》の裏切《うらぎ》りが悔《くや》しかった

信長《のぶなが》は長政《ながまさ》の才覚《さいかく》を見こんで妹を嫁《よめ》にやった。しかし、結果《けっか》は見事に裏切《うらぎ》られ、何度も戦《たたか》うことに。信長《のぶなが》は、よほど悔《くや》しかったのだろうか。久《ひさ》政《まさ》、長政《ながまさ》親子と朝倉義景《あさくらよしかげ》を死に追いやっただけでは飽《あ》きたらず、その骸骨《がいこつ》に金箔《きんぱく》を張《は》り、器《うつわ》に仕立てた。その器《うつわ》で客に酒を飲ませたという。

信長《のぶなが》と戦《たたか》い続《つづ》け敗《やぶ》れし北陸《ほくりく》の名門家

朝倉義景《あさくらよしかげ》

出身地	越前《えちぜん》（現在《げんざい》の福井県《ふくいけん》）
生　年	1533年
没　年	1573年（享年《きょうねん》41）

浅《あざ》井《い》家《け》と組んで信《のぶ》長《なが》打《だ》倒《とう》を目指す

越前《えちぜん》（現在《げんざい》の福井県《ふくいけん》）の朝倉孝景《あさくらたかかげ》の嫡男《ちゃくなん》。朝倉家《あさくらけ》は将軍家《しょうぐんけ》と関係《かんけい》が深く、義景《よしかげ》も将軍《しょうぐん》・足利義輝《あしかがよしてる》から一字もらい義景《よしかげ》と名乗った。それほど関《かん》係《けい》が強かったため、「三好三人衆《みよしさんにんしゅう》 P.83」に義輝《よしてる》が殺された頃《ころ》、義輝《よしてる》の弟・義《よし》昭《あき》をかくまっていた。だが、義《よし》昭《あき》からの「京都《きょうと》に上洛《じょうらく》したいから協《きょう》力《りょく》してほしい」という要請《ようせい》を義景《よしかげ》は断《ことわ》ってしまう。義景《よしかげ》は京都上洛《きょうとじょうらく》よりも、自国越前《えちぜん》の安定と発展《はってん》を重視《じゅうし》した。そのとき義景《よしかげ》の代わりに義昭《よしあき》に協力《きょうりょく》したのが、織田信長《おだのぶなが》 P.48 だ。

信長《のぶなが》は義景《よしかげ》に、義昭《よしあき》を天皇《てんのう》として担《かつ》ぎ上げるよう促《うなが》すが、義景《よしかげ》は応《おう》じなかった。これを機《き》に、義景《よしかげ》と信長《のぶなが》は対立。1570年、信長《のぶなが》は朝倉氏《あさくらし》を攻撃《こうげき》した。これに対し、近江《おうみ》（現《げん》在《ざい》の滋賀県《しがけん》）の浅井長政《あざいながまさ》 P.72 が、朝倉《あさくら》側《がわ》につく。長政《ながまさ》は信長《のぶなが》の義理《ぎり》の弟だが、朝倉氏《あさくらし》との関係《かんけい》を重視《じゅうし》して、義《ぎ》兄《けい》を裏切《うらぎ》ったのだ。長政《ながまさ》は信長《のぶなが》の背《はい》後《ご》から攻撃《こうげき》をしかけようとしたが、寸前《すんぜん》のところで信長《のぶなが》は撤退《てったい》。義景《よしかげ》は信長《のぶなが》を追撃《ついげき》して倒《たお》そうとしたが、信《のぶ》長《なが》を討《う》つことはできなかった。

当然信長《とうぜんのぶなが》は、再度《さいど》朝倉《あさくら》と浅井《あざい》を攻《せ》め立てる。1570年、長政《ながまさ》とともに戦《たたか》った姉川《あねがわ》の戦《たたか》い P.90 では、織田《おだ》・徳川連合軍《とくがわれんごうぐん》に敗北《はいぼく》。その後も信長《のぶなが》との戦《たたか》いは続《つづ》く。一度は信長《のぶなが》に勝利《しょうり》したものの、1573年、浅井氏《あざいし》を助けようとして出陣《しゅつじん》すると、織田軍《おだぐん》の攻撃《こうげき》にあい、途中《とちゅう》の刀根坂《とねざか》で大敗《たいはい》してしまった。その後、館のある一乗《いちじょう》谷《だに》から織田軍《おだぐん》に追われて越前《えちぜん》の大野《おおの》に逃《のが》れる。しかし、一族の裏切《うらぎ》りにあい、義景《よしかげ》は六坊賢松寺《ろくぼうけんしょうじ》で自害《じがい》。朝《あさ》倉家《くらけ》も滅亡《めつぼう》した。

知っ得エピソード

現代《げんだい》で確認《かくにん》された朝倉家《あさくらけ》の花の都

義景《よしかげ》の住んでいた一乗谷《いちじょうだに》は、当時としては最大規模《さいだいきぼ》の城下《じょうか》町《まち》であった。信長《のぶなが》の一乗谷《いちじょうだに》攻《ぜ》めは、突然《とつぜん》のことだったのだろう。住人の荷物は、逃《に》げる際《さい》に持ちだす暇《ひま》もなく残《のこ》された。一乗谷《いちじょうだに》の城下町跡《じょうかまちあと》からは、将棋《しょうぎ》の駒《こま》などの生活用品が発《はっ》掘《くつ》された。当時の豊《ゆた》かな生活をうかがわせる。

斎藤義龍《さいとうよしたつ》

父と弟を殺《ころ》して美濃《みの》を手中《しゅちゅう》におさめる

美濃《みの》（現在《げんざい》の岐阜県《ぎふけん》）の稲葉山城主《いなばやまじょうしゅ》で、斎藤道三《さいとうどうさん》P.32の長男。しかし、父との関係《かんけい》は険悪《けんあく》なものだった。道三《どうさん》は義龍《よしたつ》の能力《のうりょく》をかっていたわけではなく、自分が家臣《かしん》の信頼《しんらい》を得《え》られなかったため、早々に義龍《よしたつ》へ家督《かとく》をゆずったのだという。道三《どうさん》は義龍《よしたつ》の弟を溺愛《できあい》し、弟たちは兄をうとんじていたようだ。義龍《よしたつ》は自身の立場の危機《きき》を感じ弟を殺害《さつがい》。さらに父親とも対決して、死に追いやった。

その後は、織田信長《おだのぶなが》P.48の美濃侵攻《みのしんこう》を阻止《そし》し、六角氏《ろっかくし》と同盟《どうめい》を組んで浅井氏《あざいし》を攻《せ》め、勢力拡大《せいりょくかくだい》を目指すが、35歳《さい》で病死《びょうし》。義龍《よしたつ》の死後、信長《のぶなが》は本格的《ほんかくてき》に美濃《みの》攻《ぜ》めに乗りだす。

出身地
美濃《みの》（現在《げんざい》の岐阜県《ぎふけん》）

生年
1527年

没年
1561年（享年《きょうねん》35）

六角義賢《ろっかくよしかた》

信長《のぶなが》に抵抗《ていこう》し続《つづ》け没落《ぼつらく》した名門家

足利将軍家《あしかがしょうぐんけ》との太いパイプをつくり、名門・六角氏《ろっかくし》の全盛期《ぜんせいき》を築《きず》いた六角定頼《ろっかくさだより》の子。１５５２年、父・定頼《さだより》の死により家を継《つ》ぐ。

将軍家《しょうぐんけ》を守って、三好長慶《みよしながよし》P.83と幾度《いくど》も剣《けん》を交えるが、敗戦《はいせん》が続《つづ》き、配下にあった浅井家《あざいけ》も義賢《よしかた》にはむかって独立《どくりつ》。名門・六角家《ろっかくけ》は次第に勢力《せいりょく》を失《うしな》う。そこへ新興勢力《しんこうせいりょく》の織田信長《おだのぶなが》P.48から、足利義昭《あしかがよしあき》P.70を将軍《しょうぐん》にするために協力《きょうりょく》してほしいと頼《たの》まれるが、拒否《きょひ》。信長《のぶなが》に攻《せ》められ居城《きょじょう》を追われる。かつて敵《てき》同士であった三好氏《みよしし》や浅井氏《あざいし》と協力《きょうりょく》して信長《のぶなが》と戦《たたか》うが、１５７０年に降伏《こうふく》。

晩年《ばんねん》は豊臣秀吉《とよとみひでよし》P.104の相談役となる。風雲児《ふううんじ》・信長《のぶなが》に苦しめられたが、結果的《けっかてき》に彼《かれ》よりも長生きできた。

出身地
近江《おうみ》（現在《げんざい》の滋賀県《しがけん》）

生年
1521年

没年
1598年（享年《きょうねん》78）

10年間戦《たたか》い続《つづ》けた信長最大《のぶながさいだい》の敵《てき》

顕如《けんにょ》

出身地	山城《やましろ》(現在《げんざい》の京都府《きょうとふ》)
生　年	1543年
没　年	1592年(享年《きょうねん》50)

仏教教団《ぶっきょうきょうだん》をまとめて信長《のぶなが》を追いつめる

本願寺《ほんがんじ》第10世・証如《しょうにょ》の長男。父の死後、住職《じゅうしょく》の座《ざ》に就《つ》く。各地《かくち》の一向《いっこう》宗《しゅう》(浄土真宗《じょうどしんしゅう》)と呼《よ》ばれる仏教教団《ぶっきょうきょうだん》をまとめ、一大勢力《せいりょく》をほこるが、その勢力《せいりょく》を邪魔《じゃま》に思った織田信長《おだのぶなが》 P.48 と対立していく。

顕如《けんにょ》は大坂《おおさか》の石山本願寺《いしやまほんがんじ》に籠《こも》り、織《お》田《だ》軍《ぐん》と開戦《かいせん》 P.92 。すぐれた政治力《せいじりょく》で将《しょう》軍《ぐん》・足利義昭《あしかがよしあき》 P.70 らと連携《れんけい》して、信長《のぶなが》包囲網《ほういもう》を形成《けいせい》。さらに全国の一向宗《いっこうしゅう》に呼《よ》びかけ、一揆《いっき》を起こさせた。信《のぶ》長《なが》はこれをおさめることに追われ、10年も決着がつかなかったので、顕《けん》如《にょ》は信長《のぶなが》の最大《さいだい》の敵《てき》ともいわれる。

しかし、次第に顕如側《けんにょがわ》が劣勢《れっせい》になると１５８０年には、信長《のぶなが》と和睦《わぼく》。顕如《けんにょ》は石山本願寺《いしやまほんがんじ》を明けわたし、紀《き》州《しゅう》(現在《げんざい》の和歌山県《わかやまけん》)雑賀《さいか》に移《うつ》った。

知っ得エピソード

信長《のぶなが》に敗北後《はいぼくご》の本願寺《ほんがんじ》の行方《ゆくえ》

豊臣秀吉《とよとみひでよし》 P.104 政権《せいけん》になると、顕如《けんにょ》は秀吉から京都《きょうと》の七条堀《しちじょうほり》川《かわ》に土地《とち》を賜《たまわ》り、本願寺教団《ほんがんじきょうだん》を再興《さいこう》した。顕如《けんにょ》の死後は三男・准如《じゅんにょ》が継《つ》ぐが、相続《そうぞく》問題で長男・教如《きょうにょ》と対立。教如《きょうにょ》は七条烏丸《しちじょうからすま》に東本願寺《ひがしほんがんじ》を創建《そうけん》し、以後本願寺《ほんがんじ》は准如《じゅんにょ》の西本願寺《にしほんがんじ》と教如《きょうにょ》の東本願寺《ひがしほんがんじ》に分裂《ぶんれつ》する。

ことごとく家臣《かしん》に裏切《うらぎ》られた悲劇《ひげき》の将《しょう》

武田《たけだ》勝頼《かつより》

出身地	甲斐《かい》（現在《げんざい》の山梨県《やまなしけん》）
生　年	1546年
没　年	1582年（享年《きょうねん》37）

長篠《ながしの》・設楽原《したらがはら》の戦《たたか》いの大敗《たいはい》で面目を失《うしな》う

甲斐《かい》（現在《げんざい》の山梨県《やまなしけん》）の武田信玄《たけだしんげん》P.16の四男《よんなん》。信玄《しんげん》の死後、家督相続《かとくそうぞく》すると信玄《しんげん》の遺志《いし》を継《つ》ぎ、勝頼《かつより》は勢力拡大《せいりょくかくだい》に向けて次つぎと戦《たたか》いに乗りだす。

1574年、かねてより対立関係《かんけい》にあった、織田信長《おだのぶなが》P.48や徳川家康《とくがわいえやす》P.182の城《しろ》を攻《せ》め落とした。翌年《よくねん》の長篠《ながしの》・設楽原《したらがはら》の戦《たたか》いP.94では、織田《おだ》・徳川軍《とくがわぐん》と直接《ちょくせつ》対決するが、大敗《たいはい》。織田軍《おだぐん》の鉄砲隊《てっぽうたい》の前に、勇猛《ゆうもう》な武田《たけだ》の家臣《かしん》が数多く戦死《せんし》をとげた。これをきっかけに、武田《たけだ》の勢力《せいりょく》は次第に衰退《すいたい》していくこととなる。

1578年、父・信玄《しんげん》のライバルであった越後《えちご》（現在《げんざい》の新潟県《にいがたけん》）の上《うえ》杉謙信《すぎけんしん》P.20が居城《きょじょう》・春日山城内《かすがやまじょうない》で急死。謙信《けんしん》の死によって、上杉景勝《うえすぎかげかつ》P.150と上《うえ》杉景虎《すぎかげとら》の養子同士《ようしどうし》で家督争《かとくあらそ》いが勃発《ぼっぱつ》した。景虎《かげとら》は北条氏《ほうじょうし》の出身だったので、当時北条氏《ほうじょうし》と同盟《どうめい》を結《むす》んでいた勝頼《かつより》は、景虎《かげとら》を応援《おうえん》するため出陣《しゅつじん》している。

しかし、越後《えちご》に出陣《しゅつじん》した勝頼《かつより》は北《ほう》条氏《じょうし》を裏切《うらぎ》り、景勝《かげかつ》と同盟関係《どうめいかんけい》を結《むす》んでしまった。その結果《けっか》、家督争《かとくあらそ》いは景勝《かげかつ》が勝利《しょうり》する。これにより、武《たけ》田《だ》と北条《ほうじょう》との関係《かんけい》は悪化《あっか》。さらに度重なる戦《たたか》いで家臣団《かしんだん》の不満《ふまん》もつのり、勝頼《かつより》はますます窮地《きゅうち》に立たされる。

1582年、家臣《かしん》の木曽義昌《きそよしまさ》が信《のぶ》長《なが》に、穴山梅雪《あなやまばいせつ》が家康《いえやす》に内通。相次ぐ家臣《かしん》の裏切《うらぎ》りで、もはや勝頼勢《かつよりぜい》には織田軍《おだぐん》の侵攻《しんこう》を防《ふせ》ぐ力は残《のこ》っていなかった。総《そう》くずれになった勝頼勢《かつよりぜい》は、家臣《かしん》の小山田信茂《おやまだのぶしげ》の誘《さそ》いで武田《たけだ》家《け》の新府城《しんぷじょう》から、信茂《のぶしげ》の岩殿城《いわどのじょう》に逃《とう》亡《ぼう》。しかし、信茂《のぶしげ》までも織田方《おだがた》についてしまう。織田軍《おだぐん》に囲《かこ》まれ、追いつめられた勝頼《かつより》は自害《じがい》した。

知っ得エピソード

真田《さなだ》か、小山田《おやまだ》か…勝頼《かつより》、運命の選択《せんたく》

信長《のぶなが》の武田攻《たけだぜ》めで大敗《たいはい》した勝頼勢《かつよりぜい》は、小山田信茂《おやまだのぶしげ》の誘《さそ》いに乗った。このとき家臣《かしん》で戦《いくさ》上手と評判《ひょうばん》の真田昌幸《さなだまさゆき》P.212も、自分の城《しろ》へ来るように勝頼《かつより》を誘《さそ》っていた。結果的《けっかてき》に勝頼《かつより》は信茂《のぶしげ》を選《えら》び、裏切《うらぎ》られて自滅《じめつ》の道をたどる。だが、もし昌《まさ》幸《ゆき》に従《したが》っていれば勝頼《かつより》は生き延《の》びたかも知れない。

北九州《きたきゅうしゅう》で栄華《えいが》をほこったキリシタン大名

大友宗麟《おおともそうりん》

出身地	豊後《ぶんご》（現在《げんざい》の大分県《おおいたけん》）
生　年	1530年
没　年	1587年（享年《きょうねん》58）

島津氏《しまづし》に大敗《たいはい》し衰退《すいたい》の道をたどる

　宗麟《そうりん》という名が有名だが、もとの名は義鎮《よししげ》という。キリシタン大名でもあった。北九州《きたきゅうしゅう》で勢力《せいりょく》をのばした、大友氏《おおともし》の嫡男《ちゃくなん》として生まれる。宗麟《そうりん》が家督《かとく》を継《つ》ぐと、周防《すおう》（現在《げんざい》の山口《やまぐち》県《けん》）や肥後《ひご》（現在《げんざい》の熊本県《くまもとけん》）にまで勢力《せいりょく》を拡大《かくだい》。宗麟《そうりん》の支配《しはい》は北九州《きたきゅうしゅう》6か国までにおよんだ。

　順調《じゅんちょう》に領地《りょうち》を広げているかと思われたが、1578年の耳川《みみかわ》の戦《たたか》いで薩摩《さつま》（現在《げんざい》の鹿児島県《かごしまけん》）の島津氏《しまづし》に大敗《たいはい》。これをきっかけに島津《しまづ》の勢力《せいりょく》が広がり、家臣《かしん》たちが離《はな》れ、急速に力を失《うしな》う。さらなる島津軍《しまづぐん》の侵攻《しんこう》に宗麟《そうりん》のとった策《さく》は豊臣秀吉《とよとみひでよし》P.104への援《えん》助要請《じょようせい》だった。かけつけた豊臣軍《とよとみぐん》は島津軍《しまづぐん》を攻《せ》め、大友氏《おおともし》は滅亡《めつぼう》を逃《のが》れた。宗麟《そうりん》は、その直後に病死する。

知っ得
エピソード

キリシタンの活動が家臣《かしん》の反発を受けることに

「天正遣欧少年使節《てんしょうけんおうしょうねんしせつ》P.65」をローマに派遣《はけん》するなど、キリシタン大名としても知られる宗麟《そうりん》。だが、宣教師《せんきょうし》フランシスコ・ザビエルのキリスト教布教《ふきょう》を領内《りょうない》で許《ゆる》すと、家臣《かしん》たちから反感をかってしまった。このことが、家臣《かしん》の信頼《しんらい》を失《うしな》う一因《いちいん》でもあったようだ。

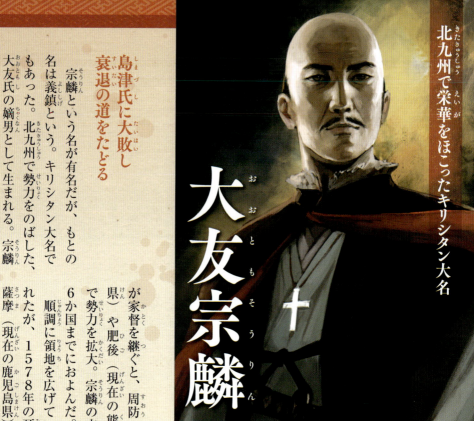

雷神《らいじん》のごとく戦《いくさ》を勝利《しょうり》に導《みちび》いた猛将《もうしょう》

立花道雪《たちばなどうせつ》

大友宗麟《おおともそうりん》P.80の一族、戸次家《べっきけ》に生まれる。初陣《ういじん》で武功《ぶこう》をあげるが、直後に雷《かみなり》に打たれ足が不自由《ふじゆう》になった。それでも輿《こし》（人がかつぐ乗り物）に乗って戦場《せんじょう》にくりだし、幾度《いくど》も勝利《しょうり》。その猛将《もうしょう》ぶりで「雷神《らいじん》」と呼《よ》ばれた。

主家の大友氏《おおともし》が相続《そうぞく》問題で分裂《ぶんれつ》すると宗麟側《そうりんがわ》につき、以後その懐刀《ふところがたな》として活躍《かつやく》。大友氏《おおともし》に対抗《たいこう》した立花氏《たちばなし》を討《う》つと、立花氏《たちばなし》を継《つ》いで立花道雪《たちばなどうせつ》を名乗るようになる。

耳川《みみかわ》の戦《たたか》いでは、出陣《しゅつじん》しようとする宗麟《そうりん》に道雪《どうせつ》は反対していたという。結果的《けっかてき》に宗麟《そうりん》は大敗《たいはい》して大友《おおとも》氏《し》は勢力《せいりょく》を失《うしな》うが、その後も道雪《どうせつ》は宗麟《そうりん》に仕《つか》え続《つづ》けた。１５８５年、陣中《じんちゅう》で発病して死去《しきょ》している。

出身地

豊後《ぶんご》（現在《げんざい》の大分県《おおいたけん》）

生　年

1513年

没　年

1585年（享年《きょうねん》73）

籠城戦《ろうじょうせん》に散《ち》った義《ぎ》に厚《あつ》い武将《ぶしょう》

高橋紹運《たかはしじょううん》

大友宗麟《おおともそうりん》P.80の家臣《かしん》、吉弘鑑理《よしひろあきただ》の次男。１５６９年、紹運《じょううん》は謀反《むほん》を起こして鎮圧《ちんあつ》された筑前《ちくぜん》（現在《げんざい》の福岡県《ふくおかけん》）の高橋《たかはし》氏《し》に代わり、高橋氏《たかはしし》の家督《かとく》と、岩屋城《いわやじょう》を受《う》け継《つ》ぐ。しかし、周辺武将《しゅうへんぶしょう》の台頭と耳川《みみかわ》の戦《たたか》いでの大敗《たいはい》を機《き》に、大友氏《おおともし》は衰退《すいたい》していく。

１５８６年、紹運《じょううん》の岩屋城《いわやじょう》が大友氏《おおともし》と対立する島津氏《しまづし》に攻撃《こうげき》される。島津《しまづ》の5万の兵《へい》に対し、紹運《じょううん》はわずか８００たらずの兵《へい》で奮戦《ふんせん》する。島津軍《しまづぐん》は紹運《じょううん》に和解《わかい》を申《もう》しでるが、紹運《じょううん》は拒否《きょひ》。最期《さいご》まで大友軍《おおともぐん》として戦《たたか》うと決意した。だが、大軍《たいぐん》におされ落城《らくじょう》。自害《じがい》して果《は》てた。紹運勢《じょううんぜい》に生存者《せいぞんしゃ》はひとりもいないほど、壮絶《そうぜつ》な戦《たたか》いだったという。

出身地

豊後《ぶんご》（現在《げんざい》の大分県《おおいたけん》）

生　年

不明《ふめい》

没　年

1586年（享年《きょうねん》?）

肥前統一《ひぜんとういつ》を果《は》たすが晩年《ばんねん》は酒におぼれる

龍造寺隆信《りゅうぞうじたかのぶ》

肥前《ひぜん》（現在《げんざい》の佐賀県《さがけん》）の龍造寺家《りゅうぞうじけ》に生まれる。１５７０年、大友宗麟《おおともそうりん》P.80が隆信《たかのぶ》の佐賀城《さがじょう》を6万の軍勢《ぐんぜい》で包囲《ほうい》。絶体絶命《ぜったいぜつめい》におちいるが、家臣《かしん》の鍋島直茂《なべしまなおしげ》の奇襲《きしゅう》で退《しりぞ》け、危機《きき》をまぬがれた。これを機《き》に隆信《たかのぶ》は次つぎと領土《りょうど》を拡大《かくだい》し、肥前《ひぜん》を統一《とういつ》するまでになった。

肥前統一《ひぜんとういつ》後、隆信《たかのぶ》は隠居《いんきょ》して酒におぼれるようになる。激太《げきぶと》りして馬にも乗れず、戦《いくさ》では輿《こし》（人がかつぐ乗り物）を6人でかつぐほどだったという。そんなおり、島津氏《しまづし》、有馬氏《ありまし》と肥前《ひぜん》の沖田畷《おきたなわて》で衝突《しょうとつ》した。敵軍《てきぐん》の数倍の兵力《へいりょく》をもっていたが、島津軍《しまづぐん》の策《さく》にはまり、龍造寺軍《りゅうぞうじぐん》は大混乱《だいこんらん》に。混乱《こんらん》した兵《へい》が輿《こし》を放りだしたため隆信《たかのぶ》はあっけなく討死《うちじに》した。

出身地
肥前《ひぜん》（現在《げんざい》の佐賀県《さがけん》）

生年
1529年

没年
1584年（享年《きょうねん》56）

主君・龍造寺家《りゅうぞうじけ》にとってかわる

鍋島直茂《なべしまなおしげ》

龍造寺隆信《りゅうぞうじたかのぶ》の家臣《かしん》。直茂《なおしげ》の父の再婚《さいこん》相手は隆信《たかのぶ》の生母なので、親族でもあった。そのため隆信《たかのぶ》との結束《けっそく》は強く、肥前統一《ひぜんとういつ》に貢献《こうけん》。しかし、隆信《たかのぶ》は酒におぼれるようになり、直茂《なおしげ》のことをうとんじるようになる。１５８４年の沖田畷《おきたなわて》の戦《たたか》いでも、隆信《たかのぶ》は数倍の兵力差《へいりょくさ》に安心していたので直茂《なおしげ》は「油断禁物《ゆだんきんもつ》」と進言したが、聞き入れられず隆信《たかのぶ》は戦死《せんし》してしまった。

隆信《たかのぶ》の後継者《こうけいしゃ》である龍造寺政家《りゅうぞうじまさいえ》の後見役《こうけんやく》として、直茂《なおしげ》は龍造寺家《りゅうぞうじけ》の実権《じっけん》をにぎる。龍造寺家《りゅうぞうじけ》の勢力《せいりょく》は、もはや鍋島家《なべしまけ》のものだった。そして関ケ原《せきがはら》の戦《たたか》いP.230後、佐賀藩《さがはん》は鍋島家《なべしまけ》が藩主《はんしゅ》をつとめることに。龍造寺家《りゅうぞうじけ》は立場が逆転《ぎゃくてん》し、鍋島家《なべしまけ》に仕《つか》えるようになる。

出身地
肥前《ひぜん》（現在《げんざい》の佐賀県《さがけん》）

生年
1538年

没年
1618年（享年《きょうねん》81）

将軍《しょうぐん》を追放し京都《きょうと》の実権《じっけん》をにぎる

三好長慶《みよしながよし》

阿波《あわ》（現在《げんざい》の徳島県《とくしまけん》）の戦《せん》国《ごく》大名・三好元長《みよしもとなが》の嫡男《ちゃくなん》。父・元長《もとなが》が戦死《せんし》したのにともない、わずか10歳《さい》で家を継《つ》ぐ。幕府管領《ばくふかんれい》の細川晴元《ほそかわはるもと》に仕《つか》える。しかし、かねてより領地《りょうち》争《あらそ》いをしていた三好政長《みよしまさなが》と戦《いくさ》をする許《ゆる》しを晴元《はるもと》から得《え》られなかったため、長慶《ながよし》は主君《しゅくん》である晴元《はるもと》に反発。晴元《はるもと》に協力《きょうりょく》した将軍《しょうぐん》の足利義輝《あしかがよしてる》ともども京都《きょうと》から追放した。その後、長慶《ながよし》が中央政権《せいけん》を牛耳《ぎゅうじ》るようになり、三好政権《みよしせいけん》を確立《かくりつ》。織田信長《おだのぶなが》P.48以前《いぜん》の最初《さいしょ》の「天下人《てんかびと》」ともいわれる。長慶《ながよし》の領地《りょうち》も畿内《きない》（京都《きょうと》に近い国ぐに）から四国《しこく》までの広範囲《こうはんい》にわたった。やがて将軍《しょうぐん》・義輝《よしてる》と和解《わかい》するが、晩年《ばんねん》は家臣《かしん》の松永久秀《まつながひさひで》P.84に実権《じっけん》をうばわれた。

出身地
阿波《あわ》（現在《げんざい》の徳島県《とくしまけん》）

生年
1523年

没年
1564年（享年《きょうねん》42）

フォーカス!

三好三人衆《みよしさんにんしゅう》

中央政権《せいけん》を支配《しはい》し将軍《しょうぐん》を殺害《さつがい》

「三好三人衆《みよしさんにんしゅう》」とは三好長慶《みよしながよし》の配下の武将《ぶしょう》で三好長逸《みよしながゆき》、岩成友通《いわなりともみち》、三好政康《みよしまさやす》の三好家《みよしけ》で大きな力をもった3人を指す。主君である長慶《ながよし》の死後、15歳《さい》の三好義継《みよしよしつぐ》を三好家《みよしけ》の当主にすえると、その後見人《こうけんにん》となり政権《せいけん》を牛耳《ぎゅうじ》る。将軍《しょうぐん》・足利義輝《あしかがよしてる》を暗殺《あんさつ》し、松永久秀《まつながひさひで》P.84や織田信長《おだのぶなが》P.48と争《あらそ》うなど、政情《せいじょう》を乱《みだ》した。しかし、1573年に岩《いわ》成友通《なりともみち》が敗死《はいし》すると、三人衆《さんにんしゅう》の勢力《せいりょく》は急《きゅう》速《そく》に衰《おとろ》える。このうち、三好政康《みよしまさやす》は豊臣秀《とよとみひで》頼《より》P.210に仕《つか》え、大坂夏《おおさかなつ》の陣《じん》P.238で戦死《せんし》した。

三好家《みよしけ》の重臣《じゅうしん》で、天皇《てんのう》や信長《のぶなが》にはむかった。

裏《うら》切《ぎ》りや悪事《あくじ》をくり返《かえ》す悪名《あくみょう》高き男

松永久秀《まつながひさひで》

出身地	山城《やましろ》（現在《げんざい》の京都府《きょうとふ》）
生　年	1510年？
没　年	1577年（享年《きょうねん》68？）

主家《しゅけ》と対立し信長《のぶなが》をも裏切《うらぎ》る

もとは畿内《きない》（京都《きょうと》に近い国ぐに）をおさめていた三好長慶《みよしながよし》P.83の右筆《ゆうひつ》（えらい人の代わりに手紙や書類《しょるい》を書く人）。そこから長慶《ながよし》の重臣《じゅうしん》、そして大名となり、1559年、信貴山城《しぎさんじょう》（奈良県《ならけん》）主《しゅ》となった。

長慶《ながよし》の死後は、家中《かちゅう》の実権《じっけん》を久秀《ひさひで》と三好三人衆《みよしさんにんしゅう》P.83がにぎる。1565年には、義継《よしつぐ》らと将軍《しょうぐん》・足利義輝《あしかがよしてる》を討《う》った。しかし、その後三好三人衆《みよしさんにんしゅう》らと対立することとなる。1567年、久秀《ひさひで》は東大寺《とうだいじ》に陣《じん》を張《は》った三好《みよし》三人衆《さんにんしゅう》に奇襲《きしゅう》をかけるため、東大寺《とうだいじ》大《だい》仏殿《ぶつでん》を大仏《だいぶつ》もろとも焼《や》いてしまう。

翌年《よくねん》、織田信長《おだのぶなが》P.48の上洛《じょうらく》に際《さい》して、信長《のぶなが》に降伏《こうふく》。家臣《かしん》となるが、その後久秀《ひさひで》は2度にわたって信長《のぶなが》を裏切《うらぎ》る。室町幕府《むろまちばくふ》の中枢《ちゅうすう》を担《にな》った三好家《みよしけ》に仕《つか》え、そのなかで権勢《けんせい》をふるった久秀《ひさひで》としては信長《のぶなが》の台頭が許《ゆる》せなかったのかもしれない。信長《のぶなが》は久秀《ひさひで》を許《ゆる》してしまうのだが、3度目の裏切《うらぎ》りはさすがに許《ゆる》されなかった。織田軍《おだぐん》に攻《せ》めこまれた久秀《ひさひで》。居城《きょじょう》・信貴山城《しぎさんじょう》に籠《こ》もったが、織田軍《おだぐん》の総攻撃《そうこうげき》にたえきれず、自《みずか》ら城《しろ》に火をつけて自害《じがい》したといわれている。

将軍《しょうぐん》の殺害《さつがい》、大仏《だいぶつ》の焼《や》き討《う》ち、裏《うら》切《ぎ》り行為《こうい》から、極悪人《ごくあくにん》のイメージが強い久秀《ひさひで》だが、茶道に精通《せいつう》し、文化人としての一面もあった。城内《じょうない》で自《じ》害《がい》した際《さい》には茶道で名器《めいき》といわれた「平蜘蛛《ひらぐも》」の茶釜《ちゃがま》に火薬をしかけて、それを抱《だ》いて爆死《ばくし》したという説《せつ》が残《のこ》る。実は信長《のぶなが》もこの茶釜《ちゃがま》をほしがっていたので、久秀《ひさひで》に引《ひ》きわたすように言っていたという。死してもなおそれを拒否《きょひ》するため、このような死に方を選《えら》んだのかもしれない。

知っ得エピソード

はじめて城《しろ》に天守《てんしゅ》を建《た》てたのは久秀《ひさひで》？

お城《しろ》の天守《てんしゅ》は、織田信長《おだのぶなが》の安土城《あづちじょう》につくられたものが最《さい》初《しょ》であるとか、その前の岐阜《ぎふ》城《じょう》につくられたものが最初《さいしょ》だとかいわれている。しかし、一説《いっせつ》によると松永久秀《まつながひさひで》の信貴《しぎ》山城《さんじょう》には「高櫓《たかやぐら》」とも、「天《てん》守《しゅ》」とも呼《よ》ばれる建物《たてもの》があったといわれ、こちらが最初《さいしょ》の天守《てんしゅ》の可能性《かのうせい》があるという。

今川義元軍《いまがわよしもとぐん》
突然《とつぜん》の織田軍《おだぐん》の攻撃《こうげき》に、大混乱《だいこんらん》におちいったといわれる。

1560年

桶狭間《おけはざま》の戦《たたか》い

合戦場所《かっせんばしょ》

桶狭間《おけはざま》
（現在《げんざい》の愛知県《あいちけん》名古屋市《なごやし》・豊明市《とよあけし》）

東海《とうかい》の大大名《だいだいみょう》の進軍《しんぐん》に信長《のぶなが》・絶体絶命《ぜったいぜつめい》

1560年、駿河《するが》、遠江《とおとうみ》、三河《みかわ》と現在《げんざい》の静岡県《しずおかけん》中央部から愛知県《あいちけん》の東部を支配《しはい》していた今川義元《いまがわよしもと》 P.30 は、さらに西へと領地《りょうち》を拡大《かくだい》するために2万5000の大軍《たいぐん》を率《ひき》いて尾張《おわり》（現在《げんざい》の愛知県《あいちけん》）に進んだ。

このとき尾張《おわり》を支配《しはい》していた織《お》田信長《だのぶなが》 P.48 は、前年にようやく尾張《おわり》を統一《とういつ》したばかり。動かせる兵《へい》も3000ほどしかなかった。

今川軍《いまがわぐん》の侵攻《しんこう》に、鳴海砦《なるみとりで》、沓掛《くつかけ》城《じょう》、大高城《おおだかじょう》と信長側《のぶながかわ》の城《しろ》が次つぎ

今川義元本陣《いまがわよしもとほんじん》
すでにふたつの砦《とりで》を落としたことを聞いて、休憩中《きゅうけいちゅう》だった。
織田信長軍《おだのぶながぐん》
悪天候《あくてんこう》で視界《しかい》がさえぎられたため、今川《いまがわ》軍《ぐん》に気づかれずに接《せっ》近《きん》できた。
織田信長《おだのぶなが》

と落ちていく。義元《よしもと》はそのうちのひとつ、沓掛城《くつかけじょう》に陣《じん》を構《かま》えた。

城奪還《しろだっかん》のために信長《のぶなが》は、丸根《まるね》や鷲津《わしづ》を始めとする砦《とりで》を各所《かくしょ》に築《きず》いていた。しかし、いよいよ丸根砦《まるねとりで》、鷲津砦《わしづとりで》に今川軍《いまがわぐん》が迫《せま》る。ふたつの砦《とりで》は、今川方《いまがわがた》の大高城《おおだかじょう》へ兵糧《ひょうりょう》を補《ほ》給《きゅう》するのを遮断《しゃだん》するために信長《のぶなが》が築《きず》いたものだ。このとき大高城《おおだかじょう》に食料《しょくりょう》などを運び入れ、丸根砦《まるねとりで》、鷲《わし》津砦《づとりで》を攻撃《こうげき》したことで名をあげたのが、今川軍《いまがわぐん》の徳川家康《とくがわいえやす》P.182だった。

勝
織田信長《おだのぶなが》
戦力《せんりょく》
約《やく》3000人
いよいよ来た…。義元《よしもと》を迎《むか》え撃《う》ってやる！
VS
尾張《おわり》のほうにも勢力拡大《せいりょくかくだい》したい！
今川義元《いまがわよしもと》
戦力《せんりょく》
約《やく》2万5000人
負

← 次のページへ続《つづ》く

進軍《しんぐん》する信長《のぶなが》 油断《ゆだん》する義元《よしもと》

信長《のぶなが》はこのとき、居城《きょじょう》の清洲城《きよすじょう》にいた。このまま籠城《ろうじょう》して今川軍《いまがわぐん》を待《ま》ち構《かま》えるか、城《しろ》を出て立ち向かうか、織田家中《おだかちゅう》で決まっていなかったのだ。丸根《まるね》、鷲津《わしづ》への攻撃《こうげき》が開始されたという知らせを受けた信長《のぶなが》は、立ちながら湯漬《ゆづ》けを食べ、幸若舞《こうわかまい》（室町《むろまち》・戦国《せんごく》時代に流行《はや》った舞《まい》）の「敦盛《あつもり》」という曲を舞《ま》ったといわれる。その後熱田神宮《あつたじんぐう》へと向かい「戦《たたか》いに勝てるように」と祈《いの》った。

丸根《まるね》、鷲津《わしづ》のふたつの砦《とりで》は、信長《のぶなが》が到着《とうちゃく》する前に今川軍《いまがわぐん》の手に落ちた。沓掛城《くつかけじょう》を出発した義元《よしもと》は、桶狭間《おけはざま》に到着《とうちゃく》。ここで兵《へい》たちに休憩《きゅうけい》をとらせ、謡《うたい》（能《のう》の声楽の部分）を謡《うた》わせたという。丸根《まるね》、鷲津《わしづ》の

桶狭間《おけはざま》の戦《たたか》い合戦《かっせん》地図

砦《とりで》を落としたと報告《ほうこく》を受けていたので、義元軍《よしもとぐん》には勝利《しょうり》ムードが流れ、油断《ゆだん》が生じていた。

突如現《とつじょあらわ》れた信長軍《のぶながぐん》に義元軍《よしもとぐん》は大混乱《だいこんらん》

義元側《よしもとがわ》がこうしている間にも信《のぶ》長《なが》は、先へ先へと進んでいく。このとき信長《のぶなが》は「敵《てき》は大高城《おおだかじょう》に食料《しょくりょう》を運び入れ、丸根《まるね》・鷲津《わしづ》とふたつの砦《とりで》を落として疲《つか》れている。しかし、われわれはまだ戦《たたか》っていないので恐《おそ》れることはない」と兵《へい》に言い聞かせたという。

やがて、信長《のぶなが》が今川軍《いまがわぐん》の目の前まで迫《せま》った。その瞬間《しゅんかん》、桶狭間《おけはざま》の一帯《いったい》を豪雨《ごうう》が襲《おそ》う。この雨は、信《のぶ》長軍《ながぐん》にとって恵《めぐ》みの雨となった。雨のおかげで視界《しかい》が悪くなり、敵《てき》の目をかわしながら兵《へい》を進められたのだ。

この雨が止んだとき、義元《よしもと》の目の前に突如《とつじょ》として信長軍《のぶながぐん》が現《あらわ》れた。予想していなかった出来事だった。うろたえた義元軍《よしもとぐん》の兵《へい》は、一目散《いちもくさん》に逃《に》げだしてしまう。大混乱《だいこんらん》の戦《せん》場《じょう》で、織田家臣《おだかしん》が義元《よしもと》の首をとった。信長《のぶなが》が不利《ふり》な条件《じょうけん》のなかで、東海《とうかい》の覇者《はしゃ》を破《やぶ》るという奇跡《きせき》が起きたのだ。

桶狭間《おけはざま》の戦《たたか》いハイライト

東海《とうかい》の戦国大名《せんごくだいみょう》・今川義元《いまがわよしもと》は
大軍《たいぐん》を率《ひき》いて信長《のぶなが》の領地《りょうち》・尾張《おわり》へと進軍《しんぐん》。
今川軍《いまがわぐん》の進軍《しんぐん》を聞いた信長《のぶなが》は
人間50年〜
「敦盛《あつもり》」を舞《ま》い居城《きょじょう》・清洲城《きよすじょう》を出発した。
砦《とりで》を落とし、休憩《きゅうけい》をとる義元《よしもと》。そのとき突然豪雨《とつぜんごうう》が…。
ワー
ザザザザ
そこへ、織田軍《おだぐん》が現《あらわ》れた!
油断《ゆだん》していた義元《よしもと》は織田軍《おだぐん》の奇襲《きしゅう》に討《う》ちとられ、
織田軍《おだぐん》の勝利《しょうり》となった。

横山城《よこやまじょう》
織田軍《おだぐん》
横山城《よこやまじょう》を包囲《ほうい》して、浅井軍《あざいぐん》を待《ま》ち構《かま》えた。
徳川軍《とくがわぐん》
姉川《あねがわ》で朝倉軍《あさくらぐん》と対峙《たいじ》する。

1570年

姉《あね》川《がわ》の戦《たたか》い

合戦場所《かっせんばしょ》

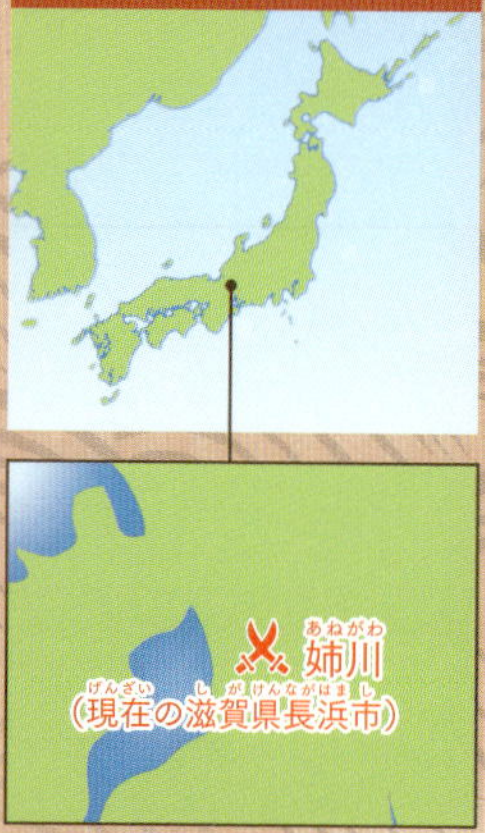
姉川《あねがわ》
（現在《げんざい》の滋賀県長浜市《しがけんながはまし》）

小谷城《おだにじょう》からおびきだし 姉川《あねがわ》で激突《げきとつ》

織田信長《おだのぶなが》P.48は、近江《おうみ》（現在《げんざい》の滋賀県《しがけん》）の浅井長政《あざいながまさ》P.72と同盟《どうめい》を結《むす》んでいたが、信長《のぶなが》が越前《えちぜん》（現在《げんざい》の福井県《ふくいけん》）の朝倉氏《あさくらし》を攻《せ》めたことで同盟破棄《どうめいはき》。長政《ながまさ》は信長《のぶなが》を攻《せ》めた。

信長《のぶなが》はいったん岐阜《ぎふ》へと兵《へい》を戻《もど》し、改《あらた》めて長政《ながまさ》を討《う》つために徳川《とくがわ》家康《いえやす》P.182との連合軍《れんごうぐん》で浅井家《あざいけ》の小谷《おだに》城《じょう》に進軍《しんぐん》。一方の浅井軍《あざいぐん》には越前《えちぜん》の朝倉家《あさくらけ》からの援軍《えんぐん》が加《くわ》わった。

信長《のぶなが》はまず、小谷城《おだにじょう》の南にある浅井家《あざいけ》の横山城《よこやまじょう》を攻撃《こうげき》。そこへ小《お》

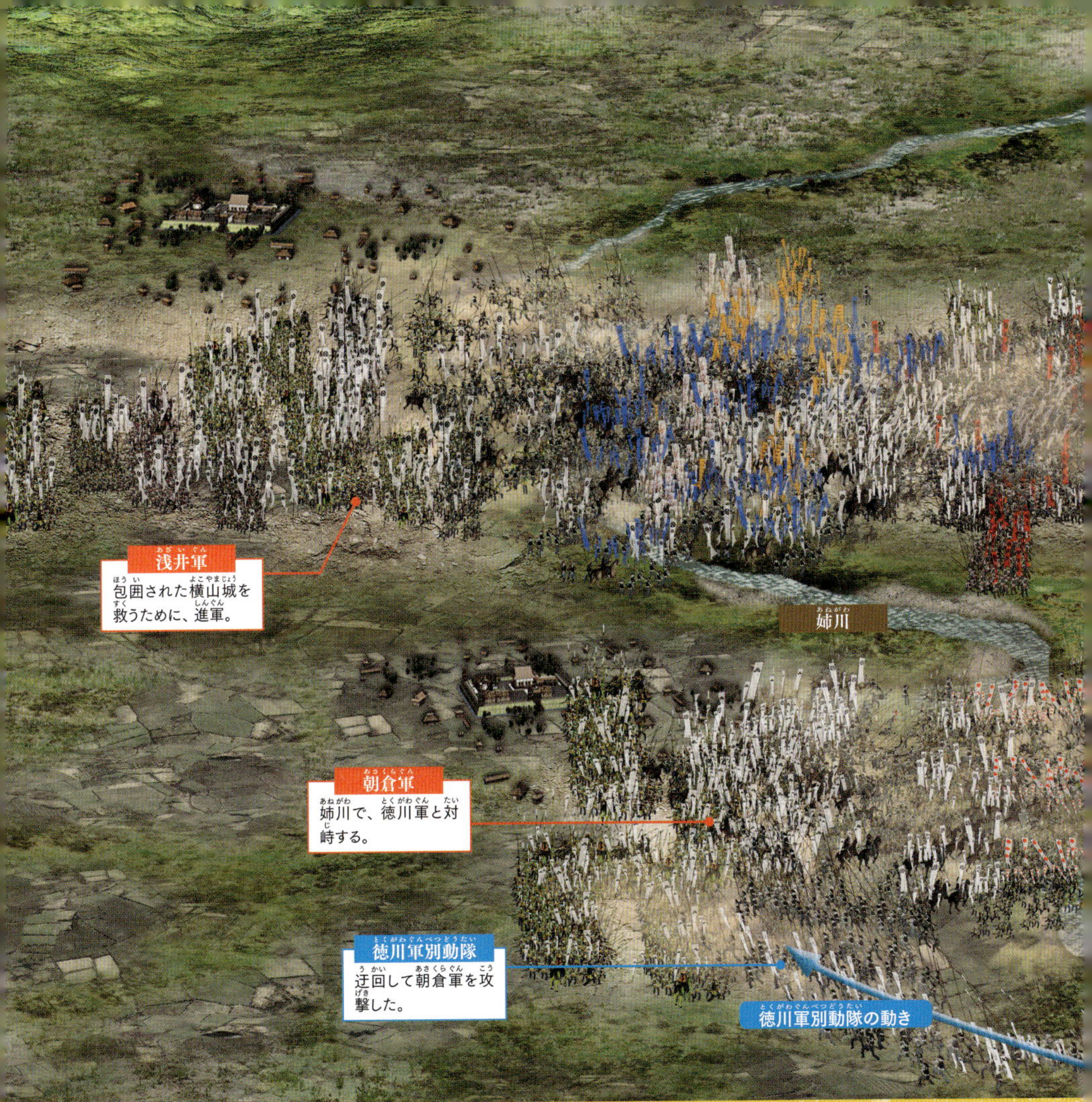
浅井軍《あざいぐん》
包囲《ほうい》された横山城《よこやまじょう》を救《すく》うために、進軍《しんぐん》。
姉川《あねがわ》
朝倉軍《あさくらぐん》
姉川《あねがわ》で、徳川軍《とくがわぐん》と対《たい》峙《じ》する。
徳川軍別動隊《とくがわぐんべつどうたい》
迂回《うかい》して朝倉軍《あさくらぐん》を攻《こう》撃《げき》した。
徳川軍別動隊《とくがわぐんべつどうたい》の動き

勝
小谷城《おだにじょう》までは、深追いしたくない…。
織田信長《おだのぶなが》・徳川家康《とくがわいえやす》
戦力《せんりょく》
約《やく》2万5000人
VS
約束《やくそく》を破《やぶ》った信長《のぶなが》を絶対《ぜったい》討《う》つ！
浅井長政《あざいながまさ》・朝倉義景《あさくらよしかげ》
戦力《せんりょく》
約《やく》1万5000人
負

谷城《だにじょう》から長政軍《ながまさぐん》が出撃《しゅつげき》。小谷城《おだにじょう》での攻城戦《こうじょうせん》は避《さ》けたい信長《のぶなが》としては、好都合《こうつごう》だった。織田《おだ》・徳川軍《とくがわぐん》の兵《へい》2万5000と浅井《あざい》・朝倉軍《あさくらぐん》の兵《へい》1万5000は、姉川《あねがわ》を挟《はさ》んで対《たい》峙《じ》した。戦《たたか》いは激戦《げきせん》となったが、あきらかな兵力差《へいりょくさ》があり、勝敗《しょうはい》は目に見えていた。織田《おだ》・徳川軍《とくがわぐん》におされ、浅井《あざい》・朝倉軍《あさくらぐん》は小谷城《おだにじょう》へ逃走《とうそう》開始。しかし、小谷城《おだにじょう》は簡単《かんたん》には落とせないとわかっていたので、信長《のぶなが》は追撃《ついげき》をしなかった。

鉄砲櫓《てっぽうやぐら》
本願寺内《ほんがんじない》にはいくつもの櫓《やぐら》があり、高いところから織田軍《おだぐん》を鉄砲《てっぽう》でねらった。
築山《つきやま》
人工的《じんこうてき》に盛《も》り土をした山のことで、本願《ほんがん》寺軍《じぐん》の激《はげ》しい銃撃《じゅうげき》から守った。
織田信長軍《おだのぶながぐん》
本願寺《ほんがんじ》を取《と》り囲《かこ》むように配置《はいち》した。

1570～80年

石山合戦《いしやまかっせん》

信長最強《のぶながさいきょう》のライバルとの10年にわたる戦《たたか》い

織田信長《おだのぶなが》P.48の最大《さいだい》の敵《てき》は、おそらく一向一揆《いっこういっき》（一向宗信者《いっこうしゅうしんじゃ》が起こした反乱《はんらん》）だろう。戦国《せんごく》大名に支《し》配《はい》されることを拒《こば》んだ一向宗《いっこうしゅう》の信《しん》者《じゃ》たちを指揮《しき》したのが、大坂《おおさか》の石山《いしやま》本願寺《ほんがんじ》の顕如《けんにょ》P.77である。

信長《のぶなが》が「本願寺《ほんがんじ》を出ろ」と言ったので、１５７０年、顕如《けんにょ》は信者《しんじゃ》たちを集めて、信長《のぶなが》と戦《たたか》うことを呼《よ》びかけた。石山本願寺《いしやまほんがんじ》だけでなく、加賀《かが》（現在《げんざい》の石川県《いしかわけん》）や伊勢《いせ》（現在《げんざい》の三重県《みえけん》）長島《ながしま》でも一向一《いっこういっ》

合戦場所《かっせんばしょ》

石山本願寺《いしやまほんがんじ》
（現在《げんざい》の大阪府大阪市《おおさかふおおさかし》）

御影堂《みえいどう》
石山本願寺《いしやまほんがんじ》の本拠地《ほんきょち》となる建物《たてもの》。
水堀《みずほり》
土を掘《ほ》って水を通した防御施設《ぼうぎょしせつ》。敵《てき》は橋を使って侵入《しんにゅう》するしかないので、経路《けいろ》がしぼられる。

揆《き》が起き、信長《のぶなが》と一向宗《いっこうしゅう》との長い戦《たたか》いが始まる。

信長《のぶなが》は石山本願寺《いしやまほんがんじ》を取《と》り囲《かこ》み、一向宗《いっこうしゅう》との激《はげ》しい戦《たたか》いをくり返した。当時の本願寺《ほんがんじ》は、鉄砲櫓《てっぽうやぐら》や堀《ほり》などがあり、城《しろ》にも劣《おと》らぬ防御施設《ぼうぎょしせつ》だった。長く戦《たたか》いは続《つづ》いたが、1578年に本願寺《ほんがんじ》へ物資《ぶっし》を運び入れる道が断《た》たれると、本願寺側《ほんがんじがわ》が劣勢《れっせい》に。その2年後、正親町天《おおぎまちてん》皇の仲裁《ちゅうさい》により、顕如《けんにょ》が本願寺《ほんがんじ》を明けわたし戦《たたか》いが終わった。

勝
織田信長《おだのぶなが》
戦力《せんりょく》
約《やく》1万5000人
邪魔《じゃま》な仏教教団《ぶっきょうきょうだん》を倒《たお》してやる！
VS
武家《ぶけ》には絶対《ぜったい》に屈《くっ》しない！
顕如《けんにょ》
戦力《せんりょく》
約《やく》1万人
負

1575年

長篠《ながしの》・設楽原《したらがはら》の戦《たたか》い

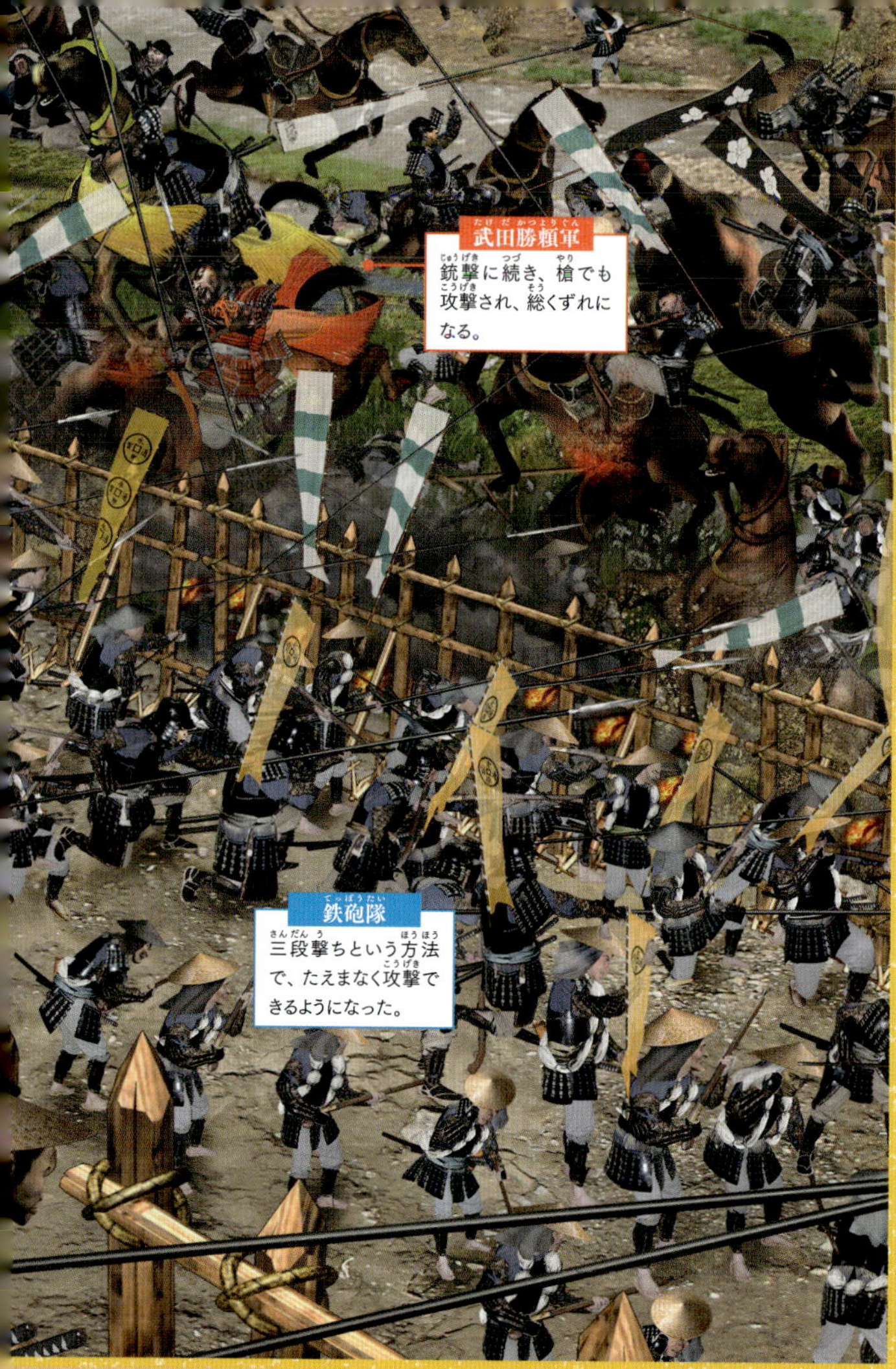
武田勝頼軍《たけだかつよりぐん》
銃撃《じゅうげき》に続《つづ》き、槍《やり》でも攻撃《こうげき》され、総《そう》くずれになる。
鉄砲隊《てっぽうたい》
三段撃《さんだんう》ちという方法《ほうほう》で、たえまなく攻撃《こうげき》できるようになった。

合戦場所《かっせんばしょ》

設楽原《したらがはら》
（現在《げんざい》の愛知県新城市《あいちけんしんしろし》）

勢《いきお》いに乗る武田勢《たけだぜい》に家康《いえやす》は信長《のぶなが》に応援要請《おうえんようせい》

父・武田信玄《たけだしんげん》 P.16 が亡《な》くなった後、武田家《たけだけ》を継《つ》いだ武田勝頼《たけだかつより》 P.78 は、父の遺志《いし》を継《つ》いで遠江《とおとうみ》（現在《げんざい》の静岡県《しずおかけん》）と三河《みかわ》（現在《げんざい》の愛知県《あいちけん》）への進出を再開《さいかい》。父が落とすことができなかった高天神城《たかてんじんじょう》を手始めに落とした。これで自信をつけた勝頼《かつより》は、徳川側《とくがわがわ》にうばわれていた長篠城《ながしのじょう》を取《と》り戻《もど》すため、大軍《たいぐん》を率《ひき》いて進軍《しんぐん》した。

一方の徳川家康《とくがわいえやす》 P.182 は、武田《たけだ》の大軍《たいぐん》に自分の兵《へい》だけでは心もとない

馬防柵《ばぼうさく》
騎馬兵《きばへい》の侵入《しんにゅう》を防《ふせ》ぐ柵《さく》。この内側《うちがわ》で鉄砲《てっぽう》を構《かま》えさせた。

と、織田信長《おだのぶなが》 P.48 へ応援《おうえん》を頼《たの》んでいた。長篠城《ながしのじょう》にいたのは、弱冠《じゃっかん》21歳《さい》の奥平貞昌《おくだいらさだまさ》 P.189 を大将《たいしょう》に500人ほどの兵《へい》だけだった。

大軍《たいぐん》を従《したが》えた勝頼《かつより》は陣《じん》をつくり、長篠城《ながしのじょう》の攻撃《こうげき》を開始する。一方、家康《いえやす》からの再三《さいさん》の応援要請《おうえんようせい》に、信《のぶ》長《なが》は3万の軍《ぐん》を率《ひき》いて、家康《いえやす》と合流した。そして、信長《のぶなが》と家康《いえやす》は長《なが》篠城《しのじょう》の南西にある設楽原《したらがはら》で兵《へい》を止める。ここを戦《たたか》いの場として、決めたのだ。

勝

進軍《しんぐん》してきたら鉄砲《てっぽう》で総攻撃《そうこうげき》をかける!

織田信長《おだのぶなが》・徳川家康《とくがわいえやす》

戦力《せんりょく》
約《やく》3万8000人

VS

父の代からの宿《しゅく》敵《てき》・織田《おだ》と徳川《とくがわ》を討《う》つ!

武田勝頼《たけだかつより》

戦力《せんりょく》
約《やく》1万5000人

負

← 次のページへ続《つづ》く

おびきだされた武田軍《たけだぐん》と待《ま》ち構《かま》える織田《おだ》・徳川軍《とくがわぐん》

信長《のぶなが》は設楽原《したらがはら》を流れる連吾川《れんごがわ》の手前に馬防柵《ばぼうさく》や空堀《からぼり》（土を掘《ほ》った溝《みぞ》）などを急ピッチで築《きず》く。決戦《けっせん》の場にふさわしいように整え、勝頼《かつより》を待《ま》ち構《かま》えるためだった。

信長《のぶなが》は、ここへ勝頼《かつより》をおびきだすために、自分の兵《へい》たちが弱いといううわさを流した。勝頼《かつより》は、まんまとだまされた。さらなる援軍《えんぐん》が到着《とうちゃく》する前に、織田《おだ》・徳川軍《とくがわぐん》を追《お》い払《はら》ってしまおうと考え、信長《のぶなが》らが待《ま》ち構《かま》える設楽原《したらがはら》に向かう。

このとき、信玄《しんげん》以来《いらい》の武田家《たけだけ》の旧臣《きゅうしん》であった山県昌景《やまがたまさかげ》P.19や馬場信房《ばばのぶふさ》らは勝頼《かつより》に、兵《へい》を進めることを反対し、撤退《てったい》を申《もう》しでたという。しかし、勝頼《かつより》は聞き入れなかった。設楽原《したらがはら》にて武田軍《たけだぐん》を待つ家康《いえやす》は、

長篠《ながしの》・設楽原《したらがはら》の戦《たたか》い合戦《かっせん》地図

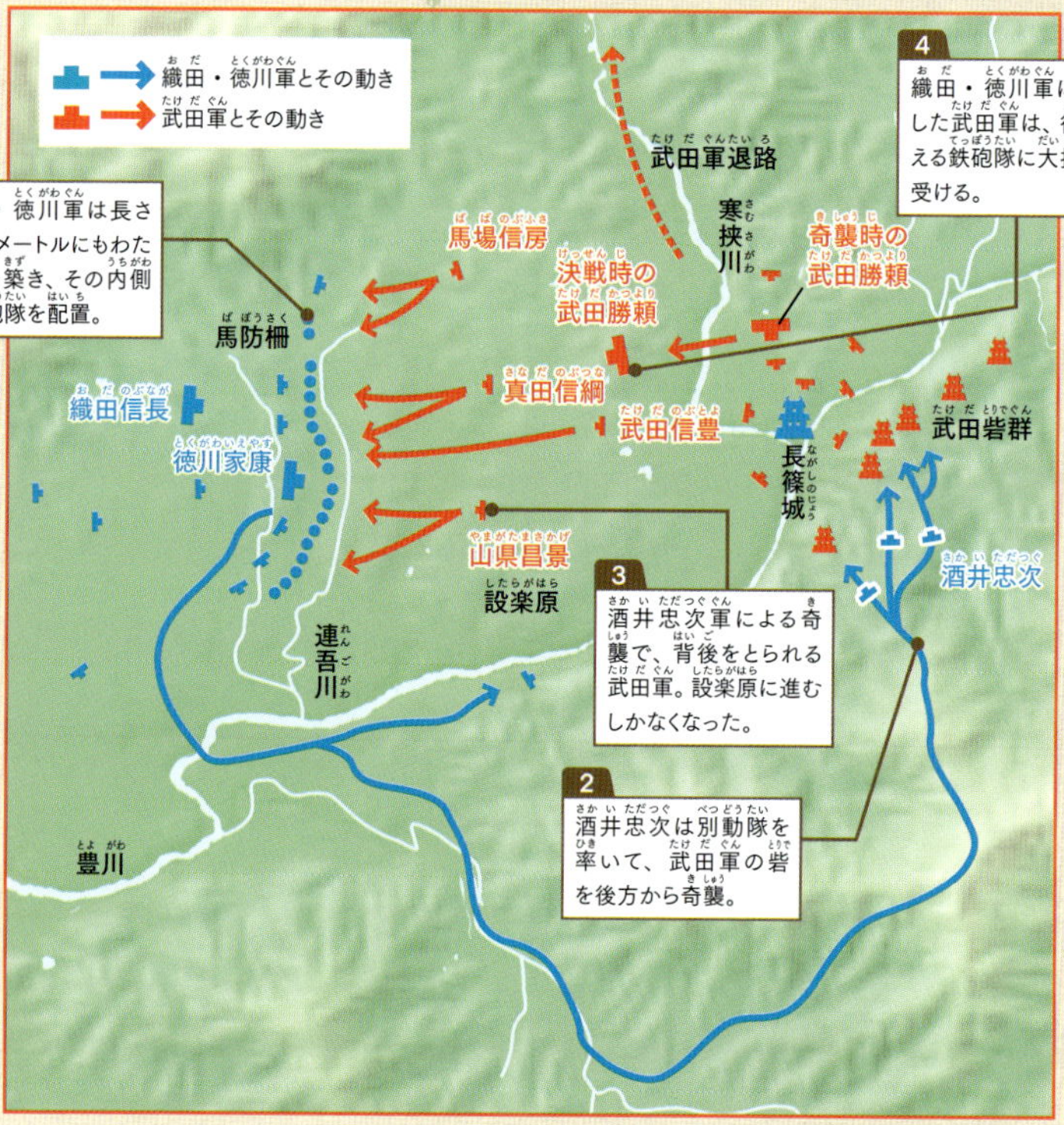

家臣《かしん》の酒井忠次《さかいただつぐ》P.192に命《めい》じて、別動《べつどう》隊《たい》をつくり武田《たけだ》軍《ぐん》の本拠地《ほんきょち》である砦《とりで》を奇襲攻撃《きしゅうこうげき》した。不意《ふい》をつかれた武田《たけだ》軍《ぐん》はパニックになり、大きな被害《ひがい》を受けた。

信長《のぶなが》考案《こうあん》の三段構《さんだんがま》えに武田《たけだ》軍《ぐん》大パニック

勝頼《かつより》が率《ひき》いる軍勢《ぐんぜい》は、設楽原《したらがはら》に到着《とうちゃく》。連吾川《れんごがわ》を挟《はさ》んで勝頼軍《かつよりぐん》と織《お》田《だ》・徳川軍《とくがわぐん》が向き合う形となった。勝頼側《かつよりがわ》の突撃《とつげき》を告《つ》げる太鼓《たいこ》の音《おと》で戦闘《せんとう》が開始され、敵《てき》に向かって一気につき進む。

馬防柵《ばぼうさく》の前で構《かま》えた織田《おだ》・徳川《とくがわ》軍《ぐん》は、敵《てき》が射程距離《しゃていきょり》に進んでくると、鉄砲隊《てっぽうたい》の鉄砲《てっぽう》を一斉《いっせい》に放った。信長《のぶなが》は鉄砲隊《てっぽうたい》を三段構《さんだんがま》えで配備《はいび》していた。それは、一度鉄砲《てっぽう》を撃《う》った者は後ろに下がり、次の一撃《いちげき》の準備《じゅんび》をして、代わりに後ろにひかえていた者が前に出て撃《う》つという効率的《こうりつてき》な作戦《さくせん》だった。

武田《たけだ》軍《ぐん》は人も馬も、この鉄砲攻《てっぽうこう》撃《げき》で混乱《こんらん》し、負傷者《ふしょうしゃ》が続出《ぞくしゅつ》。それでも中央に突撃《とつげき》した勝頼軍《かつよりぐん》は、家《いえ》康《やす》の本陣《ほんじん》への突入《とつにゅう》を試《こころ》みるが思うようにはいかない。結局武田軍《けっきょくたけだぐん》は重臣《じゅうしん》を何人も失《うしな》う大損失《だいそんしつ》を出し、完敗《かんぱい》という形で居城《きょじょう》に逃《に》げ帰《かえ》った。

長篠《ながしの》・設楽原《したらがはら》の戦《たたか》いハイライト

1582年

本《ほん》能《のう》寺《じ》の変《へん》

本能寺《ほんのうじ》
夜明け前に到着《とうちゃく》した明智軍《あけちぐん》に火を放たれた。

「敵《てき》は本能寺《ほんのうじ》にあり」光秀《みつひで》、突然《とつぜん》の挙兵《きょへい》

織田信長《おだのぶなが》 P.48 は、毛利氏《もうりし》が支配《しはい》する中国《ちゅうごく》地方を、家臣《かしん》の豊臣秀吉《とよとみひでよし》 P.104 に攻《せ》めさせていた。だが、秀吉《ひでよし》がてこずり、その応援《おうえん》に行くように明智光秀《あけちみつひで》 P.60 に命《めい》じた。そして自《みずか》らも出陣《しゅつじん》するつもりで、京都《きょうと》での宿にしていた本能寺《ほんのうじ》へと向かう。

しかし、事件《じけん》は起きた。光秀《みつひで》は予定通りには進まずに、信長《のぶなが》のいる本能寺《ほんのうじ》に向かって兵《へい》を進めたのだ。光秀《みつひで》は、方向転換《てんかん》を重臣《じゅうしん》にしか伝《つた》えておらず、ほかの兵《へい》たちが

合戦場所《かっせんばしょ》

本能寺《ほんのうじ》
（現在《げんざい》の京都府京都市《きょうとふきょうとし》）

明智光秀軍《あけちみつひでぐん》
丹波亀山城《たんばかめやまじょう》（京都府《きょうとふ》）から中国《ちゅうごく》地方へ向かうはずが、本能寺《ほんのうじ》に方向転換《ほうこうてんかん》した。

それに気がついたときにはすでに京都《きょうと》の町が目前に迫《せま》っていたという。そして本能寺《ほんのうじ》に近づいたとき「敵《てき》は本能寺《ほんのうじ》にあり」と宣言《せんげん》した。

信長《のぶなが》は光秀《みつひで》の挙兵《きょへい》だということを知ると「是非《ぜひ》に及《およ》ばず（しかたがない）」とだけ述《の》べた。信長軍《のぶながぐん》の手勢《てぜい》はわずかだったのだ。信長《のぶなが》も着の身着のまま、弓矢を取って応戦《おうせん》した。しかし、勝目がないとさとると奥《おく》に行って火をつけ、自《じ》害《がい》したといわれている。

勝
明智光秀《あけちみつひで》
戦力《せんりょく》
約《やく》1万3000人
敵《てき》は本能寺《ほんのうじ》にあり！
VS
是非《ぜひ》に及《およ》ばず…！
織田信長《おだのぶなが》
戦力《せんりょく》
約《やく》100人
負

スペシャル
コラム

戦国《せんごく》時代を生き抜《ぬ》いた女性《じょせい》たち

戦国武将《せんごくぶしょう》の妻《つま》として、また母や娘《むすめ》として、波乱《はらん》の人生を送った女性《じょせい》がいる。そのなかから、とくに興味深《きょうみぶか》いエピソードをもつ、8人を紹介《しょうかい》しよう。

信長《のぶなが》の妹で、政略結婚《せいりゃくけっこん》の末《すえ》に悲劇《ひげき》の最期《さいご》を迎《むか》える

お市《いち》の方《かた》

1547～1583年（享年《きょうねん》37）

織田信長《おだのぶなが》P.48の妹で、たいへんな美女だったという。織田《おだ》家《け》と浅井家《あざいけ》の同盟《どうめい》の証《あかし》として、浅井長政《あさいながまさ》P.72と結婚《けっこん》。長政《ながまさ》との間に、3人の娘《むすめ》をもうけた。ところが、長政《ながまさ》が信長《のぶなが》を裏切《うらぎ》り、ほろぼされてしまう。このときお市《いち》の方《かた》は、贈《おく》りものにメッセージをしのばせ、こっそり信長《のぶなが》に長政《ながまさ》の裏切《うらぎ》りを伝《つた》えたそうだ。その後は織田家《おだけ》に戻《もど》って過《す》ごしていたが、1582年に柴《しば》田勝家《たかついえ》P.58と再婚《さいこん》。しかし翌年《よくねん》、勝家《かついえ》が賤ヶ岳《しずがだけ》の戦《たたか》いP.168で敗《やぶ》れたため、お市《いち》の方《かた》は勝家《かついえ》とともに自害《じがい》した。

秀吉《ひでよし》の正室《せいしつ》として、天下統一《とういつ》を支《ささ》え続《つづ》けた

北政所《きたのまんどころ》（おね）

1548？～1624年（享年《きょうねん》77？）

14歳《さい》のときに豊臣秀吉《とよとみひでよし》P.104と結婚《けっこん》し、その後正室《せいしつ》として生《しょう》涯《がい》秀吉《ひでよし》を支《ささ》えた。秀吉《ひでよし》とは、当時としてはとてもめずらしい恋愛結婚《れんあいけっこん》だったという。実子はいなかったが、福島正則《ふくしままさのり》P.132や加藤清正《かとうきよまさ》P.133らを幼《おさな》いころから手もとに迎《むか》え、立派《りっぱ》な武将《ぶしょう》に育てあげている。政務《せいむ》にも積極的《せっきょくてき》に関《かか》わり、公私《こうし》ともに秀《ひで》吉《よし》を支《ささ》えたようだ。秀吉《ひでよし》の死後は豊臣秀頼《とよとみひでより》P.210を後継《こうけい》に、という秀吉《ひでよし》の遺言《ゆいごん》を守って、大坂城《おおさかじょう》を秀頼《ひでより》と淀殿《よどどの》に明けわたし、京都《きょうと》で余生《よせい》を過《す》ごした。

浅井《あざい》三姉妹の長女で、秀吉《ひでよし》の跡継《あとつ》ぎを生む

淀殿《よどどの》（茶々《ちゃちゃ》）　1569～1615年（享年《きょうねん》47）

浅井長政《あざいながまさ》とお市《いち》の方《かた》の間に生まれた、三姉妹の長女。賤ヶ岳《しずがたけ》の戦《たたか》いのあと、豊臣秀吉《とよとみひでよし》の側室《そくしつ》になる。幼《おさな》いころの名は「茶々《ちゃちゃ》」だが、淀城《よどじょう》で子供《こども》を産《う》んだことから「淀殿《よどどの》」と呼《よ》ばれた。秀吉《ひでよし》には側室《そくしつ》がたくさんいたが、そのなかで唯一《ゆいいつ》、跡継《あとつ》ぎとなる男の子・豊臣秀頼《とよとみひでより》を生み、秀吉《ひでよし》の寵愛《ちょうあい》を受ける。秀吉《ひでよし》の死後は、秀頼《ひでより》を中心とした豊臣政権《とよとみせいけん》の存続《そんぞく》を願《ねが》い、徳川家康《とくがわいえやす》P.182に従《したが》うことを拒《こば》んで対立する。しかし、大坂冬《おおさかふゆ》の陣《じん》P.234、夏《なつ》の陣《じん》P.238で敗《やぶ》れ、最期《さいご》は秀頼《ひでより》とともに自害《じがい》した。

利家《としいえ》の妻《つま》として、身をていして前田家《まえだけ》を守った

まつ　1547～1617年（享年《きょうねん》71）

12歳《さい》のとき、前田利家《まえだとしいえ》P.114と結婚《けっこん》する。利家《としいえ》の正室《せいしつ》として、前田家《まえだけ》をかげから支《ささ》えた。利家《としいえ》が賤ヶ岳《しずがたけ》の戦《たたか》いで豊臣秀吉《とよとみひでよし》に敵対《てきたい》し、撤退《てったい》したとき、まつは秀吉《ひでよし》に会いに行き、利家《としいえ》を許《ゆる》すようにお願《ねが》いしにいったそうだ。利家《としいえ》の死後、前田家《まえだけ》が徳川家康《とくがわいえやす》に謀反《むほん》のうたがいをかけられたときは、家康《いえやす》と戦《たたか》おうとする息子をおさえ、自《みずか》ら人質《ひとじち》となって江戸《えど》に向かった。ちなみに、北政所《きたのまんどころ》とは若《わか》いころからとても仲《なか》がよかったそうだ。

「内助《ないじょ》の功《こう》」で夫《おっと》を出世させた、かしこい女性《じょせい》

千代《ちよ》　1557～1617年（享年《きょうねん》61）

山内一豊《やまうちかずとよ》P.119の妻《つま》。「内助《ないじょ》の功《こう》」で有名で、一豊《かずとよ》の出世は千代《ちよ》のおかげ、といえるほどのエピソードがある。たとえば、一《かず》豊《とよ》が織田信長《おだのぶなが》に仕《つか》えていたとき、自分の馬を買うお金をもたない一豊《かずとよ》のために、千代《ちよ》は実家から持参《じさん》したお金で見事な馬を買ったそうだ。その馬が信長《のぶなが》の目にとまり、一豊《かずとよ》は信長《のぶなが》に認《みと》められたという。関ケ原《せきがはら》の戦《たたか》いP.230では、徳川家康《とくがわいえやす》に、自《みずか》ら敵軍《てきぐん》の様子をつづった手紙を送った。家康《いえやす》はとても喜《よろこ》び、一豊《かずとよ》に土佐《とさ》（現在《げんざい》の高知県《こうちけん》）20万石《まんごく》をあたえている。

キリシタンで、夫《おっと》に愛《あい》されすぎた絶世《ぜっせい》の美女

ガラシャ(玉《たま》) 1563〜1600年(享年《きょうねん》38)

明智光秀《あけちみつひで》 P.60 の娘《むすめ》で、本名は玉《たま》。キリシタンで、「ガラシャ」は晩年《ばんねん》名乗ったものだ。16歳《さい》のときに細川忠興《ほそかわただおき》 P.135 と結婚《けっこん》。ガラシャは絶世《ぜっせい》の美女と名高く、忠興《ただおき》はときに過激《かげき》な独占欲《どくせんよく》を見せるほど、ガラシャを愛《あい》した。それは、ガラシャをチラッと見ただけの庭師《にわし》に嫉妬《しっと》して、斬《き》り殺《ころ》してしまったほどだ。関ケ原《せきがはら》の戦《たたか》いのとき、石田三成《いしだみつなり》 P.126 に人質《ひとじち》にされそうになったが、ガラシャは拒否《きょひ》。屋敷《やしき》に火をかけ、家臣《かしん》に胸《むね》を突《つ》かせて亡《な》くなった。

のちの徳川《とくがわ》四天王を育てあげた"女城主《おんなじょうしゅ》"

井伊直虎《いいなおとら》 ?〜1582年(享年《きょうねん》?)

遠江井伊谷城主《とおとうみいいのやじょうしゅ》・井伊直盛《いいなおもり》の長女として生まれる。男子がいなかったため、直盛《なおもり》が桶狭間《おけはざま》の戦《たたか》い P.86 で亡《な》くなると、家督《かとく》を継《つ》いで"女城主《おんなじょうしゅ》"となった。婚約者《こんやくしゃ》がいたが、謀反《むほん》のうたがいをかけられて逃亡《とうぼう》し、さらに逃《に》げた先で別《べつ》の人と結婚《けっこん》してしまったため、直虎《なおとら》自身は生涯結婚《しょうがいけっこん》しなかった。しかし、婚約者《こんやくしゃ》が亡《な》くなったあと、その子・井伊直政《いいなおまさ》 P.194 を引きとって、大切に育てた。直政《なおまさ》はのちに、徳川《とくがわ》四天王のひとりとなる。

武勇《ぶゆう》にすぐれ、自《みずか》ら敵軍《てきぐん》の将《しょう》を討《う》ちとった

甲斐姫《かいひめ》 1572?〜?年(享年《きょうねん》?)

武蔵《むさし》(現在《げんざい》の埼玉県《さいたまけん》)の忍城主《おしじょうしゅ》・成田氏長《なりたうじなが》の娘《むすめ》。とても美人と有名だったそうだ。武芸《ぶげい》にもすぐれ、小田原《おだわら》攻《ぜ》め P.174 で豊《とよ》臣秀吉《とみひでよし》の命《めい》を受けた石田三成軍《いしだみつなりぐん》に忍城《おしじょう》を囲《かこ》まれたとき、石田《いしだ》軍《ぐん》が行った水攻《みずぜ》めを逆手《さかて》にとり、堤防《ていぼう》をくずして水を石田軍《いしだぐん》の兵《へい》に浴《あ》びせるなどの策《さく》をとった。さらに、甲冑《かっちゅう》を着て敵中《てきちゅう》に飛びこみ、「妻《つま》にしてやろう」といった石田軍《いしだぐん》の武将《ぶしょう》を、自《みずか》ら弓で討《う》ちとったそうだ。この活躍《かつやく》が秀吉《ひでよし》の目にとまり、のちに秀吉《ひでよし》の側室《そくしつ》となった。

その参《さん》

豊臣秀吉《とよとみひでよし》の章

貧《まず》しい生まれから、天下統一《とういつ》を果《は》たし関白《かんぱく》に

豊臣秀吉《とよとみひでよし》

出身地	尾張《おわり》(現在《げんざい》の愛知県《あいちけん》)
生　年	1537年
没　年	1598年(享年《きょうねん》62)

秀吉《ひでよし》ってどんな人？

「サル」のイメージが強いが筆《ふで》まめでモテモテだった？

秀吉《ひでよし》の生まれは、貧《まず》しい農民《のうみん》である。身ひとつでのし上がり、織田信《おだのぶ》長《なが》P.48の信頼《しんらい》を得《え》たが、本人は身分が低《ひく》いことを気にしていたようだ。権《けん》力《りょく》の座《ざ》についたのちには、「萩中納《はぎちゅうな》言《ごん》」という架空《かくう》の人物を祖父《そふ》とし、自身が公家《くげ》の一族であるというウソの経歴《けいれき》を語っている。

とはいえ、そのコンプレックスはよい方向にも働《はたら》いている。非常《ひじょう》に勤《きん》勉《べん》な性格《せいかく》で、大人になってからも学ぶ姿勢《しせい》をもち続《つづ》けたようだ。

ところが、現在《げんざい》でも、秀吉《ひでよし》は「学がない」といわれがちだ。これは、残《のこ》されている直筆《じきひつ》の手紙がひらがなで書かれたものばかりだから。これらの手紙の相手は、妻《つま》を始めとする女性《じょせい》たち。当時、女性《じょせい》への手紙はひらがなで書かなければならなかったのだ。残《のこ》された手紙から、実は達筆《たっぴつ》だった、という意見もある。

ちなみに、秀吉《ひでよし》は非常《ひじょう》にモテたそうだ。行く先ざきで、妻《つま》や恋人《こいびと》に「会いたい」などと手紙を送っている。戦国《せんごく》時代、女性《じょせい》にモテるのはマメな男だったのだ。秀吉《ひでよし》の容姿《ようし》は、まわりの武将《ぶしょう》に「サル」と呼《よ》ばれたり、信長《のぶなが》に「ハゲネズミ」と称《しょう》されるなど、カッコよくはなかったようだ。

また、人の心をつかむのがとてもうまく、「人たらし」といわれるほど。その術《じゅつ》にかかって人生が変《か》わってしまった武将《ぶしょう》も大勢《おおぜい》いたのだ。

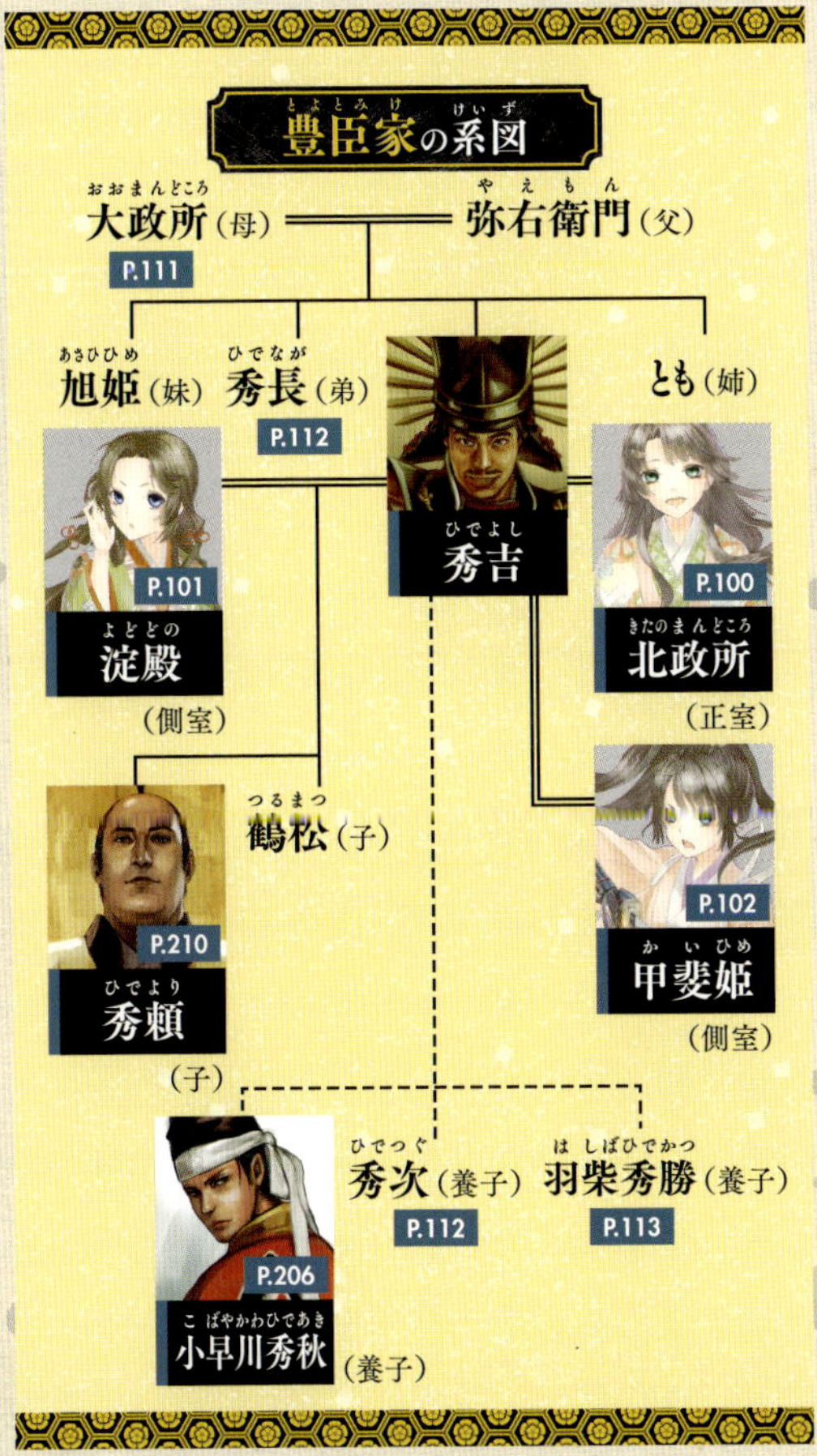

豊臣家《とよとみけ》の系図《けいず》
大政所《おおまんどころ》（母）
P.111
弥右衛門《やえもん》（父）
旭姫《あさひひめ》（妹）
秀長《ひでなが》（弟）
P.112
秀吉《ひでよし》
とも（姉）
P.101
淀殿《よどどの》
（側室）
P.100
北政所《きたのまんどころ》
（正室）
鶴松《つるまつ》（子）
P.210
秀頼《ひでより》
（子）
P.102
甲斐姫《かいひめ》
（側室）
秀次《ひでつぐ》（養子）
P.112
羽柴秀勝《はしばひでかつ》（養子）
P.113
P.206
小早川秀秋《こばやかわひであき》
（養子）

どんな人生を送ったの？

貧《まず》しい農民《のうみん》から、実力で武士《ぶし》にのぼりつめる

秀吉《ひでよし》は、尾張《おわり》（現在《げんざい》の愛知県《あいちけん》）の身分《みぶん》の低《ひく》い農民《のうみん》の子として生まれた。信長《のぶなが》の家臣《かしん》として出世し、名が史料《しりょう》に登場《とうじょう》するのは1565年のことで、それ以前《いぜん》のことはわかっていないことも多い。しかし、針売《はりう》りの行商をしながら各地《かくち》を流浪《るろう》していたという伝承《でんしょう》があり、その後、小者《こもの》として信《のぶ》長《なが》に仕《つか》えたと考えられている。

秀吉《ひでよし》にあたえられた仕事は、馬の世話だ。秀吉《ひでよし》は、空いた時間は馬にかかりっきりになるほど、ていねいに世話をした。その馬の見事さが信《のぶ》長《なが》の目にとまり、信長《のぶなが》に草履《ぞうり》を手わたす役目の「草履取《ぞうりとり》」となる。秀吉《ひでよし》は、寒い日に信長《のぶなが》が冷《つめ》たい思いをしないよう、草履《ぞうり》をふところで温めてからわたす心づかいをみせたそうだ。

努力《どりょく》が実を結《むす》び、秀吉《ひでよし》がその才を周囲《しゅうい》に知らしめたのは、1566年の美濃《みの》攻《ぜ》めのときだ。秀吉《ひでよし》は、数日で敵前《てきぜん》に墨俣城《すのまたじょう》をつくってみせ、敵《てき》だけでなく味方もおどろかせた。

1570年の姉川《あねがわ》の戦《たたか》い P.90 でも活《かつ》躍《やく》し、浅井長政《あざいながまさ》 P.72 がおさめていた地をあたえられ、長浜城主《ながはまじょうしゅ》となった。

本能寺《ほんのうじ》の変《へん》を機《き》に天下統一《とういつ》につき進む

その後も、秀吉《ひでよし》は信長《のぶなが》の忠臣《ちゅうしん》として活躍《かつやく》した。当時、中国《ちゅうごく》地方を支配《しはい》していた毛利《もうり》氏《し》の攻略《こうりゃく》を任《まか》されると、兵糧《ひょうろう》攻《ぜ》めや水《みず》攻《ぜ》めで武功《ぶこう》をあげた。

そんなとき、大事件《だいじけん》が起こる。本《ほん》能寺《のうじ》の変《へん》 P.98 で、信長《のぶなが》が明智光秀《あけちみつひで》 P.60 に討《う》たれたのだ。秀吉《ひでよし》は、中国《ちゅうごく》地方からすぐに引き返し、光秀《みつひで》を討《う》ちとった。織田家《おだけ》の跡継《あとつ》ぎをめぐる「清洲《きよす》

豊臣秀吉《とよとみひでよし》年表

1537年（1歳）	尾張《おわり》（現在《げんざい》の愛知県《あいちけん》）に生まれる
重要！ 1554年（18歳）	織田信長《おだのぶなが》に仕《つか》える
1566年（30歳）	美濃《みの》攻《ぜ》めに参加《さんか》。数日で墨俣城《すのまたじょう》を築《きず》くなど活躍《かつやく》
1568年（32歳）	信長《のぶなが》に従《したが》い、上洛《じょうらく》する
1570年（34歳）	姉川《あねがわ》の戦《たたか》いで活躍《かつやく》
1573年（37歳）	長浜城主《ながはまじょうしゅ》になる
重要！ 1582年（46歳）	備中高松城《びっちゅうたかまつじょう》の戦《たたか》い。その最《さ》中《なか》、本能寺《ほんのうじ》の変《へん》が起こる 山崎《やまざき》の戦《たたか》いで明智光秀《あけちみつひで》を破《やぶ》る 清洲会議《きよすかいぎ》が開かれる

会議《かいぎ》」では、柴田勝家《しばたかついえ》P.58と対立。賤《しず》ケ《が》岳《たけ》の戦《たたか》いP.168で勝家《かついえ》を破《やぶ》り、信長《のぶなが》の後継者《こうけいしゃ》として権力《けんりょく》をふるう。

しかし、すべてが順調《じゅんちょう》だったわけではない。信長《のぶなが》の次男・信雄《のぶかつ》P.56が徳《とく》川家康《がわいえやす》P.182と同盟関係《どうめいかんけい》を結《むす》んだことで、家康《いえやす》と対立。小牧《こまき》・長久手《ながくて》の戦《たたか》いP.172に挑《いど》むも、敗《やぶ》れてしまったのだ。秀《ひで》吉《よし》は、母・大政所《おおまんどころ》P.111を人質《ひとじち》として送り、家康《いえやす》と同盟《どうめい》を結《むす》ぶことに成功《せいこう》。この危機《きき》を逃《のが》れた。翌年《よくねん》には、朝廷《ちょうてい》から天皇《てんのう》を助ける「関白《かんぱく》」の役職《やくしょく》を命《めい》じられる。これまでの「羽柴《はしば》」から、「豊臣《とよとみ》」姓《せい》を名乗るようになったのもこのころのことだ。

勢《いきお》いに乗った秀吉《ひでよし》は、四国《しこく》、九州《きゅうしゅう》を平定。小田原《おだわら》の大大名・北条氏《ほうじょうし》をほろぼしP.174、ついに念願《ねんがん》の天下統一《とういつ》を果《は》たした。その後は、朝鮮《ちょうせん》、ひいては明《みん》（中国《ちゅうごく》）を手中《しゅちゅう》におさめるべく、軍《ぐん》を2回派遣《はけん》する（文禄《ぶんろく》・慶長《けいちょう》の役《えき》P.178）。しかし、どちらも思うよ

現在《げんざい》の大阪城《おおさかじょう》

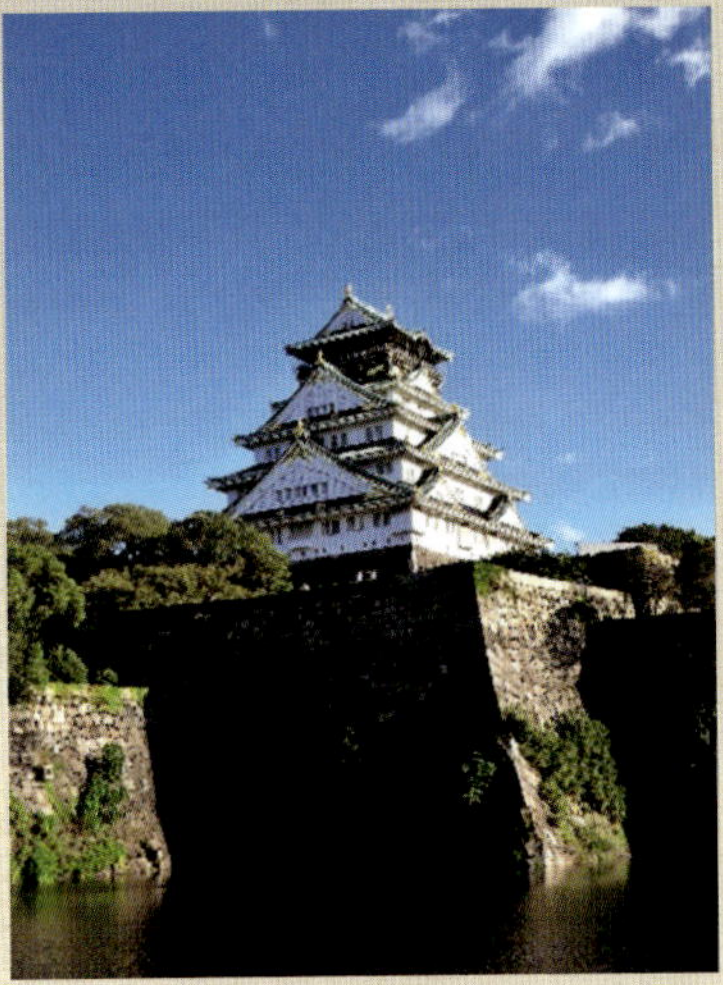

大阪府《おおさかふ》にある、現在《げんざい》の大阪城《おおさかじょう》。江戸《えど》時代の落《らく》雷《らい》によって天守《てんしゅ》が消失。現在残《げんざいのこ》っているものは復興天守《ふっこうてんしゅ》である。

1583年（47歳）	賤《しず》ケ《が》岳《たけ》の戦《たたか》いで柴田勝家《しばたかついえ》に勝利《しょうり》する。大坂城《おおさかじょう》の築《ちく》城《じょう》を開始
1584年（48歳）	小牧《こまき》・長久手《ながくて》の戦《たたか》い。徳《とく》川家康《がわいえやす》と同盟《どうめい》を結《むす》ぶ
1585年（49歳）	関白《かんぱく》になり、朝廷《ちょうてい》から「豊《とよ》臣《とみ》」姓《せい》を賜《たまわ》る 四国《しこく》攻《ぜ》めに勝利《しょうり》する
1587年（51歳）	九州《きゅうしゅう》攻《ぜ》めに勝利《しょうり》する
重要! 1590年（54歳）	小田原《おだわら》攻《ぜ》めに勝利《しょうり》。天下統一《とういつ》を果《は》たす
1591年（55歳）	弟・秀長《ひでなが》が亡《な》くなる。関《かん》白《ばく》の座《ざ》を秀次《ひでつぐ》にゆずる
1592年（56歳）	朝鮮出兵《ちょうせんしゅっぺい》（文禄《ぶんろく》の役《えき》）
1593年（57歳）	待望《たいぼう》の跡継《あとつ》ぎ息子・秀頼《ひでより》が生まれる
1595年（59歳）	秀次《ひでつぐ》を自害《じがい》させる
1597年（61歳）	2度目の朝鮮出兵《ちょうせんしゅっぺい》（慶長《けいちょう》の役《えき》）
1598年（62歳）	伏見城《ふしみじょう》で亡《な》くなる

うな戦果《せんか》は得《え》られなかった。
１５９３年、あきらめていた跡継《あとつ》ぎ・秀頼《ひでより》P.210を授《さず》かる。しかし、秀吉《ひでよし》に残《のこ》された時間はわずかだった——。
１５９８年、秀吉《ひでよし》は62歳《さい》で病死し、この世を去る。最期《さいご》まで、秀頼《ひでより》を心配し続《つづ》けたという。

どんな功績《こうせき》を残《のこ》したの？

秀吉《ひでよし》の政策《せいさく》がのちの時代のモデルに！

秀吉《ひでよし》が行った政策《せいさく》のうち、もっとも有名なのは「検地《けんち》」と「刀狩《かたなが》り」だろう。検地《けんち》は、土地を国が定めた定規《じょうぎ》で測《はか》り、それをもとにおさめる年貢《ねんぐ》（税《ぜい》）を決めること。刀狩《かたなが》りは、武士《ぶし》以外《いがい》の者の帯刀《たいとう》を許《ゆる》さないというものだ。これにより、農民《のうみん》と武士《ぶし》が身分によって分けられ、農民《のうみん》が反乱《はんらん》を起こすことができなくなった。

また、支配《しはい》をより強めるために、キリスト教の信仰《しんこう》を禁止《きんし》にした。国を支配《しはい》するうえで、キリストの教えは邪魔《じゃま》になると判断《はんだん》したのだ。

政策《せいさく》は、農民《のうみん》だけではなく諸国《しょこく》の大名にもおよんだ。そのなかには、江戸《えど》時代になってから徳川幕府《とくがわばくふ》が参考《さんこう》にし、真似《まね》したものも多い。

たとえば、大名たちが1年ごとに、国と江戸《えど》を行き来する参勤交代《さんきんこうたい》。江戸《えど》時代の3代将軍《しょうぐん》・徳川家光《とくがわいえみつ》の時代に始まったとされているが、実は秀吉《ひでよし》が始めたことなのだ。ちなみに、家康《いえやす》や伊達政宗《だてまさむね》P.140は、何度「大坂《おおさか》に来い」と言っても聞かなかったので、秀吉《ひでよし》の怒《いか》りをかっている。

さらに、各地《かくち》の大名に国を支配《しはい》することを許《ゆる》す代わりに、私的《してき》な戦《たたか》いを禁《きん》じる「惣無事《そうぶじ》」を指示《しじ》。これを破《やぶ》った者は圧倒的《あっとうてき》な武力《ぶりょく》で討伐《とうばつ》すると宣言《せんげん》し、支配体制《しはいたいせい》を強化した。

知っ得エピソード

黄金の茶室は持ち運び可能《かのう》!?

秀吉《ひでよし》といえば壁《かべ》や天井《てんじょう》、柱《はしら》、障子《しょうじ》がすべて金張《きんば》りの、「黄金の茶室」が有名だ。この茶室、なんとたたんで持ち運べた。秀吉《ひでよし》は戦地《せんち》にまで持っていって、茶会をしている。実際《じっさい》に文禄《ぶんろく》・慶長《けいちょう》の役《えき》で、日本《にほん》側《がわ》の最前線《さいぜんせん》である肥前《ひぜん》（現在《げんざい》の佐賀県《さがけん》）の名護屋城《なごやじょう》に運ばれた記録《きろく》が残《のこ》っている。

名刀にクローズアップ

一期一振藤四郎

いちごひとふりとうしろう

秀吉《ひでよし》がほれこんだ、刀鍛冶《かたなかじ》・藤四郎渾身《とうしろうこんしん》の一振《ひとふ》り

刀データ

所有者	毛利輝元《もうりてるもと》 P.202→豊臣秀吉《とよとみひでよし》→豊臣秀頼《とよとみひでより》 P.210→徳川家康《とくがわいえやす》 P.182
作　者	粟田口藤四郎吉光《あわたぐちとうしろうよしみつ》
刀身《とうしん》	鎌倉《かまくら》時代／刃長《はちょう》・約《やく》69㎝
所蔵《しょぞう》	宮内庁《くないちょう》

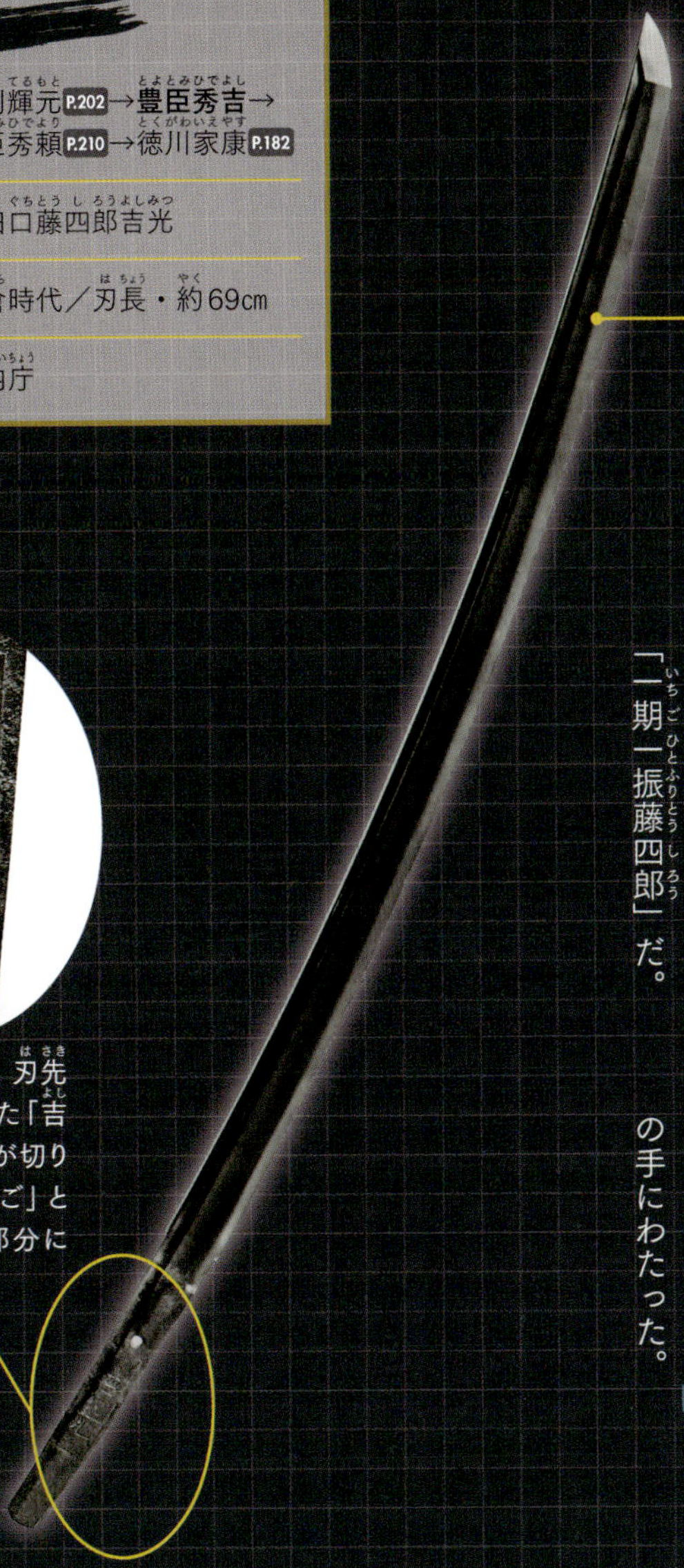

実は大坂夏《おおさかなつ》の陣《じん》で焼《や》けて、家康《いえやす》の命《めい》で焼《や》き直しをされている。そのとき、刀の長さが少し短くなったようだ。

焼《や》き直しの際《さい》、刃先《はさき》に刻《きざ》まれていた「吉光《よしみつ》」という銘《めい》が切りとられ、「なかご」と呼《よ》ばれる軸《じく》部分に移動《いどう》した。

毛利氏《もうりし》から秀吉《ひでよし》に献上《けんじょう》された名刀

作者の粟田口藤四郎吉光《あわたぐちとうしろうよしみつ》は、鎌倉《かまくら》時代の刀鍛冶《かたなかじ》。そんな吉光《よしみつ》が一世一代の傑作《けっさく》として鍛《きた》えた太刀《たち》が、この「一期一振藤四郎《いちごひとふりとうしろう》」だ。

もともとは、安芸《あき》（現在《げんざい》の広島県《ひろしまけん》）の毛利氏《もうりし》の家宝《かほう》だった。しかし、秀吉《ひでよし》が毛《もう》利輝元《りてるもと》の屋敷《やしき》を訪《おとず》れた際《さい》にひとめぼれ。献上《けんじょう》された。

その後は秀頼《ひでより》に授《さず》けられたが、大坂夏《おおさかなつ》の陣《じん》 P.238 で家康《いえやす》の手にわたった。

秀吉《ひでよし》と関《かか》わりのあった人びと

経済《けいざい》の才をもち、「五奉行《ごぶぎょう》」に

長束正家《なつかまさいえ》

?～1600年（享年《きょうねん》?）

類《たぐい》まれなる経済《けいざい》の才をもった、豊臣政権《とよとみせいけん》の財務担当《ざいむたんとう》が、長束正家《なつかまさいえ》だ。はじめ、丹羽長秀《にわながひで》P.64に仕《つか》えたが、長秀《ながひで》の死後、秀吉《ひでよし》に声をかけられ、家臣《かしん》となった。

石田三成《いしだみつなり》P.126と同じ「五奉行《ごぶぎょう》」のひとりで、主に財政管理《ざいせいかんり》を担当《たんとう》。また、検地《けんち》の奉行《ぶぎょう》をつとめたり、戦《いくさ》がスムーズに進むよう、事務《じむ》作業を行ったりした。

関ケ原《せきがはら》の戦《たたか》いP.230では、はじめ、徳川家康《とくがわいえやす》に権力《けんりょく》が集中《しゅうちゅう》するのを仕方がないと見ていた。しかし、三成《みつなり》の「豊臣政権《とよとみせいけん》を存《そん》続《ぞく》したい」という声を聞き、西軍《せいぐん》への味方を決める。本戦《ほんせん》にも出陣《しゅつじん》したが、戦《たたか》わず居城《きょじょう》・水口城《みなくちじょう》に戻《もど》り、自害《じがい》した。

「賤ケ岳《しずがたけ》の七本槍《しちほんやり》」のひとり

加藤嘉明《かとうよしあき》

1563～1631年（享年《きょうねん》69）

秀吉《ひでよし》の家臣《かしん》として、数かずの戦《いくさ》で武功《ぶこう》をあげた「賤《しず》ケ《が》岳《たけ》の七本槍《しちほんやり》」のひとり。関ケ原《せきがはら》の戦《たたか》いでは東軍《とうぐん》に味方し、のちに会津《あいづ》（福島県《ふくしまけん》）40万石《まんごく》をあたえられ、若《わか》松城《まつじょう》を築《きず》いた。

加藤嘉明《かとうよしあき》の肖像《しょうぞう》

鉄砲集団《てっぽうしゅうだん》「雑賀衆《さいかしゅう》」のリーダー

雑賀孫一《さいかまごいち》

?～?（享年?）

「戦国《せんごく》時代の戦《いくさ》を変《か》えた」といわれる鉄《てっ》砲《ぽう》を極《きわ》めた集団《しゅうだん》が、「雑賀衆《さいかしゅう》」である。雑賀孫一《さいかまごいち》は、そのリーダーだ。

石山合戦《いしやまかっせん》P.92で本願寺《ほんがんじ》に味方し、織田信《おだのぶ》長《なが》を苦しめた。信長《のぶなが》に、本拠地《ほんきょち》・紀伊《きい》（現《げん》在《ざい》の和歌山県《わかやまけん》）を10万の大軍《たいぐん》で攻《せ》められたが、2000の兵《へい》で退《しりぞ》けている。

その後、秀吉《ひでよし》の水攻《みずぜ》めに敗《やぶ》れ、秀吉《ひでよし》に仕《つか》えて多くの戦《いくさ》で活躍《かつやく》。関ケ原《せきがはら》の戦《たたか》いでは西軍《せいぐん》につき、徳川家康《とくがわいえやす》の忠臣《ちゅうしん》・鳥居元《とりいもと》忠《ただ》P.189を討《う》ちとる活躍《かつやく》をした。

なお「雑賀孫一《さいかまごいち》」は雑賀衆《さいかしゅう》のリーダーが受《う》け継《つ》ぐ名前だ。信長《のぶなが》を苦しめた孫一《まごいち》は、1589年に亡《な》くなったといわれる。

「三中老《さんちゅうろう》」から、松江城主《まつえじょうしゅ》へ

堀尾吉晴《ほりおよしはる》

1544～1611年（享年《きょうねん》68）

秀吉《ひでよし》が若《わか》いころからの家臣《かしん》で、様ざまな合戦《かっせん》で活躍《かつやく》。秀吉《ひでよし》の信頼《しんらい》を得《え》て、五大老《ごたいろう》と五奉行《ごぶぎょう》の間をとりもつ「三中老《さんちゅうろう》」に任命《にんめい》される。関ケ原《せきがはら》の戦《たたか》いでは徳川家康《とくがわいえやす》につき、東軍《とうぐん》に味方。ところが、決戦前《けっせんまえ》の会合で西軍《せいぐん》の武将《ぶしょう》に斬《き》りつけられたため、戦《いくさ》には子の忠氏《ただうじ》が参戦《さんせん》した。のちにほうびとして出雲《いずも》（現在《げんざい》の島根県《しまねけん》）をあたえられ、松江城主《まつえじょうしゅ》となった。

現在《げんざい》の松江城《まつえじょう》

1611年に築城《ちくじょう》した当時の姿《すがた》が残《のこ》っており、国宝《こくほう》に指定されている。

どん底《ぞこ》から、戦功《せんこう》で返《かえ》り咲《ざ》く

仙石秀久《せんごくひでひさ》

1552～1614年（享年《きょうねん》63）

もとは斎藤氏《さいとうし》に仕《つか》えていたが、織田信長《おだのぶなが》に敗《やぶ》れ、秀吉《ひでよし》の家臣《かしん》になる。秀吉《ひでよし》の最古参《さいこさん》の家臣《かしん》として活躍《かつやく》し、家臣団《かしんだん》のなかでもっとも早く大名となった。

ところが九州《きゅうしゅう》攻《ぜ》めのとき、秀吉《ひでよし》の「持久戦《じきゅうせん》にもちこめ」という命令《めいれい》を無視《むし》。長宗我部元親《ちょうそかべもとちか》P.156、信親《のぶちか》P.207親子らの反対を振《ふ》りきり、独断《どくだん》で戦《たたか》いを始めてしまう。結果《けっか》、大敗《たいはい》して信親《のぶちか》ら多数の兵《へい》を死なせてしまった。これに秀吉《ひでよし》は激怒《げきど》。秀久《ひでひさ》は領地《りょうち》を没収《ぼっしゅう》され、山に追放されてしまう。

これで終わるわけにはいかない――。秀久《ひでひさ》は奮起《ふんき》し、小田原《おだわら》攻《ぜ》めに参陣《さんじん》して見事な戦功《せんこう》をあげる。すばらしい武勇《ぶゆう》に秀吉《ひでよし》は感激《かんげき》し、大名への復帰《ふっき》を認《みと》めた。

秀吉《ひでよし》の死後は徳川家康《とくがわいえやす》に従《したが》って東軍《とうぐん》につき、のちに信濃《しなの》（現在《げんざい》の長野県《ながのけん》）の小諸藩《こもろはん》初代藩主《しょだいはんしゅ》となった。

「豊臣《とよとみ》」を名乗ることを許《ゆる》された

片桐且元《かたぎりかつもと》

1556～1615年（享年《きょうねん》60）

「賤ケ岳《しずがたけ》の七本槍《しちほんやり》」のひとり。若《わか》いころから秀吉《ひでよし》に仕《つか》えた。文武両道《ぶんぶりょうどう》で、豊臣政権《とよとみせいけん》では事務《じむ》のとりまとめを担当《たんとう》。秀吉《ひでよし》からの信頼《しんらい》が厚《あつ》く、秀吉《ひでよし》に豊臣姓《とよとみせい》を名乗ることを許《ゆる》された。秀吉《ひでよし》の死後は、豊臣秀頼《とよとみひでより》に仕《つか》えている。

〝天下人《てんかびと》の母〟として、人質《ひとじち》になる

大政所《おおまんどころ》

1513?～1592年（享年《きょうねん》80?）

秀吉《ひでよし》や、秀吉《ひでよし》の弟・秀長《ひでなが》P.112らの実母。秀吉《ひでよし》の出世により、農村の女性《じょせい》から〝天《てん》下人《かびと》の母〟となる。気さくでふところの深い人物だったようだ。秀吉《ひでよし》は大政所《おおまんどころ》を大切にしたが、一方で母を政略《せいりゃく》でも用い、家康《いえやす》を従《したが》わせるための人質《ひとじち》としている。

秀吉《ひでよし》がもっとも信頼《しんらい》した弟

豊臣秀長《とよとみひでなが》

豊臣秀吉《とよとみひでよし》P.104の弟。秀吉《ひでよし》を支《ささ》え、兄の天下統一《とういつ》を目指す戦《たたか》いに参加《さんか》し、活躍《かつやく》した。

とくに、総大将《そうだいしょう》をつとめ、長宗我部元親《ちょうそかべもとちか》P.156を降伏《こうふく》させるなどの大功《たいこう》をあげた四国攻《しこくぜ》めや、先陣隊《せんじんたい》として乗りこみ、平定への足がかりをつくった九州攻《きゅうしゅうぜ》めでの活躍《かつやく》が有名だ。

しかし、1590年に病気になり、京都《きょうと》で伏《ふ》せってしまう。無理をおして小田原攻《おだわらぜ》めP.174には参加《さんか》したが、その後病状が悪化し、亡《な》くなってしまった。

兄弟は仲《なか》がよく、秀吉《ひでよし》は秀長《ひでなが》をとても信頼《しんらい》していた。秀長《ひでなが》が生きていれば、朝鮮《ちょうせん》への出兵《しゅっぺい》P.178や、千利休《せんのりきゅう》P.137を切腹《せっぷく》させるなど、秀吉《ひでよし》の晩年《ばんねん》の暴走《ぼうそう》ともいえる行いを止められたのでは、といわれている。

出身地
尾張《おわり》（現在《げんざい》の愛知県《あいちけん》）

生年
1540年

没年
1591年（享年《きょうねん》52）

秀吉《ひでよし》の養子《ようし》になるも、切腹《せっぷく》させられる

豊臣秀次《とよとみひでつぐ》

豊臣秀吉《とよとみひでよし》P.104の姉・ともの長男。跡継《あとつ》ぎがいなかった秀吉《ひでよし》の養《よう》子《し》となった。初陣《ういじん》は秀次《ひでつぐ》が15歳《さい》のときで、明智光秀《あけちみつひで》P.60を倒《たお》した山崎《やまざき》の戦《たたか》いだとされる。小牧《こまき》・長久手《ながくて》の戦《たたか》いP.172では総《そう》大将《だいしょう》をつとめたが、味方の池《いけ》田恒興《だつねおき》P.55らを戦死《せんし》させ、秀吉《ひでよし》に激《はげ》しく怒《おこ》られてしまった。

1591年、跡継《あとつ》ぎの誕生《たんじょう》をあきらめた秀吉《ひでよし》に関《かん》白《ぱく》の座《ざ》をゆずられた。しかし2年後、秀吉《ひでよし》に実子・秀頼《ひでより》P.210が誕生《たんじょう》すると、秀吉《ひでよし》の態度《たいど》が日に見えて冷《つめ》たくなってしまう。

秀次《ひでつぐ》は、味方の大名を増《ふ》やそうと活動したが、それが秀吉《ひでよし》を裏切《うらぎ》ろうとしているといううわさにつながり、秀吉《ひでよし》の命《めい》によって切腹《せっぷく》させられてしまった。

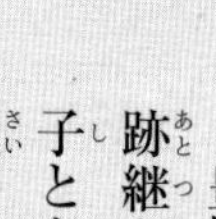

出身地
尾張《おわり》（現在《げんざい》の愛知県《あいちけん》）

生年
1568年

没年
1595年（享年《きょうねん》28）

信長《のぶなが》と秀吉《ひでよし》を〝父〟にもつサラブレッド

羽柴秀勝《はしばひでかつ》

織田信長《おだのぶなが》 P.48 の四男として生まれたが、豊臣秀吉《とよとみひでよし》 P.104 の養子《ようし》となり、羽柴秀勝《はしばひでかつ》と名乗った。秀吉《ひでよし》に従《したが》って、備前児島城《びぜんこじまじょう》の戦《たたか》い、備中高松城《びっちゅうたかまつじょう》の戦《たたか》い P.166 などの中国《ちゅうごく》攻《ぜ》めに参加《さんか》。実父・信長《のぶなが》が本能寺《ほんのうじ》で亡《な》くなったことを聞くと、秀吉《ひでよし》とともに中《ちゅう》国《ごく》地方から帰還《きかん》し、山崎《やまざき》の戦《たたか》いにも加《くわ》わった。

京都《きょうと》の大徳寺《だいとくじ》で行われた信長《のぶなが》の葬式《そうしき》では喪主《もしゅ》をつとめ、「清洲会議《きよすかいぎ》」で亀山城主《かめやまじょうしゅ》となった。その後も秀吉《ひでよし》に従《したが》い、賤ケ岳《しずがたけ》の戦《たたか》い P.168 に参陣《さんじん》。武将《ぶしょう》としての素質《そしつ》も高く、小牧《こまき》・長久手《ながくて》の戦《たたか》い P.172 では若《わか》いながら一軍《いちぐん》の将《しょう》をつとめた。これからの活躍《かつやく》も期待されていたが、18歳《さい》の若《わか》さで惜《お》しくも病死している。

出身地
尾張《おわり》（現在《げんざい》の愛知県《あいちけん》）

生　年
1568年

没　年
1585年（享年《きょうねん》18）

フォーカス！ 秀勝《ひでかつ》は何人もいた！？

「秀勝《ひでかつ》」は、秀吉《ひでよし》にとって思い入れのある名前だった

実は、豊臣秀吉《とよとみひでよし》 P.104 の長男は秀頼《ひでより》ではない。1570年に、側室《そくしつ》が生んだ子がいたのだ。待望《たいぼう》の男子に秀吉《ひでよし》は喜《よろこ》び、秀勝《ひでかつ》と名づけた。この子は幼名《ようみょう》と合わせて、「石松丸秀勝《いしまつまるひでかつ》」と呼《よ》ばれている。しかし、残念《ざんねん》ながらわずか6歳《さい》で亡《な》くなってしまった。

以後、秀吉《ひでよし》は息子をしのぶためか、養子《ようし》の何人かに秀勝《ひでかつ》を名乗らせている。羽柴秀《はしばひで》勝《かつ》のほかに、同じく養子《ようし》となった秀次《ひでつぐ》の弟・小吉《こきち》も秀勝《ひでかつ》を名乗っているのだ。

秀吉《ひでよし》の友人として、天下統一《とういつ》を支《ささ》えた

前田利家《まえだとしいえ》

出身地	尾張《おわり》（現在《げんざい》の愛知県《あいちけん》）
生　年	1538年
没　年	1599年（享年《きょうねん》62）

利家《としいえ》ってどんな人？

短気でかぶき者、だが気前がよく人徳《じんとく》を集める

前田利家《まえだとしいえ》は、幼《おさな》いころから短気でけんかっ早く、口より先に手が出る性格《せいかく》だった。それは、利家《としいえ》の槍《やり》の先が見えただけで、周囲《しゅうい》の人がクモの子を散《ち》らすようにいなくなるほどであったという。

また、派手《はで》なかっこうが好《す》きで、「かぶき者P.118」と呼《よ》ばれていた。同じく派手好《はでず》きだった織田信長《おだのぶなが》P.48とは若《わか》いころから親交があり、非常《ひじょう》にかわいがられていたようだ。

利家《としいえ》の短気は大人になってもなおらず、信長《のぶなが》のお気に入りの家臣《かしん》とけんかして、殺《ころ》すなどの事件《じけん》にも発展《はってん》している。また、森可成《もりよしなり》P.66が、戦《いくさ》の最中《さいちゅう》に利家《としいえ》の短気を注意することもあったそうだ。

一方で、とても気前がよい性格《せいかく》で、人徳《じんとく》を集めていたともいわれている。同じく「人たらし」といわれていた豊臣秀吉《とよとみひでよし》P.104とは、ひとつ違《ちが》いで同郷《どうきょう》でもあったため、とても仲《なか》がよく、家族ぐるみのつき合いがあった。

どんな人生を送ったの？

信長《のぶなが》、秀吉《ひでよし》に仕《つか》え、天下の分け目に影響《えいきょう》

利家《としいえ》は、尾張《おわり》（現在《げんざい》の愛知県《あいちけん》）の荒子城主《あらこじょうしゅ》・前田利春《まえだとしはる》の四男として生まれた。14歳《さい》で信長《のぶなが》に仕《つか》え、21歳《さい》のときにまつP.101と結婚《けっこん》、翌年《よくねん》には子をもうけている。

しかし、同じ年に信長《のぶなが》の家臣《かしん》を殺《ころ》してしまい、信長《のぶなが》の怒《いか》りをかう。信《のぶ》長《なが》は利家《としいえ》の殺害《さつがい》を命《めい》じたが、柴田勝《しばたかつ》家《いえ》P.58の頼《たの》みもあり、かろうじて処刑《しょけい》をまぬがれた。しかし、信長《のぶなが》の家臣《かしん》

知っ得エピソード

利家《としいえ》には愛用《あいよう》のそろばんがあった!?

戦国《せんごく》時代の武将《ぶしょう》が国を大きくするには、戦《たたか》いに強いだけではなく、自軍《じぐん》を動かすための資金《しきん》ぐりにも長《た》けていなければならなかった。

利家《としいえ》は、計算が大得意《だいとくい》で、そろばんを片手《かたて》に自《みずか》ら資金《しきん》ぐりをしていた。愛用《あいよう》のそろばんだといわれているものが現《げん》代《だい》に伝《つた》わっている。

からは外されてしまう。利家《としいえ》は、家《か》臣《しん》に戻《もど》してもらうために様ざまなアピールをした。桶狭間《おけはざま》の戦《たたか》い P.86 では、勝手に参加《さんか》して敵将《てきしょう》を討《う》ったが、裏《うら》目《め》に出て信長《のぶなが》に叱《しか》られてしまった。

　24歳《さい》で許《ゆる》され、再《ふたた》び信長《のぶなが》に仕《つか》えるようになってからは戦功《せんこう》を重ね、「槍《やり》の又左《またざ》」と恐《おそ》れられるようになる。ちなみに、又左《またざ》は利家《としいえ》の通称《つうしょう》である「又左衛門《またざえもん》」から。32歳《さい》のときに、信長《のぶなが》の命《めい》により前田家《まえだけ》を継《つ》いだ。

　1575年、大恩《たいおん》がある勝家《かついえ》と一《いっ》緒《しょ》に越前《えちぜん》（現在《げんざい》の福井県《ふくいけん》）に行き、以後《いご》勝家《かついえ》と行動をともにするようになる。6年後には能登《のと》（現在《げんざい》の石川《いしかわ》県《けん》）に23万石《まんごく》の領地《りょうち》をあたえられた。

　しかし、本能寺《ほんのうじ》の変《へん》 P.98 で信長《のぶなが》が亡《な》くなると、勝家《かついえ》と、旧知《きゅうち》の仲《なか》である秀吉《ひでよし》が対立。はじめ、利家《としいえ》は勝家陣《かついえじん》営《えい》に加《くわ》わったが、賤ケ岳《しずがたけ》の戦《たたか》い P.168 では、決戦《けっせん》当日に戦《たたか》わず退却《たいきゃく》した。結《けっ》果《か》、これが決定打となり、勝家軍《かついえぐん》は敗北《はいぼく》。以降《いこう》は、秀吉《ひでよし》の天下統一《とういつ》を支《ささ》え、徳川家康《とくがわいえやす》 P.182 らとともに豊臣《とよとみ》の「五大老《ごたいろう》」という役職《やくしょく》に就《つ》いた。

　1598年、秀吉《ひでよし》が五大老《ごたいろう》に息子・秀頼《ひでより》の将来《しょうらい》をたくして死去《しきょ》。利家《としいえ》は秀頼《ひでより》の後見人《こうけんにん》代わりとして、当時力をつけていた家康《いえやす》の政治力《せいじりょく》が大きくならないようつとめた。

　しかし翌年《よくねん》、利家《としいえ》も大坂城内《おおさかじょうない》で病死してしまう。すると、それまでの均衡《きんこう》がくずれ、家康《いえやす》に対する不満《ふまん》が噴出《ふんしゅつ》。結果的《けっかてき》に、利家《としいえ》の死が関ケ原《せきがはら》の戦《たたか》い P.230 の引き金になってしまった。

現在《げんざい》の金沢城跡《かなざわじょうあと》

石川県金沢市《いしかわけんかなざわし》にある城跡《じょうせき》。残《のこ》されているのは櫓《やぐら》などで、天守《てんしゅ》は江戸《えど》時代に落雷《らくらい》で焼失《しょうしつ》した。

どんな功績《こうせき》を残《のこ》したの？

領地《りょうち》の平和のために「信者」とも協調《きょうちょう》した

利家《としいえ》は武士《ぶし》として多くの手柄《てがら》を立てた。武功《ぶこう》をあげるたびに領地《りょうち》を得《え》て、尾張荒子城主《おわりあらこじょうしゅ》や、加賀《かが》（現在《げんざい》の石川県《いしかわけん》）金沢城主《かなざわじょうしゅ》などになっている。

　利家《としいえ》の領地《りょうち》は北陸《ほくりく》地方にあり、領《りょう》民《みん》の多くが「一向宗《いっこうしゅう》」という宗教《しゅうきょう》の信者であった。これまで北陸《ほくりく》地方をおさめてきた多くの武将《ぶしょう》が、一向一《いっこういっ》揆《き》を起こされ、彼《かれ》らに殺《ころ》されたり、責任《せきにん》をとるために処分《しょぶん》を受けたりしている。利家《としいえ》は頭ごなしに信者をおさえつけず、有力な信者と協調《きょうちょう》する道を選《えら》び、平和の維持《いじ》につとめた。

　なお、利家《としいえ》と兄弟の仲《なか》は良好《りょうこう》で、利家《としいえ》が戦《いくさ》などで長期間不在《ふざい》にするときには、兄弟で領国支配《りょうごくしはい》を分担《ぶんたん》し、不在《ふざい》の利家《としいえ》を助けていたという。

名刀にクローズアップ

朱塗台雲龍金蒔絵鞘

しゅぬりだいうんりゅうきんまきえさや

「かぶき者」の利家《としいえ》らしい華《はな》やかな鞘《さや》

刀データ

所有者	前田利家《まえだとしいえ》
作　者	太刀《たち》・備前国光忠《びぜんのくにみつただ》 わき差《ざ》し・備前国秀景《びぜんのくにひでかげ》
拵《こしらえ》	桃山《ももやま》時代／ 大拵《おおこしらえ》→柄《つか》・約《やく》30.2cm 鞘《さや》・約《やく》85.2cm 小拵《しょうこしらえ》→柄《つか》・約《やく》14.2cm 鞘《さや》・約《やく》44.5cm
所《しょ》　蔵《ぞう》	尾山神社《おやまじんじゃ》

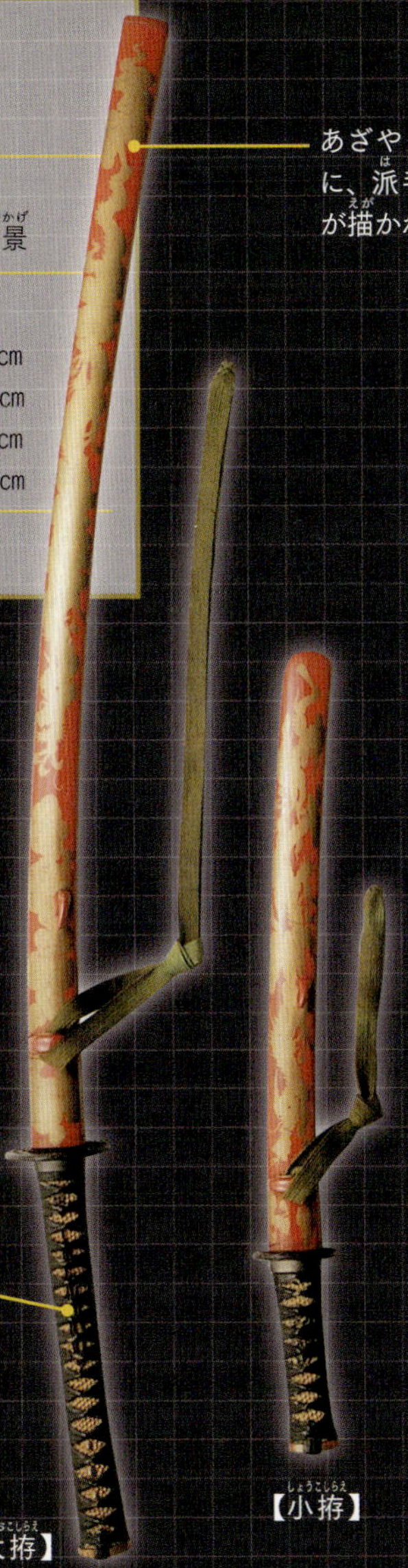

あざやかな朱漆《しゅうるし》塗《ぬ》りに、派手《はで》な金の雲龍《うんりゅう》が描《えが》かれている。

柄《つか》は黒と金。大小どちらも、同じデザインで統一《とういつ》されている。

【大拵《おおこしらえ》】

【小拵《しょうこしらえ》】

利家《としいえ》が守り刀にした色あざやかな鞘《さや》

この鞘《さや》は、利家《としいえ》が愛用《あいよう》したといわれ、太刀《たち》とわき差《ざ》しがセットになっている。派手《はで》なものを好《この》み、若《わか》いころ〝かぶき者〟と呼《よ》ばれた利家《としいえ》らしい、色あざやかなデザインだ。

利家《としいえ》が無断《むだん》で桶狭間《おけはざま》の戦《たたか》いに参陣《さんじん》したときに持っていたとされる。翌年《よくねん》、無事《ぶじ》に信長《のぶなが》に許《ゆる》されて以降《いこう》、守り刀として大切に持ち続《つづ》けたようだ。

前田慶次《まえだけいじ》

波乱万丈《はらんばんじょう》の生涯《しょうがい》を送った「かぶき者」

前田利家《まえだとしいえ》P.114の兄・利久《としひさ》の養子《ようし》で、本名は利益《とします》。派手《はで》な身なり、ふるまいを好《この》んだ「かぶき者」で、格好《かっこう》だけでなくその生涯《しょうがい》も波乱《はらん》に満《み》ちていた。説教《せっきょう》が多い利家《としいえ》とはそりが合わなかったようで、利家《としいえ》が家督《かとく》を継《つ》ぐと、前田家《まえだけ》を抜《ぬ》けだして気ままに暮《く》らした。

一時は利家《としいえ》に従《したが》ったが、再《ふたた》び前田家《まえだけ》を離《はな》れ、今度は北に流浪《るろう》。越後《えちご》（現在《げんざい》の新潟県《にいがたけん》）の上杉家《うえすぎけ》家臣《かしん》・直江兼続《なおえかねつぐ》P.154と親しくなり、上杉家《うえすぎけ》に仕《つか》える。

関ケ原《せきがはら》の戦《たたか》いP.230では石田三成《いしだみつなり》P.126の西軍《せいぐん》につく。東《とう》北《ほく》地方の徳川方《とくがわがた》を攻めた長谷堂城《はせどうじょう》の戦《たたか》いでは、三成《みつなり》の負けを知り自害《じがい》しようとした兼続《かねつぐ》を止め、戦場《せんじょう》から逃《に》げきった。その後はまた浪人《ろうにん》となったようだ。

出身地
尾張《おわり》（現在《げんざい》の愛知県《あいちけん》）

生　年
1533年？

没　年
1605年（享年《きょうねん》73？）

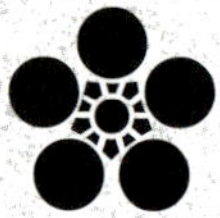

フォーカス！ かぶき者って？

派手《はで》な身なりを好《この》む 常識《じょうしき》にしばられない荒《あら》くれ者

変《か》わったものを好《この》み、派手《はで》な身なりをして、ふつうの人は思いつかないような行動に走る者のこと。「法《ほう》」や「常識《じょうしき》」にとらわれず、自分が正しいと思うことを実行する信念《しんねん》をもつ。

戦国《せんごく》時代末期《まっき》から江戸《えど》時代初期《しょき》にかけての社会風潮《ふうちょう》のひとつで、“天下一のかぶき者”と名高い前田慶次《まえだけいじ》のほか、前田利家《まえだとしいえ》P.114や織田信長《おだのぶなが》P.48もあてはまる。

江戸《えど》時代に入ると、幕府《ばくふ》がこういった者たちを取《と》り締《し》まるようになる。しかし、その信念《しんねん》は芸能《げいのう》の「歌舞伎《かぶき》」に受《う》け継《つ》がれ、現在《げんざい》に至《いた》っている。

前田慶次《まえだけいじ》が愛用《あいよう》した鎧《よろい》

前田慶次《まえだけいじ》のものと伝《つた》わる鎧《よろい》。戦場《せんじょう》でも目立つ真っ赤な鎧《よろい》がいかにも「かぶき者」らしい。

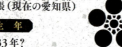

「内助《ないじょ》の功《こう》」で有名な妻《つま》をもつ槍《やり》の名手

山内一豊《やまうちかずとよ》

出身地	尾張《おわり》（現在《げんざい》の愛知県《あいちけん》）
生　年	1546年
没　年	1605年（享年《きょうねん》60）

信長《のぶなが》、秀吉《ひでよし》、家康《いえやす》に仕《つか》え、土佐《とさ》20万石《まんごく》を得《え》る

織田信長《おだのぶなが》P.48に仕《つか》えたのち、豊臣秀吉《とよとみひでよし》P.104の配下となる。28歳《さい》のときに「内助《ないじょ》の功《こう》」で数かずの逸話《いつわ》をもつ、千代《ちよ》P.101と結婚《けっこん》している。

槍《やり》が得意《とくい》で、多くの合戦《かっせん》に参戦《さんせん》して戦功《せんこう》を立てた。信長《のぶなが》の命《めい》で秀吉《ひでよし》の部下になってからも、小牧《こまき》・長久手《ながくて》の戦《たたか》いP.172や小田原《おだわら》攻《ぜ》めP.174に参加《さんか》。秀吉《ひでよし》が天下統一《とういつ》した後に、掛川城《かけがわじょう》（静岡県《しずおかけん》）の城主《じょうしゅ》となっている。

1600年の関ケ原《せきがはら》の戦《たたか》いP.230では、真っ先に徳川家康《とくがわいえやす》P.182につくことを決め、掛川城《かけがわじょう》を家康《いえやす》に提供《ていきょう》するという大胆《だいたん》な提案《ていあん》をした。家康《いえやす》はたいそう喜《よろこ》び、合戦《かっせん》後、一豊《かずとよ》に土佐《とさ》（現在《げんざい》の高知県《こうちけん》）20万石《まんごく》をあたえた。

1603年に高知城《こうちじょう》を建造《けんぞう》。その後は城下町《じょうかまち》の整備《せいび》や政務《せいむ》に尽力《じんりょく》した。

知っ得エピソード

6人の〝一豊《かずとよ》〟。本物はだーれだ!?

一豊《かずとよ》が土佐《とさ》に移《うつ》ったとき、周《まわ》りは前の城主《じょうしゅ》・長宗我部氏《ちょうそかべし》の家臣《かしん》だらけだった。この状況《じょうきょう》に身の危険《きけん》を感じた一豊《かずとよ》は、影武者《かげむしゃ》として同じ服装《ふくそう》をした家臣《かしん》を5人引き連《つ》れ、誰《だれ》が本物かわからないようにして外出したという。計6人の〝一豊《かずとよ》〟は、「六人衆《ろくにんしゅう》」と呼《よ》ばれた。

秀吉《ひでよし》に仕《つか》えた、若《わか》き天才軍師《ぐんし》

竹《たけ》中《なか》半《はん》兵衛《べえ》

出身地	美濃《みの》（現在《げんざい》の岐阜県《ぎふけん》）
生　年	1544年
没　年	1579年（享年《きょうねん》36）

「両兵衛《りょうべえ》」のひとりで天下人《てんかびと》の参謀《さんぼう》として活躍《かつやく》

斎藤道三《さいとうどうさん》P.32の家臣《かしん》、竹中重元《たけなかしげちか》の子として生まれる。天才軍師《ぐんし》として名高く、父と同じく、道三《どうさん》の孫《まご》・龍興《たつおき》に仕《つか》えた。

しかし、龍興《たつおき》は遊んでばかりで政《せい》治《じ》を行わない。そこで、彼《かれ》をこらしめるために、半兵衛《はんべえ》は龍興《たつおき》の居城《きょじょう》・稲葉山城《いなばやまじょう》(岐阜県《ぎふけん》)をわずか十数名で攻《せ》めこみ、なんと乗っとってしまった。

これを聞いた織田信長《おだのぶなが》P.48が、半兵《はんべ》衛《え》から稲葉山城《いなばやまじょう》をゆずり受けようとした。当時、信長《のぶなが》は何度も稲葉山城《いなばやまじょう》を攻《せ》めていたが、落とせずにいたのだ。しかし半兵衛《はんべえ》はこれを拒否《きょひ》。半年後にあっさり龍興《たつおき》に城《しろ》を返している。

城《しろ》を返した後、半兵衛《はんべえ》は龍興《たつおき》のもとを離《はな》れた。一時、浅井氏《あざいし》に仕《つか》えていたが、信長《のぶなが》の家臣《かしん》となる。

その後は、信長《のぶなが》の命《めい》で豊臣秀吉《とよとみひでよし》P.104の下で活躍《かつやく》。黒田官兵衛《くろだかんべえ》P.122とともに、「秀吉《ひでよし》の両兵衛《りょうべえ》」と称《しょう》された。官兵《かんべ》衛《え》とは親しく、彼《かれ》が反逆《はんぎゃく》をうたがわれ、信長《のぶなが》から官兵衛《かんべえ》の息子・黒田長《くろだなが》政《まさ》P.200を殺《ころ》すよう命《めい》じられたとき、半《はん》兵衛《べえ》は長政《ながまさ》をかくまっている。

中国攻《ちゅうごくぜ》めなどでも活躍《かつやく》したが、1579年、播磨三木城《はりまみきじょう》を攻《せ》めている最中《さいちゅう》、陣中《じんちゅう》で病死した。秀吉《ひでよし》は半《はん》兵衛《べえ》の死を惜《お》しみ、彼《かれ》の子、重門《しげかど》をとてもかわいがったそうだ。

ちなみに、半兵衛《はんべえ》は36歳《さい》と若《わか》くして亡《な》くなったため、残《のこ》されている史《し》料《りょう》が少なく、実像《じつぞう》が見えにくい。軍《ぐん》略《りゃく》にすぐれたことから、中国《ちゅうごく》の『三《さん》国志《ごくし》』に登場《とうじょう》する軍師《ぐんし》・諸葛孔明《しょかつこうめい》に例《たと》えられ、孔明《こうめい》になぞらえた逸話《いつわ》も多いのだ。稲葉山城《いなばやまじょう》乗っとりのエピソードも、実は創《つく》られたものなのではないか、という説《せつ》もある。

知っ得エピソード

稲葉山城《いなばやまじょう》乗っとりは、からかわれたから？

わずかな人数で難攻不落《なんこうふらく》の稲葉山城《いなばやまじょう》を落としたなどの武《ぶ》勲《くん》で知られる半兵衛《はんべえ》。ところが、本来は読書好《ず》きなおとなしい性格《せいかく》で、武士《ぶし》らしくないと、龍興《たつおき》を始めとする者たちからばかにされていたそうだ。実はこのことが、稲葉山城《いなばやまじょう》を乗っとるきっかけだったともいわれている。

秀吉《ひでよし》に天下統一《とういつ》の道を示《しめ》した最強《さいきょう》の軍師《ぐんし》

黒《く》田《ろだ》官《かん》兵《べ》衛《え》

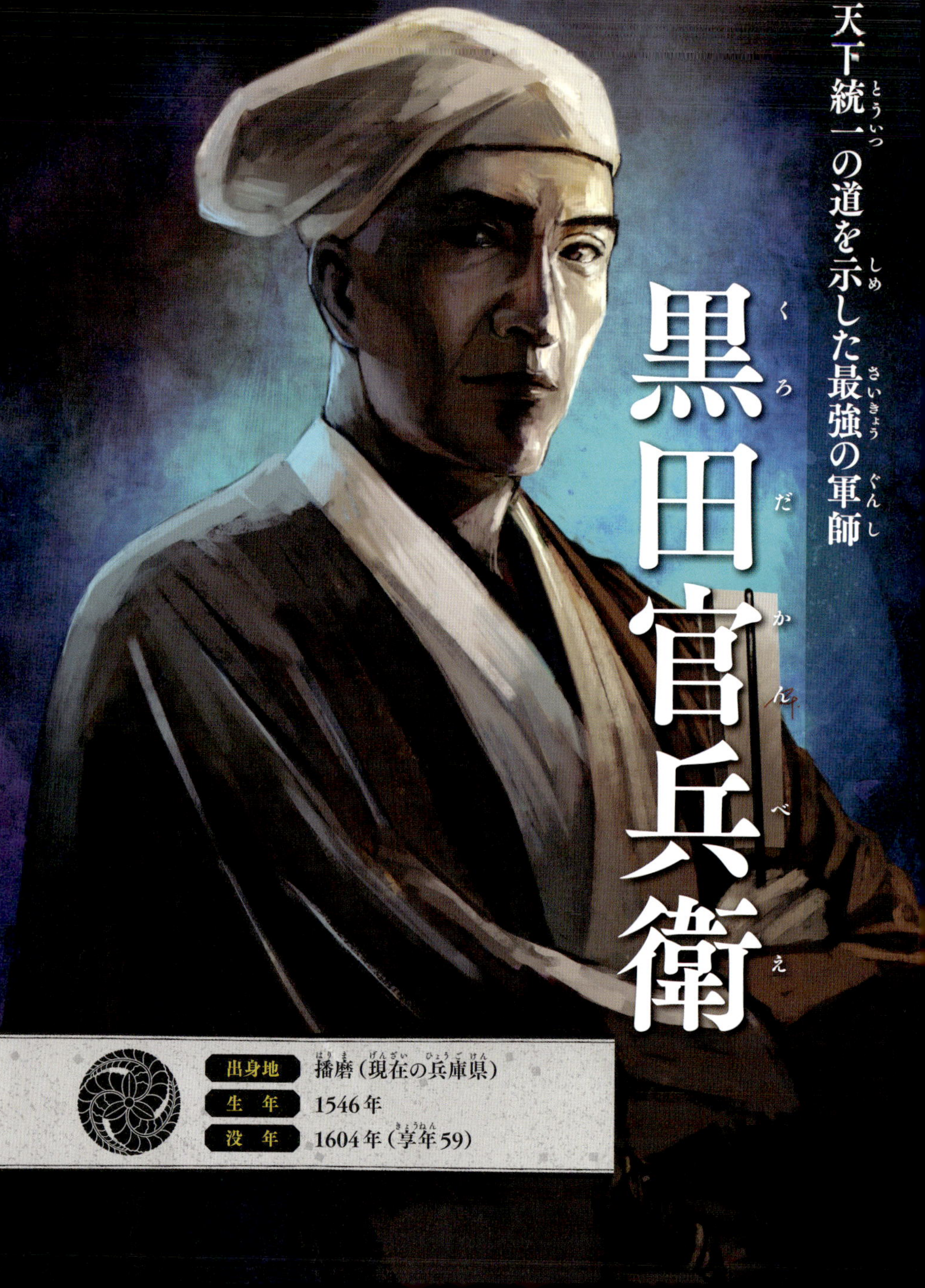

出身地	播磨《はりま》（現在《げんざい》の兵庫県《ひょうごけん》）
生　年	1546年
没　年	1604年（享年《きょうねん》59）

官兵衛《かんべえ》ってどんな人?

人を見る目があり、先を見通して行動していた

豊臣秀吉《とよとみひでよし》P.104の軍師《ぐんし》・官兵衛《かんべえ》。同じく秀吉《ひでよし》に仕《つか》えていた竹中半兵衛《たけなかはんべえ》P.120とともに、「秀吉《ひでよし》の両兵衛《りょうべえ》」と呼《よ》ばれた。

10代のころに母親を亡《な》くし、本を読みあさったといわれている。このとき兵法書《へいほうしょ》にも目を通し、軍略《ぐんりゃく》の基《き》礎《そ》を学んだのだろう。

織田信長《おだのぶなが》P.48の実力を見抜《みぬ》いて家臣《かしん》になるなど、先を見通す力が高く、人を見る目もあった。これは、官兵《かんべ》衛《え》が育った環境《かんきょう》が影響《えいきょう》している。当時、官兵衛《かんべえ》の父・小寺職隆《こでらもとたか》がつとめていた姫路城《ひめじじょう》内には、職隆《もとたか》を頼《たよ》ってきた人びとが住む建物《たてもの》があった。行商人や職人《しょくにん》など様ざまな人が住んでおり、官兵衛《かんべえ》はここで、〝人間〟についてじっくり見て育ったという。

どんな人生を送ったの?

信長《のぶなが》、秀吉《ひでよし》に仕《つか》え、天下を取るための策《さく》を授《さず》ける

父・職隆《もとたか》は、播磨《はりま》(現在《げんざい》の兵庫県《ひょうごけん》)の御着城主《ごちゃくじょうしゅ》・小寺政職《こでらまさもと》の家臣《かしん》で、官《かん》兵衛《べえ》も父とともに政職《まさもと》に仕《つか》えた。しかし官兵衛《かんべえ》は、小寺家《こでらけ》が生き残《のこ》るには信長《のぶなが》の下につくべきだと考え、政《まさ》職《もと》と父を説得《せっとく》。信長《のぶなが》に従《したが》うようになる。信長《のぶなが》はすぐに官兵衛《かんべえ》の才を見抜《みぬ》き、秀吉《ひでよし》の軍師《ぐんし》に任命《にんめい》した。

ところが、政職《まさもと》は信長《のぶなが》を裏切《うらぎ》り、荒木村重《あらきむらしげ》P.68についてしまった。信長《のぶなが》に命《めい》じられ、村重《むらしげ》の居城《きょじょう》・有岡城《ありおかじょう》に説得《せっとく》しに向かった官兵衛《かんべえ》は、捕《つか》まって幽閉《ゆうへい》されてしまう。信長《のぶなが》は、官兵《かんべ》衛《え》も裏切《うらぎ》ったのだと考え、官兵衛《かんべえ》の息子・長政《ながまさ》P.200を殺《ころ》そうとした。しかし半兵衛《はんべえ》が長政《ながまさ》をかくまい、この窮《きゅう》地《ち》を救《すく》っている。

知っ得エピソード

家康《いえやす》にほめられた息子を怒鳴《どな》りつけた⁉

関《せき》ケ《が》原《はら》の戦《たたか》いP.230の後、東軍《とうぐん》で武功《ぶこう》をあげた長政《ながまさ》が、徳川《とくがわ》家康《いえやす》P.182に会った。家康《いえやす》は長政《ながまさ》の手を取りねぎらったという。

ところが、この話を聞いた官兵衛《かんべえ》は、「なぜ空いている方の手で、家康《いえやす》を刺《さ》さなかった!」と叱責《しっせき》したそうだ。官《かん》兵衛《べえ》の野望《やぼう》を、長政《ながまさ》は実現《じつげん》できるチャンスがあったのだ。

官兵衛《かんべえ》は1年後にようやく助けだされたが、ぼろぼろの姿《すがた》で、足も不《ふ》自由《じゆう》になってしまった。

その後、官兵衛《かんべえ》は秀吉《ひでよし》の下で次つぎと作戦《さくせん》を考え、実行させていった。とくに、鳥取城《とっとりじょう》の渇殺《かつえごろ》し(兵糧攻《ひょうろうぜ》め)や、備中高松城《びっちゅうたかまつじょう》の水攻《みずぜ》めが有名だ。

そんなとき、信長《のぶなが》が本能寺《ほんのうじ》で討《う》たれた P.98 という知らせが入る。官兵衛《かんべえ》は秀吉《ひでよし》に「天下を取る機会《きかい》です」と進言《しんげん》。備中高松城《びっちゅうたかまつじょう》の戦《たたか》い P.166 を収束《しゅうそく》させ、京都《きょうと》に引き返した。結果《けっか》、秀吉《ひでよし》は明智光秀《あけちみつひで》 P.60 を討《う》ち、信長《のぶなが》に代わって天下取りに乗りだすことができた。

その後も、四国《しこく》攻《ぜ》め、九州《きゅうしゅう》攻《ぜ》めで活躍《かつやく》し、秀吉《ひでよし》の天下統一《とういつ》に貢献《こうけん》。ほうびとして、豊前《ぶぜん》(現在《げんざい》の大分県《おおいたけん》)に領地《りょうち》をもらった。

豊前《ぶぜん》に入った官兵衛《かんべえ》は、家督《かとく》を息子・長政《ながまさ》にゆずって隠居《いんきょ》。「如水《じょすい》」と名乗るようになる。しかし、その後も秀吉《ひでよし》に頼《たよ》られ、小田原攻《おだわらぜ》め P.174 や文禄《ぶんろく》・慶長《けいちょう》の役《えき》 P.178 に参加《さんか》している。

関ケ原《せきがはら》の戦《たたか》い P.230 では、徳川家康《とくがわいえやす》 P.182 率《ひき》いる東軍《とうぐん》として参加《さんか》。本戦《ほんせん》には参《さん》加《か》せず、九州《きゅうしゅう》の西軍側《せいぐんがわ》の武将《ぶしょう》の城《しろ》を、次つぎに攻撃《こうげき》した。

ところが、この話には裏《うら》がある。実は官兵衛《かんべえ》は、九州《きゅうしゅう》を支配《しはい》した後、関ケ原《せきがはら》の戦《たたか》いで疲弊《ひへい》した家康《いえやす》と争《あらそ》い、天下を取ろうともくろんでいたという説《せつ》があるのだ。だが、関ケ原《せきがはら》の戦《たたか》いがあっという間に終わったため、この野望《やぼう》は叶《かな》わなかった。

現在《げんざい》の豊前中津城《ぶぜんなかつじょう》

大分県中津市《おおいたけんなかつし》にある現在《げんざい》の中津城《なかつじょう》。模擬天守《もぎてんしゅ》だが、石垣《いしがき》は、官兵衛《かんべえ》が築《ちく》造《ぞう》したものが残《のこ》っている。

どんな功績《こうせき》を残《のこ》したの?

地域《ちいき》の″人″をうまく使い作戦《さくせん》に組みこんだ

官兵衛《かんべえ》の策《さく》は、その地域《ちいき》に住まう″人″をうまく使っているケースがとても多い。

たとえば毛利氏《もうりし》との戦《たたか》いでは、城《しろ》を取《と》り囲《かこ》み、民《たみ》に金をあたえて周辺《しゅうへん》の米を買い集めさせた。こうすることで、兵糧攻《ひょうろうぜ》めの環境《かんきょう》を整えたのだ。また、備中高松城《びっちゅうたかまつじょう》の戦《たたか》いでも、人をやとい、城《しろ》の周辺《しゅうへん》に堤防《ていぼう》をつくらせ、水攻《みずぜ》めの準備《じゅんび》をしている。

このように、官兵衛《かんべえ》は行く先ざきで、各地《かくち》の民《たみ》を自陣《じじん》に有利《ゆうり》に働《はたら》くように動かしているのだ。こういった策《さく》を考えられるのは、幼少期《ようしょうき》に多くの人を見て、人が何を欲《ほっ》しているか、何を任《まか》せるのがよいかを見極《みきわ》める目を養《やしな》ったからだろう。

名刀にクローズアップ

日光一文字 にっこういちもんじ

日光山《にっこうさん》に奉納《ほうのう》されていたという伝説《でんせつ》をもつ

刀データ

所有者	北条早雲《ほうじょうそううん》 P.10→北条氏直《ほうじょううじなお》→**黒田官兵衛《くろだかんべえ》**
作　者	備前国福岡《びぜんのくにふくおか》
刀《とう》　身《しん》	鎌倉《かまくら》時代／刃長《はちょう》・約《やく》68㎝
所《しょ》　蔵《ぞう》	福岡市博物館《ふくおかしはくぶつかん》

【刀身《とうしん》】

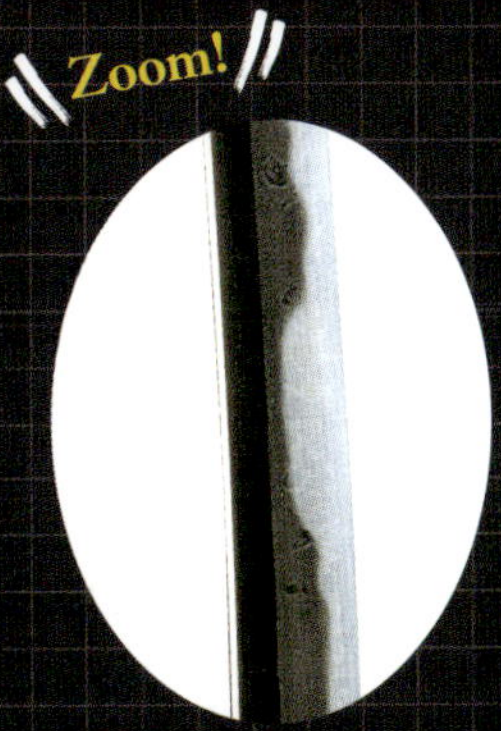

刃文《じんもん》は、重なった花びらにも見える、華《はな》やかな模《も》様《よう》になっている。

【刀箱《かたなばこ》】

刀身《とうしん》をおさめるための刀《かた》箱《なばこ》。黒漆《くろうるし》に、描《えが》かれたぶどうの葉が美しい。

使者として訪《おとず》れた官兵衛《かんべえ》にあたえられた

備前《びぜん》（現在《げんざい》の岡山県《おかやまけん》）福《ふく》岡《おか》でつくられた刀のうち、銘《めい》が「一《いち》」のものを「一文字《いちもんじ》」と呼《よ》ぶ。この刀は、北条早《ほうじょうそう》雲《うん》P.10が日光山《にっこうさん》（栃木県《とちぎけん》）からゆずり受けたとされる。

小田原攻《おだわらぜ》めの際《さい》、官兵衛《かんべえ》は秀吉《ひでよし》の命《めい》で、北条氏《ほうじょうし》のもとへ和睦《わぼく》の交渉《こうしょう》に出向いた。この刀は、その席《せき》で北条氏《ほうじょうし》から官兵衛《かんべえ》に贈《おく》られたものだ。その後は黒田家《くろだけ》の家宝《かほう》として、大切にされた。

関《せき》ケ《が》原《はら》の戦《たたか》いの、西《せい》軍《ぐん》の中心人物

石《いし》田《だ》三《みつ》成《なり》

大一大万大吉

出身地	近江《おうみ》（現在《げんざい》の滋賀県《しがけん》）
生　年	1560年
没　年	1600年（享年《きょうねん》41）

三成《みつなり》ってどんな人？

頭がよく気配りができたが、傲慢《ごうまん》ととられることも

豊臣秀吉《とよとみひでよし》 P.104 に才を見出《みいだ》され、仕《つか》えるようになる。とても頭がよく、機《き》転《てん》が利《き》く人物だったようだ。

それを示《しめ》す、こんな逸話《いつわ》がある。鷹狩《たかが》りを終えた秀吉《ひでよし》は、ある寺に立ち寄《よ》り、寺小姓《てらこしょう》だった三成《みつなり》に茶を求《もと》めた。三成《みつなり》はまず、のどが渇《かわ》いている秀吉《ひでよし》が飲みやすいよう、ぬるい茶をたっぷりついだ。もう1杯《ぱい》、と言われ、今度はやや熱《あつ》い茶を少なめに出す。3杯目《ばいめ》を望《のぞ》まれると、小さな椀《わん》に熱《あつ》い茶を立ててわたした。この気配りに、秀吉《ひでよし》は感服《かんぷく》したという。

さらに、律儀《りちぎ》でとてもまじめな人物だったようだ。しかし、正義感《せいぎかん》が強いあまり、融通《ゆうずう》が利《き》かず、ときには傲慢《ごうまん》ともとれるふるまいをしてしまうこともあった。

関ケ原《せきがはら》の戦《たたか》い P.230 で同じ陣営《じんえい》に裏切《うらぎ》り者《もの》が続出《ぞくしゅつ》するなど、人望《じんぼう》がないように思われがちだが、親しくした友人も多かった。そのひとりに、大谷《おおたに》吉継《よしつぐ》 P.130 がいる。吉継《よしつぐ》は三成《みつなり》の融通《ゆうずう》が利《き》かない性格《せいかく》を心配し、「日ごろから横柄《おうへい》だと、人びとの恨《うら》みをかってしまうよ」と助言したそうだ。

どんな人生を送ったの？

豊臣政権《とよとみせいけん》の存続《そんぞく》を願《ねが》ったが、関ケ原《せきがはら》の戦《たたか》いに敗《やぶ》れる

三成《みつなり》は、1560年、近江《おうみ》（現在《げんざい》の滋賀県《しがけん》）石田村《いしだむら》で生まれたといわれている。幼《おさな》いころから近くの寺に預《あず》けられ、寺小姓《てらこしょう》として過《す》ごした。寺に立《た》ち寄《よ》った秀吉《ひでよし》に気に入られ、家臣《かしん》に迎《むか》えられたようだ。同じく子《こ》供《ども》のころから秀吉《ひでよし》に仕《つか》えていた武将《ぶしょう》

知っ得エピソード

死の直前まで豊臣復興《とよとみふっこう》の道をあきらめなかった！

処刑《しょけい》される直前、三成《みつなり》は徳《とく》川《がわ》の兵《へい》に水を要求《ようきゅう》した。しかし「水はない。柿《かき》を食べろ」と言われてしまう。三成《みつなり》は「柿《かき》は腹《はら》に毒《どく》だからいらぬ」と断《ことわ》った。さらに、「志《こころざし》をもつ者は、最期《さいご》まで命を惜《お》しむものだ」と続《つづ》けた。三成《みつなり》は、豊臣《とよとみ》のために生きることをあきらめなかったのだ。

に、福島正則《ふくしままさのり》P.132や加藤清正《かとうきよまさ》P.133がいる。

三成《みつなり》は、秀吉《ひでよし》のもとで賤ヶ岳《しずがたけ》の戦《たたか》いP.168などに参加《さんか》したが、清正《きよまさ》ら「賤《しず》ヶ岳《がたけ》の七本槍《しちほんやり》」のような武功《ぶこう》をあげることはなかった。その代わり、三《みつ》成《なり》は戦《たたか》いよりも後方支援《しえん》に才があり、戦《いくさ》では物資《ぶっし》の搬送《はんそう》や連絡《れんらく》などに関《かか》わった。また、秀吉《ひでよし》に「五奉行《ごぶぎょう》」に任《にん》命《めい》され、主に行政《ぎょうせい》を担当《たんとう》したようだ。

そんな三成《みつなり》に不満《ふまん》をもつ武将《ぶしょう》も多かった。秀吉《ひでよし》の下で軍務《ぐんむ》を担《にな》った「武断派《ぶだんけ》」の正則《まさのり》や清正《きよまさ》が、その代表である。行政《ぎょうせい》を担当する三成《みつなり》は、ときに地方大名を厳《きび》しく指導《しどう》することもある。「安全な場所で偉《えら》そうに」と思われてしまったのだろう。

秀吉《ひでよし》の死後、武断派《ぶだんは》との対立はより濃《こ》さを増《ま》し、1599年、正則《まさのり》や清正《きよまさ》らが三成《みつなり》の屋敷《やしき》を襲撃《しゅうげき》する事件《じけん》が起きてしまった。三成《みつなり》はなんとか脱出《だっしゅつ》できたが、武断派《ぶだんは》との亀裂《きれつ》は決《けっ》定的《ていてき》になってしまう。

同じころ、五大老《ごたいろう》のひとり、徳川《とくがわ》家康《いえやす》P.182が、自分が天下人《てんかびと》であるようなふるまいをするようになる。三成《みつなり》は自分を見出《みいだ》してくれた秀吉《ひでよし》のために豊臣政権《とよとみせいけん》を守ろうとし、家康《いえやす》と対立。関ヶ原《せきがはら》の戦《たたか》いが勃発《ぼっぱつ》した。

しかし、いざ戦《いくさ》が始まると、秀吉《ひでよし》に仕《つか》えていたはずの武将《ぶしょう》が家康側《いえやすがわ》に寝返《ねがえ》ったり、味方のはずの武将《ぶしょう》が戦《たたか》いを放棄《ほうき》したりして、不利《ふり》な状況《じょうきょう》に追いこまれ、大敗《たいはい》してしまう。敗走《はいそう》するが、その途中《とちゅう》で捕《つか》まり、京都《きょうと》の六条河原《ろくじょうがわら》で首を落とされ亡《な》くなった。

三成《みつなり》の兜《かぶと》（復元《ふくげん》）

三成《みつなり》が被《かぶ》っていたと伝《つた》わる兜《かぶと》で、「乱髪兜《らんぱつかぶと》」と呼《よ》ばれる。その名の通り、毛髪《もうはつ》が使われている。

どんな功績《こうせき》を残《のこ》したの？

内政《ないせい》、軍事《ぐんじ》の両面で豊臣政権《とよとみせいけん》を支《ささ》えた

秀吉政権《ひでよしせいけん》の事務方《じむかた》のトップが三成《みつなり》だ。たとえば、秀吉《ひでよし》が行ったといわれる「検地《けんち》」も、実際《じっさい》に現地《げんち》におもむいていたのは、三成《みつなり》その人だ。そのときに使ったとされる定規《じょうぎ》が、現《げん》在《ざい》も伝《つた》わっている。

戦《いくさ》では、関ヶ原《せきがはら》の戦《たたか》いでの大敗《たいはい》や、小田原攻《おだわらぜ》めP.174で忍城《おしじょう》の攻略《こうりゃく》に失敗《しっぱい》したことからもわかるように、自《みずか》ら戦《たたか》うのは得意《とくい》ではなかった。三成《みつなり》の本《ほん》領《りょう》はバックアップで、自軍《じぐん》が戦《いくさ》で有利に動けるように力を尽《つ》くした。戦《せん》地《ち》に兵糧《ひょうろう》や武器《ぶき》を運搬《うんぱん》する仕組みをつくったり、敵陣《てきじん》との和平交渉《わへいこうしょう》などを行っている。文禄《ぶんろく》・慶長《けいちょう》の役《えき》P.178では、秀吉《ひでよし》亡《な》き後、敵地《てきち》に残《のこ》された軍《ぐん》を無事撤退《てったい》させるために力を注《そそ》いだ。

名刀にクローズアップ

日向正宗《ひゅうがまさむね》

乱《みだ》れた刃文《じんもん》が魅力《みりょく》の短刀

刀データ

所有者	豊臣秀吉《とよとみひでよし》P.104→石田三成《いしだみつなり》→福原直堯《ふくはらなおたか》→水野勝成《みずのかつなり》
作　者	相模国鎌倉《さがみのくにかまくら》 正宗《まさむね》
刀《とう》　身《しん》	鎌倉《かまくら》時代／刃長《はちょう》・約《やく》25cm
所《しょ》　蔵《ぞう》	三井記念美術館《みついきねんびじゅつかん》

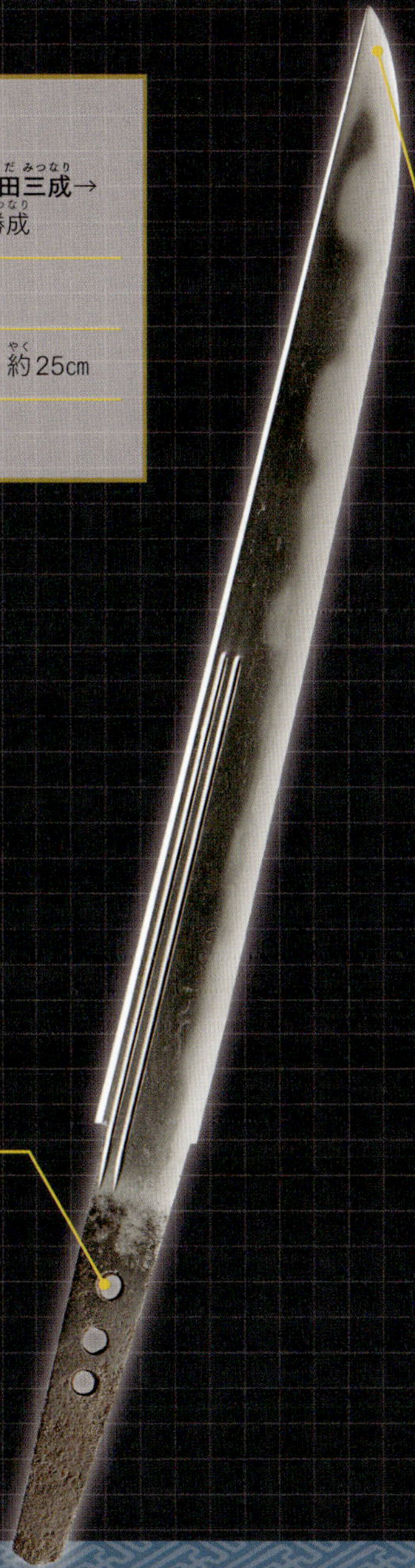

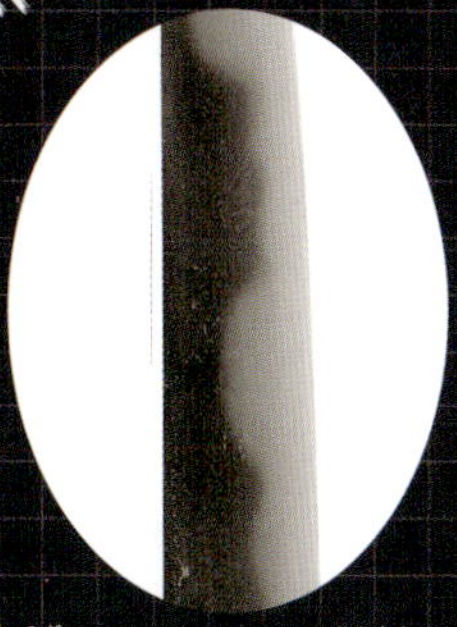

乱《みだ》れた波のような刃文《じんもん》。刃先《はさき》が弓形になっているのも、正宗《まさむね》の刀の特徴《とくちょう》である。

銘《めい》は入っていない。正宗《まさむね》は、刀に自分の名を入れることがほとんどなかったようだ。

秀吉《ひでよし》からゆずり受けた正宗《まさむね》作の名刀

正宗《まさむね》はすぐれた3人の刀工《とうこう》、「天下三作《てんかさんさく》」のひとりだ。正宗《まさむね》が打った刀は、大きく波うった刃文《じんもん》が特徴《とくちょう》で、なかでも日向正宗《ひゅうがまさむね》は、乱《みだ》れたような模様《もよう》が美しい。

もとは秀吉《ひでよし》が持っていたものだといわれ、豊臣政権《とよとみせいけん》を支《ささ》えた三成《みつなり》に贈《おく》られた。その後、三成《みつなり》の妹婿《いもうとむこ》・福原《ふくはら》直堯《なおたか》に預《あず》けられたそうだ。

関ケ原《せきがはら》の戦《たたか》いで東軍《とうぐん》の手にわたり、現在《げんざい》まで伝《つた》わった。

友のために勝ち目のない戦《たたか》いに身を投じた

大谷吉継《おおたによしつぐ》

出身地	近江《おうみ》（現在《げんざい》の滋賀県《しがけん》）
生年	1559年
没年	1600年（享年《きょうねん》42）

打倒《だとう》・徳川《とくがわ》に反対するも、三成《みつなり》の信念《しんねん》を応援《おうえん》した

豊臣秀吉《とよとみひでよし》 P.104 の小姓《こしょう》として仕《つか》え、厚《あつ》い信頼《しんらい》を得《え》た。賤ヶ岳《しずがたけ》の戦《たたか》い P.168 を始め、秀吉《ひでよし》の主な戦《たたか》いに参加《さんか》。なかでも、文禄《ぶんろく》・慶長《けいちょう》の役《えき》 P.178 では船の手配などをつとめ、大功《たいこう》をあげている。

秀吉《ひでよし》亡《な》き後は、徳川家康《とくがわいえやす》 P.182 に接近《せっきん》。しかし、家康《いえやす》のもとへ向かう途中《とちゅう》で、親しくしていた石田三成《いしだみつなり》 P.126 に呼《よ》びだされる。このとき、三成《みつなり》から家康《いえやす》を討《う》ちとる計画を打ち明けられたが、吉継《よしつぐ》は勝機《しょうき》がないと反対した。しかし、三成《みつなり》の決意の固《かた》さを知ると、彼《かれ》の味方になることを決める。

関ケ原《せきがはら》の戦《たたか》い P.230 では、三成《みつなり》について西軍《せいぐん》で戦《たたか》った。小早川秀秋《こばやかわひであき》 P.206 の裏《うら》切《ぎ》りを予見して陣《じん》を構《かま》え、一度は小《こ》早川軍《ばやかわぐん》の攻撃《こうげき》を退《しりぞ》けた。しかし、自《じ》軍壊滅《ぐんかいめつ》により、最期《さいご》は切腹《せっぷく》した。

知っ得エピソード

茶会の席《せき》で、三成《みつなり》との間に深く刻《きざ》まれた友情

晩年《ばんねん》、吉継《よしつぐ》は大きな病にかかり、頭巾《ずきん》を被《かぶ》っていた。ある茶会の席《せき》でのこと、吉継《よしつぐ》は回し飲みする茶碗《ちゃわん》に、うっかり膿《うみ》を落としてしまった。ほかの家臣《かしん》は病気を恐《おそ》れて口をつけなかったが、三成《みつなり》だけは茶をすべて飲《の》み干《ほ》した。吉継《よしつぐ》はとても感謝《かんしゃ》したという。

武力《ぶりょく》に長《た》けた三成《みつなり》の参謀《さんぼう》

島《しま》 左《さ》近《こん》

出身地	大和《やまと》（現在《げんざい》の奈良県《ならけん》）
生　年	1540年
没　年	1600年（享年《きょうねん》61）

だれにも仕《つか》えない　武将《ぶしょう》として有名だったが…

本名、島清興《しまきよおき》。大和《やまと》（現在《げんざい》の奈良《なら》県《けん》）の大名、筒井《つつい》氏《し》の家臣《かしん》として名をあげたが、浪人《ろうにん》に。戦《いくさ》に強いが、だれにも仕《つか》えないことで有名だった。

しかし、石田三成《いしだみつなり》 P.126 が、自分が持つ4万石《まんごく》の領地《りょうち》の半分をあたえ、「家臣《かしん》にしたい」と説得《せっとく》。その熱意《ねつい》に折れ、三成《みつなり》の参謀《さんぼう》になる。左近《さこん》は三成《みつなり》の「武《ぶ》」を支《ささ》える存在《そんざい》となった。

関ケ原《せきがはら》の戦《たたか》い P.230 では敗戦側《はいせんがわ》についているものの、その勇敢《ゆうかん》な戦《たたか》いぶりが伝説《でんせつ》となっている。徳川家康《とくがわいえやす》 P.182 の本陣《ほんじん》に壮絶《そうぜつ》な攻撃《こうげき》をしかけ、その恐《おそ》ろしさに徳川軍《とくがわぐん》は左近《さこん》をまともに見られなかったという。身につけていた、赤い前立《まえだ》ての兜《かぶと》も有名だ。

最期《さいご》は、黒田長政《くろだながまさ》 P.200 の軍《ぐん》に討《う》たれ、戦死《せんし》したと伝《つた》わる。

知っ得エピソード

関ケ原《せきがはら》の戦《たたか》いの後も生きていた!?

関ケ原《せきがはら》の戦《たたか》いで戦死《せんし》したといわれているが、実は正式な戦死認定《せんしにんてい》がされていない。そのため、関ケ原《せきがはら》の戦《たたか》いの後も生き延《の》びていたのではないかという説《せつ》がある。これによると大坂《おおさか》で妻《つま》と娘《むすめ》とともに生き続《つづ》け、娘《むすめ》は大坂天満宮《おおさかてんまんぐう》の宮司《ぐうじ》と結婚《けっこん》したという。

「賤ヶ岳《しずがたけ》の七本槍《しちほんやり》」のなかで一番の武功《ぶこう》をあげた

福島正則《ふくしままさのり》

出身地	尾張《おわり》（現在《げんざい》の愛知県《あいちけん》）
生年	1561年
没年	1624年（享年《きょうねん》64）

「一番槍《いちばんやり》」として活躍《かつやく》し、関ヶ原《せきがはら》では東軍《とうぐん》につく

母は豊臣秀吉《とよとみひでよし》P.104の伯母《おば》とされる。幼《おさな》いころから秀吉《ひでよし》に仕《つか》え、賤ヶ岳《しずがたけ》の戦《たたか》いP.168で戦功《せんこう》をあげた「賤ヶ岳《しずがたけ》の七本槍《しちほんやり》」のなかでも、最初《さいしょ》に槍《やり》で敵《てき》を討《う》った「一番槍《いちばんやり》」として名高い。

文禄《ぶんろく》・慶長《けいちょう》の役《えき》P.178で、石田三成《いしだみつなり》P.126と仲《なか》たがいしてしまう。関ヶ原《せきがはら》の戦《たたか》いP.230では、秀吉《ひでよし》に恩《おん》を感じながらも三成《みつなり》への対抗心《たいこうしん》が勝《まさ》り、徳川家康《とくがわいえやす》P.182の東軍《とうぐん》に属《ぞく》して岐阜城《ぎふじょう》を攻略《こうりゃく》した。

その功績《こうせき》が認《みと》められ、50万石《まんごく》の広島藩城主《ひろしまはんじょうしゅ》になる。しかし家康《いえやす》は、正則《まさのり》が秀吉《ひでよし》の親類《しんるい》であることを危険視《きけんし》していたようだ。大坂《おおさか》の陣《じん》P.234 P.238では留守《るす》を命《めい》じられ、活躍《かつやく》の場を失《うしな》ってしまう。また、許可《きょか》なく城《しろ》の石垣《いしがき》を修築《しゅうちく》したため、領地《りょうち》を取りあげられるなど、晩年《ばんねん》は不遇《ふぐう》だった。

知っ得エピソード

福岡《ふくおか》の民謡《みんよう》「黒田節《くろだぶし》」のモデルになっている!?

正則《まさのり》が黒田長政《くろだながまさ》P.200の屋敷《やしき》を訪《おとず》れたとき、長政《ながまさ》の家臣《かしん》・母里太兵衛《もりたへえ》と「どちらが大酒飲みか」をかけて勝負した。負けた正則《まさのり》は、秀吉《ひでよし》からゆずられた名槍《めいそう》、「日本号《にほんごう》P.46」を取られてしまった。このエピソードは「黒田節《くろだぶし》」として、福岡県《ふくおかけん》で今も謡《うた》われている。

異国《いこく》でも名をとどろかせた「賤ヶ岳《しずがたけ》の七本槍《しちほんやり》」

加藤清正《かとうきよまさ》

出身地　尾張《おわり》（現在《げんざい》の愛知県《あいちけん》）
生　年　1562年
没　年　1611年（享年《きょうねん》50）

数かずの戦《いくさ》で活躍《かつやく》した築城《ちくじょう》の名手

豊臣秀吉《とよとみひでよし》P.104が長浜城主《ながはまじょうしゅ》だった時代から仕《つか》えた。大男で、身長が2メートル近くあったという説《せつ》がある。賤ヶ岳《しずがたけ》の戦《たたか》いP.168では、「賤ヶ岳《しずがたけ》の七《しち》本槍《ほんやり》」のひとりとして名をあげ、20万石《まんごく》の熊本城主《くまもとじょうしゅ》となる。文禄《ぶんろく》・慶長《けいちょう》の役《えき》P.178では、小西行長《こにしゆきなが》P.134と王都《おうと》攻略《こうりゃく》を争《あらそ》い、大いに活躍《かつやく》。猛将《もうしょう》の呼《よ》び名《な》にふさわしい武功《ぶこう》をあげた。

1600年の関ケ原《せきがはら》の戦《たたか》いP.230では、徳川家康《とくがわいえやす》P.182につき、九州《きゅうしゅう》で石田三成《いしだみつなり》P.126についた行長《ゆきなが》や立花宗茂《たちばなむねしげ》P.164と戦《たたか》う。その活躍《かつやく》が認《みと》められ、家康《いえやす》から肥後《ひご》（現在《げんざい》の熊本県《くまもとけん》）をあたえられた。

城《しろ》づくりの名人で、多くの城《しろ》の建《けん》造《ぞう》に関《かか》わった。文禄《ぶんろく》・慶長《けいちょう》の役《えき》の本《ほん》拠地《きょち》・名護屋城《なごやじょう》（佐賀県《さがけん》）も、清正《きよまさ》が設計《せっけい》し、わずか半年で完成《かんせい》させた。

知っ得エピソード

家康《いえやす》に味方したことを後悔《こうかい》していた!?

清正《きよまさ》は、秀吉《ひでよし》を尊敬《そんけい》していた。三成《みつなり》との不仲《ふなか》から家康《いえやす》に近づいたが、それが豊臣家《とよとみけ》衰《すい》退《たい》の原因《げんいん》になったことをとても悔《く》いていたという。その後は豊臣家《とよとみけ》忠臣《ちゅうしん》としての姿勢《しせい》をつらぬき、1611年に家康《いえやす》と豊臣秀頼《とよとみひでより》P.210が会見した際《さい》は、秀頼《ひでより》の隣《となり》で見守ったそうだ。

関ケ原《せきがはら》の戦《たたか》いで猛将《もうしょう》・立花氏《たちばなし》を足止め

京極高次《きょうごくたかつぐ》

近江《おうみ》（現在《げんざい》の滋賀県《しがけん》）の大名・京極高吉《きょうごくたかよし》の長男で、織田信長《おだのぶなが》 P.48 に仕《つか》えた。

本能寺《ほんのうじ》の変《へん》 P.98 の後、明智光秀《あけちみつひで》 P.60 の呼《よ》びかけに応《こた》え、豊臣秀吉《とよとみひでよし》 P.104 の居城《きょじょう》・長浜城《ながはまじょう》を包囲《ほうい》。光秀《みつひで》が討《う》たれて窮地《きゅうち》に立たされるも、妹・松丸殿《まつのまるどの》が秀吉《ひでよし》に嫁《と》ぎ、処罰《しょばつ》をまぬがれた。

その後は秀吉《ひでよし》の配下に入り、九州攻《きゅうしゅうぜ》めや小田原攻《おだわらぜ》め P.174 などに参加《さんか》している。秀吉《ひでよし》の死後は、徳川家康《とくがわいえやす》 P.182 につく。関ケ原《せきがはら》の戦《たたか》い P.230 の前哨戦《ぜんしょうせん》で、居城《きょじょう》の大津城《おおつじょう》を猛将《もうしょう》・立花宗茂《たちばなむねしげ》 P.164 に攻《せ》められるも、9日間死守した。開城《かいじょう》は関ケ原《せきがはら》の戦《たたか》い当日。高次《たかつぐ》の足止めにより、宗茂軍《むねしげぐん》は本戦《ほんせん》に間に合わなかった。家康《いえやす》は高次《たかつぐ》を評《ひょう》価《か》し、若狭《わかさ》（現在《げんざい》の福井県《ふくいけん》）小浜城《おばまじょう》をあたえた。

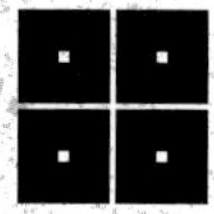

出身地

近江《おうみ》（現在《げんざい》の滋賀県《しがけん》）

生年

1563年

没年

1609年（享年《きょうねん》47）

商人生まれのキリシタン大名

小西行長《こにしゆきなが》

薬屋の子に生まれたが、豊臣秀吉《とよとみひでよし》 P.104 に仕《つか》えた。豊臣家《とよとみけ》の水軍《すいぐん》の船奉行《ふなぶぎょう》として、荷物の運び入れなどで活躍《かつやく》。九州攻《きゅうしゅうぜ》めでは水軍《すいぐん》を率《ひき》いて武功《ぶこう》をあげ、肥後《ひご》（現在《げんざい》の熊本県《くまもとけん》）宇土城《うとじょう》をあたえられた。高山右近《たかやまうこん》 P.65 の説得《せっとく》により、キリシタン大名となる。

文禄《ぶんろく》・慶長《けいちょう》の役《えき》 P.178 では、加藤清正《かとうきよまさ》 P.133 と先陣《せんじん》を争《あらそ》っている。清正《きよまさ》とは、領地《りょうち》が隣《となり》同士だったこともあり、争《あらそ》ってばかりいた。商人の生まれだが、交渉事《こうしょうごと》はあまり得意《とくい》ではなく、明《みん》（中国《ちゅうごく》）と和平を結《むす》ぶ際《さい》に相手にしてやられ、秀吉《ひでよし》に怒《おこ》られている。

関ケ原《せきがはら》の戦《たたか》い P.230 では石田三成《いしだみつなり》 P.126 側《がわ》の西軍《せいぐん》につき、大敗《たいはい》。捕《と》らえられ、京都《きょうと》の六条河原《ろくじょうがわら》で処刑《しょけい》された。

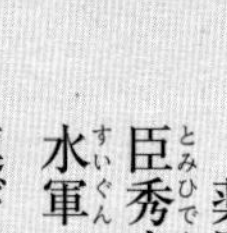

出身地

山城《やましろ》（現在《げんざい》の京都府《きょうとふ》）

生年

不明《ふめい》

没年

1600年（享年《きょうねん》?）

池田輝政《いけだてるまさ》

秀吉《ひでよし》に目をかけられ、家康《いえやす》の娘《むすめ》と結婚《けっこん》

織田信長《おだのぶなが》P.48の忠臣《ちゅうしん》・池田恒興《いけだつねおき》P.55の次男。父と兄が小牧《こまき》・長久手《ながくて》の戦《たたか》いP.172で戦死《せんし》したため、家督《かとく》を継《つ》いだ。

主君・豊臣秀吉《とよとみひでよし》P.104は、戦《いくさ》により輝政《てるまさ》の父と兄を死なせてしまったことをとても悔《く》いていて、輝政《てるまさ》を特別《とくべつ》目にかけたようだ。輝政《てるまさ》もそれに応《こた》え、軍功《ぐんこう》を重ねている。

正室《せいしつ》と離縁《りえん》した輝政《てるまさ》は、1594年、秀吉《ひでよし》のはからいで徳川家康《とくがわいえやす》P.182の次女・督姫《とくひめ》と再婚《さいこん》した。この結婚《けっこん》をきっかけに、輝政《てるまさ》は家康《いえやす》と急接近《きゅうせっきん》。関ケ原《せきがはら》の戦《たたか》いP.230では東軍《とうぐん》につき武功《ぶこう》をあげた。関ケ原《せきがはら》での活躍《かつやく》が認《みと》められ、播磨《はりま》（現在《げんざい》の兵庫県《ひょうごけん》）をあたえられる。輝政《てるまさ》はこの地にあった姫路城《ひめじじょう》を大規模《だいきぼ》に改築《かいちく》した。

出身地
尾張《おわり》（現在《げんざい》の愛知県《あいちけん》）

生年
1564年

没年
1613年（享年《きょうねん》50）

細川忠興《ほそかわただおき》

妻《つま》への重すぎる愛《あい》が裏目《うらめ》に

細川藤孝《ほそかわふじたか》P.69の子で、はじめ室町幕府将軍《むろまちばくふしょうぐん》・足利義昭《あしかがよしあき》P.70に仕《つか》えた。しかし、義昭《よしあき》が織田《おだ》信長《のぶなが》P.48と対立したため、藤孝《ふじたか》とともに信長《のぶなが》の家臣《かしん》となる。

明智光秀《あけちみつひで》P.60の娘《むすめ》で、美女と名高いガラシャP.102（玉）と結婚《けっこん》する。それなのに、本能寺《ほんのうじ》の変《へん》P.98で、義父《ぎふ》・光秀《みつひで》から協力《きょうりょく》を求《もと》められた際《さい》、拒否《きょひ》して豊臣秀吉《とよとみひでよし》P.104についた。その後は小田原《おだわら》攻《ぜ》めP.174や文禄《ぶんろく》・慶長《けいちょう》の役《えき》P.178などに参加《さんか》。1600年の関ケ原《せきがはら》の戦《たたか》いP.230では徳川家康《とくがわいえやす》P.182につき、のちに小倉《こくら》（福岡県《ふくおかけん》）に小倉城《こくらじょう》を築《きず》く。

妻《つま》を溺愛《できあい》し、家臣《かしん》にも近づくことを禁《きん》じた。そのせいで、ガラシャが人質《ひとじち》にとられそうになったとき、家臣《かしん》は助けられず、彼女《かのじょ》を失《うしな》うことになった。

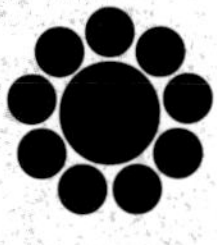

出身地
山城《やましろ》（現在《げんざい》の京都府《きょうとふ》）

生年
1563年

没年
1645年（享年《きょうねん》83）

秀吉《ひでよし》とともに墨俣城《すのまたじょう》を築城《ちくじょう》

蜂須賀正勝《はちすかまさかつ》

出身地

尾張《おわり》（現在《げんざい》の愛知県《あいちけん》）

生年

1526年

没年

1586年（享年《きょうねん》61）

尾張《おわり》（現在《げんざい》の愛知県《あいちけん》）の武《ぶ》将《しょう》の子として生まれる。もとは木曾《きそ》川《がわ》で、船を使った運送業をする人びとの取りまとめをしていたが、織田信長《おだのぶなが》P.48に仕官《しかん》するようになり、桶狭間《おけはざま》の戦《たたか》いP.86にも参陣《さんじん》している。信長《のぶなが》の命《めい》により仕《つか》えることになった豊臣秀吉《とよとみひでよし》P.104とは、深い信頼関係《しんらいかんけい》で結《むす》ばれた。その絆《きずな》の深さは、「実は正勝《まさかつ》は矢作橋《やはぎばし》のふもとで幼《おさな》い秀吉《ひでよし》と出会っていて、大人になって再会《さいかい》した」という伝説《でんせつ》が残《のこ》っているほどだ。

秀吉《ひでよし》とともに美濃《みの》（現在《げんざい》の岐阜県《ぎふけん》）の攻略《こうりゃく》を命《めい》じられたとき、運送業のつてを活用して、短期間で墨《すの》俣城《またじょう》を築《きず》き、美濃《みの》平定に貢献《こうけん》した。以降《いこう》も重臣《じゅうしん》として、61歳《さい》で亡《な》くなるまで秀吉《ひでよし》を支《ささ》え続《つづ》けた。

関ケ原《せきがはら》の戦《たたか》いで西軍《せいぐん》の副大将《ふくだいしょう》に

宇喜多秀家《うきたひでいえ》

出身地

備前《びぜん》（現在《げんざい》の岡山県《おかやまけん》）

生年

1572年

没年

1655年（享年《きょうねん》84）

岡山城主《おかやまじょうしゅ》・宇喜多直家《うきたなおいえ》の次男。豊臣秀吉《とよとみひでよし》P.104は、岡山城《おかやまじょう》を毛利《もうり》氏《し》への攻撃《こうげき》の拠点《きょてん》にするために、秀家《ひでいえ》に特別《とくべつ》目をかけた。秀吉《ひでよし》の養女《ようじょ》・豪姫《ごうひめ》と結婚《けっこん》。四国《しこく》攻《ぜ》めや九州《きゅうしゅう》攻《ぜ》め、文禄《ぶんろく》・慶長《けいちょう》の役《えき》P.178で武功《ぶこう》をあげ、20代の若《わか》さで「五大老《ごたいろう》」に任命《にんめい》されている。

関ケ原《せきがはら》の戦《たたか》いP.230では、西軍《せいぐん》の副大将《ふくだいしょう》をつとめるも、大敗《たいはい》。その後、九州《きゅうしゅう》の島津《しまづ》氏《し》を頼《たよ》って隠《かく》れていたが、島津《しまづ》氏《し》が徳川《とくがわ》氏《し》と同盟《どうめい》を結《むす》んだため、伊豆《いず》の八丈島《はちじょうじま》に島流しにされた。これが、江戸《えど》幕府《ばくふ》最初《さいしょ》の島流しだ。ちなみに豪姫《ごうひめ》とは関ケ原《せきがはら》の戦《たたか》い以降《いこう》一度も会えなかったが、ふたりはとても仲《なか》がよく、豪姫《ごうひめ》は八丈《はちじょう》島《じま》の秀家《ひでいえ》に生活費《せいかつひ》を送り続《つづ》けたそうだ。

天下人《てんかびと》の師《し》をつとめた茶人

千利休《せんのりきゅう》

出身地　和泉《いずみ》（現在《げんざい》の大阪府《おおさかふ》）
生　年　1522年
没　年　1591年（享年《きょうねん》70）

茶人として功績《こうせき》をあげ、秀吉《ひでよし》の相談役もつとめた

当時、大名の間で茶の湯が大流行していた。織田信長《おだのぶなが》P.48が、合戦《かっせん》のほうびに茶器《ちゃき》をあたえたのが始まりといわれている。茶の名手として名高い千利休《せんのりきゅう》は、信長《のぶなが》の茶の師《し》をつとめたのち、豊臣秀吉《とよとみひでよし》P.104に仕《つか》え、その名を世間に広めていく。茶を教えるだけでなく、秀吉《ひでよし》の相談役として活躍《かつやく》していた時期もあったようだ。「わび茶」と呼《よ》ばれる、茶に向き合う「精神《せいしん》」を重んじた茶道を完成《かんせい》させ、１５８５年には正親町天皇《おおぎまちてんのう》に利《り》休居士《きゅうこじ》という名をあたえられる。

ところが、親しくしていた豊臣秀《とよとみひで》長《なが》P.112が亡《な》くなると状況《じょうきょう》が一変。利休《りきゅう》の木像《もくぞう》が京都大徳寺《きょうとだいとくじ》に飾《かざ》られたことが、権力《けんりょく》を誇示《こじ》しているとして秀吉《ひでよし》の怒《いか》りをかい、自害《じがい》を命《めい》じられた。

知っ得エピソード

優秀《ゆうしゅう》な弟子、「利休七哲《りきゅうしちてつ》」を輩出《はいしゅつ》！

利休《りきゅう》が評価《ひょうか》された理由に、有能《ゆうのう》な弟子をたくさん輩出《はいしゅつ》したことがあげられる。彼《かれ》らは「利休七哲《りきゅうしちてつ》」と呼《よ》ばれ、蒲生《がもう》氏郷《うじさと》P.69、細川忠興《ほそかわただおき》P.135、高山《たかやま》右近《うこん》P.65らがメンバーに入る。これに、織田長益《おだながます》や、荒木村《あらきむら》重《しげ》P.68、千道安《せんどうあん》を加《くわ》えて「十《じっ》哲《てつ》」ということもある。

蘆名家《あしなけ》を大大名におしあげた

蘆名盛氏《あしなもりうじ》

蘆名氏《あしなし》は、鎌倉《かまくら》時代から続《つづ》く、陸奥《むつ》（現在《げんざい》の福島県《ふくしまけん》）会《あい》津《づ》の戦国《せんごく》大名だ。盛氏《もりうじ》はその16代目で、会津黒川城《あいづくろかわじょう》の城主《じょうしゅ》である。

１５５３年に当主となった盛氏《もりうじ》は、周辺《しゅうへん》の白河氏《しらかわし》、相馬《そうま》氏《し》、二階堂氏《にかいどうし》、二本松氏《にほんまつし》、田《た》村氏《むらし》などを束《たば》ねる。さらに、北条氏康《ほうじょううじやす》P.12や武田信玄《たけだしんげん》P.16らの協力《きょうりょく》を得《え》て、常陸《ひたち》（現《げん》在《ざい》の茨城県《いばらきけん》）の佐竹義重《さたけよししげ》P.145と戦《たたか》うなどして、領地《りょうち》の拡大《かくだい》につとめ、蘆名氏《あしなし》の最盛期《さいせいき》を築《きず》いた。

１５６１年、息子・盛興《もりおき》に家督《かとく》をゆずって隠居《いんきょ》する。しかし盛興《もりおき》が亡《な》くなったため、１５７５年に再《ふた》び政《せい》務をとった。その後も、上杉謙信《うえすぎけんしん》P.20の訃報《ふほう》を聞いて上杉領《うえすぎりょう》に攻《せ》め入るなど、晩年《ばんねん》まで「戦国武将《せんごくぶしょう》」だった。

出身地

陸奥《むつ》（現在《げんざい》の福島県《ふくしまけん》）

生年

1521年

没年

1580年（享年《きょうねん》60）

家督争《かとくあらそ》いに勝利《しょうり》し、山形藩初代藩主《やまがたはんしょだいはんしゅ》に

最上義光《もがみよしあき》

出羽山形城主《でわやまがたじょうしゅ》。幼《おさな》いころからとても優秀《ゆうしゅう》だったが、父・義守《よしもり》が弟・義時《よしとき》ばかりかわいがったため、家督争《かとくあらそ》いに発展《はってん》。義時《よしとき》や、弟に味方した家臣《かしん》らを討《う》って当主の座《ざ》を守った。

豊臣秀吉《とよとみひでよし》P.104とは親しく、１５９０年の小田原《おだわら》攻《ぜ》めP.174にも参加《さんか》。しかし秀吉《ひでよし》の甥《おい》・秀《ひで》次《つぐ》P.112が失脚《しっきゃく》した事件《じけん》では、秀次《ひでつぐ》の側室《そくしつ》だった自身の娘《むすめ》・駒姫《こまひめ》が処刑《しょけい》され、義光《よしあき》も謹慎《きんしん》となった。

関ケ原《せきがはら》の戦《たたか》いP.230では徳川側《とくがわがわ》の東軍《とうぐん》に属《ぞく》し、上杉軍《うえすぎぐん》と東北《とうほく》で戦《たたか》った。直江兼続《なおえかねつぐ》P.154に攻《せ》めこまれピンチとなったが、石田三成《いしだみつなり》P.126の死によって危機《きき》をまぬがれている。のちに家康《いえやす》から57万石《まんごく》をあたえられ、山形《やまがた》藩《はん》の初代藩主《しょだいはんしゅ》となった。

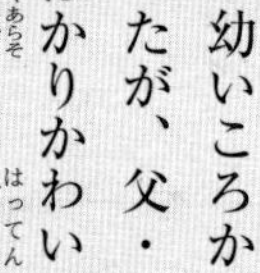

出身地

出羽《でわ》（現在《げんざい》の山形県《やまがたけん》）

生年

1546年

没年

1614年（享年《きょうねん》69）

秀吉《ひでよし》と親しくして南部家《なんぶけ》を繁栄《はんえい》させる

南部信直《なんぶのぶなお》

陸奥《むつ》（現在《げんざい》の青森県《あおもりけん》）の大名・南部氏《なんぶし》の一門、石川家《いしかわけ》の生まれだが、跡継《あとつ》ぎがいない当主・南部晴政《なんぶはるまさ》の養子《ようし》となる。ところが、晴政《はるまさ》に嫡男《ちゃくなん》・晴《はる》継《つぐ》が生まれ、家督争《かとくあらそ》いに巻《ま》きこまれてしまう。晴政《はるまさ》は、邪《じゃ》魔《ま》な信直《のぶなお》を排除《はいじょ》しようと、刺《し》客《かく》を放《はな》って襲《おそ》うなどした。

信直《のぶなお》が身を引くかたちで、争《あらそ》いは一時決着した。ところが、晴継《はるつぐ》が何者かに暗殺《あんさつ》されたため、再《ふたた》び表《おもて》舞台《ぶたい》に出て、南部家《なんぶけ》を継《つ》ぐことになる。

豊臣秀吉《とよとみひでよし》 P.104 に近づき、小田原攻《おだわらぜ》め P.174 に参加《さんか》。文《ぶん》禄《ろく》・慶長《けいちょう》の役《えき》 P.178 にも参陣《さんじん》し、肥前《びぜん》（現在《げんざい》の福岡県《ふくおかけん》）に駐屯《ちゅうとん》。秀吉《ひでよし》の許可《きょか》を得《え》て盛岡城《もりおかじょう》の築城《ちくじょう》に着手したが、完成《かんせい》を見ず、1599年に亡《な》くなった。

出身地
陸奥《むつ》（現在《げんざい》の青森県《あおもりけん》）

生　年
1546年

没　年
1599年（享年《きょうねん》54）

南部家《なんぶけ》から独立《どくりつ》し、国を築《きず》く

津軽為信《つがるためのぶ》

本来の名前は大浦為信《おおうらためのぶ》といい、南部氏《なんぶし》の家臣《かしん》だった。ところが、南部家《なんぶけ》の内紛《ないふん》をきっかけに、独立《どくりつ》を宣言《せんげん》。約《やく》17年間かけて勢力《せいりょく》を広げ、津軽《つがる》（青《あお》森県《もりけん》）を手に入れた。

1590年には、豊臣秀吉《とよとみひでよし》 P.104 から津軽《つがる》地方の支配《しはい》を認《みと》められて、津軽《つがる》と名乗るようになる。当然《とうぜん》、南部氏《なんぶし》はこれに異議《いぎ》を申《もう》し立てたが、くつがえらなかった。こういった経緯《けいい》があるため、以《い》降《こう》も津軽氏《つがるし》と南部氏《なんぶし》の両家は、何かと対立し続《つづ》けることとなる。

1600年の関ケ原《せきがはら》の戦《たたか》い P.230 では徳川側《とくがわがわ》の東軍《とうぐん》に属《ぞく》し、大垣城《おおがきじょう》の攻略戦《こうりゃくせん》に参戦《さんせん》。戦《たたか》いの後、津軽藩《つがるはん》の最初《さいしょ》の藩主《はんしゅ》となった。

出身地
陸奥《むつ》（現在《げんざい》の青森県《あおもりけん》）

生　年
1550年

没　年
1607年（享年《きょうねん》58）

東北《とうほく》地方を支配《しはい》した「独眼龍《どくがんりゅう》」

伊達政宗《だてまさむね》

出身地	出羽《でわ》（現在《げんざい》の山形県《やまがたけん》）
生　年	1567年
没　年	1636年（享年《きょうねん》70）

政宗《まさむね》ってどんな人?

子供《こども》のころ、病気で右目の視力《しりょく》を失う

政宗《まさむね》には、「独眼龍《どくがんりゅう》」の異名《いみょう》がある。政宗《まさむね》が子供《こども》のころ、病気で右目を失《しつ》明《めい》したことから呼《よ》ばれた異名《いみょう》だが、それにはこんな逸話《いつわ》がある。

政宗《まさむね》は、失明《しつめい》がコンプレックスになり、内気な性格《せいかく》になってしまった。「こんな目はいらない!」そう思った政宗《まさむね》は、家臣《かしん》の片倉小十郎《かたくらこじゅうろう》P.144に頼《たの》み、右目をえぐってもらった。その後、政宗《まさむね》は生まれ変わったように明るくなったという。

ところが、残《のこ》されている肖像画《しょうぞうが》は、ほとんどが両目そろった姿《すがた》。これは、親からもらった体を損《そこ》ねてしまったことに負い目を感じ、両目を入れて描《か》くように命令《めいれい》したからだ。

目を失《うしな》った政宗《まさむね》を母親は愛《あい》さず、弟ばかりを目にかけていた。それは、当主の座《ざ》を弟にゆずらせるために、母がその手で政宗《まさむね》を毒殺《どくさつ》しようとしたほどだ。しかし父・輝宗《てるむね》と、家臣《かしん》の小十郎《こじゅうろう》だけは、政宗《まさむね》の武将《ぶしょう》としての才能《さいのう》を見抜《みぬ》いていたという。

どんな人生を送ったの?

若《わか》くして伊達家《だてけ》を継《つ》ぎ、初代《しょだい》・仙台藩主《せんだいはんしゅ》へ

政宗《まさむね》は、米沢城主《よねざわじょうしゅ》・伊達輝宗《だててるむね》の嫡《ちゃく》男《なん》として生まれた。若《わか》いころから輝《てる》宗《むね》とともに戦《たたか》って戦功《せんこう》をあげ、18歳《さい》のときに家督《かとく》をゆずり受けている。

しかし、次の年に大事件《だいじけん》が起きる。長年敵対《てきたい》していた畠山義継《はたけやまよしつぐ》に、父・輝宗《てるむね》が誘拐《ゆうかい》されたのだ。政宗《まさむね》は、急いで追ったが助け出せず、鉄砲《てっぽう》で敵《てき》軍《ぐん》もろとも輝宗《てるむね》を殺《ころ》してしまう。

政宗《まさむね》は、父親の弔《とむら》い合戦《がっせん》として、

知っ得エピソード

政宗《まさむね》は料理《りょうり》男子だった…!?

政宗《まさむね》は、様ざまな趣味《しゅみ》をもっていたが、とりわけ料理《りょうり》の研《けん》究《きゅう》に熱心《ねっしん》だった。「ごちそうとは、旬《しゅん》の品をさりげなく出し、主人《しゅじん》が自《みずか》ら調理《ちょうり》してもてなすことだ」とは、政宗《まさむね》の言葉だ。徳川《とくがわ》2代将軍《しょうぐん》・秀忠《ひでただ》を屋敷《やしき》に招《まね》いて、自分がつくった料理《りょうり》をふるまったといわれている。

二本松城《にほんまつじょう》を攻《せ》めた。しかし、人取橋《ひととりばし》で佐竹氏《さたけし》と激突《げきとつ》し、窮地《きゅうち》を迎《むか》えてしまう。家臣《かしん》たちの働《はたら》きで逃《に》げのびた政宗《まさむね》は、続《つづ》く摺上原《すりあげはら》の戦《たたか》いで、蘆名《あしな》氏《し》を討《う》ちとり、東北《とうほく》地方を掌握《しょうあく》した。

しかし、これらの戦《たたか》いが、豊臣秀吉《とよとみひでよし》P.104が禁止《きんし》していた「私的《してき》な戦《たたか》い」にあたるとして、政宗《まさむね》は秀吉《ひでよし》の怒《いか》りをかってしまう。秀吉《ひでよし》に再三《さいさん》呼《よ》びだしを受けるが、政宗《まさむね》は無視《むし》。しかし、小十郎《こじゅうろう》の説得《せっとく》により、小田原攻《おだわらぜ》めP.174への参陣《さんじん》を決意した。

ところが、出発の直前、政宗《まさむね》の弟を当主にしたいと考えた母親が、政宗《まさむね》の食事に毒《どく》を盛《も》る。政宗《まさむね》は一命をとりとめ、弟を殺害《さつがい》。母は追放した。

こうしてなんとか小田原《おだわら》に向かったが、到着《とうちゃく》が遅《おく》れたことに秀吉《ひでよし》が激怒《げきど》。政宗《まさむね》は幽閉《ゆうへい》され、切腹《せっぷく》させられそうになる。そこで政宗《まさむね》は、秀吉《ひでよし》に同行している千利休《せんのりきゅう》P.137に茶を習いたいと頼《たの》みこんだ。秀吉《ひでよし》は、この状況《じょうきょう》でも茶の話をする政宗《まさむね》の度量《どりょう》を評価《ひょうか》し、政宗《まさむね》を許《ゆる》して、これまで通り領地《りょうち》をおさめてよいと約束《やくそく》したという。

こんな話もある。政宗《まさむね》が、奥州《おうしゅう》（現在《げんざい》の岩手県《いわてけん》）の一揆《いっき》の黒幕《くろまく》だと秀吉《ひでよし》にうたがわれた際《さい》、政宗《まさむね》は白装束《しろしょうぞく》に身を包《つつ》んで潔白《けっぱく》をアピールした。秀吉《ひでよし》はおどろき、思わず許《ゆる》したそうだ。

秀吉《ひでよし》死後の関ケ原《せきがはら》の戦《たたか》いP.230では、徳川《とくがわ》側の東軍《とうぐん》として上杉景勝《うえすぎかげかつ》P.150らと戦《たたか》い、白石城《しろいしじょう》を落とした。その功績《こうせき》により、初代《しょだい》・仙台藩主《せんだいはんしゅ》となった。

山形文様陣羽織《やまがたもんようじんばおり》

政宗《まさむね》所用の陣羽織《じんばおり》。「黒羅紗《くろらしゃ》」と呼《よ》ばれる生地に、金と銀のしま。すそは緋色《ひいろ》で、山形の文様《もんよう》になっている。おしゃれな政宗《まさむね》らしい陣羽織《じんばおり》だ。

どんな功績《こうせき》を残《のこ》したの？

群《ぐん》を抜《ぬ》いた発想力《はっそうりょく》をもっていた

政宗《まさむね》は、秀吉《ひでよし》ら三大天下人《てんかびと》とくらべるとずいぶん若《わか》く、関ケ原《せきがはら》の戦《たたか》いのとき、まだ34歳《さい》。仙台藩主《せんだいはんしゅ》になったのも35歳《さい》のときだった。

居城《きょじょう》を仙台《せんだい》（宮城県《みやぎけん》）に移《うつ》した政宗《まさむね》は、仙台城《せんだいじょう》をつくり、内政《ないせい》を強化した。現代《げんだい》に続《つづ》く、仙台《せんだい》の繁栄《はんえい》の基礎《きそ》をつくったのだ。

また、家臣《かしん》の支倉常長《はせくらつねなが》らをローマへ派遣《はけん》し、海外との貿易《ぼうえき》の道を探《さぐ》っていたという。結局《けっきょく》、徳川幕府《とくがわばくふ》の政策《せいさく》により、貿易《ぼうえき》は成《な》らなかったが、その発想力《はっそうりょく》は当時の武将《ぶしょう》のなかでも群《ぐん》を抜《ぬ》いていた。

そのため、「もう少し早く生まれていれば天下をねらえたかも」という意見も多かったようだ。

甲冑にクローズアップ

黒漆五枚胴具足

くろうるしごまいどうぐそく

黒漆《くろうるし》に、金の三日月形の前立《まえた》てが特徴《とくちょう》

甲冑《かっちゅう》データ

大きさ	胴《どう》の高さ・約《やく》37.6cm 兜《かぶと》の高さ・約《やく》13.5cm
所《しょ》　蔵《ぞう》	仙台市博物館《せんだいしはくぶつかん》

兜《かぶと》も黒漆塗《くろうるしぬり》。前立《まえた》ては、「弦月形《げんげつがた》」といい、現在《げんざい》伝《つた》わっているもののなかで最大《さいだい》のサイズだ。

政宗《まさむね》が愛《あい》した「五枚胴《ごまいどう》」の甲冑《かっちゅう》

政宗《まさむね》所用と伝《つた》わる、黒漆《くろうるし》の具足《ぐそく》（甲冑《かっちゅう》）だ。「五枚《ごまい》胴具足《どうぐそく》」とは、胴部分《どうぶぶん》が5枚《まい》の鉄板でできているもの。政宗《まさむね》は五枚胴《ごまいどう》の甲冑《かっちゅう》を好《この》み、伊達家《だてけ》の家臣《かしん》も同じ形のものを使用したそうだ。そのため、「仙台胴《せんだいどう》」と呼《よ》ばれることもある。

兜《かぶと》や小物も一緒《いっしょ》に残《のこ》されており、すべて重厚《じゅうこう》な黒漆《くろうるし》が塗《ぬ》られている。兜《かぶと》は、大きな金の三日月の前立《まえた》てが特徴《とくちょう》だ。

片《か》倉《た》小《く》十《ら》郎《こじゅうろう》

ときに政宗《まさむね》をさとした、生涯《しょうがい》の忠臣《ちゅうしん》

出身地 出羽《でわ》（現在《げんざい》の山形県《やまがたけん》）

生年 1557年

没年 1615年（享年《きょうねん》59）

天下人《てんかびと》の誘《さそ》いを断《ことわ》り政宗《まさむね》を支《ささ》える道を選《えら》んだ

出羽《でわ》米沢《よねざわ》八幡宮《はちまんぐう》の神主・片倉景重《かたくらかげしげ》の子。のちに東北一《とうほくいち》の武将《ぶしょう》と呼《よ》ばれる伊達政宗《だてまさむね》P.140に仕《つか》えた。政宗《まさむね》の右目を、本人の望《のぞ》み通りえぐったという逸話《いつわ》が残《のこ》っている。以《い》降《こう》、政宗《まさむね》と小《こ》十郎《じゅうろう》は互《たが》いを信頼《しんらい》し合うようになったそうだ。

豊臣秀吉《とよとみひでよし》P.104から、小田原攻《おだわらぜ》めP.174への参加《さんか》を命《めい》じられたとき、小《こ》十郎《じゅうろう》は政宗《まさむね》に「伊達家《だてけ》を残《のこ》すために参加《さんか》すべき」と意見した。政宗《まさむね》はこれを聞き入れ、秀吉《ひでよし》の陣《じん》に加《くわ》わった。その際《さい》、秀吉《ひでよし》から「小《こ》十郎《じゅうろう》を家臣《かしん》にしたい」と誘《さそ》われたが、断《ことわ》ったそうだ。

関ケ原《せきがはら》の戦《たたか》いP.230では東軍《とうぐん》に属《ぞく》し、東北《とうほく》で上杉景勝《うえすぎかげかつ》P.150と戦《たたか》う。小《こ》十郎《じゅうろう》は上杉方《うえすぎがた》の白石城《しろいしじょう》を落とし、この功績《こうせき》により白石城主《しろいしじょうしゅ》となった。

知っ得エピソード

政宗《まさむね》のピンチを機転《きてん》で救《すく》った！

1585年、伊達家《だてけ》の運命を決めるほどの大きな合戦《かっせん》、人取橋《ひととりばし》の戦《たたか》いがあった。このとき、政宗《まさむね》は大勢《おおぜい》の敵兵《てきへい》に囲《かこ》まれ、ピンチにおちいる。小《こ》十郎《じゅうろう》は機転《きてん》を利《き》かせ「政宗《まさむね》ここにあり！」と敵《てき》の目を自分にそらし、政宗《まさむね》の危機《きき》を救《すく》ったそうだ。

「鬼義重《おによししげ》」と呼《よ》ばれ、佐竹氏《さたけし》の全盛《ぜんせい》を築《きず》く

佐竹義重《さたけよししげ》

出身地
常陸《ひたち》（現在《げんざい》の茨城県《いばらきけん》）

生年
1547年

没年
1612年（享年《きょうねん》66）

義重《よししげ》は、常陸《ひたち》（現在《げんざい》の茨城《いばらき》県《けん》）などを制《せい》し、佐竹《さたけ》家の領《りょう》地《ち》を過去《かこ》最大《さいだい》に広げ、「鬼義《おによし》重《しげ》」の異名《いみょう》をとった武将《ぶしょう》だ。

自国を守るには、関東《かんとう》の覇《は》者《しゃ》・北条氏《ほうじょうし》と、奥州《おうしゅう》（現在《げんざい》の岩手県《いわてけん》）の伊達政宗《だてまさむね》 P.140 に対抗《たいこう》しなければならない。義重《よししげ》は、越後《えちご》（現在《げんざい》の新潟県《にいがたけん》）の上杉《うえすぎ》氏《し》と手を結《むす》ぶ。さらに、長年のライバルである蘆名《あしな》家《け》と連合軍《れんごうぐん》を結成《けっせい》した。

これで北条《ほうじょう》、伊達《だて》を止められるはず――。しかし、1589年、連合軍《れんごうぐん》は伊達軍《だてぐん》に大敗《たいはい》。蘆名家《あしなけ》は滅亡《めつぼう》してしまった。義重《よししげ》は、このピンチを脱《だっ》すべく、豊《とよ》臣秀吉《とみひでよし》 P.104 を頼《たよ》る。秀吉《ひでよし》は小田原攻《おだわらぜ》め P.174 を決行。これにより、佐竹家《さたけけ》は常陸国《ひたちのくに》の安堵《あんど》を得《え》た。

領地《りょうち》を取られてもなお、義理《ぎり》を重んじた

佐竹義宣《さたけよしのぶ》

出身地
常陸《ひたち》（現在《げんざい》の茨城県《いばらきけん》）

生年
1570年

没年
1633年（享年《きょうねん》64）

佐竹義重《さたけよししげ》の嫡男《ちゃくなん》で、19歳《さい》で父から家督《かとく》をゆずり受ける。豊臣秀吉《とよとみひでよし》 P.104 の小田原攻《おだわらぜ》め P.174 の後、隠居《いんきょ》した義重《よししげ》の代わりに秀吉《ひでよし》に謁見《えっけん》した。

石田三成《いしだみつなり》 P.126 と親交があったため、関ケ原《せきがはら》の戦《たたか》い P.230 では三《みつ》成《なり》に味方しようとした。しかし、父・義重《よししげ》は徳川《とくがわ》側《がわ》の東軍《とうぐん》につくべきだと主張《しゅちょう》。意見が割《わ》れたため、義宣《よしのぶ》は軍《ぐん》を動かすことができなかった。

関ケ原《せきがはら》の戦《たたか》い後、常陸《ひたち》（現在《げんざい》の茨城県《いばらきけん》）54万石《まんごく》を没収《ぼっしゅう》され、出羽《でわ》（現在《げんざい》の秋田県《あきたけん》）20万5000石《ごく》に減《へ》らされた。それでも義宣《よしのぶ》は、東軍《とうぐん》につかなかったことを、まったく後悔《こうかい》していなかった。とても律儀《りちぎ》で、義理《ぎり》がたい人間だったのだろう。

秀吉《ひでよし》の天下統一《とういつ》に最後《さいご》まであらがう

北条氏政《ほうじょううじまさ》

出身地	相模《さがみ》（現在《げんざい》の神奈川県《かながわけん》）
生　年	1538年
没　年	1590年（享年《きょうねん》53）

秀吉《ひでよし》を無視《むし》し、怒《いか》りをかってほろぼされる

小田原城主《おだわらじょうしゅ》・北条氏康《ほうじょううじやす》P.12の次男。氏政《うじまさ》が家を継《つ》いだとき、周囲《しゅうい》には上《うえ》杉氏《すぎし》、武田氏《たけだし》、今川氏《いまがわし》など、強力な大名が名を連《つら》ねていた。氏政《うじまさ》は、武《たけ》田勝頼《だかつより》P.78や徳川家康《とくがわいえやす》P.182と対立、同盟《どうめい》をくり返し、領地《りょうち》を拡大《かくだい》した。

1589年、沼田《ぬまた》の真田領《さなだりょう》をめぐる抗争《こうそう》をきっかけに、豊臣秀吉《とよとみひでよし》P.104が「京都《きょうと》に来るように」と何度も氏政《うじまさ》に伝《つた》えたが、これを無視《むし》。さらには、私的《してき》な戦《たたか》いをやめるように指示《しじ》した「惣無事《そうぶじ》」にも氏政《うじまさ》は違反《いはん》したため、怒《おこ》った秀吉《ひでよし》は、居城《きょじょう》である小田原城《おだわらじょう》を攻《せ》めた（小田原攻《おだわらぜ》めP.174）。氏政《うじまさ》は籠《ろう》城《じょう》して対抗《たいこう》したが、20万を超《こ》える豊《とよ》臣軍《とみぐん》に小田原城《おだわらじょう》を囲《かこ》まれ、1590年、降伏《こうふく》して開城《かいじょう》。弟・氏照《うじてる》とともに自《じ》害《がい》し、ここに北条氏《ほうじょうし》はほろんだ。

知っ得エピソード

もう当主ではなかったけれど…

秀吉《ひでよし》に降伏《こうふく》したとき、実はすでに家督《かとく》は嫡男《ちゃくなん》・氏直《うじなお》にゆずっており、氏政《うじまさ》自身は隠居《いんきょ》していた。けれど、「自害《じがい》するように」と命《めい》じられたのは、氏政《うじまさ》と弟・氏照《うじてる》。当主が誰《だれ》であれ、実権《じっけん》が今だに氏政《うじまさ》にあったことを秀吉《ひでよし》は見抜《みぬ》いていたのだろう。

忠義《ちゅうぎ》をつらぬき、自《みずか》らの命をもって兵《へい》を救《すく》った

清水宗治《しみずむねはる》

出身地	備中《びっちゅう》（現在《げんざい》の岡山県《おかやまけん》）
生年	1537年
没年	1582年（享年《きょうねん》46）

城兵《じょうへい》の命と引《ひ》き替《か》えに切腹《せっぷく》して果《は》てる

清水宗治《しみずむねはる》は、備中《びっちゅう》（現在《げんざい》の岡山《おかやま》県《けん》）高松城主《たかまつじょうしゅ》で、毛利方《もうりがた》に属《ぞく》した。

1582年、織田信長《おだのぶなが》P.48の中国攻《ちゅうごくぜ》めの一環《いっかん》で、豊臣秀吉《とよとみひでよし》P.104が高松城《たかまつじょう》を取《と》り囲《かこ》んだ（備中高松城《びっちゅうたかまつじょう》の戦《たたか》いP.166）。秀吉《ひでよし》は、「降伏《こうふく》すれば今の領地《りょうち》をあたえる」と言ったが、宗治《むねはる》は毛利家《もうりけ》への忠義《ちゅうぎ》から、これを拒否《きょひ》。そこで、秀吉《ひでよし》は軍師《ぐんし》・黒田官兵衛《くろだかんべえ》P.122の発案《はつあん》により、水攻《みずぜ》めを決行する。

ところがその最中《さなか》、秀吉《ひでよし》のもとに本能寺《ほんのうじ》の変《へん》P.98で信長《のぶなが》が討死《うちじに》したという知らせが入る。秀吉《ひでよし》は、戦《いくさ》を切り上げて京都《きょうと》に戻《もど》らなければならなくなり、「宗治《むねはる》が切腹《せっぷく》すれば攻撃《こうげき》をやめて城兵《じょうへい》を助ける」と条件《じょうけん》を出した。宗治《むねはる》は兵《へい》たちを救《すく》うために切腹《せっぷく》を受け入れ、この戦《いくさ》に決着をつけた。

知っ得エピソード

日本一の武士道《ぶしどう》といわれた宗治《むねはる》の切腹《せっぷく》

宗治《むねはる》は、豊臣《とよとみ》、毛利《もうり》の両軍《りょうぐん》が見守るなか、船の上で切腹《せっぷく》した。日本史上《にほんし》、切腹《せっぷく》した人物は数多くいるが、宗治《むねはる》の切腹《せっぷく》は潔《いさぎよ》く、ほかでは見られないほど見事で、賞賛《しょうさん》を浴《あ》びたそうだ。その姿《すがた》は、のちの世の切腹《せっぷく》の作法《さほう》のお手本にもなったといわれている。

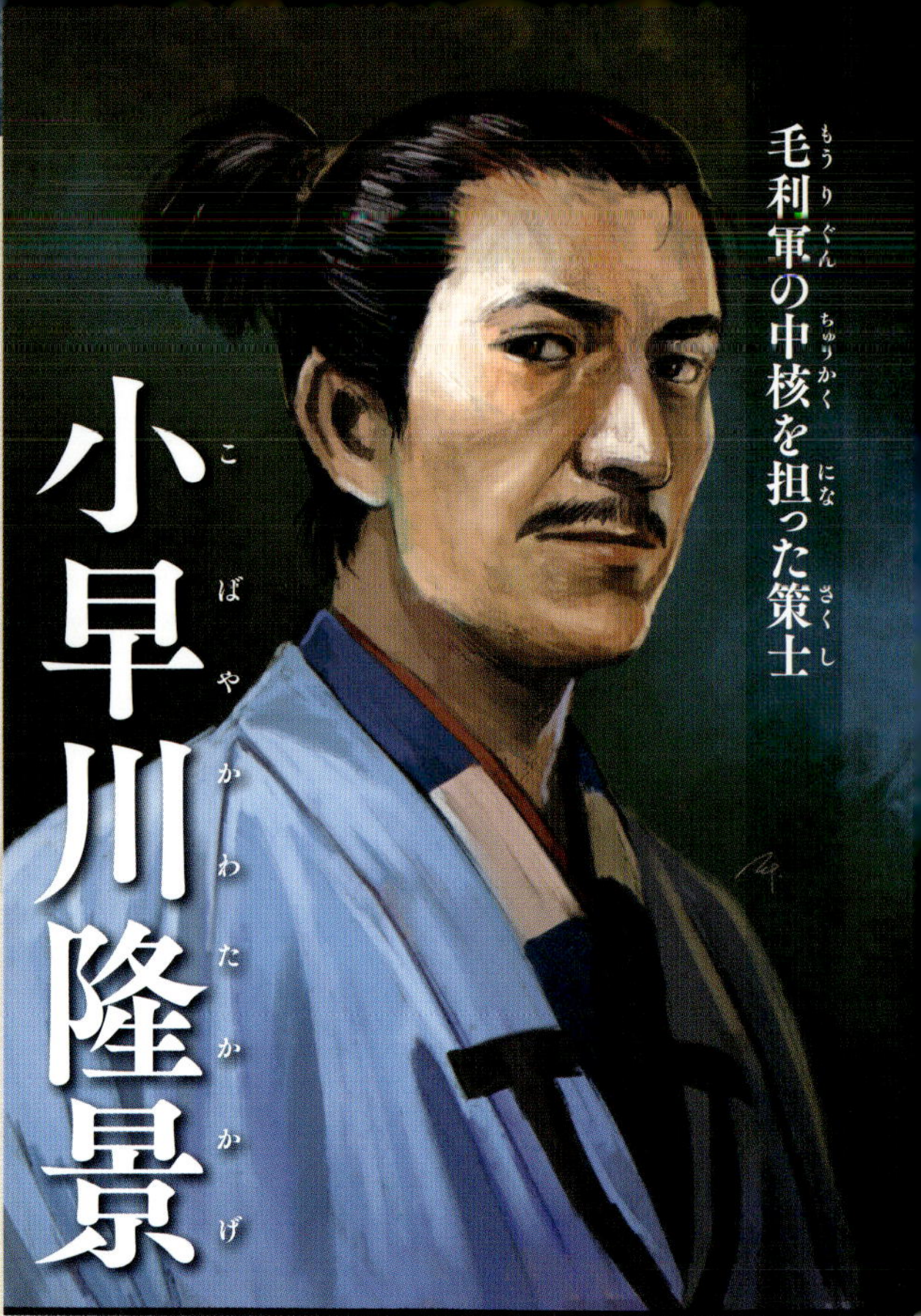

小早川《こばやかわ》隆景《たかかげ》

毛利軍《もうりぐん》の中核《ちゅうかく》を担《にな》った策士《さくし》

出身地	安芸《あき》（現在《げんざい》の広島県《ひろしまけん》）
生年	1533年
没年	1597年（享年《きょうねん》65）

知略《ちりゃく》にすぐれた「毛利両川《もうりりょうせん》」の一翼《いちよく》

毛利元就《もうりもとなり》P.24の三男で、1544年、安芸《あき》（現在《げんざい》の広島県《ひろしまけん》）の小早川家《こばやかわけ》の養子《ようし》となる。吉川家《きっかわけ》を継《つ》いだ兄・吉《きっ》川元春《かわもとはる》P.149とともに「毛利両川《もうりりょうせん》」と称《しょう》され、毛利家《もうりけ》を支《ささ》えた。

合戦《かっせん》では、隆景《たかかげ》が率《ひき》いる小早川水《こばやかわすい》軍《ぐん》が毛利水軍《もうりすいぐん》の中核《ちゅうかく》を担《にな》っていた。元就《もとなり》が大内家《おおうちけ》家臣《かしん》・陶晴賢《すえはるかた》P.29を破《やぶ》ったときにも、この小早川水軍《こばやかわすいぐん》が活躍《かつやく》したといわれる（厳島《いつくしま》の戦《たたか》いP.36）。

積極的《せっきょくてき》に豊臣秀吉《とよとみひでよし》P.104に接近《せっきん》していた隆景《たかかげ》は、豊臣政権《とよとみせいけん》の大老《たいろう》となった。さらに、秀吉《ひでよし》の甥《おい》・小早川秀秋《こばやかわひであき》P.206を養子《ようし》としたが、これは、秀吉《ひでよし》がおろか者として知られる秀秋《ひであき》を毛利輝元《もうりてるもと》P.202の養子《ようし》にしようとしているのを知り、実家の混乱《こんらん》を阻止《そし》するために、自分が引きとったといわれている。

知っ得エピソード

自分の死後《しご》まで、時代を読んでいた？

隆景《たかかげ》は、毛利家《もうりけ》の外交担当《たんとう》の安国寺恵瓊《あんこくじえけい》P.205を信用《しんよう》しておらず、甥《おい》の輝元《てるもと》にも用心するように伝《つた》えていた。しかし忠告《ちゅうこく》むなしく、隆景《たかかげ》の死後の関ケ原《せきがはら》の戦《たたか》いP.230で、輝元《てるもと》は恵《え》瓊《けい》の進言を聞き入れて西軍《せいぐん》の総大将《そうだいしょう》となり、結果《けっか》、多くの領地《りょうち》を失《うしな》ってしまった。

吉川元春《きっかわもとはる》

勝率《しょうりつ》8割《わり》を超《こ》える安芸《あき》の軍略家《ぐんりゃくか》

[redacted]

出身地	安芸《あき》（現在《げんざい》の広島県《ひろしまけん》）
生　年	1530年
没　年	1586年（享年《きょうねん》57）

「毛利両川《もうりりょうせん》」の一翼《いちよく》として、山陰《さんいん》地方を平定《へいてい》

毛利元就《もうりもとなり》P.24の次男で、従弟《いとこ》・吉川《きっかわ》興経《おきつね》の養子《ようし》となり吉川家《きっかわけ》を継《つ》ぐ。出雲《いずも》（現在《げんざい》の島根県《しまねけん》）の尼子《あまご》氏を降《こう》伏《ふく》させ、領地《りょうち》を拡大《かくだい》。弟・小早川隆景《こばやかわたかかげ》P.148とともに「毛利両川《もうりりょうせん》」と称《しょう》された。戦《いくさ》での勝率《しょうりつ》はすさまじく、生涯《しょうがい》77回の戦《たたか》いで、64回も勝利《しょうり》している。

1582年、備中高松城《びっちゅうたかまつじょう》を豊臣秀吉《とよとみひでよし》P.104に攻《せ》め入られるが（備中高松城《びっちゅうたかまつじょう》の戦《たたか》いP.166）、清水宗治《しみずむねはる》P.147の命と引《ひ》き替《か》えに和睦《わぼく》。元春《もとはる》は、毛利家《もうりけ》への忠《ちゅう》義《ぎ》を尽くしてくれた宗治《むねはる》を切腹《せっぷく》させたことを許《ゆる》せず、撤退《てったい》する豊臣軍《とよとみぐん》の追撃《ついげき》を主張《しゅちょう》したが、隆景《たかかげ》に反対される。秀吉《ひでよし》に従《したが》うのを不服《ふふく》に思った元春《もとはる》は、家督《かとく》を息子にゆずり、隠居《いんきょ》。その後、秀吉《ひでよし》の再三《さいさん》の要求《ようきゅう》を受け、九州《きゅうしゅう》攻《ぜ》めに参加《さんか》したが、陣中《じんちゅう》で病没《びょうぼつ》した。

知っ得エピソード

元春《もとはる》の奥《おく》さん選《えら》び、「女は顔じゃない！」

元春《もとはる》は意中の女性《じょせい》・熊谷信直《くまがいのぶなお》の娘《むすめ》を妻《つま》とした。ところが、彼女《かのじょ》は器量《きりょう》が悪《わる》いことで有名だったので周囲《しゅうい》の人びとは不思議《ふしぎ》がった。元春《もとはる》は「美人は3日で飽《あ》きるが、ブスは3日で慣《な》れる」と言い放ったという。その後、ふたりはとても仲《なか》のよい夫婦《ふうふ》となったそうだ。

軍神《ぐんしん》の後継者《こうけいしゃ》として、戦場《いくさば》に身を投じる

上《うえ》杉《すぎ》景《かげ》勝《かつ》

出身地	越後《えちご》（現在《げんざい》の新潟県《にいがたけん》）
生年	1555年
没年	1623年（享年《きょうねん》69）

景勝《かげかつ》ってどんな人?

優秀《ゆうしゅう》な武将《ぶしょう》だが気性《きしょう》が激《はげ》しい一面も

景勝《かげかつ》は、「越後《えちご》の龍《りゅう》」と称《しょう》された軍神《ぐんしん》、上杉謙信《うえすぎけんしん》P.20や、徳川家康《とくがわいえやす》P.182に「直江状《なおえじょう》」を送って激怒《げきど》させた家臣《かしん》・直江兼続《なおえかねつぐ》P.154の影《かげ》に隠《かく》れがちだが、本人もかなり個性的《こせいてき》だった。子供《こども》のころは、無言でこめかみに青筋《あおすじ》を立てているなど、何を考えているかわからず、人を寄《よ》せつけない子だったようだ。大人になってからも、感情《かんじょう》を表に出すことはほとんどなかったという。

あるとき、謙信《けんしん》の家臣《かしん》が、謙信《けんしん》の意に反することをした。すると景勝《かげかつ》は、その家臣《かしん》に「目薬を点《さ》しましょう」といってこしょうの粉《こな》を振《ふ》りかけ、さわいでいるすきに殺《ころ》してしまった。以来《いらい》、景勝《かげかつ》はまわりから恐《おそ》れられるようになったそうだ。

そんな景勝《かげかつ》だったが、織田信長《おだのぶなが》P.48が本能寺《ほんのうじ》の変《へん》P.98で討《う》たれたときに、後継《こうけい》を争《あらそ》っていた柴田勝家《しばたかついえ》P.58と豊臣《とよとみ》秀吉《ひでよし》P.104、その両方から誘《さそ》いを受けるほど優秀《ゆうしゅう》な武将《ぶしょう》であったという。

どんな人生を送ったの?

家督争《かとくあらそ》いに勝利《しょうり》し、のちに「五大老《ごたいろう》」になる

景勝《かげかつ》は、越後《えちご》（現在《げんざい》の新潟県《にいがたけん》）坂《さか》戸城主《どじょうしゅ》・長尾政景《ながおまさかげ》の子として生まれた。母は謙信《けんしん》の姉で、謙信《けんしん》は景勝《かげかつ》の叔父《おじ》にあたる。

１５６４年、父・政景《まさかげ》が野尻池《のじりいけ》で溺死《できし》したため、景勝《かげかつ》は母とともに、謙信《けんしん》の居城《きょじょう》・越後《えちご》の春日山城《かすがやまじょう》に入り、謙信《けんしん》の養子《ようし》となる。謙信《けんしん》は、自《みず》ら勉強を教えるほど景勝《かげかつ》をかわいがっていたという。だが、謙信《けんしん》には景勝《かげかつ》のほかに、関東《かんとう》の覇者《はしゃ》・北条氏康《ほうじょううじやす》P.12の

知っ得エピソード

景勝《かげかつ》はキリシタンを守った!?

景勝《かげかつ》は、キリシタンにやさしかった。江戸幕府《えどばくふ》がキリシタンを禁止《きんし》しても「わが藩《はん》にはキリシタンはいません」と言いきっていた。ほかの藩《はん》が弾圧《だんあつ》しても、ウソをつき通したそうだ。景勝《かげかつ》自身はキリシタンではなかったが、大切な家臣《かしん》たちを守りたいという気持ちだったのだろう。

丁である景虎《かげとら》という養子《ようし》がいた。

１５７８年、関東《かんとう》への出陣《しゅつじん》を間近にひかえていた謙信《けんしん》が急死してしまう。謙信《けんしん》は、上杉家《うえすぎけ》の正式な後継者《こうけいしゃ》を決めていなかったため、上杉家中《うえすぎかちゅう》では景勝派《かげかつは》と景虎派《かげとらは》に分裂《ぶんれつ》して後継《こうけい》者争《しゃあらそ》いが始まった（御館《おたて》の乱《らん》）。翌《よく》年《ねん》、忠臣《ちゅうしん》・直江兼続《なおえかねつぐ》らの尽力《じんりょく》もあり、勝利《しょうり》をおさめた景勝《かげかつ》が、謙信《けんしん》の正式な後継者《こうけいしゃ》となった。

その後、景勝《かげかつ》は秀吉《ひでよし》に従《したが》うことを決めて、豊臣《とよとみ》配下の大名となる。秀《ひで》吉《よし》が朝鮮《ちょうせん》への出兵《しゅっぺい》を決めると、景勝《かげかつ》は渡海《とかい》して諸軍《しょぐん》を指揮《しき》し、活躍《かつやく》した（文禄《ぶんろく》・慶長《けいちょう》の役《えき》P.178）。

１５９８年、景勝《かげかつ》は春日山城《かすがやまじょう》から会津若松城《あいづわかまつじょう》（福島県《ふくしまけん》）に移《うつ》り、徳川《とくがわ》家康《いえやす》P.182らとともに「五大老《ごたいろう》」のひとりに任命《にんめい》された。

秀吉《ひでよし》の死後は、石田三成《いしだみつなり》P.126と結《むす》んで西軍《せいぐん》につき、家康《いえやす》と対立。関ケ原《せきがはら》の戦《たたか》いP.230では、景勝《かげかつ》は本戦《ほんせん》の行われた関ケ原《せきがはら》には行かず、米沢《よねざわ》（山形県《やまがたけん》）などで東軍《とうぐん》についた伊達政宗《だてまさむね》P.140や最《も》上義光《がみよしあき》P.138らと戦《たたか》った。不利《ふり》な状況《じょうきょう》のなか、東軍《とうぐん》を翻弄《ほんろう》するも、関ケ原《せきがはら》で三成軍《みつなりぐん》が負けたため、景勝《かげかつ》は会津《あいづ》の領地《りょうち》を取りあげられてしまった。

その後は家康《いえやす》に従《したが》うようになり、大坂冬《おおさかふゆ》の陣《じん》P.234、夏《なつ》の陣《じん》P.238はどちらも徳川方《とくがわがた》として出陣《しゅつじん》した。１６１９年に将軍《しょうぐん》・徳川秀忠《とくがわひでただ》P.190が京都《きょうと》に行った際《さい》には、景勝《かげかつ》もそれに従《したが》っている。

上杉謙信《うえすぎけんしん》の書状《しょじょう》

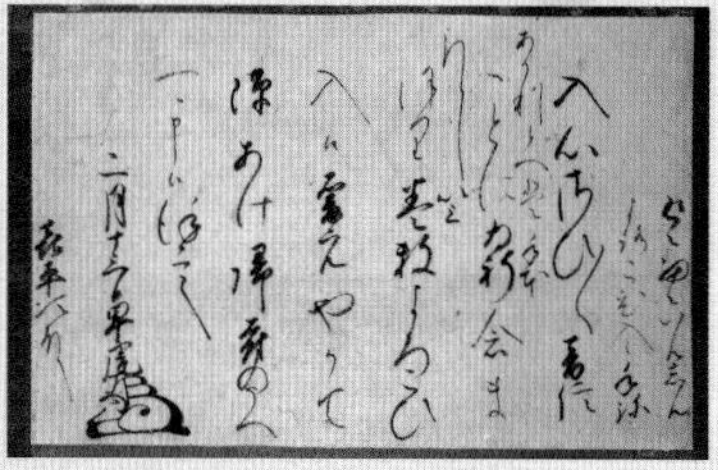

謙信《けんしん》が景勝《かげかつ》に送った手紙。景勝《かげかつ》からの贈《おく》りものに対するお礼と、景勝《かげかつ》の字がうまくなったことをほめる内容が書かれている。

どんな功績《こうせき》を残《のこ》したの？

会津《あいづ》１２０万石《まんごく》から、最後《さいご》は米沢《よねざわ》30万石《まんごく》の大名に

景勝《かげかつ》がおさめた領地《りょうち》は、養父《ようふ》・謙《けん》信《しん》が残《のこ》した越後《えちご》がベースになっている。秀吉《ひでよし》の家臣《かしん》となった後、景勝《かげかつ》自身の戦《いくさ》などでの活躍《かつやく》が認《みと》められ、会《あい》津《づ》１２０万石《まんごく》という広大な領地《りょうち》をあたえられた。

ところが、関ケ原《せきがはら》の戦《たたか》いの後、会《あい》津《づ》の土地を取りあげられてしまい、残《のこ》ったのは米沢《よねざわ》30万石《まんごく》と、わずか4分の1に。だが、景勝《かげかつ》は家臣《かしん》の数を減《へ》らさなかった。

これを喜《よろこ》ぶ家臣《かしん》は多かったが、その分、武士《ぶし》の一人ひとりの手取りは少なくなってしまった。これが、米《よね》沢藩《ざわはん》の財政《ざいせい》悪化の原因《げんいん》のひとつとなり、のちになって破産寸前《はさんすんぜん》のところまで追《お》い詰《つ》められることになる。

名刀にクローズアップ

姫鶴一文字 ひめつるいちもんじ

「御手選三十五腰《おてえらびさんじゅうごよう》」に選ばれた一振《ひとふ》り

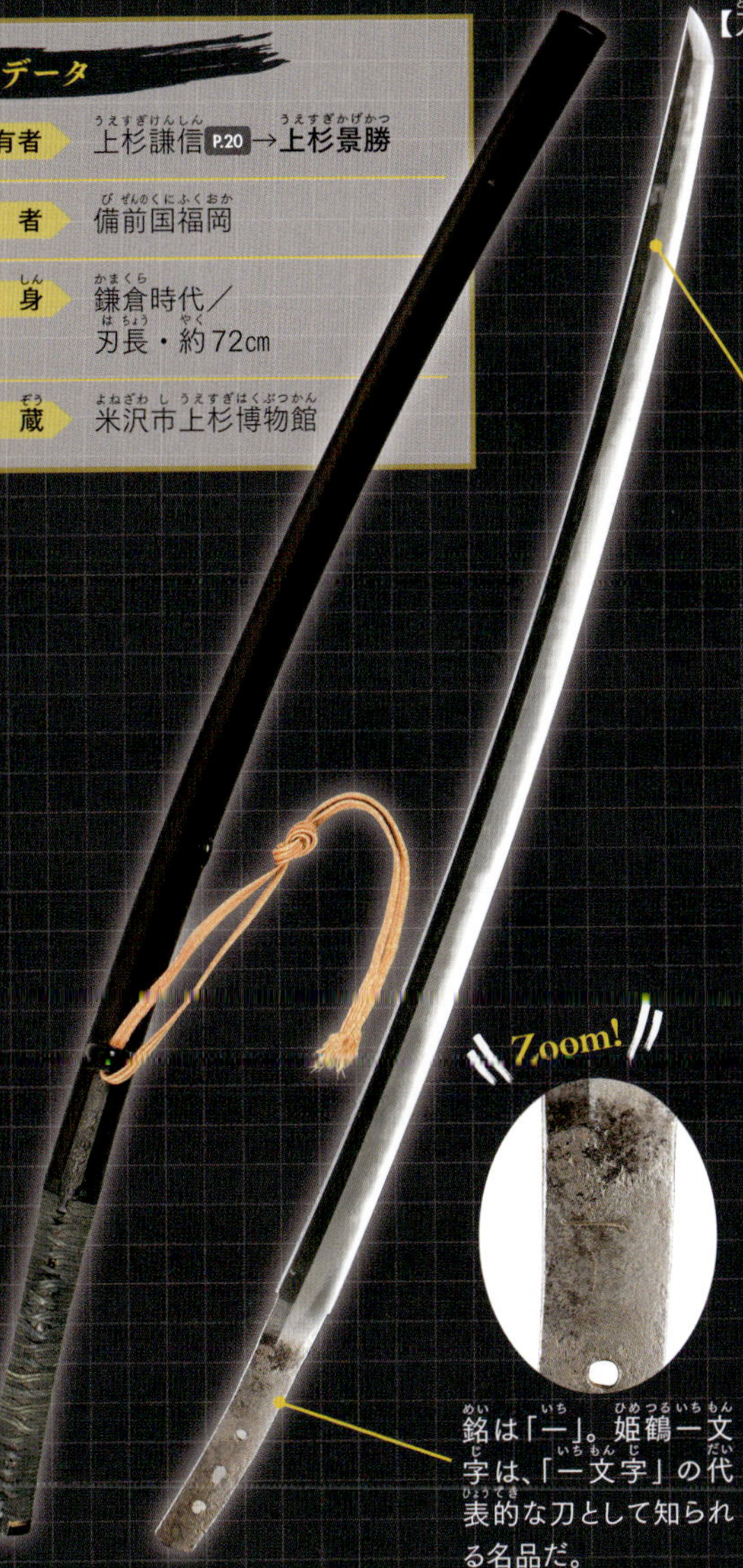

刀データ

所有者	上杉謙信《うえすぎけんしん》 P.20 →上杉景勝《うえすぎかげかつ》
作　者	備前国福岡《びぜんのくにふくおか》
刀《とう》　身《しん》	鎌倉《かまくら》時代／ 刃《は》長《ちょう》・約《やく》72cm
所《しょ》　蔵《ぞう》	米沢市上杉博物館《よねざわしうえすぎはくぶつかん》

「一文字《いちもんじ》」の特徴《とくちょう》でもある、華《はな》やかな刃文《じんもん》が美しい。

銘《めい》は「一《いち》」。姫鶴一文字《ひめつるいちもんじ》は、「一文字《いちもんじ》」の代表的《だいひょうてき》な刀として知られる名品だ。

謙信《けんしん》が愛用《あいよう》し、のちに景勝《かげかつ》に伝《つた》わる

日光一文字《にっこういちもんじ》 P.125 と同じく、備前《びぜん》（現在《げんざい》の岡山県《おかやまけん》）福岡《ふくおか》でつくられた太刀《たち》だ。もとは謙《けん》信《しん》の愛刀《あいとう》だったが、謙《けん》信《しん》の死後、跡継《あとつ》ぎとなった景勝《かげかつ》に伝《つた》わった。受け傷《きず》が残《のこ》っていることから、謙信《けんしん》が実際《じっさい》に使っていたものだと考えられる。

景勝《かげかつ》は、上杉家《うえすぎけ》の名刀を集めて「上杉家御手選三十五腰《うえすぎけおてえらびさんじゅうごよう》」を定めたが、姫鶴一文字《ひめつるいちもんじ》はその一本に選《えら》ばれた。

景勝《かげかつ》を片腕《かたうで》として支《ささ》えた「愛《あい》」の忠臣《ちゅうしん》

直《なお》江《え》兼《かね》続《つぐ》

出身地	越後《えちご》（現在《げんざい》の新潟県《にいがたけん》）
生　年	1560年
没　年	1619年（享年《きょうねん》60）

家康《いえやす》に送った「直江状《なおえじょう》」が関《せき》ケ《が》原《はら》の戦《たたか》いのきっかけに

「愛《あい》」の前立《まえた》ての兜《かぶと》で有名な直江兼続《なおえかねつぐ》。父は、坂戸城主《さかどじょうしゅ》・長尾家《ながおけ》の家臣《かしん》だったが、名門の直江家《なおえけ》が絶《た》えそうになったため、直江家《なおえけ》の娘《むすめ》と結婚《けっこん》し、当主となった。

幼《おさな》いころから利発《りはつ》だったため、上杉景勝《うえすぎかげかつ》P.150の母に気に入られ、景勝《かげかつ》のそばに仕《つか》えるようになった。以後《いご》、生涯《しょうがい》をかけて景勝《かげかつ》に尽《つ》くす。

1564年、上杉謙信《うえすぎけんしん》P.20の養子《ようし》となった景勝《かげかつ》に従《したが》い、春日山城《かすがやまじょう》に移《うつ》る。謙信《けんしん》が跡継《あとつ》ぎを決めずに亡《な》くなると、上杉家《うえすぎけ》では後継者《こうけいしゃ》をめぐって争《あらそ》いが起こった。兼続《かねつぐ》はこれに参戦《さんせん》し、景勝《かげかつ》に上杉家《うえすぎけ》を継《つ》がせるべく尽力《じんりょく》した。

こうして、景勝《かげかつ》とともに、豊臣秀吉《とよとみひでよし》P.104の小田原攻《おだわらぜ》めP.174や、文禄《ぶんろく》・慶長《けいちょう》の役《えき》P.178などに参加《さんか》。兼続《かねつぐ》の才覚《さいかく》を認《みと》めた秀吉《ひでよし》からしきりに家臣《かしん》にしたいと誘《さそ》われたが、きっぱり断《ことわ》ったとされる。秀吉《ひでよし》は「天下の政治《せいじ》を任《まか》せられるのは直江《なおえ》など数人しかいない」と、兼続《かねつぐ》を高く評価《ひょうか》していたという。

秀吉《ひでよし》の死後《しご》は、徳川家康《とくがわいえやす》P.182から従《したが》うように命令《めいれい》されるが、これを拒否《きょひ》した。兼続《かねつぐ》が、家康《いえやす》にはむかう手紙「直江状《なおえじょう》」を送ったことが、関ケ原《せきがはら》の戦《たたか》いP.230が始まったきっかけのひとつだともいわれている。

関ケ原《せきがはら》の戦《たたか》いの後、景勝《かげかつ》が領地《りょうち》を取りあげられることになったときは、自分の領地《りょうち》を景勝《かげかつ》にあたえてほしいと家康《いえやす》に頼《たの》んだ。そのおかげで、上杉家《うえすぎけ》は大名として存続《そんぞく》できた。

景勝《かげかつ》が米沢《よねざわ》（山形県《やまがたけん》）に移《うつ》ると、景勝《かげかつ》とともに藩《はん》を存続《そんぞく》させることに尽力《じんりょく》。農業や商業、工業を発展《はってん》させるなど、武将《ぶしょう》としてだけでなく政治家《せいじか》としてもたいへんすぐれていた。

知っ得エピソード

戦《たたか》いや政治《せいじ》だけじゃない、文化人・兼続《かねつぐ》

武将《ぶしょう》として、政治家《せいじか》としてすぐれていた兼続《かねつぐ》。優秀《ゆうしゅう》だったのはそれだけでなく、詩人としての才もあり、「元日《がんじつ》」や「逢恋《ほうれん》」など、いくつかの作品が現在《げんざい》にも伝《つた》えられている。また、漆《うるし》や紅花《べにばな》などの栽培《さいばい》を奨励《しょうれい》し、『四季農戒書《しきのうかいしょ》』という農業を行うための手引きとなる本も出版《しゅっぱん》している。

四国統一《しこくとういつ》を成《な》さんとした「鬼若子《おにわこ》」

長《ちょう》宗《そ》我《か》部《べ》元《もと》親《ちか》

出身地	土佐《とさ》(現在《げんざい》の高知県《こうちけん》)
生　年	1539年
没　年	1599年(享年《きょうねん》61)

元親《もとちか》ってどんな人？

弱よわしい外見の「姫《ひめ》」から見事な戦果《せんか》をあげ、「鬼《おに》」へ

長宗我部家《ちょうそかべけ》は、かつて中国《ちゅうごく》にあった秦《しん》という国の皇帝《こうてい》の子孫《しそん》だといわれている。

若《わか》いころの元親《もとちか》は、父が頭を悩《なや》ませるような人物だったようだ。色白で弱よわしい外見から、まるでお姫《ひめ》様《さま》のようだということで「姫若子《ひめわこ》」と呼《よ》ばれて、家臣《かしん》たちからもばかにされていたという。

そのためか、元親《もとちか》はなかなか戦《たたか》いに参加《さんか》することがなかった。はじめての戦《たたか》いが22歳《さい》で、当時としては遅《おそ》すぎる初陣《ういじん》であったという。おまけに、槍《やり》の持ち方さえ知らなかったそうだ。そんな元親《もとちか》ではあったが、いざ戦《たたか》ってみると父親や家臣《かしん》たちがおどろくほど見事な戦果《せんか》をあげた。

この戦《たたか》いで、長浜城《ながはまじょう》と潮江城《うしおえじょう》を攻《せ》め落とした元親《もとちか》は、以後、「姫若子《ひめわこ》」ではなく「鬼若子《おにわこ》」と呼《よ》ばれて恐《おそ》れられるようになる。

どんな人生を送ったの？

四国《しこく》全土の統一《とういつ》を夢見《ゆめみ》るも、夢《ゆめ》目前で秀吉《ひでよし》にはばまれる

長宗我部《ちょうそかべ》国親《くにちか》の子として岡豊城《おこうじょう》で生まれた元親《もとちか》は、22歳《さい》で初陣《ういじん》を飾《かざ》り、大勝する。そんな元親《もとちか》を見て安心したのだろう。その直後、国親《くにちか》は「17日間は喪《も》に服し、それが済《す》んだら甲冑《かっちゅう》に着替《きが》えて戦《たたか》え。私《わたし》は軍神《ぐんしん》となって守ろう」と遺言《ゆいごん》し、亡《な》くなった。

元親《もとちか》はこの遺言《ゆいごん》を守り、祖父《そふ》の代からの敵《てき》である、本山氏《もとやまし》の居城《きょじょう》を攻《せ》め落とす。さらに、土佐《とさ》（現在《げんざい》の高《こう》知県《ちけん》）を手に入れるために、名門・一条家《いちじょうけ》と戦《たたか》うことを決める。

知っ得エピソード

息子の死にショックを受け…

息子・信親《のぶちか》 P.207 の戦死《せんし》を知った元親《もとちか》は、ショックのあまり単身敵《たんしんてき》に突《つ》っこもうとして、家臣《かしん》に止められた。また、これを機《き》に人が変《か》わり、自分に意見した家臣《かしん》を殺《ころ》したり、従《したが》わなかった息子を幽閉《ゆうへい》したりしている。それまでは、家臣《かしん》や兵《へい》の意見を聞き入れるふところの広い人物だったようだ。

正面から戦《たたか》いを挑《いど》んでも勝目がないと考えた元親《もとちか》は、一条家《いちじょうけ》の家臣《かしん》に酒などを贈《おく》って味方につけ、降伏《こうふく》したように見せかけた。これを喜《よろこ》んだ一条家《いりじょうけ》当主・兼定《かねさだ》は浴《あ》びるように酒を飲み、それを注意した家臣《かしん》を斬《き》ってしまったという。元親《もとちか》は、この混乱《こんらん》をついて一条氏《いちじょうし》を攻《せ》めほろぼし、土佐《とさ》を手に入れた。

その勢《いきお》いのまま、元親《もとちか》は四国《しこく》全体を手に入れるために行動を開始する。十河氏《そごうし》など並《な》み居《い》る有力大名を倒《たお》して、あっという間に阿波《あわ》（現在《げんざい》の徳島県《とくしまけん》）や讃岐《さぬき》（現在《げんざい》の香川県《かがわけん》）を手に入れた。

しかし、伊予《いよ》（現在《げんざい》の愛媛県《えひめけん》）で苦戦《くせん》を強いられているうちに、天下統一《とういつ》をねらった豊臣秀吉《とよとみひでよし》P.104の圧倒的《あっとうてき》な兵力《へいりょく》が、四国《しこく》に攻《せ》めこんできた。

元親《もとちか》は戦《たたか》いを避《さ》けて秀吉《ひでよし》に従《したが》うことに決めた。その際《さい》、手に入れた土地は取りあげられ、土佐《とさ》以外《いがい》の領地《りょうち》を失《うしな》ってしまう。さらには、秀吉軍《ひでよしぐん》として参加《さんか》した九州攻《きゅうしゅうぜ》めで、跡継《あとつ》ぎとしてかわいがっていた信親《のぶちか》P.207を亡《な》くしてしまった。

このことが、元親《もとちか》の性格《せいかく》を変《か》えてしまったようだ。周囲《しゅうい》の反対をおしきって四男の盛親《もりちか》P.207を後継者《こうけいしゃ》に任命《にんめい》した。これが、のちに長宗我部家《ちょうそかべけ》がほろぶ原因《げんいん》になっている。

元親《もとちか》自身は、関ケ原《せきがはら》の戦《たたか》いP.230の1年前に、病死した。

長宗我部元親《ちょうそかべもとちか》の像《ぞう》

高知県《こうちけん》にある元親《もとちか》の像《ぞう》。元親《もとちか》の死後400年にあたる1999年に、地元の有志《ゆうし》の発案《はつあん》でつくられた。

どんな功績《こうせき》を残《のこ》したの？

元親《もとちか》が頼《たの》みとした地侍《じざむらい》「一領具足《いちりょうぐそく》」

土佐《とさ》には、「一領具足《いちりょうぐそく》」という言葉がある。農業をしながら戦《たたか》う武士《ぶし》たちのことで、替《か》えの甲冑《かっちゅう》はなく、たった「1領《りょう》の具足《ぐそく》（甲冑《かっちゅう》）」で戦《たたか》いに臨《のぞ》むことから、この名で呼《よ》ばれた。元親《もとちか》の強さの秘密《ひみつ》は、彼《かれ》らをうまく使ったことにある。

武士《ぶし》であると同時に農民《のうみん》でもある彼《かれ》らは、「さっさと戦《たたか》いを終わらせて、農業《のうぎょう》に精《せい》をだしたい」という気持ちで勇敢《ゆうかん》に戦《たたか》い、「ほうびとして土地がほしい」という思いから元親《もとちか》の領地拡大《りょうちかくだい》を助けた。

また、元親《もとちか》は内政《ないせい》にも力を尽《つ》くした。1597年には、政治《せいじ》や軍事《ぐんじ》、訴訟《そしょう》の取り決めを定めた「長宗我部元親百箇条《ちょうそかべもとちかひゃっかじょう》」を制定《せいてい》している。

元親《もとちか》と関《かか》わりのあった人びと

谷《たに》 忠澄《ただずみ》

長宗我部家《ちょうそかべけ》のために降伏《こうふく》を進言《しんげん》

1534～1600年（享年《きょうねん》67）

もとは土佐《とさ》神社の神職《しんしょく》だったが、元親《もとちか》に見出《みいだ》されて家臣《かしん》として迎《むか》えられた。

とくに外交面に秀《ひい》でていたようで、豊臣秀吉《とよとみひでよし》の四国攻《しこくぜ》めの際《さい》、長宗我部《ちょうそかべ》と豊臣《とよとみ》をとりもつ役割《やくわり》を担《にな》った。四国攻《しこくぜ》めが始まったとき、忠澄《ただずみ》は前線の阿波《あわ》で奮戦《ふんせん》したが、豊臣軍《とよとみぐん》との兵力差《へいりょくさ》を目の当《ま あ》たりにし、元親《もとちか》に降伏《こうふく》を進言《しんげん》した。元親《もとちか》は怒《おこ》ったが、忠澄《ただずみ》は長宗我部家《ちょうそかべけ》存続《そんぞく》のために一歩も引かず、ついに元親《もとちか》は降伏《こうふく》を決め、秀吉《ひでよし》と和睦《わぼく》を結《むす》んだ。

元親《もとちか》の嫡男《ちゃくなん》、信親《のぶちか》が亡《な》くなったとき、元親《もとちか》の命《めい》で遺体《いたい》を島津氏《しまづし》から取《と》り戻《もど》すために尽力《じんりょく》した。

香宗我部親泰《こうそかべちかやす》

外交によって兄を支《ささ》えた

1543～1593年（享年《きょうねん》51）

元親《もとちか》の弟。香宗我部氏《こうそかべし》の養子《ようし》になり、安芸城主《あきじょうしゅ》となった。元親《もとちか》を生涯《しょうがい》支《ささ》え、土佐統一《とさとういつ》、四国統一《しこくとういつ》のために尽力《じんりょく》した。主に外交を担当《たんとう》し、秀吉《ひでよし》に対抗《たいこう》するために徳川家康《とくがわいえやす》P.182らとの交渉《こうしょう》にあたった。

現在《げんざい》の安芸城跡《あきじょうあと》

高知県安芸市《こうちけんあきし》にある、安芸城跡《あきじょうあと》。当時の堀《ほり》や土塁《どるい》を確認《かくにん》できる。

十河存保《そごうながやす》

秀吉《ひでよし》に協力《きょうりょく》して領地《りょうち》を取り返す

1554～1586年（享年《きょうねん》33）

十河家《そごうけ》に養子《ようし》として入り、その後讃岐《さぬき》十河城主《そごうじょうしゅ》となった。元親《もとちか》に敗《やぶ》れ領地《りょうち》をうばわれたが、秀吉《ひでよし》の四国攻《しこくぜ》めに協力《きょうりょく》したことで、元の領地《りょうち》3万石《まんごく》を守った。

一条兼定《いちじょうかねさだ》

元親《もとちか》に敗《やぶ》れ、土佐《とさ》を追われる

1543～1585年（享年《きょうねん》43）

6歳《さい》で家督《かとく》をゆずられ土佐《とさ》の行政官《ぎょうせいかん》になる。元親《もとちか》に敗《やぶ》れ、家臣《かしん》によって追放《ついほう》された。1575年に土佐《とさ》をうばい返そうとして失敗《しっぱい》。一条氏《いちじょうし》は兼定《かねさだ》の代でついえた。

島津家《しまづけ》の全盛《ぜんせい》を築《きず》き、九州統一《きゅうしゅうとういつ》のためにまい進

島津義久《しまづよしひさ》

出身地	薩摩《さつま》（現在《げんざい》の鹿児島県《かごしまけん》）
生　年	1533年
没　年	1611年（享年《きょうねん》79）

九州統一《きゅうしゅうとういつ》まであと一歩で秀吉《ひでよし》の前に降伏《こうふく》

義久《よしひさ》は、島津家《しまづけ》当主・貴久《たかひさ》の嫡男《ちゃくなん》で、戦国《せんごく》大名・島津氏《しまづし》の全盛期《ぜんせいき》を築《きず》いた人物だ。将軍《しょうぐん》・足利義輝《あしかがよしてる》から「義」の字をもらい、義久《よしひさ》としたようだ。

子供《こども》のころはあまり活発ではなく、将来《しょうらい》を心配されていたが、祖父《そふ》・忠《ただ》良《よし》は、義久《よしひさ》に総大将《そうだいしょう》としての素質《そしつ》があることを見抜《みぬ》いていたという。

1566年、義久《よしひさ》は父・貴久《たかひさ》から、家督《かとく》を継《つ》いだが、そのころ地元の薩摩《さつま》（現在《げんざい》の鹿児島県《かごしまけん》）には、島津氏《しまづし》以外《いがい》にも有力な武将《ぶしょう》たちがいた。これらの武将《ぶしょう》を追いだすなどして薩摩《さつま》を手に入れると、父・貴久《たかひさ》や弟・義《よし》弘《ひろ》P.162らとともに領土《りょうど》を拡大《かくだい》していく。隣《とな》り合う日向《ひゅうが》（現在《げんざい》の宮崎県《みやざきけん》）の伊《い》東氏《とうし》を倒《たお》したのを皮切りに、耳川《みみかわ》の戦《たたか》いで豊後《ぶんご》（現在《げんざい》の大分県《おおいたけん》）の大友軍《おおともぐん》を破《やぶ》り、日向《ひゅうが》を支配下《しはいか》に置《お》く。島津《しまづ》軍《ぐん》は兵力《へいりょく》ではおとっていたが、伏兵《ふくへい》を使った「釣《つ》り野伏《のぶ》せ」と呼《よ》ばれる戦法《せんぽう》で勝利《しょうり》をおさめた。その後、九《きゅう》州《しゅう》西部で最大《さいだい》の勢力《せいりょく》をもつ龍造寺氏《りゅうぞうじし》を破《やぶ》り、北部へと領土《りょうど》を拡大《かくだい》する。

しかし、九州統一《きゅうしゅうとういつ》まであと一歩というところで、大友宗麟《おおともそうりん》P.80が豊臣秀《とよとみひで》吉《よし》P.104に助けを求《もと》め、それに応じて秀《ひで》吉《よし》が九州《きゅうしゅう》平定に乗りだしてきた。20万を越《こ》える秀吉軍《ひでよしぐん》に対し、島津軍《しまづぐん》の兵《へい》はわずか4分の1の、5万。島《しま》津軍《づぐん》は勇敢《ゆうかん》に戦《たたか》ったが、多くの犠牲《ぎせい》者《しゃ》を出してしまった。

義久《よしひさ》は、頭を丸めて降伏《こうふく》。秀吉《ひでよし》は義久《よしひさ》を許《ゆる》して、義久《よしひさ》に薩摩《さつま》をあたえた。しかし、秀吉《ひでよし》との折《お》り合《あ》いはあまりよくなかったようだ。

1595年、隠居《いんきょ》し、国分城《こくぶじょう》に移《うつ》った義久《よしひさ》は、1611年にここで亡《な》くなり葬《ほうむ》られた。

知っ得エピソード

島津家《しまづけ》は、源頼朝《みなもとのよりとも》の末裔《まつえい》？

島津家《しまづけ》の初代・忠久《ただひさ》は鎌倉《かまくら》幕府《ばくふ》を開いた源 頼朝《みなもとのよりとも》の隠《かく》し子《ご》だという説《せつ》がある。忠久《ただひさ》の母親は、本妻《ほんさい》の北条政子《ほうじょうまさこ》の嫉妬《しっと》が怖《こわ》くて西へ西へと逃《のが》れてゆき、大坂《おおさか》の住吉大社《すみよしたいしゃ》の境内《けいだい》で忠久《ただひさ》を産《う》んだ。そして、さらに西へと逃《のが》れたという。住《すみ》吉大社《よしたいしゃ》には、それを記念《きねん》する碑《ひ》が立っている。

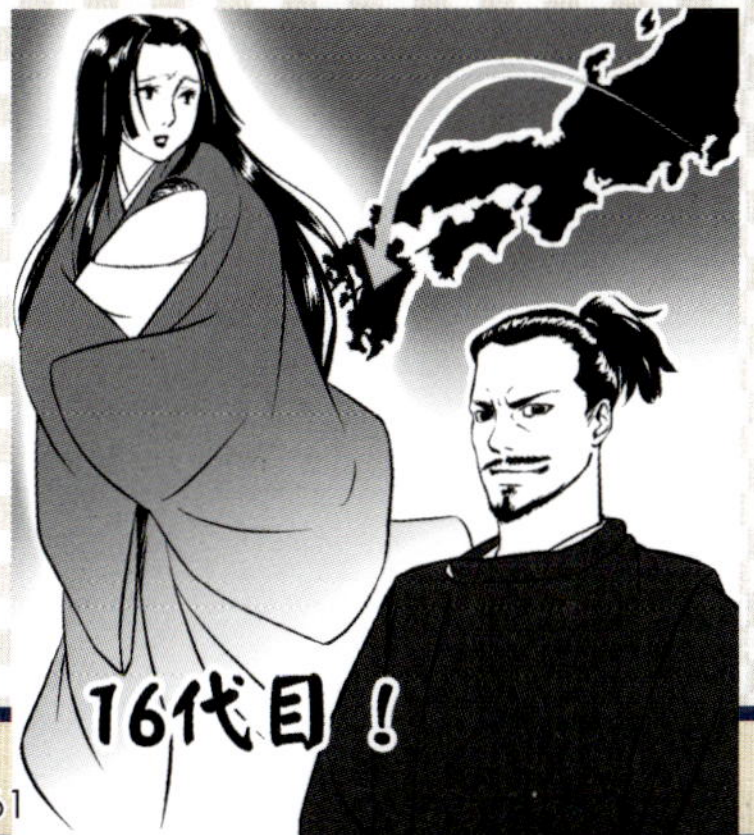

類《たぐい》まれなる戦《いくさ》のセンスをもった「鬼島津《おにしまづ》」

島《しま》津《づ》義《よし》弘《ひろ》

出身地	薩摩《さつま》（現在《げんざい》の鹿児島県《かごしまけん》）
生　年	1535年
没　年	1619年（享年《きょうねん》85）

家康《いえやす》を震《ふる》えあがらせた戦《いくさ》の天才

その強さから、「鬼島津《おにしまづ》」という異名《いみょう》をとった名将《めいしょう》・島津義弘《しまづよしひろ》は、島《しま》津家《づけ》第15代・貴久《たかひさ》の次男として生まれた。祖父《そふ》・忠良《ただよし》は、義弘《よしひろ》の戦《いくさ》に対するセンスとかしこさを早くから見《み》抜《ぬ》いていたという。

薩摩《さつま》（現在《げんざい》の鹿児島県《かごしまけん》）を拠点《きょてん》としていた島津家《しまづけ》は、かねてより九州《きゅうしゅう》統一《とういつ》をねらっていた。

1572年に、日向《ひゅうが》（現在《げんざい》の宮崎《みやざき》県《けん》）の伊東軍《いとうぐん》との間に、木崎原《きざきばる》の戦《たたか》いが起こる。3000の伊東軍《いとうぐん》に対し、義弘《よしひろ》は10分の1の兵《へい》で奇襲《きしゅう》をかけ、勝利《しょうり》した。大友宗麟《おおともそうりん》P.80と争《あらそ》った耳川《みみかわ》の戦《たたか》いでは、敗退《はいたい》を装《よそお》いながら、伏兵《ふくへい》を率《ひき》いて奇襲《きしゅう》をしかける「釣《つ》り野伏《のぶ》せ」で、大友軍《おおともぐん》を打《う》ち破《やぶ》っている。

しかし、豊臣秀吉《とよとみひでよし》P.104による九州攻《きゅうしゅうぜ》めで、当主の兄・義久《よしひさ》が降伏《こうふく》。秀吉《ひでよし》は、義弘《よしひろ》に島津《しまづ》の当主となるよう命《めい》じたが、義弘《よしひろ》は兄を尊重《そんちょう》し、これを断《ことわ》った。一方で、その後の文禄《ぶんろく》・慶《けい》長《ちょう》の役《えき》P.178では、島津軍《しまづぐん》の総大将《そうだいしょう》となり、戦功《せんこう》をあげている。

1600年の関ケ原《せきがはら》の戦《たたか》いP.230では、徳川家康《とくがわいえやす》P.182に味方しようと、徳川方《とくがわがた》の将《しょう》がいる伏見城《ふしみじょう》に軍《ぐん》を率《ひき》いておもむいた。ところが、家康《いえやす》の家臣《かしん》に城《しろ》に入ることを拒否《きょひ》されたため、西軍《せいぐん》につくことを決める。

決戦《けっせん》当日。島津軍《しまづぐん》はわずかな兵《へい》で家康軍《いえやすぐん》の本陣《ほんじん》を突破《とっぱ》。追撃《ついげき》を受けながらも、井伊直政《いいなおまさ》P.194に大怪我《おおけが》を負わせて薩摩《さつま》に生還《せいかん》した。この脱出劇《だっしゅつげき》は、「島津《しまづ》の退《の》き口《ぐち》」といわれている。

薩摩《さつま》に帰還後《きかんご》は、子・忠恒《ただつね》に家督《かとく》をゆずり、隠居《いんきょ》。85歳《さい》で病死したが、このとき、義弘《よしひろ》を慕《した》っていた家臣《かしん》が13名、後を追って自死している。

知っ得エピソード

西へ、西へ走り続《つづ》け薩摩《さつま》に帰還《きかん》した

関ケ原《せきがはら》の戦《たたか》いで西軍《せいぐん》の敗戦《はいせん》が決定的《けっていてき》になったとき、島津《しまづ》軍《ぐん》1500の兵《へい》は、8万もの東軍《とうぐん》の兵《へい》に囲《かこ》まれていた。義《よし》弘《ひろ》は「猛勢《もうぜい》に突《つ》っこめ！」と声高《こわだか》に叫《さけ》び、島津軍《しまづぐん》は西へと走った。途中《とちゅう》、乗っていた馬を食べながら進み、大坂《おおさか》で人数を確認《かくにん》したときには、80人しか残《のこ》っていなかったという。

天下人《てんかびと》たちに才を認《みと》められた

立花宗茂《たちばなむねしげ》

出身地	筑前《ちくぜん》（現在《げんざい》の福岡県《ふくおかけん》）
生　年	1567年
没　年	1642年（享年《きょうねん》76）

秀吉《ひでよし》、家康《いえやす》が才を認《みと》めた「九州《きゅうしゅう》の逸物《いつもの》」

北九州《きたきゅうしゅう》の大名、大友氏《おおともし》の重臣《じゅうしん》・高《たか》橋紹運《はしじょううん》P.81の長男として生まれた。15歳《さい》のときに同じ大友家《おおともけ》の重臣《じゅうしん》・立花《たちばな》道雪《どうせつ》P.81の養子《ようし》になり、家督《かとく》を継《つ》ぐ。

このころ、九州《きゅうしゅう》では島津氏《しまづし》が勢《いきお》いをつけており、大友家《おおともけ》はおされていた。1586年には、島津軍《しまづぐん》により、実父・紹運《じょううん》が自害《じがい》に追いこまれてしまう。しかし宗茂《むねしげ》は、島津軍《しまづぐん》の攻撃《こうげき》をしのぎ、拠点《きょてん》・立花城《たちばなじょう》を守りきった。

この活躍《かつやく》を知った豊臣秀吉《とよとみひでよし》P.104に家《か》臣《しん》に誘《さそ》われた宗茂《むねしげ》は、大友家《おおともけ》存続《そんぞく》のためにこれを受け入れる。多くの戦《いくさ》で活躍《かつやく》し「九州《きゅうしゅう》の逸物《いつもの》」と呼《よ》ばれた。

関ケ原《せきがはら》の戦《たたか》いP.230では西軍《せいぐん》に属《ぞく》した。西軍《せいぐん》の敗北《はいぼく》で領地《りょうち》を失《うしな》ったが、宗茂《むねしげ》の才能《さいのう》を惜《お》しんだ徳川家康《とくがわいえやす》P.182により、かつての領地《りょうち》に戻《もど》されている。

知っ得エピソード

桃《もも》の実に似《に》た、立花家《たちばなけ》を象徴《しょうちょう》する桃形兜《ももなりかぶと》

立花家《たちばなけ》は殿様《とのさま》も家臣《かしん》も「桃《もも》形兜《なりかぶと》」と呼《よ》ばれる、先がとがって桃《もも》のような丸みをおびた兜《かぶと》を統一《とういつ》してかぶっていた。宗《むな》茂《しげ》の義父《ぎふ》・道雪《どうせつ》の代から普及《ふきゅう》していたようだ。立花家《たちばなけ》の邸《てい》宅《たく》であった「御花《おはな》」には、現《げん》在《ざい》でも数多くの桃形兜《ももなりかぶと》が飾《かざ》られている。

本土からの侵略《しんりゃく》に抵抗《ていこう》した

尚寧《しょうねい》

出身地	琉球《りゅうきゅう》（現在《げんざい》の沖縄県《おきなわけん》）
生年	1564年
没年	1620年（享年《きょうねん》57）

文禄《ぶんろく》・慶長《けいちょう》の役《えき》で暗躍《あんやく》したが…

当時、琉球《りゅうきゅう》には「尚《しょう》王朝」がふたつあった。尚寧《しょうねい》は、ふたつ目の尚《しょう》王朝の、第7代の王である。

1589年、天下統一《とういつ》を果《は》たした豊臣秀吉《とよとみひでよし》P.104が、島津氏《しまづし》を通じて「従《したが》え」と使者を出してきた。続《つづ》けて、文禄《ぶんろく》・慶長《けいちょう》の役《えき》P.178のための協力《きょうりょく》を求《もと》められる。尚寧《しょうねい》は兵糧《ひょうろう》を提供《ていきょう》したが、うらでは明《みん》（中国《ちゅうごく》）と関係《かんけい》をもち、秀吉《ひでよし》の動きを伝《つた》えていた。

関ケ原《せきがはら》の戦《たたか》いP.230後、今度は徳川家《とくがわいえ》康《やす》P.182から本土へ来ることを求《もと》められたが、尚寧《しょうねい》はこれを拒否《きょひ》。そのため、薩摩《さつま》の島津氏《しまづし》が琉球《りゅうきゅう》に出兵《しゅっぺい》。尚寧《しょうねい》は無理《むり》やり本土へ連《つ》れてこられる。

2年後、やっと琉球《りゅうきゅう》に戻《もど》ることが許《ゆる》されたが、琉球《りゅうきゅう》は島津氏《しまづし》の支配下《しはいか》に置《お》かれることになってしまった。

知っ得エピソード

本土と中国の影響《えいきょう》を受け独自《どくじ》の琉球《りゅうきゅう》文化が発展《はってん》

沖縄《おきなわ》では、「城《しろ》」と書いて「グスク」と読む。土地柄《がら》、本土と中国《ちゅうごく》両方の影響《えいきょう》を受けていたため、曲線を描《えが》く石垣《いしがき》など、ほかの地方には見られない特《とく》徴《ちょう》をもった「城《グスク》」がつくられている。2000年には、沖《おき》縄《なわ》のグスクが世界文化遺産《せかいぶんかいさん》に登録《とうろく》された。

1582年

備中《びっちゅう》高松城《たかまつじょう》の戦《たたか》い

建設《けんせつ》した堤防《ていぼう》
豊臣軍《とよとみぐん》が、わずか19日で築《きず》いた堤防《ていぼう》。近くの足守川《あしもりがわ》の流れを引きこみ、高松城《たかまつじょう》を水に沈《しず》めた。
豊臣軍《とよとみぐん》
秀吉《ひでよし》や官兵衛《かんべえ》は、高台に陣《じん》を置《お》き、水攻《みずぜ》めした備中《びっちゅう》高松城《たかまつじょう》に船で近づいて、鉄砲《てっぽう》で攻撃《こうげき》したそうだ。

巨大《きょだい》な堤防《ていぼう》を築《きず》き、高松城《たかまつじょう》を水に沈《しず》めた

織田信長《おだのぶなが》 P.48 から天下統一《とういつ》のための戦《いくさ》を任《まか》された豊臣秀吉《とよとみひでよし》 P.104 は、中《ちゅう》国《ごく》地方を攻略《こうりゃく》していた。

1582年、秀吉《ひでよし》は、備中《びっちゅう》（現《げん》在《ざい》の岡山県《おかやまけん》）の高松城《たかまつじょう》攻《ぜ》めを開始する。この城《しろ》は、毛利方《もうりがた》の清水宗《しみずむね》治《はる》 P.147 が守っていて、沼地《ぬまち》を利用《りよう》した特殊《とくしゅ》な構造《こうぞう》のため、攻略《こうりゃく》がとても難《むずか》しかった。

そこで秀吉《ひでよし》は、軍師《ぐんし》・黒田官兵《くろだかんべ》衛《え》 P.122 が講《こう》じた「水攻《みずぜ》め」の奇策《きさく》を打つ。まず、数千人の人をやとい、

合戦場所《かっせんばしょ》

高松城《たかまつじょう》
（現在《げんざい》の岡山県岡山市《おかやまけんおかやまし》）

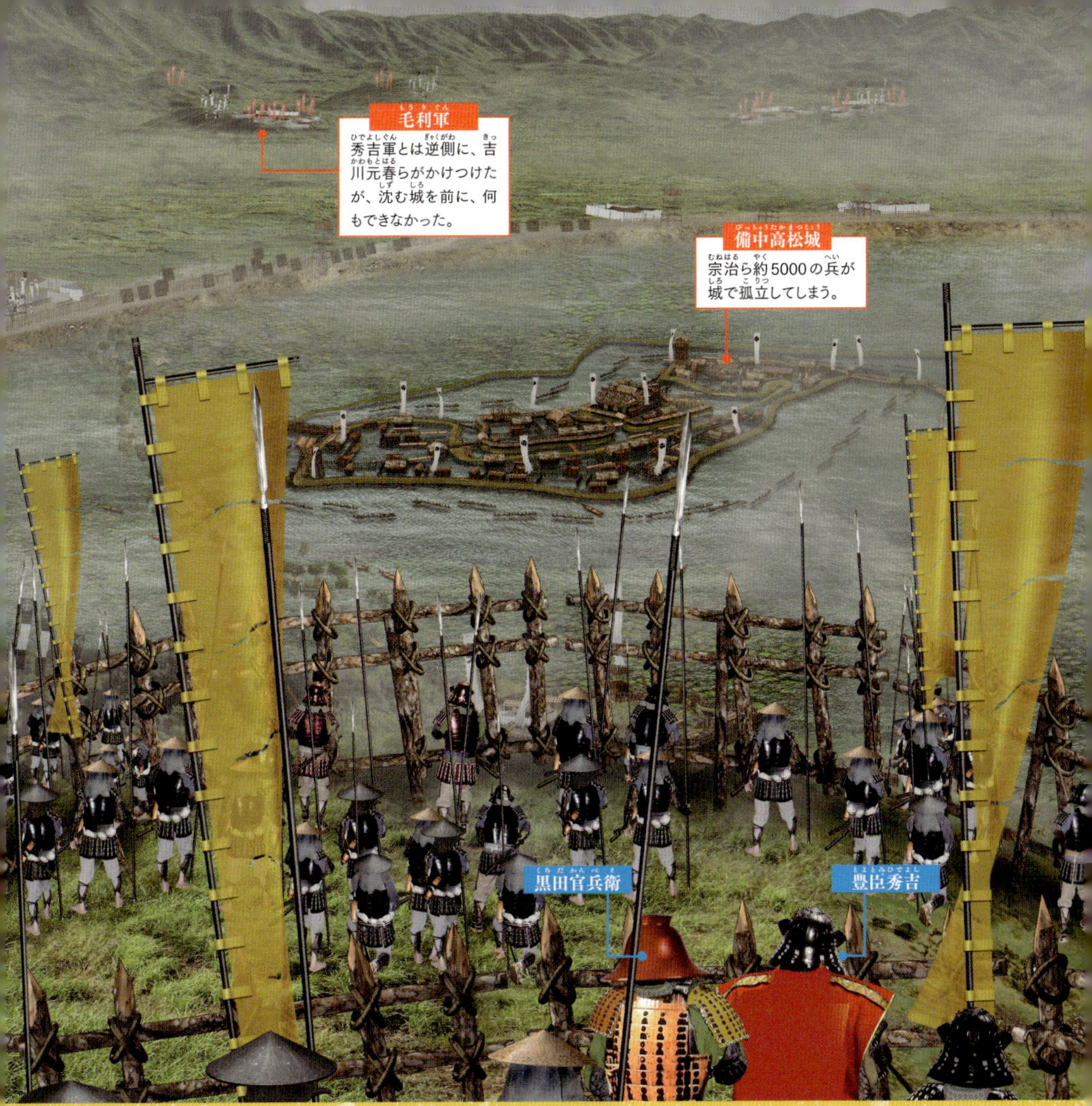

毛利軍《もうりぐん》
秀吉軍《ひでよしぐん》とは逆側《ぎゃくがわ》に、吉川元春《きっかわもとはる》らがかけつけたが、沈《しず》む城《しろ》を前に、何もできなかった。
備中高松城《びっちゅうたかまつじょう》
宗治《むねはる》ら約《やく》5000の兵《へい》が城《しろ》で孤立《こりつ》してしまう。
黒田官兵衛《くろだかんべえ》
豊臣秀吉《とよとみひでよし》

城《しろ》の西側《にしがわ》に全長3キロメートルの堤《てい》防《ぼう》をつくった。そして、周囲《しゅうい》の川の水を引き入れ、城《しろ》を水没《すいぼつ》させたのだ。のちに吉川元春《きっかわもとはる》P.149ら毛利軍《もうりぐん》が4万の兵《へい》を率《ひき》いて宗治《むねはる》を助けに来たが、水没《すいぼつ》する城《しろ》を前に、和睦《わぼく》を選《えら》ぶことしかできなかった。

戦《いくさ》の最中《さいちゅう》、信長《のぶなが》が本能寺《ほんのうじ》で倒《たお》れたという知らせが届《とど》くP.98。秀吉《ひでよし》は宗治《むねはる》を切腹《せっぷく》させて戦《たたか》いを終わらせると、明智光秀《あけちみつひで》P.60を討《う》つべく京都《きょうと》へ向かった。

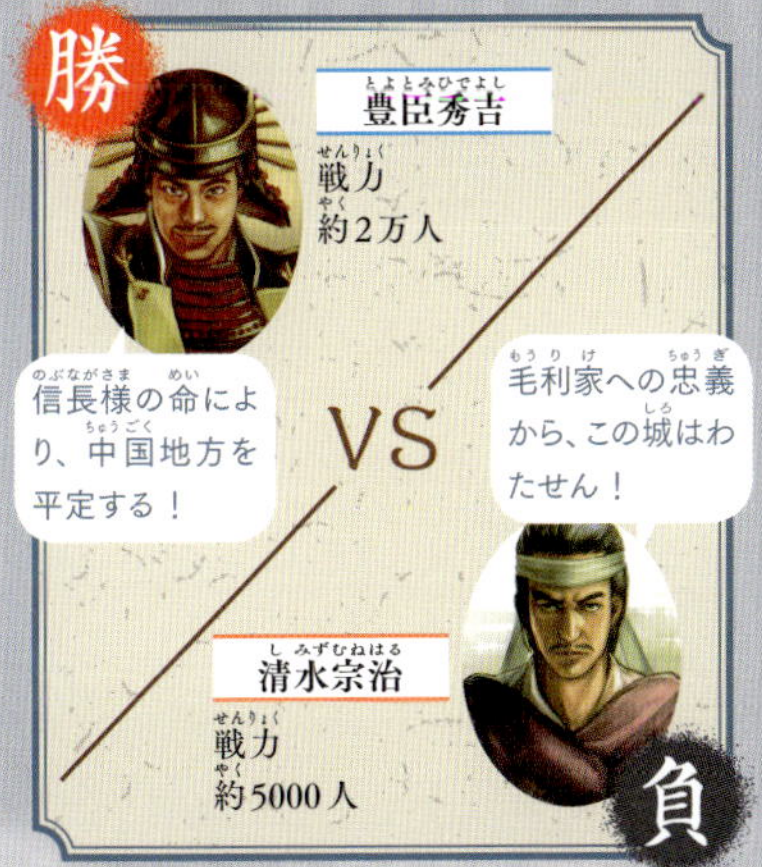

勝
豊臣秀吉《とよとみひでよし》
戦力《せんりょく》
約《やく》2万人
信長様《のぶながさま》の命《めい》により、中国《ちゅうごく》地方を平定する！
VS
毛利家《もうりけ》への忠義《ちゅうぎ》から、この城《しろ》はわたせん！
清水宗治《しみずむねはる》
戦力《せんりょく》
約《やく》5000人
負

1583年

賤ヶ岳《しずがたけ》の戦《たたか》い

柴田勝家軍《しばたかついえぐん》
負けをさとり、居城《きょじょう》・北庄城《きたのしょうじょう》へ敗走《はいそう》する柴田軍《しばたぐん》。
岩崎山砦《いわさきやまとりで》・大岩山砦《おおいわやまとりで》
佐久間盛政《さくまもりまさ》が侵攻《しんこう》し、一時柴田軍《しばたぐん》がうばう。その後、岐阜《ぎふ》から戻《もど》ってきた豊臣軍《とよとみぐん》がうばい返した。

合戦場所《かっせんばしょ》

賤ヶ岳《しずがたけ》
(現在《げんざい》の滋賀県長浜市《しがけんながはまし》)

「清洲会議《きよすかいぎ》」により秀吉《ひでよし》と勝家《かついえ》の仲《なか》が悪化

柴田勝家《しばたかついえ》 P.58 と豊臣秀吉《とよとみひでよし》 P.104 は、同じ織田信長《おだのぶなが》 P.48 の家臣《かしん》であったが、仲《なか》がよくなかった。そんなふたりの仲《なか》に決定的《けっていてき》な亀裂《きれつ》が入ったのが、本能寺《ほんのうじ》の変《へん》 P.98 で亡《な》くなった信長《のぶなが》の後継者《こうけいしゃ》を決めるために行われた「清洲会議《きよすかいぎ》」だ。

本来、後継者《こうけいしゃ》として認《みと》められていた信長《のぶなが》の長男・信忠《のぶただ》 P.56 は、本能《ほんのう》寺《じ》の変《へん》で信長《のぶなが》とともに亡《な》くなっている。そこで勝家《かついえ》は、信長《のぶなが》の三男・信孝《のぶたか》 P.57 を跡継《あとつ》ぎに推《お》した。一方秀《ひで》

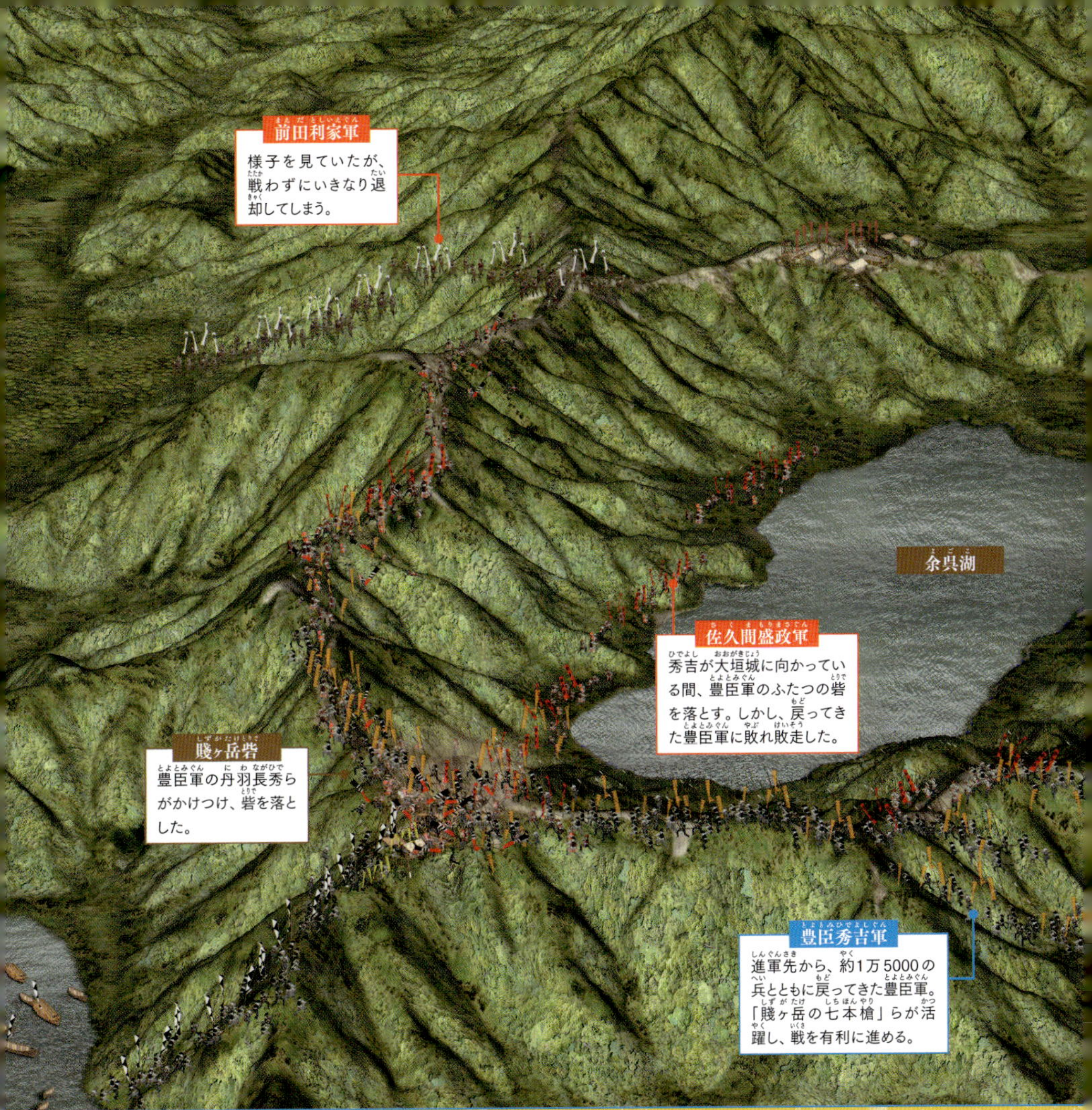
前田利家軍《まえだとしいえぐん》
様子を見ていたが、戦《たたか》わずにいきなり退却《たいきゃく》してしまう。
余呉湖《よごこ》
佐久間盛政軍《さくまもりまさぐん》
秀吉《ひでよし》が大垣城《おおがきじょう》に向かっている間、豊臣軍《とよとみぐん》のふたつの砦《とりで》を落とす。しかし、戻《もど》ってきた豊臣軍《とよとみぐん》に敗《やぶ》れ敗走《はいそう》した。
賤ヶ岳砦《しずがたけとりで》
豊臣軍《とよとみぐん》の丹羽長秀《にわながひで》らがかけつけ、砦《とりで》を落とした。
豊臣秀吉軍《とよとみひでよしぐん》
進軍先《しんぐんさき》から、約《やく》1万5000の兵《へい》とともに戻《もど》ってきた豊臣軍《とよとみぐん》。「賤ヶ岳《しずがたけ》の七本槍《しちほんやり》」らが活躍《かつやく》し、戦《いくさ》を有利に進める。

吉《よし》は、信忠《のぶただ》の長男・三法師《さんぼうし》（のちの秀信《ひでのぶ》 P.57）を連《つ》れてきて、後継者《こうけいしゃ》にしたいという。

この話し合いは、秀吉《ひでよし》の勝利《しょうり》に終わった。秀吉《ひでよし》は、事前にほかの武将《ぶしょう》たちに、味方するようにお願《ねが》いをしておいたのだ。同時に、信《のぶ》孝《たか》を攻撃《こうげき》して降伏《こうふく》させる。

こうして、秀吉《ひでよし》は織田家《おだけ》で大きな力をもつことになった。面目を失《うしな》った勝家《かついえ》は、秀吉《ひでよし》に対する不満《ふまん》をつのらせていく。

勝
豊臣秀吉《とよとみひでよし》
戦力《せんりょく》
約《やく》5万人
天下人《てんかびと》になるのはこの私だ！決着をつけよう!!
VS
信長様《のぶながさま》亡《な》き後、えらそうに…！もう許《ゆる》さぬ!!
柴田勝家《しばたかついえ》
戦力《せんりょく》
約《やく》3万人
負

← 次のページへ続《つづ》く

不在《ふざい》をついた勝家軍《かついえぐん》だが、秀吉《ひでよし》の策略《さくりゃく》の前に破《やぶ》れる

先に戦《たたか》いをしかけたのは秀吉《ひでよし》だ。勝家《かついえ》の居城《きょじょう》・北庄城《きたのしょうじょう》があった越前《えちぜん》（現在《げんざい》の福井県《ふくいけん》）は、冬になると雪に閉《と》ざされ、身動きがとれなくなる。秀吉《ひでよし》はそれを見計らい、勝《かつ》家《いえ》の養子《ようし》・勝豊《かつとよ》が守る長浜城《ながはまじょう》を落としたのだ。

じっとがまんしていた勝家《かついえ》は、雪解《ゆきど》けを待って出陣《しゅつじん》し、近江《おうみ》（現《げん》在《ざい》の滋賀県《しがけん》）まで、大軍《たいぐん》を率《ひき》いて進軍《しんぐん》した。対する秀吉《ひでよし》も近江《おうみ》の木《き》之本《のもと》に陣《じん》を構《かま》える。

そのまま1か月ほどにらみ合いが続《つづ》いたが、突如《とつじょ》、降伏《こうふく》したはずの信孝《のぶたか》が反乱《はんらん》を起こしたため、秀《ひで》吉《よし》は岐阜《ぎふ》に引き返した。

これを好機《こうき》と、柴田軍《しばたぐん》の佐久間《さくま》盛政《もりまさ》が、余呉湖《よごこ》に近い豊臣軍《とよとみぐん》の大《おお》

賤ヶ岳《じずがたけ》の戦《たたか》い合戦《かっせん》地図

岩山砦《いわやまとりで》を攻《せ》め、戦《たたか》いが始まった。

しかし、不在《ふざい》のすきをつかれることを秀吉《ひでよし》は読んでいた。岐阜《ぎふ》から近江《おうみ》まで、およそ52キロメートルの距離《きょり》を5時間で引き返し、柴《しば》田軍《たぐん》に襲《おそ》いかかったのだ。

この戦《たたか》いで武功《ぶこう》をあげ、のちに「賤ケ岳の七本槍《しずがたけのしちほんやり》」と呼《よ》ばれる福島《ふくしま》正則《まさのり》 P.132 や加藤清正《かとうきよまさ》 P.133 らの活躍《かつやく》もあり、少しずつ豊臣軍《とよとみぐん》が優勢《ゆうせい》になる。

さらに、勝家《かついえ》の味方だったはずの前田利家《まえだとしいえ》 P.114 が、戦《たたか》いに参加《さんか》せずに帰ってしまった。利家《としいえ》は、上司《じょうし》である勝家《かついえ》に声をかけられて来てはみたものの、古くからの友人である秀吉《ひでよし》と剣《けん》を交えることを避《さ》けたかったのだろう。

これが決定打になり、柴田軍《しばたぐん》は越前《えちぜん》・北庄城《きたのしょうじょう》へと敗走《はいそう》する。秀吉《ひでよし》はすぐに追い、勝家敗走《かついえはいそう》の翌日《よくじつ》には、利家《としいえ》を加《くわ》えた数万の兵《へい》で北庄《きたのしょう》城《じょう》を包囲《ほうい》した。利家《としいえ》は、この攻城《こうじょう》戦《せん》の先鋒《せんぽう》をつとめている。

負けることを覚悟《かくご》したのだろう。勝家《かついえ》はその日の夜、最期《さいご》の宴会《えんかい》を行っている。

翌朝《よくあさ》から秀吉《ひでよし》の城攻《しろぜ》めが再開《さいかい》され、夕方近くに城《しろ》は火に包《つつ》まれた。燃《も》え盛《さか》る炎《ほのお》のなかで、勝家《かついえ》は妻《つま》・お市《いち》の方《かた》 P.100 とともに自害《じがい》した。

賤ヶ岳《しずがたけ》の戦《たたか》いハイライト

信長《のぶなが》の後継者《こうけいしゃ》をめぐり勝家《かついえ》と対立する秀吉《ひでよし》。
織田信孝《おだのぶたか》を討《う》つために岐阜《ぎふ》に進軍《しんぐん》するが…
秀吉《ひでよし》は留守《るす》のすきをついて勝家《かついえ》が動くことを読んでいた！
勝家軍《かついえぐん》
5時間
賤ヶ岳《しずがたけ》
岐阜《ぎふ》 大垣城《おおがきじょう》
秀吉《ひでよし》は52㎞の道を5時間で引き返し、柴田軍《しばたぐん》を攻撃《こうげき》！
利家《としいえ》も撤退《てったい》してしまい柴田軍《しばたぐん》は壊滅的《かいめつてき》に…
勝家《かついえ》は北庄城《きたのしょうじょう》へ敗走《はいそう》し…
妻《つま》のお市《いち》の方《かた》とともに自害《じがい》。
秀吉《ひでよし》の勝利《しょうり》に終わった。

1584年

小牧《こまき》・長久手《ながくて》の戦《たたか》い

池田恒興
家康《いえやす》の本拠地《ほんきょち》を攻《せ》めようと、岩崎城《いわさきじょう》から三河《みかわ》に出陣《しゅつじん》。途中《とちゅう》、長久手《ながくて》で返《かえ》り討《う》ちにあい戦死《せんし》した。
池田《いけだ》・森軍《もりぐん》の動き
岩崎城《いわさきじょう》
池田恒興《いけだつねおき》、森長可《もりながよし》ら豊臣軍《とよとみぐん》の武将《ぶしょう》が占拠《せんきょ》。攻撃《こうげき》の拠点《きょてん》となった。

合戦場所《かっせんばしょ》

長久手《ながくて》
（現在《げんざい》の愛知県長久手市《あいちけんながくてし》）

戦《たたか》いには家康《いえやす》が勝つも、秀吉《ひでよし》の策略《さくりゃく》で和解《わかい》する

織田家《おだけ》の後継者《こうけいしゃ》を決める「清洲《きよす》会議《かいぎ》」、さらには賤ケ岳《しずがたけ》の戦《たたか》い P.168 の後、織田信雄《おだのぶかつ》 P.56 は、豊臣秀吉《とよとみひでよし》 P.104 に冷遇《れいぐう》され、不満《ふまん》を抱《いだ》いていた。そんな信雄《のぶかつ》に、徳川家康《とくがわいえやす》 P.182 が接近《せっきん》。連合軍《れんごうぐん》をつくり、挙兵《きょへい》した。

戦《たたか》いが始まってすぐに、豊臣軍《とよとみぐん》の池田恒興《いけだつねおき》 P.55 が、連合軍《れんごうぐん》の要所《ようしょ》・犬山城《いぬやまじょう》を落とした。さらに、森長可《もりながよし》も羽黒《はぐろ》に陣《じん》を構《かま》えたが、徳川軍《とくがわぐん》の酒井忠次《さかいただつぐ》 P.192 の奇襲《きしゅう》によって敗走《はいそう》してしまう。

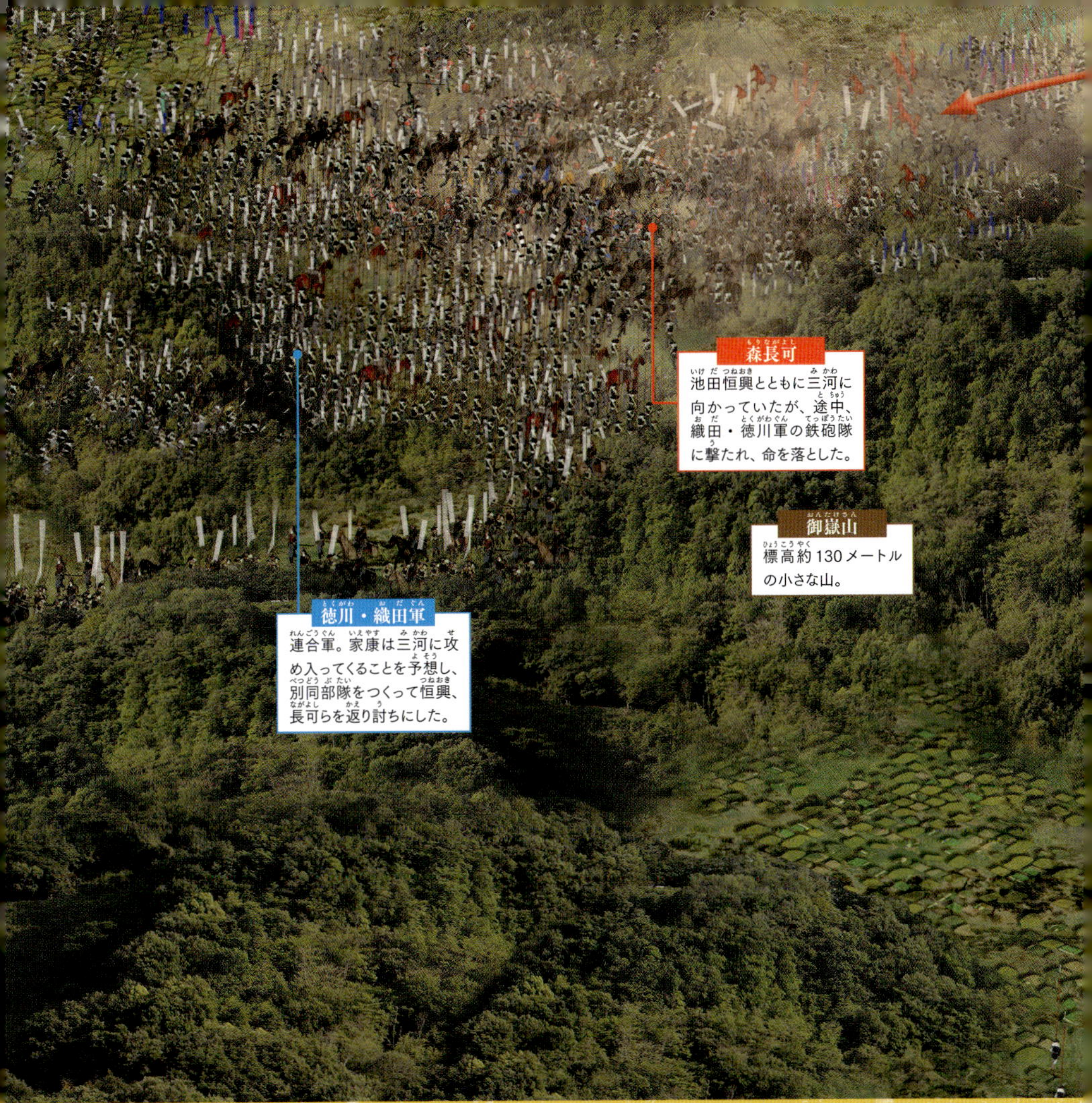
森長可《もりながよし》
池田恒興《いけだつねおき》とともに三河《みかわ》に向かっていたが、途中《とちゅう》、織田《おだ》・徳川軍《とくがわぐん》の鉄砲隊《てっぽうたい》に撃《う》たれ、命を落とした。
御嶽山《おんたけさん》
標高約《ひょうこうやく》130メートルの小さな山。
徳川《とくがわ》・織田軍《おだぐん》
連合軍《れんごうぐん》。家康《いえやす》は三河《みかわ》に攻《せ》め入ってくることを予想《よそう》し、別同部隊《べつどうぶたい》をつくって恒興《つねおき》、長可《ながよし》らを返《かえ》り討《う》ちにした。

そこで、恒興《つねおき》と長可《ながよし》は家康《いえやす》の本拠地《ほんきょち》・三河《みかわ》（現在《げんざい》の静岡県《しずおかけん》）を落とすために出陣《しゅつじん》。しかし、家康《いえやす》はこの作戦《さくせん》を見破《みやぶ》り、長久手《ながくて》で返《かえ》り討《う》ちにして大勝した。

こうして戦《いくさ》自体は家康《いえやす》の勝利《しょうり》で終わったが、秀吉《ひでよし》はその間に信雄《のぶかつ》の領地《りょうち》を攻《せ》め、和睦《わぼく》を迫《せま》っていた。信雄《のぶかつ》は、家康《いえやす》に相談《そうだん》もせずに、勝手に秀吉《ひでよし》と和解《わかい》してしまう。戦《たたか》う理由を失《うしな》った家康《いえやす》は、秀吉《ひでよし》の条件《じょうけん》通りに和睦《わぼく》するほかなかった。

勝

信雄《のぶかつ》が自分を頼《たよ》ってきたぞ。いい機会《きかい》だ、秀吉《ひでよし》を討《う》とう。

徳川家康《とくがわいえやす》・織田信雄《おだのぶかつ》

戦力《せんりょく》
約《やく》1万6000人

VS

天下を取るには、家康《いえやす》が邪魔《じゃま》だ。信雄《のぶかつ》もろとも討《う》ちとってやる!

豊臣秀吉《とよとみひでよし》

戦力《せんりょく》
約《やく》10万人

負

豊臣《とよとみ》武将《ぶしょう》の水軍《すいぐん》
長宗我部元親《ちょうそかべもとちか》、毛利《もうり》輝元《てるもと》ら水軍《すいぐん》が陣《じん》どり、海上を封鎖《ふうさ》した。
小田原城外郭《おだわらじょうがいかく》
城下町《じょうかまち》も含《ふく》め、周囲《しゅうい》9キロメートルにもおよぶ外《がい》郭《かく》に囲《かこ》まれていた。
豊臣軍《とよとみぐん》
22万人もの豊臣軍《とよとみぐん》の兵《へい》が、小田原城《おだわらじょう》をグルッと包囲《ほうい》した。
石垣山一夜城《いしがきやまいちやじょう》
秀吉《ひでよし》が、小田原城《おだわらじょう》を見下ろせる笠懸山《かさがけやま》に築《きず》いた城《しろ》。

1590年

小田原攻《おだわらぜ》め

合戦場所《かっせんばしょ》

小田原城《おだわらじょう》
(現在《げんざい》の神奈川県小田原市《かながわけんおだわらし》)

北条氏《ほうじょうし》が秀吉《ひでよし》の命《めい》を無視《むし》し、怒《いか》りをかったため開戦《かいせん》

四国《しこく》の長宗我部氏《ちょうそかべし》、九州《きゅうしゅう》の島津《しまづ》氏《し》らを下して、天下統一《とういつ》まであと一歩と迫《せま》った豊臣秀吉《とよとみひでよし》P.104。しかし、そんな秀吉《ひでよし》に従《したが》わない者がいた。当時、関東《かんとう》を支配《しはい》していた北条氏《ほうじょううじ》政《まさ》P.146、氏直《うじなお》親子である。秀吉《ひでよし》は氏《うじ》政《まさ》らに、京都《きょうと》まで「臣下《しんか》になります」とあいさつに来るよう何度も命令《めいれい》したが、北条氏《ほうじょうし》はこれを無視《むし》していたのだ。

氏政《うじまさ》は、たとえ秀吉《ひでよし》が小田原《おだわら》(現在《げんざい》の神奈川県《かながわけん》)を攻《せ》めてきても、

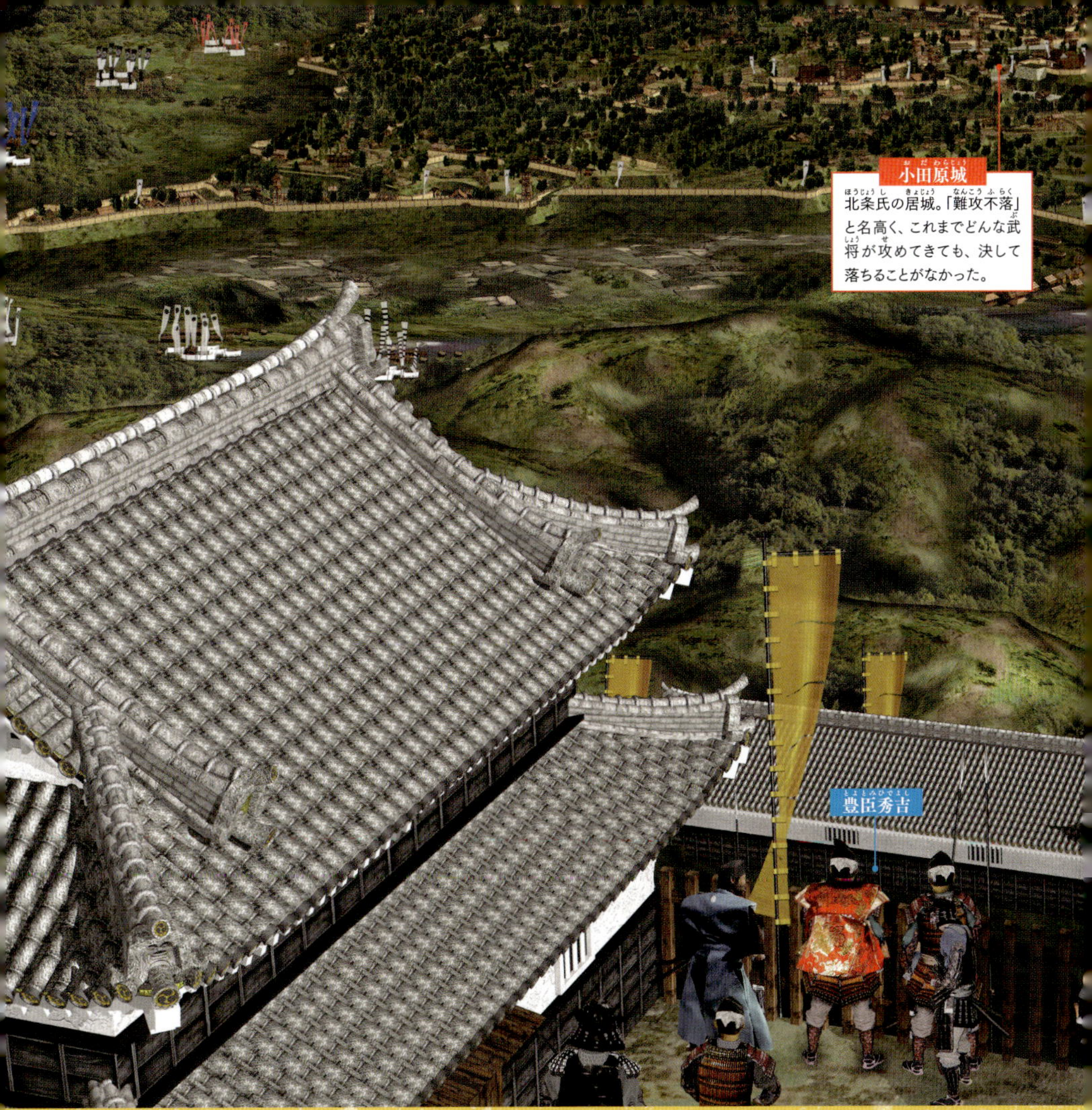
小田原城《おだわらじょう》
北条氏《ほうじょうし》の居城《きょじょう》。「難攻不落《なんこうふらく》」と名高く、これまでどんな武将《ぶしょう》が攻《せ》めてきても、決して落ちることがなかった。
豊臣秀吉《とよとみひでよし》

退《しりぞ》けられる自信《じしん》があった。北条氏《ほうじょうし》の居城《きょじょう》・小田原城《おだわらじょう》は、「難攻不落《なんこうふらく》」と名高く、戦国《せんごく》時代を代表する名《めい》将《しょう》・上杉謙信《うえすぎけんしん》P.20や武田信玄《たけだしんげん》P.16に囲《かこ》まれたときも落城《らくじょう》しなかった。そのため、どんな攻撃《こうげき》を受けても、小田原城《おだわらじょう》のなかにいれば安全だと考えていたようだ。

秀吉《ひでよし》はそんな氏政《うじまさ》の態度《たいど》に怒《おこ》り、徳川家康《とくがわいえやす》P.182ら全国の大名に声をかけ、小田原城《おだわらじょう》に攻撃《こうげき》をしかけることを決めた。

勝
豊臣秀吉《とよとみひでよし》
戦力《せんりょく》
約《やく》22万人
いうことを聞かない氏政《うじまさ》は、こらしめてくれる!
VS
秀吉《ひでよし》なんぞに従《したが》ってなるものか。小《お》田原城《だわらじょう》にいれば安全なのだ!
北条氏政《ほうじょううじまさ》
戦力《せんりょく》
約《やく》5万6000人
負

 ← 次のページへ続《つづ》く

「一夜城《いちやじょう》」を築《きず》き、北条氏《ほうじょうし》の戦意《せんい》をそいだ

総攻撃《そうこうげき》には、秀吉本軍《ひでよしほんぐん》や徳川軍《とくがわぐん》のほか、毛利輝元《もうりてるもと》P.202や長宗我部元親《ちょうそかべもとちか》P.156などの水軍《すいぐん》も加《くわ》わり、その数は22万を超《こ》えていたという。

これに対し、氏政《うじまさ》は、秀吉《ひでよし》の通り道である東海道《とうかいどう》に城《しろ》を築《きず》いたり、小田原城《おだわらじょう》の外側《そとがわ》に堀《ほり》と土塁《どるい》で外郭《がいかく》を築《きず》いたりして、防戦《ぼうせん》した。この外郭《がいかく》は、城下町《じょうかまち》まですっぽりと包《つつ》みこんだ、9キロメートルにおよぶ長大なものだったという。

そこで秀吉《ひでよし》は、小田原城《おだわらじょう》のまわりの城《しろ》をひとつひとつ攻《せ》め落《お》として、氏政《うじまさ》らを追いつめる作戦《さくせん》をとった。ちなみに、石田三成《いしだみつなり》P.126が水攻《みずぜ》めに失敗《しっぱい》した「忍城攻《おしじょうぜ》め」も、この一環《いっかん》として行われたものだ。忍《おし》城《じょう》は、北条氏《ほうじょうし》の城《しろ》のなかで、唯一《ゆいいつ》

小田原攻《おだわらぜ》め合戦《かっせん》地図

豊臣軍《とよとみぐん》
北条軍《ほうじょうぐん》
1
まずは北から、次に南から、豊臣軍《とよとみぐん》の武将《ぶしょう》たちが北条氏《ほうじょうし》配下《はいか》の大名の城《しろ》を次つぎに落としていった。
2
豊臣軍《とよとみぐん》の名だたる武将《ぶしょう》たち、総勢《そうぜい》22万人が小田原城《おだわらじょう》を包囲《ほうい》。
徳川家康《とくがわいえやす》
黒田官兵衛《くろだかんべえ》
小田原城外郭《おだわらじょうがいかく》
小田原城《おだわらじょう》
北条氏政《ほうじょううじまさ》
北条氏直《ほうじょううじなお》
長宗我部元親《ちょうそかべもとちか》
3
長宗我部元親《ちょうそかべもとちか》、毛利《もうり》輝元《てるもと》らの水軍《すいぐん》が海上を封鎖《ふうさ》。
毛利輝元《もうりてるもと》
黒田長政《くろだながまさ》
石垣山一夜城《いしがきやまいちやじょう》
豊臣秀吉《とよとみひでよし》
笠懸山《かさがけやま》
（石垣山《いしがきやま》）
4
かねてより建設《けんせつ》していた石垣山一夜城《いしがきやまいちやじょう》を見せつける。孤立《こりつ》し、戦《せん》意《い》を失った北条氏《ほうじょうし》は降伏《こうふく》した。

落とすことができなかった城《しろ》だといわれている。

　さらに秀吉《ひでよし》は、小田原城《おだわらじょう》を見下ろせる笠懸山《かさがけやま》（のちの石垣山《いしがきやま》）に城《しろ》を築《きず》き始めた。この城《しろ》は、一夜でできたという伝説《でんせつ》から「石垣山《いしがきやま》一夜城《いちやじょう》」と呼《よ》ばれるが、実際《じっさい》は80日ほどかけてつくられている。

　城《しろ》を築《きず》きながら、秀吉《ひでよし》は小田原《おだわら》城内《じょうない》の食料《しょくりょう》が尽《つ》きるのを待った。

北条氏《ほうじょうし》が謙信《けんしん》や信玄《しんげん》を退《しりぞ》けられたのは、彼《かれ》らが長い戦《いくさ》を乗りきるだけの兵糧《ひょうろう》を持っていなかったからだ。秀吉《ひでよし》は、事前に戦《たたか》いが長引くことを想定し、船で兵糧《ひょうろう》を大量《たいりょう》に運んでいたのだ。
　北条側《ほうじょうがわ》の城《しろ》がほとんど落ち、食《しょく》料《りょう》が尽《つ》きたころを見計らい、秀吉《ひでよし》は一夜城《いちやじょう》のまわりの木《き》を切り倒《たお》し、まるで一晩《ひとばん》で城《しろ》が完成《かんせい》したように見せた。突然現《とつぜんあらわ》れた城《しろ》に北条軍《ほうじょうぐん》があわてたところで、秀吉《ひでよし》はすかさず降伏《こうふく》を促《うなが》した。
　これを受け、氏直《うじなお》は城《しろ》を出て投《とう》降《こう》。氏政《うじまさ》は、責任《せきにん》をとって切腹《せっぷく》し、北条氏《ほうじょうし》は滅亡《めつぼう》した。
　これにより、主だった武将《ぶしょう》はすべて秀吉《ひでよし》の配下となる。それは同時に、秀吉《ひでよし》が念願《ねんがん》の天下統一《とういつ》を達《たっ》成《せい》したことを意味していた。

小田原《おだわら》攻《ぜ》めハイライト

1592～98年

文禄《ぶんろく》・慶長《けいちょう》の役《えき》

武将《ぶしょう》たちの陣屋《じんや》
城《しろ》のまわりに建てられた、将兵《しょうへい》の仮の住まい「陣屋《じんや》」。20万人以上《いじょう》の兵《へい》がここで過ごした。

合戦場所《かっせんばしょ》

釜山浦《ふざんほ》
名護屋城《なごやじょう》
(現在《げんざい》の佐賀県唐津市《さがけんからつし》)

2度出兵《しゅっぺい》するも、戦果《せんか》はあげられなかった

天下統一《とういつ》を叶《かな》えた豊臣秀吉《とよとみひでよし》P.104は、海の向こう、明《みん》(中国《ちゅうごく》)の支配《しはい》を目指す。そのために、名護屋城《なごやじょう》(佐賀県《さがけん》)を築《きず》き、1592年、15万もの兵《へい》を朝鮮半島《ちょうせんはんとう》に送りこんだ。

大将《たいしょう》に任《にん》じられたのは、宇喜多《うきた》秀家《ひでいえ》P.136。先陣《せんじん》は、加藤清正《かとうきよまさ》P.134や、小西行長《こにしゆきなが》P.133らだ。彼《かれ》らは上陸《じょうりく》から1か月ほどで首都・漢城《ハンソン》(ソウル)を占領《せんりょう》した。しかし、朝鮮軍《ちょうせんぐん》が抵《てい》抗《こう》を始め、明《みん》が戦《たたか》いに加《くわ》わると、次第に苦戦《くせん》。朝鮮《ちょうせん》とは和平交渉《わへいこうしょう》が

豊臣軍《とよとみぐん》の船
豊臣軍《とよとみぐん》の軍船《ぐんせん》は、この地から朝鮮《ちょうせん》に向かって出陣《しゅつじん》していた。
名護屋城《なごやじょう》の天守《てんしゅ》
朝鮮《ちょうせん》への出兵《しゅっぺい》の拠点《きょてん》となった名護屋城《なごやじょう》。秀吉《ひでよし》はここで、毎日のように茶会をしていたという。

結《むす》ばれることになり、日本軍《にほんぐん》は撤《てっ》退《たい》した（文禄《ぶんろく》の役《えき》）。

ところが、1596年にやってきた明《みん》の使者が提示《ていじ》した和平《わへい》の条《じょう》件《けん》に、秀吉《ひでよし》の要求《ようきゅう》はひとつも入っていなかった。秀吉《ひでよし》は怒《おこ》り、2度目の出兵《しゅっぺい》を決意。14万の兵《へい》を送りこんだ（慶長《けいちょう》の役《えき》）。

しかし、2年後に秀吉《ひでよし》が病死し、兵《へい》はすべて引きあげられた。約《やく》30万人の兵《へい》を送りながら、ほとんど戦果《せんか》はなかったのだ。

宇喜多秀家

戦力《せんりょく》 約《やく》15万人
（文禄《ぶんろく》の役《えき》）

戦力《せんりょく》 約《やく》14万人
（慶長《けいちょう》の役《えき》）

秀吉様《ひでよしさま》の命令《めいれい》だ。海を越《こ》え、朝《ちょう》鮮半島《せんはんとう》に攻《せ》め入るぞ！

VS

明《みん》と連携《れんけい》して、日本から来た兵《へい》を追い返さなければ！

李舜臣《イスンシン》

戦力《せんりょく》 約《やく》25万人
（文禄《ぶんろく》の役《えき》）

戦力《せんりょく》 数十万人
（慶長《けいちょう》の役《えき》）

スペシャルコラム

戦国《せんごく》時代の忍者《にんじゃ》とは?

実は飛鳥《あすか》時代から存在《そんざい》していたという忍者《にんじゃ》。一番活躍《かつやく》していたのは、戦国《せんごく》時代だ。その活躍《かつやく》に迫《せま》ってみよう。

主な仕事

敵地《てきち》にもぐりこんでスパイ活動をするなど、かげで活躍《かつやく》する「隠忍《いんにん》」と、戦《いくさ》で戦《たたか》ったり、聞きこみをする「陽忍《ようにん》」に大きく分かれる。手裏剣《しゅりけん》や、追ってくる敵《てき》の足もとにまく鉄びし、侵入《しんにゅう》するときに使う方位《ほうい》磁石《じしゃく》など、任務《にんむ》によって、特別《とくべつ》な道具や武器《ぶき》を使うこともあった。

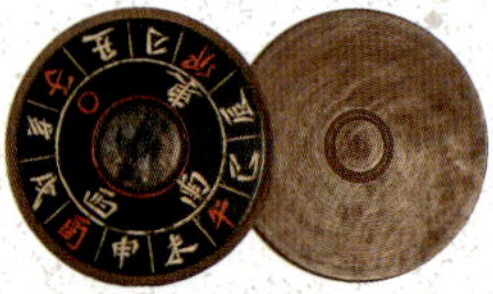

江戸《えど》時代に使われた方位磁石《ほういじしゃく》。

鉄びしのレプリカ。

手裏剣《しゅりけん》のレプリカ。

忍者《にんじゃ》の服装《ふくそう》

いかにも忍者《にんじゃ》らしい黒ずくめの装束《しょうぞく》は、主に「隠《いん》忍《にん》」が使っていた。しかし、実際《じっさい》は紺色《こんいろ》や柿渋色《かきしぶいろ》(赤黒い色)の装束《しょうぞく》で、このほうが月明りの下だと目立たなかった。「陽忍《ようにん》」は、聞きとりなどをするときに、変装《へんそう》することもあり、僧《そう》や商人など、いろいろな人に化けたという。

忍者装束《にんじゃしょうぞく》のレプリカ。

有名武将《ゆうめいぶしょう》と忍者集団《にんじゃしゅうだん》

織田信長《おだのぶなが》　饗談《きょうだん》

桶狭間《おけはざま》の戦《たたか》い P.86 で、信長《のぶなが》に攻《せ》めどきを教えたとされる。信長《のぶなが》の尾張統一《おわりとういつ》時代に用いた。

北条早雲《ほうじょうそううん》　風魔党《ふうまとう》

代だい北条《ほうじょう》家《け》に仕《つか》えている忍者集団《にんじゃしゅうだん》。風魔党《ふうまとう》のリーダーが有名な風魔小太郎《ふうまこたろう》だ。

毛利元就《もうりもとなり》　座頭衆《ざとうしゅう》・世鬼一族《せきいちぞく》

そのときどきにより、忍者《にんじゃ》を使い分けた。敵地《てきち》にもぐりこみ、寝返《ねがえ》らせることを得意《とくい》とした。

上杉謙信《うえすぎけんしん》　軒猿《のきざる》

川中島《かわなかじま》の戦《たたか》い P.40 で、武田方《たけだがた》の戦法《せんぽう》を見抜《みぬ》いた。敵《てき》の忍者《にんじゃ》の抹殺《まっさつ》も得意《とくい》だったとされる。

徳川家康《とくがわいえやす》　伊賀者《いがもの》・甲賀者《こうかもの》

少数で敵地《てきち》から逃亡《とうぼう》するときに助けられたことで、雇用《こよう》。江戸《えど》時代にも情報収集《じょうほうしゅうしゅう》などで活躍《かつやく》。

伊達政宗《だてまさむね》　黒脛巾組《くろはばきぐみ》

黒いすね当てを装備《そうび》していたので、こう呼《よ》ばれる。合戦《かっせん》などで活躍《かつやく》したが、架空《かくう》の可能性《かのうせい》も。

その四

徳川《とくがわ》家康《いえやす》の章

つらい経験《けいけん》に耐《た》えに耐《た》え江戸《えど》幕府《ばくふ》を築《きず》く

徳川《とくがわ》家康《いえやす》

出身地	三河《みかわ》（現在《げんざい》の愛知県《あいちけん》）
生　年	1542年
没　年	1616年（享年《きょうねん》75）

家康《いえやす》ってどんな人?

人質《ひとじち》経験《けいけん》が家康《いえやす》のがまん強さをつくる

江戸幕府《えどばくふ》を開き戦国《せんごく》時代に終止符《しゅうしふ》を打つ家康《いえやす》だが、子供《こども》のころから恵《めぐ》まれた環境《かんきょう》にいたわけではなかった。6歳《さい》のときに、今川義元《いまがわよしもと》P.30の人質《ひとじち》になるはずが、織田方《おだがた》にさらわれて織《お》田信長《だのぶなが》P.48の父親・信秀《のぶひで》の人質《ひとじち》となり、その後改《あらた》めて今川家《いまがわけ》の人質《ひとじち》になるなど、苦労《くろう》の多い子供《こども》時代を過《す》ごした。三大天下人《てんかびと》といわれる信長《のぶなが》や豊臣秀《とよとみひで》吉《よし》P.104と比《くら》べ、「がまん強い」というイメージがある家康《いえやす》だが、この性格《せいかく》は人質《ひとじち》として肩身《かたみ》の狭《せま》い日々を過《す》ごした経験《けいけん》からきているのかもしれない。だが、人質《ひとじち》時代に学ぶことも多かったようだ。のちに同盟《どうめい》を組む信《のぶ》長《なが》との出会いや、義元《よしもと》の先生である太原雪斎《たいげんせっさい》のもとで軍法《ぐんぽう》や学問を教わるなど、その後の家康《いえやす》の人生によい影響《えいきょう》もあたえた。とくに雪斎《せっさい》のもとで勉強できたことは、学ぶことの大切さを知るよいきっかけになった。

家康《いえやす》の勉強《べんきょう》好《ず》きは死ぬまで変《か》わることがなく、なかでも薬に関《かん》する知《ち》識《しき》は相当なものだと自負していた。鯛《たい》のてんぷらにあたったときにも、苦しくなって飲んだ薬は自分で調合したものだったという。実際《じっさい》のところ、この薬が効《き》かなかったために死んだといわれている。

また読書も好《す》きで、隠居《いんきょ》してからは、自分で本を出版《しゅっぱん》するほどだった。そのために、最新《さいしん》の印刷《いんさつ》技術《ぎじゅつ》を学んだという。

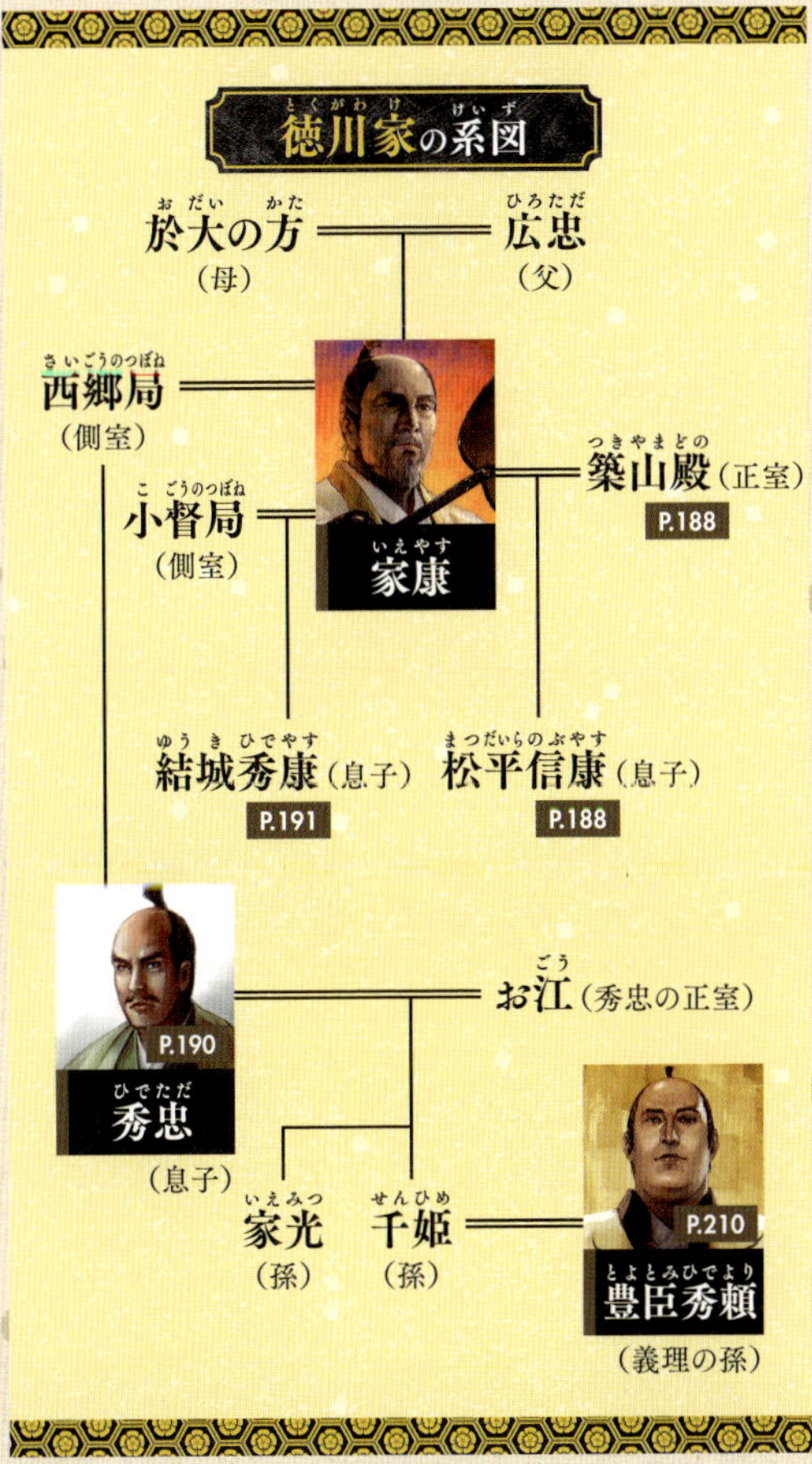
徳川家《とくがわけ》の系図《けいず》
於大の方《おだいのかた》（母）
広忠《ひろただ》（父）
西郷局《さいごうのつぼね》（側室）
家康《いえやす》
築山殿《つきやまどの》（正室）
P.188
小督局《こごうのつぼね》（側室）
結城秀康《ゆうきひでやす》（息子）
P.191
松平信康《まつだいらのぶやす》（息子）
P.188
P.190
秀忠《ひでただ》
（息子）
お江《ごう》（秀忠の正室）
家光《いえみつ》（孫）
千姫《せんひめ》（孫）
P.210
豊臣秀頼《とよとみひでより》
（義理の孫）

どんな人生を送ったの？

不遇《ふぐう》な子供《こども》時代と信長《のぶなが》との縁《えん》

家康《いえやす》が生まれたとき、父親は岡崎《おかざき》城主《じょうしゅ》だった。当時このあたりは今川《いまがわ》氏《し》、織田《おだ》氏《し》が領地拡大《りょうちかくだい》のため、戦《たたか》いを続《つづ》けていた場所。弱小大名だったなく、家康《いえやす》の父親が太刀《たち》打《う》ちできるはずもなく、6歳《さい》の息子・家康《いえやす》を今川《いまがわ》氏《し》に人質《ひとじち》として差《さ》しだし、身の安全を図る。これが長い人質《ひとじち》生活の始まりとなり、家康《いえやす》が19歳《さい》のときに、義元《よしもと》が信長《のぶなが》に桶狭間《おけはざま》の戦《たたか》い P.86 で討《う》ちとられるまで続《つづ》く。

その後は、信長《のぶなが》と清洲同盟《きよすどうめい》を組んで一緒《いっしょ》に戦《たたか》う。姉川《あねがわ》の戦《たたか》い P.90 では勝《しょう》利《り》をおさめるが、信長《のぶなが》にふりまわされることも多かったようだ。武田《たけだ》氏《し》と戦《たたか》った三方ヶ原《みかたがはら》の戦《たたか》いでは、信長《のぶなが》に援軍要請《えんぐんようせい》をしてもなかなか来ず、家康《いえやす》も軽率《けいそつ》な行動に出てしまいボロ負け。命からがら居城《きょじょう》に逃《に》げ戻《もど》った。長篠《ながしの》・設楽原《したらがはら》の戦《たたか》い P.94 でも信長《のぶなが》の応援《おうえん》が来なかったため、敗北寸前《はいぼくすんぜん》まで追いこまれる一幕《ひとまく》もあった。最大《さいだい》の不幸《ふこう》は、信長《のぶなが》の命《めい》で妻《つま》の築山殿《つきやまどの》 P.188 と嫡男《ちゃくなん》の信康《のぶやす》 P.188 を死に追いこんだこと。信長《のぶなが》に、築山殿《つきやまどの》と信康《のぶやす》が武田《たけだ》氏《し》に通じていると、うたがいをかけられたのだ。信康《のぶやす》は優秀《ゆうしゅう》な息子といわれていたため、家康《いえやす》も苦渋《くじゅう》の決断《けつだん》だった。その後も家康《いえやす》は、律義者《りちぎもの》らしく信長《のぶなが》に従《したが》っている。

秀吉《ひでよし》死後から態度《たいど》を一変《いっぺん》虎視眈々《こしたんたん》と天下をねらう

信長《のぶなが》亡《な》き後は信長《のぶなが》の次男・信雄《のぶかつ》 P.56 を支持《しじ》。小牧《こまき》・長久手《ながくて》で秀吉《ひでよし》と戦《たたか》うが、信雄《のぶかつ》が秀吉《ひでよし》に降伏《こうふく》したため、家《いえ》康《やす》も秀吉《ひでよし》の下につくことになった P.172 。1590年、秀吉《ひでよし》の小田原《おだわら》攻《ぜ》め P.174 に

徳川家康《とくがわいえやす》年表

1542年（1歳）	三河《みかわ》で生まれる
1547年（6歳）	今川《いまがわ》家《け》の人質《ひとじち》に出されるが、その道中で織田《おだ》家《け》に拉致《らち》される
1549年（8歳）	今川《いまがわ》家《け》の人質《ひとじち》となる
1560年（19歳）	桶狭間《おけはざま》の戦《たたか》いの後今川《いまがわ》家《け》より独立《どくりつ》する
1562年（21歳）	織田信長《おだのぶなが》と同盟《どうめい》を結《むす》ぶ
1564年（23歳）	三河《みかわ》一向《いっこう》一揆《いっき》を鎮圧《ちんあつ》
1566年（25歳）	松平《まつだいら》から「徳川《とくがわ》」に姓《せい》を改《あらた》める
1570年（29歳）	姉川《あねがわ》の戦《たたか》いで織田信長《おだのぶなが》と一緒《いっしょ》に、浅井《あざい》・朝倉《あさくら》氏《し》と戦《たたか》う
1572年（31歳）	三方ヶ原《みかたがはら》の戦《たたか》いで武田《たけだ》軍《ぐん》に惨敗《ざんぱい》する

参加《さんか》。この戦《たたか》いの後、秀吉《ひでよし》から領地《りょうち》をあたえられる。ここから家康《いえやす》は拠《きょ》点《てん》を江戸《えど》（現在《げんざい》の東京都《とうきょうと》）と決め、町づくりを始めた。秀吉《ひでよし》の晩年《ばんねん》、五《ご》大老《たいろう》という重大な地位《ちい》につくが、秀《ひで》吉《よし》が亡《な》くなると、ほかの大老《たいろう》たちを無視《むし》して天下人《てんかびと》のようにふるまう。

このことに腹《はら》を立てた石田三成《いしだみつなり》P.126らが、家康《いえやす》に対して、戦《たたか》いを挑《いど》んだのが1600年の関ケ原《せきがはら》の戦《たたか》いP.230だ。様《さま》ざまな裏切《うらぎ》り工作を仕組み、家康《いえやす》の勝利《しょうり》で終わる。1603年に征夷《せいい》大将軍《たいしょうぐん》となり、江戸《えど》で幕府《ばくふ》を開くが、わずか2年後には息子の秀忠《ひでただ》P.190に将《しょう》軍職《ぐんしょく》をゆずった。しかしその後も、実権《じっけん》は家康《いえやす》がにぎっていたようだ。

その後大坂《おおさか》冬の陣《じん》P.234、夏の陣《じん》P.238で、邪魔《じゃま》な豊臣《とよとみ》氏をほろぼし、徳川《とくがわ》の天下を確実《かくじつ》なものにした。1616年、鷹狩《たかが》りに行った帰りに出された鯛《たい》のてんぷらを食べて腹痛《ふくつう》を起こし、これがもとで死去したといわれている。

駿府城《すんぷじょう》の家康像《いえやすぞう》

家康《いえやす》が築城《ちくじょう》した駿府城《すんぷじょう》（静岡県《しずおかけん》）。一度城《しろ》を離《はな》れるが、隠居後《いんきょご》に再《ふたた》びここに住んだという。現《げん》在《ざい》は鷹狩《たかが》りをする家康像《いえやすぞう》が建《た》っている。

	1575年	（34歳）	長篠《ながしの》・設楽原《したらがはら》の戦《たたか》いで織《お》田軍《だぐん》とともに武田軍《たけだぐん》に勝《しょう》利《り》する
	1579年	（38歳）	正室《せいしつ》の築山殿《つきやまどの》と長男・信《のぶ》康《やす》を死に追いやる
	1584年	（43歳）	小牧《こまき》・長久手《ながくて》の戦《たたか》いで豊《とよ》臣秀吉《とみひでよし》と対決
	1586年	（45歳）	秀吉《ひでよし》の妹を正室《せいしつ》にもらい、以後《いご》、秀吉《ひでよし》に仕《つか》えるようになる
	1590年	（49歳）	秀吉《ひでよし》から関東《かんとう》の地を賜《たまわ》り、江戸城《えどじょう》を本拠地《ほんきょち》とする
重要!	1600年	（59歳）	関ケ原《せきがはら》の戦《たたか》いで石田三成《いしだみつなり》に勝利《しょうり》する
	1603年	（62歳）	征夷大将軍《せいいたいしょうぐん》に任命《にんめい》される。江戸幕府《えどばくふ》を開く
	1614年	（73歳）	大坂冬《おおさかふゆ》の陣《じん》が起こる
重要!	1615年	（74歳）	大坂夏《おおさかなつ》の陣《じん》で豊臣家《とよとみけ》をほろぼす
	1616年	（75歳）	駿府城《すんぷじょう》にて死去

どんな功績《こうせき》を残《のこ》したの?

人材配置《じんざいはいち》や法制定《ほうせいてい》で幕藩体制《ばくはんたいせい》を築《きず》く

長らく信長《のぶなが》と秀吉《ひでよし》に従《したが》ってきた家《いえ》康《やす》だが、秀吉《ひでよし》の死後、次第《しだい》に頭角を現《あらわ》すようになる。そしてその政策《せいさく》は、そのまま江戸幕府《えどばくふ》の基盤《きばん》となっていくのである。

関ケ原《せきがはら》の戦《たたか》い後、家康《いえやす》は三成《みつなり》の西《せい》軍《ぐん》に加担《かたん》した大名家の取《と》り潰《つぶ》しや領《りょう》地《ち》の没収《ぼっしゅう》など、厳《きび》しく処罰《しょばつ》し、西軍《せいぐん》の有力大名の力を弱めている。没収《ぼっしゅう》した土地は東軍《とうぐん》に属《ぞく》した大名に配分し、とくに秀吉《ひでよし》と近い関係《かんけい》にあった大名にあたえ、秀吉《ひでよし》の忠臣《ちゅうしん》たちに恩《おん》を売ったのである。一方であたえられた領地《りょうち》は東北《とうほく》、中国《ちゅうごく》、四国《しこく》、九州《きゅうしゅう》といった江戸《えど》から離《はな》れた場所が多く、秀吉《ひでよし》に目をかけられ引き立てられた武将《ぶしょう》を中央政権《せいけん》から遠ざけ、さらに各地《かくち》に拡散《かくさん》させる意図もあった。各《かく》地《ち》の重要《じゅうよう》地点や江戸《えど》からほど近い関《かん》東《とう》には、身内や古くからの家臣《かしん》を置《お》いた。こうして、大名のすみ分けを明確《めいかく》にして、徳川《とくがわ》一門中心の幕藩体《ばくはんたい》制《せい》を築《きず》いた。

また家康《いえやす》は、検地《けんち》のときに使う物《もの》差《さ》しのサイズを統一《とういつ》したり、参勤交《さんきんこう》代《たい》を制度化《せいどか》するなど、秀吉《ひでよし》の政治《せいじ》システムを積極的《せっきょくてき》に取り入れていた。ただし、秀吉《ひでよし》のように政権《せいけん》が短期で終わらないように、征夷大将軍《せいいたいしょうぐん》の座《ざ》を2年で息子にゆずっている。これは代だい徳川家《とくがわけ》が征夷大将軍《せいいたいしょうぐん》を継《つ》ぐことを、周囲《しゅうい》に印象《いんしょう》づけるためだった。大坂《おおさか》の陣《じん》後、諸大名《しょだいみょう》をまとめるための「武家諸法度《ぶけしょはっと》」を制定《せいてい》。諸大《しょだい》名《みょう》へ向けて江戸幕府《えどばくふ》が決めたルールで、これを破《やぶ》ると処罰《しょばつ》された。

こうして250年続《つづ》く江戸幕府《えどばくふ》の体制《たいせい》は盤石《ばんじゃく》なものとなる。

知っ得エピソード

人生最大《さいだい》の失敗《しっぱい》を戒《いまし》めにする

家康最大《いえやすさいだい》の失敗《しっぱい》は、武田氏《たけだし》と戦《たたか》った三方ケ原《みかたがはら》の戦《たたか》いでの惨敗《ざんぱい》。家康《いえやす》は馬を走らせ、当時住んでいた浜松城《はままつじょう》にやっとのことで逃《に》げ帰ってきた。あまりの敗北《はいぼく》ぶりに、反省《はんせい》した家康《いえやす》は、このときのことを忘《わす》れないように疲《つか》れきった自分の姿《すがた》を絵に描《か》いてもらい、常《つね》に手元に置《お》いたという。

名刀にクローズアップ

ソハヤノツルギ

家康《いえやす》が天下泰平《たいへい》を願《ねが》った刀

刀データ

所有者	徳川家康《とくがわいえやす》
作　者	三池光世《みいけみつよ》
刀《とう》　身《しん》	鎌倉《かまくら》時代／刃長《はちょう》・67.6㎝ 反《そ》り・2.5㎝ 元幅《もとはば》・3.9㎝ 先幅《さきはば》・2.8㎝
所《しょ》　蔵《ぞう》	久能山東照宮《くのうざんとうしょうぐう》

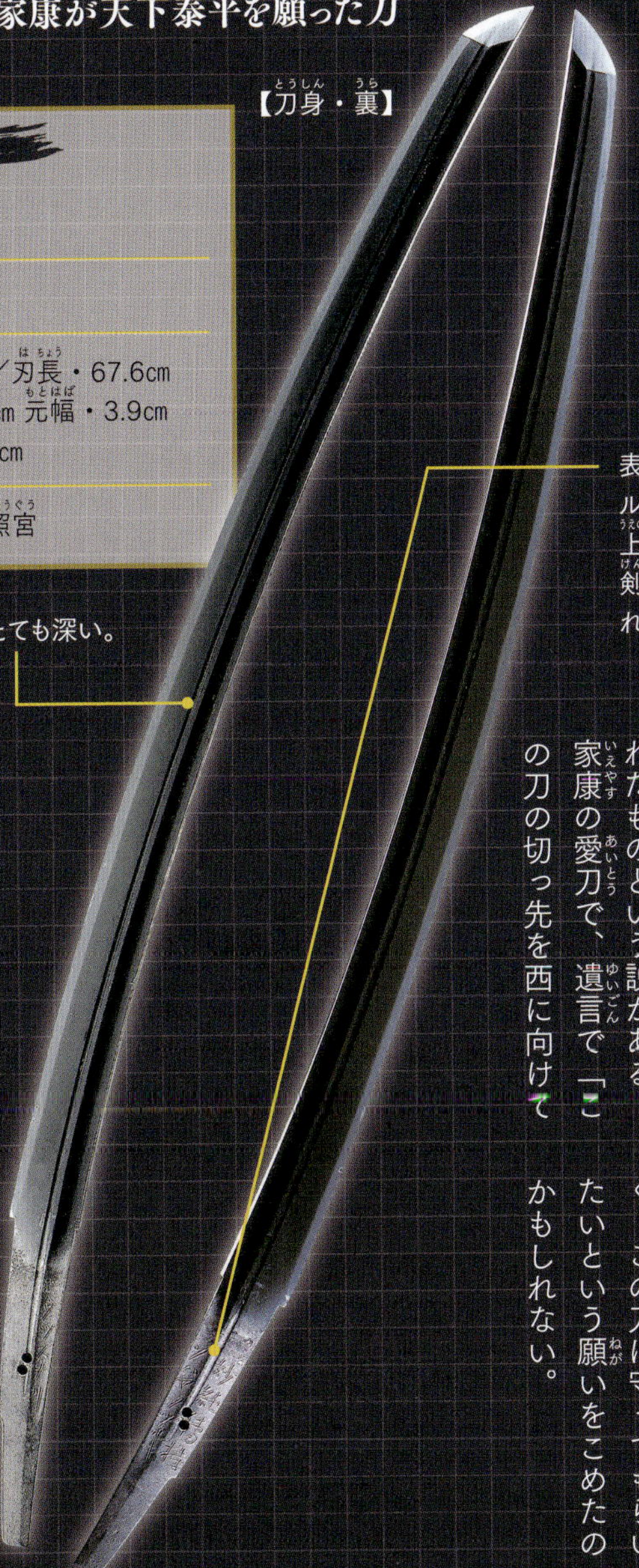

【刀身《とうしん》・裏《うら》】

【刀身《とうしん》・表】

反《そ》りがとても深い。

表に「妙純傳持《みょうじゅんでんじ》ソハヤノツルギ」とある。そのため坂《さかの》上《うえの》田《た》村《むら》麻《ま》呂《ろ》の楚《そ》葉《は》矢《や》の剣《けん》を写してつくられたとされる。

Zoom!

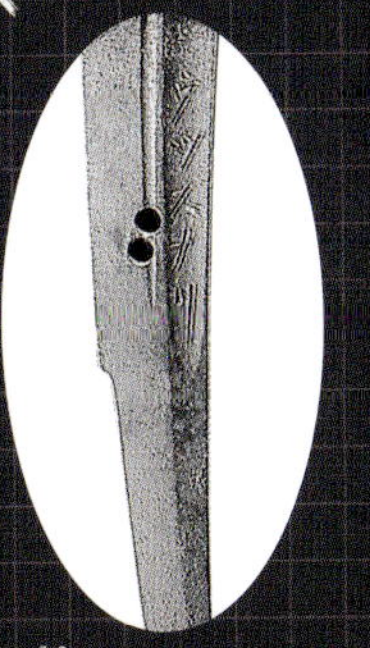

裏《うら》に「ウツスナリ」と彫《ほ》ってあり、写してつくられた刀ということがわかる。

家康《いえやす》が遺言《ゆいごん》に残《のこ》した刀にこめたメッセージ

平安時代の武将《ぶしょう》・坂上《さかのうえの》田《た》村《むら》麻《ま》呂《ろ》の刀を写してつくられたものという説《せつ》がある。家康《いえやす》の愛刀《あいとう》で、遺言《ゆいごん》で「この刀の切っ先を西に向けて安置《あんち》するように」と言い残《のこ》したそうだ。

大坂《おおさか》の陣《じん》で豊臣家《とよとみけ》をほろぼしたものの、まだ西国には豊臣家《とよとみけ》に近しい大名が多く、この刀に守ってもらいたいという願《ねが》いをこめたのかもしれない。

家康《いえやす》と関《かか》わりのあった人びと

信長《のぶなが》に自害《じがい》させられた家康《いえやす》の嫡男《ちゃくなん》

松平信康《まつだいらのぶやす》

1559〜1579年（享年《きょうねん》21）

家康《いえやす》の長男。織田信長《おだのぶなが》の娘《むすめ》・徳姫《とくひめ》を妻《つま》にもらう。武勇《ぶゆう》にすぐれ、将来《しょうらい》を期待されていたが、信長《のぶなが》に武田氏《たけだし》との内通《ないつう》をうたがわれ、自害《じがい》に追《お》いこまれた。

現在《げんざい》の二俣城跡《ふたまたじょうあと》

信康《のぶやす》が自害《じがい》したといわれる二俣城《ふたまたじょう》（静岡県《しずおかけん》）の天守台跡《てんしゅだいあと》。

不仲《ふなか》だった家康《いえやす》の正室《せいしつ》

築山殿《つきやまどの》

1542?〜1579年（享年《きょうねん》38?）

今川義元《いまがわよしもと》の姪《めい》で、家康《いえやす》の人質《ひとじち》時代に妻《つま》になる。夫婦仲《ふうふなか》はあまりよくなかったという。息子・信康《のぶやす》の嫁《よめ》で、織田信長《おだのぶなが》の娘《むすめ》である徳姫《とくひめ》が信長《のぶなが》に送った書状《しょじょう》によって武田氏《たけだし》との内通《ないつう》をうたがわれ、家康《いえやす》の命《めい》で殺害《さつがい》された。

築山殿《つきやまどの》の肖像《しょうぞう》

築山殿《つきやまどの》の肖像画《しょうぞうが》。築山殿《つきやまどの》と信《のぶ》康《やす》の嫁《よめ》・徳姫《とくひめ》は、仲《なか》が悪かったとされる。

関ケ原《せきがはら》の戦《たたか》いで先陣《せんじん》を切る

松平忠吉《まつだいらただよし》

1580〜1607年（享年《きょうねん》28）

家康《いえやす》の四男。関ケ原《せきがはら》の戦《たたか》いで、井伊直政《いいなおまさ》 P.194 とともに先陣《せんじん》を切り、この武功《ぶこう》により清洲《きよす》（現在《げんざい》の愛知県《あいちけん》）をあたえられる。しかし、跡継《あとつ》ぎのないまま急死した。

島流しの刑《けい》となった家康《いえやす》の息子

松平忠輝《まつだいらただてる》

1592〜1683年（享年《きょうねん》92）

家康《いえやす》の六男。伊達政宗《だてまさむね》 P.140 の娘《むすめ》・五郎八姫《いろはひめ》と結婚《けっこん》。大坂夏《おおさかなつ》の陣《じん》のときの遅刻《ちこく》などを理由に、武士《ぶし》の身分をうばわれ島流しとなるが、流刑地《るけいち》で92歳《さい》まで生きた。

関ケ原《せきがはら》の前哨戦《ぜんしょうせん》・伏見城《ふしみじょう》で散《ち》った家康《いえやす》の側近《そっきん》

鳥居元忠《とりいもとただ》

1539～1600年（享年《きょうねん》62）

家康《いえやす》の人質《ひとじち》時代からの家臣《かしん》。家康《いえやす》の側近《そっきん》として活躍《かつやく》し、豊臣秀吉《とよとみひでよし》に官位《かんい》をあたえると言われたときには、家康《いえやす》への忠誠《ちゅうせい》心《しん》を理由に断《ことわ》った。関ケ原《せきがはら》の戦《たたか》いでは伏見城《ふしみじょう》（京都府《きょうとふ》）を守るが、20倍以上《いじょう》の兵力《へいりょく》を有した西軍《せいぐん》に攻《せ》められ討死《うちじに》。

長篠《ながしの》・設楽原《したらがはら》の戦《たたか》いの火ぶたを切る

奥平貞昌《おくだいらさだまさ》

1555～1615年（享年《きょうねん》61）

もとは武田《たけだ》氏《し》の家臣《かしん》だったが、家康《いえやす》に寝返《ねがえ》る。怒《おこ》った武田勝頼《たけだかつより》P.78は、貞昌《さだまさ》の長篠城《ながしのじょう》に進軍《しんぐん》。これを機《き》に長篠《ながしの》・設楽原《したらがはら》の戦《たたか》いが開戦《かいせん》。織田《おだ》・徳川《とくがわ》連合軍《れんごうぐん》の勝利《しょうり》に貢献《こうけん》する。関ケ原《せきがはら》の戦《たたか》い後に加納藩《かのうはん》（現在《げんざい》の岐阜県《ぎふけん》）10万石《まんごく》を任《まか》された。

家康《いえやす》・秀忠《ひでただ》の側近《そっきん》として仕《つか》える

本多正信《ほんだまさのぶ》

1538～1616年（享年《きょうねん》79）

幼少《ようしょう》から家康《いえやす》に仕《つか》えるが、家康《いえやす》と敵対《てきたい》していた三河一向一揆《みかわいっこういっき》に加担《かたん》し浪人《ろうにん》になる。のちに許《ゆる》され家康《いえやす》の側近《そっきん》として活躍《かつやく》。家康《いえやす》とはすべて語らずとも言うことを理解《りかい》し合える仲《なか》だったという。その後家康《いえやす》の息子・秀忠《ひでただ》の側近《そっきん》となった。

家康《いえやす》の伊賀越《いがご》えをサポート

服部正成《はっとりまさなり》

1542～1596年（享年《きょうねん》55）

通称《つうしょう》の半蔵《はんぞう》という名でよく知られている。家康《いえやす》には父の代から仕《つか》えた。伊賀《いが》（現在《げんざい》の三重県《みえけん》）出身で、合戦《かっせん》では伊賀《いが》忍者《にんじゃ》を率《ひき》いたとされ、本能寺《ほんのうじ》の変《へん》P.98が起きたときには、堺《さかい》にいた家康《いえやす》が無事三河《みかわ》に帰れるように警備《けいび》にあたった。

突然謎《とつぜんなぞ》の裏切《うらぎ》り行為《こうい》を働《はたら》く

石川数正《いしかわかずまさ》

?～1592年（享年《きょうねん》?）

家康《いえやす》の人質《ひとじち》時代から仕《つか》える古参《こさん》の家臣《かしん》で、織田信長《おだのぶなが》との同盟締結《どうめいていけつ》にも尽力《じんりょく》した。徳川家《とくがわけ》の家老《かろう》として、内政《ないせい》、外交に活躍《かつやく》する。１５８５年、突然《とつぜん》家康《いえやす》を裏切《うらぎ》り豊臣秀吉《とよとみひでよし》についた。その理由は家康《いえやす》と仲《なか》たがいをしたから、秀吉《ひでよし》にいい条件《じょうけん》を提示《ていじ》されたからなど諸説《しょせつ》あるが、真相は謎《なぞ》のままだ。

現在《げんざい》の松本城《まつもとじょう》

天守群《てんしゅぐん》が国宝《こくほう》に指定されている松本城《まつもとじょう》（長野県《ながのけん》）は、かつて石川数正《いしかわかずまさ》の居城《きょじょう》だった。ただし、天守群《てんしゅぐん》の建物《たてもの》は数正《かずまさ》以降《いこう》のもの。

まじめな人格者《じんかくしゃ》の唯一《ゆいいつ》の弱点は戦《いくさ》

徳川秀忠《とくがわひでただ》

出身地	遠江《とおとうみ》（現在《げんざい》の静岡県《しずおかけん》）
生　年	1579年
没　年	1632年（享年《きょうねん》54）

関ケ原《せきがはら》の戦《たたか》いに遅刻《ちこく》し家康《いえやす》に叱《しか》られる

徳川幕府《とくがわばくふ》2代将軍《しょうぐん》。徳川家康《とくがわいえやす》P.182の三男で、松平信康《まつだいらのぶやす》P.188と結城秀康《ゆうきひでやす》P.191という兄がいた。しかし、まじめで謙虚《けんきょ》な人柄《ひとがら》が評価《ひょうか》され、家康《いえやす》の後継者《こうけいしゃ》となれた。

関ケ原《せきがはら》の戦《たたか》いP.230では、家康《いえやす》とは別《べつ》の隊《たい》を率《ひき》いて出兵《しゅっぺい》。途中《とちゅう》で、真田《さなだ》昌《まさ》幸《ゆき》P.212と真田幸村《さなだゆきむら》P.216が籠城《ろうじょう》する上田城《うえだじょう》を攻撃《こうげき》したP.228。この戦《たたか》いに苦戦《くせん》して関ケ原《せきがはら》の本戦《ほんせん》に間に合わず、家康《いえやす》から叱《しか》られている。この遅刻《ちこく》がトラウマとなり、大坂《おおさか》の陣《じん》P.234 P.238では、家康《いえやす》や側近《そっきん》に自分が到着《とうちゃく》するまで攻撃《こうげき》しないように言い、自分は猛《もう》スピードで大坂《おおさか》に向かった。これが逆《ぎゃく》に隊列《たいれつ》を乱《みだ》し、また家康《いえやす》に叱《しか》られた。家康《いえやす》の死後は国のトップとして主導権《しゅどうけん》を発揮《はっき》し、晩年《ばんねん》まで実権《じっけん》をにぎった。

知っ得エピソード

天下の徳川将軍《とくがわしょうぐん》は恐妻家《きょうさいか》だった

豊臣秀吉《とよとみひでよし》P.104の取りもちで、秀忠《ひでただ》は6歳《さい》年上のお江《ごう》（浅井《あざい》長政《ながまさ》P.72の三女で、織田信長《おだのぶなが》P.48の姪《めい》）を妻《つま》に迎《むか》えている。子宝《こだから》に恵《めぐ》まれ、夫婦仲《ふうふなか》はよかった。だが、姉《あね》さん女房《にょうぼう》だったお江《ごう》に秀忠《ひでただ》は終生頭が上がらず、側室《そくしつ》をひとりももたないほどであった。

秀吉《ひでよし》の養子《ようし》となった家康《いえやす》の息子

結城秀康《ゆうきひでやす》

徳川家康《とくがわいえやす》P.182の次男。家康《いえやす》の長男・松平信康《まつだいらのぶやす》P.188の死後、本来なら秀康《ひでやす》が跡継《あとつ》ぎになるはずだが、一説《いっせつ》には、家康《いえやす》に嫌《きら》われていたために、跡《あと》とりにはなれなかったという。

家康《いえやす》が織田信雄《おだのぶかつ》P.56とともに豊臣秀吉《とよとみひでよし》P.104と戦《たたか》った小牧《こまき》・長《なが》久手《くて》の戦《たたか》いP.172では、家康《いえやす》と秀《ひで》吉《よし》の和解《わかい》のために、秀康《ひでやす》が人質《ひとじち》になる。秀吉《ひでよし》の養子《ようし》となって、羽柴秀康《はしばひでやす》を名乗った。

その後、１５９１年に秀吉《ひでよし》の命令《めいれい》で、名族・結城《ゆうき》家《け》を継《つ》いだ。１６００年の関ケ原《せきがはら》の戦《たたか》いP.230では会津《あいづ》(福島県《ふくしまけん》)の上杉景勝《うえすぎかげかつ》P.150が西へ向かうのを防《ふせ》ぐため、宇都宮城《うつのみやじょう》に着陣《ちゃくじん》した。関ケ原《せきがはら》の戦《たたか》い後は松平《まつだいら》を名乗り、越前《えちぜん》(現在《げんざい》の福井県《ふくいけん》)福井藩初代藩主《ふくいはんしょだいはんしゅ》となった。

出身地
遠江《とおとうみ》(現在《げんざい》の静岡県《しずおかけん》)

生年
1574年

没年
1607年(享年《きょうねん》34)

幕府《ばくふ》への反抗《はんこう》の代償《だいしょう》は島流しの刑《けい》

松平忠直《まつだいらただなお》

結城秀康《ゆうきひでやす》の長男で、徳川家《とくがわいえ》康《やす》P.182の孫《まご》。大坂冬《おおさかふゆ》の陣《じん》P.234、夏《なつ》の陣《じん》P.238に参陣《さんじん》している。

とくに夏《なつ》の陣《じん》では、猛将《もうしょう》として知られる真田幸村《さなだゆきむら》P.216を討《う》ちとり、武功《ぶこう》をあげた。しかし、それに対するほうびが少なかったことを不満《ふまん》に思い、徳川幕府《とくがわばくふ》に不信感《ふしんかん》を抱《いだ》くようになる。

１６０７年に父の跡《あと》を継《つ》ぎ、福井藩主《ふくいはんしゅ》となった。家康《いえやす》が亡《な》くなると、参勤交代《さんきんこうたい》を行わないなど、大名らしからぬ態度《たいど》をとるようになる。

１６２３年、ついに素行《そこう》の悪さが問題になり、幕《ばく》府《ふ》から大名の座《ざ》をうばわれる。豊後《ぶんご》(現在《げんざい》の大分《おおいた》県《けん》)に流され、同地で病死した。

出身地
摂津《せっつ》(現在《げんざい》の大阪府《おおさかふ》、兵庫県《ひょうごけん》)

生年
1595年

没年
1650年(享年《きょうねん》56)

幼《おさな》いころから家康《いえやす》を支《ささ》える徳川《とくがわ》四天王の最古参《さいこさん》

酒《さか》井《い》忠《ただ》次《つぐ》

出身地	三河《みかわ》（現在《げんざい》の愛知県《あいちけん》）
生　年	1527年
没　年	1596年（享年《きょうねん》70）

家康《いえやす》の人質《ひとじち》時代から ともに過《す》ごす

徳川家康《とくがわいえやす》 P.182 の父・松平広忠《まつだいらひろただ》の時代から、徳川家《とくがわけ》（当時は松平姓《まつだいらせい》）に仕《つか》える。その縁《えん》で広忠《ひろただ》の妹を妻《つま》とした。家康《いえやす》の天下取りを支《ささ》えた、徳川家《とくがわけ》でもとくに優秀《ゆうしゅう》な家臣《かしん》・徳川《とくがわ》四天王のひとり。家康《いえやす》とのつき合いも古く、家康《いえやす》が今川《いまがわ》氏《し》の人質《ひとじち》だったときも一《いっ》緒《しょ》に今川《いまがわ》の領地《りょうち》に行き、ともに過《す》ごしていた。その後徳川家《とくがわけ》の家老《かろう》に。

１５６４年の吉田城攻《よしだじょうぜ》めでは、今《いま》川方《がわがた》の吉田城《よしだじょう》を無血開城《むけつかいじょう》させ、同城《どうじょう》を家康《いえやす》からあたえられた。１５７５年の長篠《ながしの》・設楽原《したらがはら》の戦《たたか》い P.94 では、徳《とく》川《がわ》と同盟関係《どうめいかんけい》だった織田信長《おだのぶなが》 P.48 に夜《や》襲《しゅう》を提案《ていあん》。武田軍《たけだぐん》を背後《はいご》から襲《おそ》い、武田軍《たけだぐん》に攻《せ》められていた長篠城《ながしのじょう》を救《すく》う。１５８８年、息子に家督《かとく》をゆずり隠居《いんきょ》。京都《きょうと》で病死した。

知っ得エピソード

家康《いえやす》の息子を救《すく》えず 主従関係《しゅじゅうかんけい》がこじれる

家康《いえやす》の長男《ちょうなん》・松平信康《まつだいらのぶやす》 P.188 は、信長《のぶなが》に謀反《むほん》のうたがいをかけられ切腹《せっぷく》した。このとき忠次《ただつぐ》は、信長《のぶなが》から謀反《むほん》について問い詰《つ》められたが、うまく弁解《べんかい》できず信康《のぶやす》をかばうことができなかった。家康《いえやす》はこれを根にもち、次第《しだい》に忠次《ただつぐ》を遠ざけるようになったといわれる。

本《ほん》多《だ》忠《ただ》勝《かつ》

武勇《ぶゆう》にすぐれ、その生涯《しょうがい》で戦《いくさ》の傷《きず》は皆無《かいむ》

出身地	三河《みかわ》（現在《げんざい》の愛知県《あいちけん》）
生　年	1548年
没　年	1610年（享年《きょうねん》63）

勇猛《ゆうもう》さをかわれ合戦《かっせん》で家康《いえやす》をサポート

本多忠高《ほんだただたか》の子で、別名平八郎《べつめいへいはちろう》とも呼《よ》ばれた。徳川家康《とくがわいえやす》P.182の家臣《かしん》の徳川《とくがわ》四天王のなかでも、とくに勇猛《ゆうもう》な武将《ぶしょう》として知られた。その証《あかし》として、生涯《しょうがい》で50以上《いじょう》の合戦《かっせん》に参加《さんか》して勇敢《ゆうかん》に戦《たたか》いながら、かすり傷《きず》ひとつ負わなかったといわれている。

小牧《こまき》・長久手《ながくて》の戦《たたか》いP.172では、わずか3000騎《き》で、豊臣秀吉《とよとみひでよし》P.104の数万の大軍《たいぐん》に挑《いど》み、敵将《てきしょう》の秀吉《ひでよし》を感心させた。

1590年に家康《いえやす》が関東《かんとう》に入った際《さい》に、秀吉《ひでよし》の命《めい》により、上総《かずさ》（現在《げんざい》の千葉県《ちばけん》）大多喜城主《おおたきじょうしゅ》となった。関《せき》ケ原《がはら》の戦《たたか》いP.230以後《いご》は、政治面《せいじめん》であまり活躍《かつやく》の場をあたえられず、桑名城《くわなじょう》（三重県《みえけん》）で病死した。

知っ得エピソード

戦国《せんごく》の猛者《もさ》たちからほめられまくる

「家康《いえやす》にはもったいないほどの勇将《ゆうしょう》」と言われた本多忠勝《ほんだただかつ》。織田信長《おだのぶなが》P.48も、その勇姿《ゆうし》を評価《ひょうか》した。忠勝《ただかつ》の配下の兵《へい》も「背《せ》中《なか》に楯《たて》を背負《せお》っているよう」と安心してついてきたという。敵方《てきがた》の武田信玄《たけだしんげん》P.16や秀吉《ひでよし》にも称賛《しょうさん》されており、敵《てき》味方を問わず名声を集めた。

燃《も》える赤を身にまとう若《わか》き猛将《もうしょう》

井《い》伊《い》直《なお》政《まさ》

出身地	遠江《とおとうみ》（現在《げんざい》の静岡県《しずおかけん》）
生　年	1561年
没　年	1602年（享年《きょうねん》42）

武田家《たけだけ》から受《う》け継《つ》いだ勇猛《ゆうもう》な「赤備《あかぞな》え」

徳川《とくがわ》四天王のなかで、もっとも年下の武将《ぶしょう》。生まれながらにして徳川《とくがわ》家《け》の家臣《かしん》だったほかの四天王とは異《こと》なり、もとは今川家《いまがわけ》の家臣《かしん》だった井《い》伊直親《いなおちか》の子に生まれた。父は直政《なおまさ》が幼《おさな》いころに謀反《むほん》をうたがわれて殺《ころ》される。このとき謀反人《むほんにん》の子として、直政《なおまさ》自身も今川家《いまがわけ》に殺《ころ》される可能性《かのうせい》があったため、故郷《こきょう》を出てしばらく身を隠《かく》した。その後、母親の再婚《さいこん》相手である松下清景《まつしたきよかげ》が、当時浜松城主《はままつじょうしゅ》であった徳川家康《とくがわいえやす》P.182に直政《なおまさ》を引き合わせ、家康《いえやす》に仕《つか》えることになった。

1576年、直政《なおまさ》16歳《さい》での初陣《ういじん》以《い》来《らい》、徳川《とくがわ》の戦《たたか》いでは常《つね》に先陣《せんじん》を切って戦《たたか》うようになる。その働《はたら》きぶりで、家康《いえやす》が厚《あつ》い信頼《しんらい》をおく存在《そんざい》となった。井伊家《いいけ》では上から下まで赤でそろえた「赤備《あかぞな》え」の甲冑《かっちゅう》を使用する者が多く、直政《なおまさ》も赤い甲冑《かっちゅう》を身に着け、勇猛《ゆうもう》な直政《なおまさ》が率《ひき》いる「井伊《いい》の赤備《あかぞな》え」は、戦場《せんじょう》で恐《おそ》れられるようになった。

このルーツは、1582年にほろびた武田家《たけだけ》にある。甲斐《かい》（現在《げんざい》の山梨《やまなし》県《けん》）の武田家《たけだけ》を織田《おだ》・徳川軍《とくがわぐん》が制圧《せいあつ》した後、生き残《のこ》った武田《たけだ》の旧臣《きゅうしん》を直政《なおまさ》が預《あず》かることになった。この旧臣《きゅうしん》が武勇《ぶゆう》で知られた武田《たけだ》の赤備《あかぞな》え部隊《ぶたい》で、直政《なおまさ》は赤備《あかぞな》えも受《う》け継《つ》いだのだった。

関ケ原《せきがはら》の戦《たたか》いP.230では、徳川側《とくがわがわ》につき家康《いえやす》の四男・松平忠吉《まつだいらただよし》P.188をサポート。実はこのとき、徳川軍《とくがわぐん》の先陣《せんじん》は福島正則《ふくしままさのり》P.132と事前に決められていた。直政《なおまさ》は豊臣家《とよとみけ》に近い存在《そんざい》の正則《まさのり》が戦《せん》功《こう》を立てることを恐《おそ》れ、忠吉《ただよし》とともに抜《ぬ》けがけして先陣《せんじん》を切ってしまった。だが、敗走《はいそう》する島津軍《しまづぐん》を追撃《ついげき》した際《さい》に銃《じゅう》で傷《きず》を負い、この傷《きず》がもとで2年後の1602年に亡《な》くなった。

知っ得エピソード

直政《なおまさ》の美少年ぶりが家康《いえやす》の目にかなう

戦場《せんじょう》で先陣《せんじん》を切って戦《たたか》う直《なお》政《まさ》だが、一方で色白で整った顔立ちの美少年であったらしい。あまりに美しかったため、家康《いえやす》は鷹狩《たかが》りの途中《とちゅう》で直政《なおまさ》を見つけ、家臣《かしん》にしたという逸《いっ》話《わ》があるほど。この話は後になって創作《そうさく》された話のようだが、直政《なおまさ》の美男子ぶりを象徴《しょうちょう》している。

家康《いえやす》、秀忠《ひでただ》と2代にわたって仕《つか》える

榊原康政《さかきばらやすまさ》

出身地	三河《みかわ》(現在《げんざい》の愛知県《あいちけん》)
生年	1548年
没年	1606年(享年《きょうねん》59)

秀吉《ひでよし》をとがめる文章で敵方《てきかた》の評判《ひょうばん》を落とした

徳川《とくがわ》四天王のひとり。13歳《さい》のときから徳川家康《とくがわいえやす》P.182に仕《つか》えた。１５６３年の三河《みかわ》の一向一揆《いっこういっき》の鎮圧《ちんあつ》が初陣《ういじん》で、このときの活躍《かつやく》で家康《いえやす》から「康」の字をもらい、康政《やすまさ》と名乗った。以後《いご》、同い年の本多忠勝《ほんだただかつ》P.193とともに、長篠《ながしの》・設楽原《したらがはら》の戦《たたか》いP.94、高天神城《たかてんじんじょう》の戦《たたか》いなどで活躍《かつやく》。小牧《こまき》・長久手《ながくて》の戦《たたか》いP.172では、豊臣秀吉《とよとみひでよし》P.104の不義《ふぎ》を訴《うった》える書状《しょじょう》を諸大名《しょだいみょう》に送り、秀吉《ひでよし》の評判《ひょうばん》を落とそうとしたという。

その後、家康《いえやす》の息子・秀忠《ひでただ》P.190つきとなり、関ケ原《せきがはら》の戦《たたか》いP.230では秀忠《ひでただ》とともに徳川軍《とくがわぐん》を率《ひき》いた。秀忠《ひでただ》が遅刻《ちこく》したことを家康《いえやす》が叱《しか》ると、康政《やすまさ》は家《いえ》康《やす》に「遅《おく》れたのは自分の責任《せきにん》だ」と秀忠《ひでただ》をかばったという。晩年《ばんねん》は一線を退《しりぞ》き、領国《りょうごく》内で病死した。

知っ得エピソード

懸賞《けんしょう》がかけられた康政《やすまさ》の首

小牧《こまき》・長久手《ながくて》の戦《たたか》いで、康《やす》政《まさ》は秀吉《ひでよし》の評判《ひょうばん》を落とすような手紙を諸大名《しょだいみょう》に送る。これに秀吉《ひでよし》は激怒《げきど》。「康政《やすまさ》を討《う》ったら10万石《まんごく》あたえる」と懸賞《けんしょう》をかけたという。ところが結《けっ》局《きょく》康政《やすまさ》の首はとれず、かえって康政《やすまさ》の評判《ひょうばん》をあげる結果《けっか》になってしまった。

信玄《しんげん》や信長《のぶなが》も認《みと》めた家康《いえやす》の忠臣《ちゅうしん》

大久保忠世《おおくぼただよ》

出身地	三河《みかわ》（現在《げんざい》の愛知県《あいちけん》）
生年	1532年
没年	1594年（享年《きょうねん》63）

夜襲《やしゅう》をしかけて武田軍《たけだぐん》を大混乱《だいこんらん》におとしいれる

徳川家康《とくがわいえやす》P.182の父の代から徳川家《とくがわけ》に仕《つか》えた、大久保忠員《おおくぼただかず》の息子。家康《いえやす》に仕《つか》え、15歳《さい》の初陣《ういじん》以来《いらい》、数かずの戦《たたか》いに参加《さんか》して軍功《ぐんこう》をあげた。

なかでも１５７２年の三方ヶ原《みかたがはら》の戦《たたか》いでは、徳川方《とくがわがた》は敗戦《はいせん》したものの、忠世《ただよ》は活躍《かつやく》を見せている。

武田氏《たけだし》の猛攻《もうこう》におされ、家康軍《いえやすぐん》が居城《きょじょう》・浜松城《はままつじょう》に逃《に》げ帰った後、忠世《ただよ》はわずかな軍勢《ぐんぜい》を率《ひき》いて夜襲《やしゅう》をかけた。油断《ゆだん》をついた攻撃《こうげき》に武田軍《たけだぐん》は大《だい》混乱《こんらん》におちいり、敵将《てきしょう》・武田信玄《たけだしんげん》P.16もおどろいたという。また、長篠《ながしの》・設楽原《したらがはら》の戦《たたか》いP.94でも、その采配《さいはい》ぶりを織田信長《おだのぶなが》P.48から称賛《しょうさん》された。

１５９０年に、家康《いえやす》が関東《かんとう》に入ると、小田原城《おだわらじょう》をあたえられたが、その４年後に死去した。

知っ得エピソード

節約《せつやく》のために7日間の断食《だんじき》を続《つづ》ける

武勇《ぶゆう》で名高い忠世《ただよ》だが、合戦《かっせん》の才能《さいのう》だけではなく、経営《けいえい》感覚《かんかく》ももち合わせていた。忠世《ただよ》は習慣《しゅうかん》として、ひと月のうち7日間は断食《だんじき》する日をもうけていた。この理由は、もしものときに備《そな》えた節約《せつやく》のためだった。忠世《ただよ》はこの習慣《しゅうかん》を、生涯《しょうがい》続《つづ》けていたという。

大久保彦左衛門《おおくぼひこざえもん》

徳川家《とくがわけ》を称《たた》えた『三河物語《みかわものがたり》』を執筆《しっぴつ》

出身地	三河《みかわ》（現在《げんざい》の愛知県《あいちけん》）
生　年	1560年
没　年	1639年（享年《きょうねん》80）

子孫《しそん》のために書き残《のこ》した『三河物語《みかわものがたり》』が大ヒット

大久保忠世《おおくぼただよ》P.197の弟で、忠教《ただたか》ともいう。小田原城主《おだわらじょうしゅ》である忠世《ただよ》の家臣《かしん》として仕《つか》えた。忠世《ただよ》の死後は兄の息子である忠隣《ただちか》を支《ささ》えた。しかし、忠隣《ただちか》が徳川家《とくがわけ》の重臣《じゅうしん》の本多正信《ほんだまさのぶ》P.189と対立。1614年に大名の地位《ちい》をうばわれてしまった。

そのため、忠隣《ただちか》に代わって徳川家康《とくがわいえやす》P.182に仕《つか》えるようになり、家康《いえやす》の隠居《いんきょ》後は家康《いえやす》の息子・秀忠《ひでただ》P.190に仕《つか》えた。

なお、晩年《ばんねん》は家康《いえやす》の功績《こうせき》と大久保《おおくぼ》一族のことを記《しる》した『三河物語《みかわものがたり》』の執筆《しっぴつ》に励《はげ》んだ。子孫《しそん》のために書き残《のこ》したものだったが、『三河物語《みかわものがたり》』は武士《ぶし》の生き方を示《しめ》した教訓本《きょうくんぼん》として、評判《ひょうばん》となる。写本《しゃほん》が出回り多くの人びとに読まれ、現在《げんざい》でも読むことができる。

知っ得エピソード

曲がったことは許《ゆる》せない！時代劇《じだいげき》のヒーローに

彦左衛門《ひこざえもん》の名前は、映画《えいが》やテレビドラマなどでたびたび登場《とうじょう》する。どんな身分の人にも物怖《ものお》じせずに意見を述《の》べる、「天下のご意見番」といった役どころだ。『三河物語《みかわものがたり》』のなかで正しい道を示《しめ》したことが、ヒーローとして慕《した》われる理由かもしれない。

藤堂高虎《とうどうたかとら》

主君を幾度《いくど》も変《か》えて出世し津藩主《つはんしゅ》に

出身地	近江《おうみ》（現在《げんざい》の滋賀県《しがけん》）
生　年	1556年
没　年	1630年（享年《きょうねん》75）

築城《ちくじょう》名人としても名高く幕府《ばくふ》の城《しろ》づくりを手伝《てつだ》う

高虎《たかとら》は主君を何度も替《か》えながら出世していった武将《ぶしょう》だ。最初《さいしょ》は浅井長《あざいなが》政《まさ》P.72に仕《つか》えていたが、浅井《あざい》氏がほろぼされると織田信長《おだのぶなが》P.48の甥《おい》・織田信《おだのぶ》澄《すみ》に仕《つか》えた。その後、豊臣秀吉《とよとみひでよし》P.104の弟の秀長《ひでなが》P.112に仕《つか》え、2万石《まんごく》を賜《たまわ》る。その秀長《ひでなが》の死後、武将《ぶしょう》をやめ僧《そう》になるが、高虎《たかとら》の武将《ぶしょう》としての才能《さいのう》を惜《お》しんだ秀吉《ひでよし》に呼《よ》ばれ、家臣《かしん》となる。秀吉《ひでよし》の死の前後から徳川家康《とくがわいえやす》P.182に近づき、秀吉《ひでよし》が死ぬと関ケ原《せきがはら》の戦《たたか》いP.230では家康側《いえやすがわ》に属《ぞく》す。大坂《おおさか》の陣《じん》P.234 P.238後には津藩《つはん》（現在《げんざい》の三重県《みえけん》）の初代藩主《しょだいはんしゅ》となった。

また、高虎《たかとら》は城《しろ》づくり名人としても有名。その能力《のうりょく》は幕府《ばくふ》にも重宝《ちょうほう》され、江戸城《えどじょう》、二条城《にじょうじょう》、大坂城《おおさかじょう》など、江戸幕府《えどばくふ》の城《しろ》づくりも手伝《てつだ》った。

知っ得エピソード

高虎《たかとら》のお墓《はか》は超《ちょう》有名な場所にある!?

日本でもっとも知名度の高い動物園といえば、恩賜上野《おんしうえの》動物園だ。高虎《たかとら》の墓《はか》は、実はこの恩賜上野《おんしうえの》動物園のなかにある。江戸《えど》時代、この場所に藤堂家《とうどうけ》の江戸屋敷《えどやしき》があったのだ。敷地《しきち》内には、高虎《たかとら》が建《た》て、のちに再建《さいけん》された茶室など、ゆかりの建物《たてもの》も残《のこ》る。

関ケ原《せきがはら》の戦《たたか》いで家康《いえやす》の勝利《しょうり》に尽《つ》くす

黒田長政《くろだながまさ》

出身地	播磨《はりま》(現在《げんざい》の兵庫県《ひょうごけん》)
生年	1568年
没年	1623年(享年《きょうねん》56)

人質《ひとじち》、父《ちち》の行方不明《ゆくえふめい》…不遇《ふぐう》の子供《こども》時代

黒田官兵衛《くろだかんべえ》P.122の子だが、幼少期《ようしょうき》は人質《ひとじち》として豊臣秀吉《とよとみひでよし》P.104の長浜城《ながはまじょう》で過《す》ごした。1578年、荒木村重《あらきむらしげ》P.68が織田信長《おだのぶなが》P.48に謀反《むほん》を起こすと、父・官兵衛《かんべえ》が村重《むらしげ》に捕《と》らわれてしまい、消息を絶《た》った。官兵衛《かんべえ》が村重《むらしげ》に加担《かたん》したと思った信長《のぶなが》は、長政《ながまさ》の処刑《しょけい》を命《めい》じる。しかし、竹中半兵衛《たけなかはんべえ》P.120が密《ひそ》かにかくまい、命拾《いのちびろ》いをしている。

1583年、長政《ながまさ》は賤ケ岳《しずがたけ》の戦《たたか》いP.168などで戦功《せんこう》を立て、秀吉《ひでよし》の九州攻《きゅうしゅうぜ》めの後に、家督《かとく》を継《つ》ぐ。

関ケ原《せきがはら》の戦《たたか》いP.230では徳川家康《とくがわいえやす》P.182側《がわ》に従軍《じゅうぐん》。小早川秀秋《こばやかわひであき》P.206や吉川広家《きっかわひろいえ》P.204といった勝敗《しょうはい》の鍵《かぎ》をにぎる武将《ぶしょう》を徳《とく》川方《がわがた》に引きこみ、勝利《しょうり》に貢献《こうけん》する。この活躍《かつやく》により、52万石《まんごく》をあたえられ、初代福岡藩主《しょだいふくおかはんしゅ》となった。

知っ得エピソード

長政《ながまさ》の兜《かぶと》は福島正則《ふくしままさのり》との友情《ゆうじょう》の証《あかし》

関ケ原《せきがはら》の戦《たたか》いで、長政《ながまさ》は「一《いち》の谷《たに》」と呼《よ》ばれる崖《がけ》をモチーフにした兜《かぶと》をかぶり、福《ふく》島正則《しままさのり》P.132は水牛の角がついた兜《かぶと》をかぶった。もとは長政《ながまさ》が水牛の兜《かぶと》、正則《まさのり》が一《いち》の谷《たに》の兜《かぶと》の所有者で、2人が仲《なか》たがいしたとき、仲直《なかなお》りの印《しるし》として交換《こうかん》したのだという。

3代にわたって徳川《とくがわ》に仕《つか》えた参謀《さんぼう》

南光坊天海《なんこうぼうてんかい》

天台宗《てんだいしゅう》の僧《そう》で、京都《きょうと》の比叡《ひえい》山《ざん》、園城寺《おんじょうじ》、奈良《なら》の興福寺《こうふくじ》などで修行《しゅぎょう》に励《はげ》んだ。１５８９年に徳川家康《とくがわいえやす》P.182に声をかけられ、日光山《にっこうさん》や、河越《かわごえ》の喜多院《きたいん》をつくり管理《かんり》。以後《いご》徳川家《とくがわけ》の頭脳《ずのう》として活躍《かつやく》する。家康《いえやす》の死後、家康《いえやす》の墓《はか》を久能山《くのうざん》の東《とう》照宮《しょうぐう》から日光山《にっこうさん》の東照宮《とうしょうぐう》へ移《い》動《どう》するなど力を尽《つ》くした。１６２４年には家康《いえやす》の息子・秀忠《ひでただ》P.190の命令《めいれい》で、江戸《えど》の上野《うえの》に東叡山寛永寺《とうえいざんかんえいじ》を創建《そうけん》する。家康《いえやす》、秀忠《ひでただ》、家光《いえみつ》の３代に仕《つか》え、幕府《ばくふ》の政治《せいじ》や江戸《えど》の町づくりに深く関《かか》わった。

出自に不明《ふめい》な部分が多いため、山崎《やまざき》の戦《たたか》いで豊臣《とよとみ》秀吉《ひでよし》P.104に敗《やぶ》れた明智光秀《あけちみつひで》P.60が、実は生きていて天海《てんかい》になったという説《せつ》もあるが、明確《めいかく》な証拠《しょうこ》はない。

出身地

陸奥《むつ》（現在《げんざい》の福島県《ふくしまけん》）？

生年

1536年

没年

1643年（享年《きょうねん》108）

大坂《おおさか》の陣《じん》のきっかけをつくった僧侶《そうりょ》

金地院崇伝《こんちいんすうでん》

以心崇伝《いしんすうでん》、円照本光国師《えんしょうほんこうこくし》とも呼《よ》ばれる。京都《きょうと》で生まれ、子供《こども》のころに京都《きょうと》の南禅寺《なんぜんじ》に入り、のちに住職《じゅうしょく》になる。

１６０８年から徳川家康《とくがわいえやす》P.182に仕《つか》えて、寺社の管理《かんり》、外交事務《じむ》などを担当《たんとう》。

江戸《えど》時代に入ると、キリスト教禁制《きんせい》に関《かか》わる文書や、「禁中並公家諸法度《きんちゅうならびくげしょはっと》」、「武家諸法度《ぶけしょはっと》」、「陣法度《じんはっと》」などの幕府《ばくふ》の法律《ほうりつ》づくりに関《かか》わった。

豊臣秀頼《とよとみひでより》P.210が寺に奉納《ほうのう》した鐘《かね》に刻《きざ》まれた「国家安康・君臣豊楽」の文字を、崇伝《すうでん》は「国家安康《こっかあんこう》は、『家康《いえやす》』を分断《ぶんだん》し、徳川家《とくがわけ》を呪《のろ》っている。君臣豊楽《くんしんほうらく》は、豊臣《とよとみ》の繁栄《はんえい》を願《ねが》った字面《じづら》だ」と非難《ひなん》。これが、大坂《おおさか》冬《ふゆ》の陣《じん》P.234開戦《かいせん》の原因《げんいん》のひとつになった。

出身地

山城《やましろ》（現在《げんざい》の京都府《きょうとふ》）

生年

1569年

没年

1633年（享年《きょうねん》65）

参陣《さんじん》せずに関ケ原《せきがはら》の戦《たたか》いで多くの領地《りょうち》をうばわれる

毛《もう》利《り》輝《てる》元《もと》

出身地	安芸《あき》（現在《げんざい》の広島県《ひろしまけん》）
生　年	1553年
没　年	1625年（享年《きょうねん》73）

ふたりの叔父《おじ》に助けられ 毛利《もうり》の勢力《せいりょく》を広げる

　毛利元就《もうりもとなり》P.24の孫《まご》で、毛利隆元《もうりたかもと》の長男。1563年、父・隆元《たかもと》が死んだため、11歳《さい》で毛利家《もうりけ》を継《つ》ぐ。父の死後も、しばらくは祖父《そふ》・元就《もとなり》が主導《しゅどう》権《けん》をにぎっていた。元就《もとなり》が亡《な》くなると、吉川元春《きっかわもとはる》P.149、小早川隆景《こばやかわたかかげ》P.148という「毛利両川《もうりりょうせん》」と呼《よ》ばれたふたりの叔父《おじ》に支《ささ》えられ、中国《ちゅうごく》地方の戦国《せんごく》大名として領地《りょうち》を拡大《かくだい》していく。

　輝元《てるもと》は、織田信長《おだのぶなが》P.48と争《あらそ》っていた足利義昭《あしかがよしあき》P.70や石山本願寺《いしやまほんがんじ》を保護《ほご》したため、信長《のぶなが》と対立する。1582年に信長《のぶなが》は中国《ちゅうごく》平定に乗りだし、家臣《かしん》の豊臣秀吉《とよとみひでよし》P.104に輝元《てるもと》の領国《りょうごく》の城《しろ》を攻《せ》めさせた。ところが、秀吉側《ひでよしがわ》から和《わ》解《かい》の申《もう》し入れがある。輝元《てるもと》は元就《もとなり》の遺言《ゆいごん》「毛利家《もうりけ》は天下を望《のぞ》まず、領地《りょうち》を守れ」を思いだし、これを受け入れる。実はこのとき、秀吉《ひでよし》は本能寺《ほんのうじ》の変《へん》P.98の報《しら》せを聞いたので、急遽《きゅうきょ》和《わ》解《かい》を決めたのだ。

　この後は信長《のぶなが》に代わって天下取りを目指す秀吉《ひでよし》に仕《つか》え、秀吉《ひでよし》の天下統《とう》一《いっ》をサポートするようになる。秀吉《ひでよし》の晩年《ばんねん》には、前田利家《まえだとしいえ》P.114や徳川家康《とくがわいえやす》P.182らとともに「豊臣五大老《とよとみごたいろう》」になり、中央政権《せいけん》に関《かか》わった。

　1600年の関ケ原《せきがはら》の戦《たたか》いP.230では毛利家《もうりけ》の外交を担当《たんとう》していた安国寺《あんこくじ》恵瓊《えけい》P.205や石田三成《いしだみつなり》P.126らの要請《ようせい》で、西《せい》軍《ぐん》の総大将《そうだいしょう》に祭り上げられる。しかし、輝元《てるもと》自身は大坂城《おおさかじょう》に滞在《たいざい》しており、実際《じっさい》の戦《たたか》いには参加《さんか》しなかった。家臣《かしん》の吉川広家《きっかわひろいえ》P.204に参戦《さんせん》を阻止《そし》されていたからだ。

　合戦《かっせん》後は、広大な領地《りょうち》の多くを没《ぼっ》収《しゅう》されてしまったが、広家《ひろいえ》のとりなしで毛利家《もうりけ》の存続《そんぞく》は許《ゆる》された。その後隠居《いんきょ》して、嫡男《ちゃくなん》に家督《かとく》をゆずる。

知っ得エピソード

大坂城《おおさかじょう》を動かなかったのはお坊《ぼっ》ちゃん気質《きしつ》のせい？

　幼《おさな》いころから重要《じゅうよう》な場面では、祖父《そふ》やふたりの叔父《おじ》たちの的確《てきかく》な助言をもらっていた輝元《てるもと》。そのためか、優柔不断《ゆうじゅうふだん》なところがあったようだ。関ケ原《せきがはら》の戦《たたか》いで西軍総大将《せいぐんそうだいしょう》ながら大坂城《おおさかじょう》にこもっていたのは、家康側《いえやすがわ》につこうとしていた家臣《かしん》・吉川広家《きっかわひろいえ》の説得《せっとく》に揺《ゆ》れていたからともいわれる。

家康《いえやす》と内通し毛利家《もうりけ》を守る

吉川広家《きっかわひろいえ》

[redacted]

出身地	安芸《あき》(現在《げんざい》の広島県《ひろしまけん》)
生年	1561年
没年	1625年(享年《きょうねん》65)

関ケ原《せきがはら》の戦《たたか》いで石田三成《いしだみつなり》を裏切《うらぎ》る

吉川元春《きっかわもとはる》 P.149 の三男として生まれる。父・元春《もとはる》と、兄・元長《もとなが》とともに、10歳《さい》のときに尼子氏《あまごし》を攻《せ》めたのが初陣《ういじん》となった。

1600年の関ケ原《せきがはら》の戦《たたか》い P.230 では、西軍《せいぐん》・石田三成《いしだみつなり》 P.126 側《がわ》の総大将《そうだいしょう》として主君の毛利輝元《もうりてるもと》 P.202 が担《かつ》ぎだされ、広《ひろ》家《いえ》も出陣《しゅつじん》。合戦《かっせん》当日、輝元《てるもと》は大坂城《おおさかじょう》に残《のこ》り、広家《ひろいえ》は一族の毛利秀元《もうりひでもと》とともに関ケ原《せきがはら》に布陣《ふじん》した。しかし三成《みつなり》からの再三《さいさん》の要請《ようせい》にもかかわらず、広家《ひろいえ》は毛利軍《もうりぐん》を動かさなかった。決《けっ》戦《せん》前に東軍《とうぐん》の勝利《しょうり》を予想し、徳川家《とくがわいえ》康《やす》 P.182 に内通していたためであった。結果《けっか》、東軍《とうぐん》を勝利《しょうり》へ導《みちび》いたとされる。敗軍《はいぐん》の総大将《そうだいしょう》となった輝元《てるもと》が、その後も大名でいられたのは広家《ひろいえ》の働《はたら》きかけによるものである。

知っ得エピソード

自分の領地《りょうち》を投げだし 毛利家《もうりけ》のために直談判《じかだんぱん》

関ケ原《せきがはら》の戦《たたか》いでは毛利軍《もうりぐん》を戦《たたか》いに参加《さんか》させないようにつとめた広家《ひろいえ》。これで毛利家《もうりけ》は安泰《あんたい》と考えていたが、家康《いえやす》は輝元《てるもと》に領地没収《りょうちぼっしゅう》を言いわたし、代わりに広家《ひろいえ》にあたえると言いだした。広家《ひろいえ》は家康《いえやす》に「領《りょう》地《ち》を輝元《てるもと》にゆずる」と直談判《じかだんぱん》。毛利家《もうりけ》は滅亡《めつぼう》をまぬがれた。

毛利家《もうりけ》の外交官《がいこうかん》として活躍《かつやく》

安国寺恵瓊《あんこくじえけい》

出身地	安芸《あき》(現在《げんざい》の広島県《ひろしまけん》)
生　年	不明《ふめい》
没　年	1600年(享年《きょうねん》?)

知っ得エピソード

僧《そう》か?　大名か?　判断《はんだん》がつかない恵瓊《えけい》の身分

安国寺恵瓊《あんこくじえけい》は、僧侶《そうりょ》らしい名前と大名らしい活躍《かつやく》ぶりで、僧侶《そうりょ》か大名なのか判断《はんだん》が難《むずか》しい。かつては僧侶《そうりょ》の身分のまま大名になったという説《せつ》が有力だったが、その後、僧侶《そうりょ》から大名になった説《せつ》と、ならなかったという説《せつ》があり、現在《げんざい》も決着がついていない。

信長《のぶなが》の破滅《はめつ》を予見した先見性《せんけんせい》

安芸《あき》(現在《げんざい》の広島県《ひろしまけん》)に生まれ、安国寺《あんこくじ》の住職《じゅうしょく》となる。聡明《そうめい》さとたくみな弁舌《べんぜつ》をかわれ、毛利家《もうりけ》の外交役として手腕《しゅわん》を発揮《はっき》した。

1573年、毛利氏《もうりし》の使者として、織田信長《おだのぶなが》P.48方《がた》の使者である豊臣秀吉《とよとみひでよし》P.104と対面。このときに恵瓊《えけい》が毛利家《もうりけ》に送った書状《しょじょう》に、信長《のぶなが》の滅亡《めつぼう》と秀吉《ひでよし》の天下取りという将来《しょうらい》を予言するような内容《ないよう》が書かれており、恵瓊《えけい》の先見性《せんけんせい》がうかがわれる。1582年、恵瓊《えけい》は備中高松城《びっちゅうたかまつじょう》を攻略《こうりゃく》した秀吉《ひでよし》と毛利氏《もうりし》の間で、和解《わかい》を成立《せいりつ》させ、秀吉《ひでよし》の信頼《しんらい》を得《え》るP.166。信長死後《のぶながしご》は、秀吉《ひでよし》の側近《そっきん》としても活躍《かつやく》する。関ケ原《せきがはら》の戦《たたか》いP.230では石田三成《いしだみつなり》P.126側《がわ》に属《ぞく》すも敗走《はいそう》。のちに捕《とら》えられ、石田三成《いしだみつなり》、小西行長《こにしゆきなが》P.134とともに処刑《しょけい》された。

関ケ原《せきがはら》の戦《たたか》いの代償《だいしょう》は裏切《うらぎ》り者《もの》の刻印《こくいん》

小早川秀秋《こばやかわひであき》

出身地 近江《おうみ》(現在《げんざい》の滋賀県《しがけん》)

生年 1582年

没年 1602年(享年《きょうねん》21)

秀吉夫婦《ひでよしふうふ》に育てられ小早川《こばやかわ》家《け》の養子《ようし》となる

現代《げんだい》でも関ケ原《せきがはら》の戦《たたか》い P.230 の、裏切《うらぎ》り者《もの》というイメージが根強い秀秋《ひであき》。豊臣秀吉《とよとみひでよし》 P.104 の妻《つま》の北政所《きたのまんどころ》 P.100 の兄・木《きの》下家定《したいえさだ》の息子として生まれる。秀吉《ひでよし》夫婦《ふうふ》のもとで大事に育てられ、豊臣《とよとみ》家《け》の跡継《あとつ》ぎ候補《こうほ》のひとりだった。しかし豊臣秀頼《とよとみひでより》 P.210 が誕生《たんじょう》したため、小《こ》早川隆景《ばやかわたかかげ》 P.148 の養子《ようし》になる。当初は毛《もう》利本家《りほんけ》の養子《ようし》になるはずだったが、毛利側《もうりがわ》が拒否《きょひ》したため分家の小早川《こばやかわ》家《け》にいくことになった。

関ケ原《せきがはら》の戦《たたか》いでは、前哨戦《ぜんしょうせん》で石田《いしだ》三成《みつなり》 P.126 の西軍《せいぐん》に属《ぞく》し、東軍《とうぐん》の伏見城《ふしみじょう》攻略《こうりゃく》を指揮《しき》した。しかし、関ケ原《せきがはら》で行われた本戦《ほんせん》で徳川家康《とくがわいえやす》 P.182 の誘《さそ》いを受けて寝返《ねがえ》り、西軍《せいぐん》を急襲《きゅうしゅう》。家康側《いえやすがわ》を勝利《しょうり》に導《みちび》く。この功績《こうせき》により、岡《おか》山城主《やまじょうしゅ》となったが翌年《よくねん》急死。21歳《さい》の若《わか》さだった。

知っ得エピソード

銃《じゅう》でおどされ裏切《うらぎ》りを決める

関ケ原《せきがはら》の戦《たたか》いで西軍《せいぐん》を裏切《うらぎ》り、東軍《とうぐん》についた秀秋《ひであき》だが、直前まで迷《まよ》いがあったようだ。すぐには西軍《せいぐん》を裏切《うらぎ》ることができず、しばらく合戦《かっせん》の行方《ゆくえ》を見守っていた。それに業《ごう》を煮《に》やした家康《いえやす》は、何度も使者を送り、しまいには銃《じゅう》でおどして動かしたともいう。

父に将来《しょうらい》を期待されるが若《わか》くして死す

長《ちょう》宗《そ》我《か》部《べ》信《のぶ》親《ちか》

出身地

土佐《とさ》（現在《げんざい》の高知県《こうちけん》）

生年

1565年

没年

1586年（享年《きょうねん》22）

土佐《とさ》（現在《げんざい》の高知県《こうちけん》）の大名、長宗我部元親《ちょうそかべもとちか》 P.156 の長男。口数が少なくおだやかな性格《せいかく》であったという。父・元親《もとちか》の計らいで、織田信長《おだのぶなが》 P.48 から一字もらって信親《のぶちか》と名乗った。本能寺《ほんのうじ》の変《へん》 P.98 後、世の中の混《こん》乱《らん》に乗じて阿波《あわ》（現在《げんざい》の徳島《とくしま》県《けん》）の一宮城《いちのみやじょう》と夷山城《えびすやまじょう》をうばう。しかし、信長《のぶなが》の実質的後継者《じっしつてきこうけいしゃ》である豊臣秀吉《とよとみひでよし》 P.104 が四国《しこく》攻《ぜ》めに乗りだすと、豊臣政権《とよとみせいけん》にくだる。

1586年、秀吉《ひでよし》の九州《きゅうしゅう》攻《ぜ》めに参加《さんか》し、父とともに出陣《しゅつじん》。奮戦《ふんせん》するが、戸次川《へつぎがわ》の合戦《かっせん》で戦死《せんし》した。学問にも武芸《ぶげい》にもすぐれていた信親《のぶちか》は、将来《しょうらい》を有望視《ゆうぼうし》されていたが、わずか22歳《さい》の命に終わった。信親《のぶちか》を失《うしな》った元親《もとちか》は深く悲しんだという。

関《せき》ケ《が》原《はら》の戦《たたか》いで敗《やぶ》れお家断絶《だんぜつ》

長《ちょう》宗《そ》我《か》部《べ》盛《もり》親《ちか》

出身地

土佐《とさ》（現在《げんざい》の高知県《こうちけん》）

生年

1575年

没年

1615年（享年《きょうねん》41）

長宗我部元親《ちょうそかべもとちか》 P.156 の四男で、信親《のぶちか》の弟。1586年に兄・信親《のぶちか》が戦死《せんし》したため、家を継《つ》ぐ。1600年の関《せき》ケ原《はら》の戦《たたか》い P.230 では石田三成《いしだみつなり》 P.126 側《がわ》につき、陣《じん》を構《かま》えた。しかし、前方にいた毛利軍《もうりぐん》が兵《へい》を動かさず（吉川広家《きっかわひろいえ》 P.204 の考えによる）、身動きがとれなかったため、戦《たたか》わず敗走《はいそう》することとなった。合戦《かっせん》後、勝者の徳川《とくがわ》家康《いえやす》 P.182 に謝罪《しゃざい》するが、領地没収《りょうちぼっしゅう》でお家断絶《だんぜつ》となる。

大名身分をうばわれた盛親《もりちか》は、しばらくは京都《きょうと》で寺子屋の師匠《ししょう》をして生計をたてていた。そんな折《おり》、豊臣秀頼《とよとみひでより》 P.210 に招《まね》かれ、1614年に大坂冬《おおさかふゆ》の陣《じん》 P.234 に参戦《さんせん》。長宗我部家復興《ちょうそかべけふっこう》のために奮戦《ふんせん》するが、翌年《よくねん》の夏《なつ》の陣《じん》 P.238 で敗《やぶ》れ、逃走中《とうそうちゅう》を捕縛《ほばく》され斬首《ざんしゅ》となる。

己《おのれ》の命と引《ひ》き換《か》えに関ケ原《せきがはら》で味方を守り抜《ぬ》く

島《しま》津《づ》豊《とよ》久《ひさ》

出身地	薩摩《さつま》（現在《げんざい》の鹿児島県《かごしまけん》）
生　年	1570年
没　年	1600年（享年《きょうねん》31）

島津義弘《しまづよしひろ》に従軍《じゅうぐん》し関ケ原《せきがはら》に散《ち》る

島津《しまづ》本家《ほんけ》15代島津貴久《しまづたかひさ》の四男・島《しま》津家久《づいえひさ》の、嫡男《ちゃくなん》として生まれた豊久《とよひさ》。1584年、龍造寺《りゅうぞうじ》軍《ぐん》と戦《たたか》った沖田《おきた》畷《なわて》の戦《たたか》いで初陣《ういじん》を飾《かざ》る。父が死去《しきょ》すると、父の跡《あと》を継《つ》いで佐土原城《さどわらじょう》（宮《みや》崎県《ざきけん》）主《しゅ》となる。豊臣秀吉《とよとみひでよし》P.104の九州《きゅうしゅう》攻《ぜ》めの後、島津家《しまづけ》は秀吉《ひでよし》に仕《つか》えるようになった。そのため、豊久《とよひさ》も島津《しまづ》本家《ほんけ》とともに、秀吉《ひでよし》の小田原《おだわら》攻《ぜ》めP.174、文禄《ぶんろく》・慶長《けいちょう》の役《えき》P.178などに参戦《さんせん》して活《かつ》躍《やく》している。

1600年の関ケ原《せきがはら》の戦《たたか》いP.230では、島津義弘《しまづよしひろ》P.162に従軍《じゅうぐん》して、石田三成《いしだみつなり》P.126の西軍《せいぐん》につくことになった。島津軍《しまづぐん》は、当初徳川家康《とくがわいえやす》P.182の東軍《とうぐん》につこうとしていたが、東軍側《とうぐんがわ》に断《ことわ》られ、やむなく西軍《せいぐん》についていた。そのため、西軍《せいぐん》として自《みずか》ら猛攻《もうこう》をかける気はなかった。戦《たたか》いが始まっても動こうとしない島津軍《しまづぐん》に、石田三成《いしだみつなり》が豊久《とよひさ》につめよったところ、「自分たちのことは自分たちで決めて戦《たたか》う」と主張《しゅちょう》したといわれている。

この後、小早川秀秋《こばやかわひであき》P.206の裏切《うらぎ》りにより西軍敗色《せいぐんはいしょく》となると、次つぎに西《せい》軍《ぐん》大名が関ケ原《せきがはら》を逃《のが》れていった。島《しま》津軍《づぐん》は取《と》り残《のこ》され、退路《たいろ》を断《た》たれてしまう。絶体絶命《ぜったいぜつめい》の島津軍《しまづぐん》が選《えら》んだ道は、敵陣《てきじん》の正面突破《とっぱ》だった。実はこのとき、義弘《よしひろ》は家康《いえやす》の本陣《ほんじん》に突《つ》っこんで討死《うちじに》しようとしていた。だが、豊久《とよひさ》はこれに大反対。島津家《しまづけ》には義《よし》弘《ひろ》が必要《ひつよう》なのだと説《と》いた。そして豊《とよ》久自《ひさみずか》ら、隊《たい》の最後《さいご》について追っ手と戦《たたか》うもっとも危険《きけん》な役割《やくわり》の「殿《しんがり》」に名乗りでたのだ。このとき豊久《とよひさ》につき従《したが》ったのは、わずか13騎《き》だったという。義弘《よしひろ》の身代わりとなり、豊久《とよひさ》は敵軍《てきぐん》と戦《たたか》い壮絶《そうぜつ》な死をとげた。

知っ得エピソード

関ケ原《せきがはら》の戦《たたか》い後の島津家《しまづけ》にも貢献《こうけん》した豊久《とよひさ》

島津軍《しまづぐん》の大胆《だいたん》な逃走《とうそう》は、豊《とよ》久《ひさ》の活躍《かつやく》がなければ実現《じつげん》しなかった。戦後《せんご》、義弘《よしひろ》は徳川《とくがわ》との和平交渉《こうしょう》の末《すえ》、一切の領地《りょうち》もうばわれずにすんだ。これは家康《いえやす》が関ケ原《せきがはら》での壮絶《そうぜつ》な逃《とう》走劇《そうげき》から、「島津《しまづ》はあなどるべからず」と考えたからといわれる。豊久《とよひさ》は島津家《しまづけ》存続《そんぞく》のかげの立役者《たてやくしゃ》ともいえる。

家康《いえやす》に敗《やぶ》れた豊臣家《とよとみけ》の跡《あと》とり

豊臣秀頼《とよとみひでより》

出身地	摂津《せっつ》（現在《げんざい》の大阪府《おおさかふ》）
生　年	1593年
没　年	1615年（享年《きょうねん》23）

秀吉《ひでよし》に溺愛《できあい》され 豊臣家《とよとみけ》の跡継《あとつ》ぎに

豊臣秀吉《とよとみひでよし》P.104の次男で、母は淀殿《よどどの》P.101。かなりの大男だったようで、身長は2メートル近く、体重は100キログラムを超《こ》えていたという。秀頼《ひでより》が生まれたとき、秀吉《ひでよし》は待望の跡継《あとつ》ぎ誕生《たんじょう》に、たいそう喜《よろこ》んだ。それというのも、実は秀頼《ひでより》が生まれる2年前に長男・鶴松《つるまつ》が3歳《さい》で亡《な》くなっていたのだ。秀吉《ひでよし》は実子《じっし》の跡継《あとつ》ぎをあきらめ、甥《おい》の秀次《ひでつぐ》P.112を跡《あと》とりに決めていた。そこに秀頼《ひでより》が誕生《たんじょう》したため秀《ひで》吉《よし》は大喜《おおよろこ》びして、次第に跡継《あとつ》ぎにした秀次《ひでつぐ》を邪魔《じゃま》に思うようになる。そして、ついには秀次《ひでつぐ》に謀反《むほん》の罪《つみ》をきせ、処刑《しょけい》してしまう。秀次《ひでつぐ》本人だけでなく、その妻子《さいし》をも処刑《しょけい》し、ほかの大名たちへ秀頼《ひでより》への忠誠《ちゅうせい》を誓《ちか》わせた。

1598年に秀吉《ひでよし》が死去《しきょ》。翌年《よくねん》には秀吉《ひでよし》の盟友《めいゆう》でもあり、秀頼《ひでより》を守ってきた前田利家《まえだとしいえ》P.114も亡《な》くなり、徳川《とくがわ》家康《いえやす》P.182が台頭してくる。それを危惧《きぐ》した石田三成《いしだみつなり》P.126が関ケ原《せきがはら》の戦《たたか》いP.230で、家康《いえやす》と激突《げきとつ》。三成《みつなり》の敗北《はいぼく》により、秀《ひで》頼《より》は秀吉《ひでよし》が持っていたさまざまな特《とっ》権《けん》を失《うしな》い、天下人《てんかびと》の後継者《こうけいしゃ》から、大《おお》坂城主《さかじょうしゅ》という一大名に転落してしまう。このころ秀頼《ひでより》は家康《いえやす》の孫《まご》の千姫《せんひめ》と結婚《けっこん》。豊臣家《とよとみけ》と徳川家《とくがわけ》は、いったん友好関係《ゆうこうかんけい》を築《きず》いたかに見えた。

しかし、1614年に秀頼《ひでより》が方広《ほうこう》寺《じ》（京都府《きょうとふ》）におさめた鐘《かね》に、家康《いえやす》が言いがかりをつけて再《ふたた》び対立。大《おお》坂《さか》の陣《じん》P.234 P.238に発展《はってん》する。真田幸村《さなだゆきむら》P.216などの家臣《かしん》が奮戦《ふんせん》するなかで、秀頼《ひでより》も自《みずか》ら出陣《しゅつじん》しようとしたが母の淀殿《よどどの》に止められ冬《ふゆ》の陣《じん》、夏《なつ》の陣《じん》とも指揮《しき》を執《と》ることはなかった。1615年、大坂城《おおさかじょう》が陥落《かんらく》。淀殿《よどどの》、秀頼《ひでより》母子は自《じ》害《がい》し、豊臣家《とよとみけ》は滅亡《めつぼう》した。

知っ得エピソード

戦国最大《せんごくさいだい》のスクープ!? 秀頼《ひでより》出生のヒミツ

秀吉《ひでよし》は小柄《こがら》なほうだったが、秀頼《ひでより》は大男だった。この体格《たいかく》差《さ》もあり、実は秀頼《ひでより》は淀殿《よどどの》が別《べっ》の男と浮気《うわき》してできた子というわさがある。数多くいた秀吉《ひでよし》の妻《つま》たちのなかで、秀《ひで》吉《よし》の子を授《さず》かったのは晩年《ばんねん》に妻《つま》となった淀殿《よどどの》のみだった。そのため、淀殿《よどどの》の浮気疑惑《うわきぎわく》がささやかれたのだとか。

徳川家《とくがわけ》を2度も打ち負かす名軍師《めいぐんし》

真《さな》田《だ》昌《まさ》幸《ゆき》

出身地	信濃《しなの》（現在《げんざい》の長野県《ながのけん》）
生　年	1547年
没　年	1611年（享年《きょうねん》65）

何度も主君を替《か》え戦国《せんごく》時代を生き延《の》びる

武田氏《たけだし》の家臣《かしん》・真田幸隆《さなだゆきたか》の子。父や兄とともに武田信玄《たけだしんげん》P.16とその息子・勝頼《かつより》P.78に仕《つか》え、足軽大将《たいしょう》をつとめた。2人の兄が長篠《ながしの》・設楽原《したらがはら》の戦《たたか》いP.94で亡《な》くなり、真田家《さなだけ》を継《つ》いだ。

1582年に武田氏《たけだし》が滅亡《めつぼう》してからは織田信長《おだのぶなが》P.48に仕《つか》え、信長《のぶなが》の死後、北条氏《ほうじょうし》、上杉氏《うえすぎし》、徳川氏《とくがわし》、再《ふたた》び上杉《うえすぎ》氏《し》、豊臣秀吉《とよとみひでよし》P.104と主君を次つぎと替《か》えたことから、「表と裏《うら》を使い分ける卑怯者《ひきょうもの》」と言われた。

徳川氏《とくがわし》から上杉氏《うえすぎし》に主君を替《か》えたときに徳川家康《とくがわいえやす》P.182の怒《いか》りをかい、居《きょ》城《じょう》の上田城《うえだじょう》に攻《せ》めこまれている。これが第一次上田合戦《だいいちじうえだかっせん》P.224と呼《よ》ばれる戦《たたか》いで、7000もの大軍《たいぐん》を率《ひき》いて攻《せ》めてきた家康軍《いえやすぐん》を、昌幸《まさゆき》は半分以下の2000という兵力《へいりょく》で、逆《ぎゃく》にやりこめてしまった。その後、昌幸《まさゆき》は秀《ひで》吉《よし》に臣従《しんじゅう》するが、秀吉《ひでよし》の仲介《ちゅうかい》により家康《いえやす》の部下に配属《はいぞく》させられる。

関ケ原《せきがはら》の戦《たたか》いP.230では家康《いえやす》か、三成《みつなり》か、迷《まよ》った末《すえ》、昌幸《まさゆき》と次男・幸村《ゆきむら》P.216は三成側《みつなりがわ》に、長男の信之《のぶゆき》P.214は家康側《いえやすがわ》につくことにした。どちらが勝っても真田家《さなだけ》が残《のこ》るという算段《さんだん》だ。家康《いえやす》の息子の秀忠《ひでただ》P.190軍《ぐん》が、関ケ原《せきがはら》に向かう途中《とちゅう》で昌幸《まさゆき》・幸村《ゆきむら》の籠城《ろうじょう》する上田《うえだ》城《じょう》を攻撃《こうげき》。昌幸《まさゆき》たちは得意《とくい》のゲリラ戦《せん》で秀忠軍《ひでただぐん》を苦しめた。結局秀忠軍《けっきょくひでただぐん》は真田《さなだ》親子を叩《たた》くことができず、さらに関ケ原《せきがはら》の決戦《けっせん》に大遅刻《だいちこく》することになる。こうして昌幸《まさゆき》は上田城《うえだじょう》で2度も徳川軍《とくがわぐん》を撃退《げきたい》。その名采配《めいさいはい》ぶりは、世に広く伝《つた》わった。

関ケ原《せきがはら》の戦《たたか》い後、昌幸《まさゆき》は上田《うえだ》の領《りょう》地《ち》を没収《ぼっしゅう》される。幸村《ゆきむら》とともに高野《こうや》山《さん》に幽閉《ゆうへい》され、のちに九度山《くどやま》に移《うつ》され、同地で死去《しきょ》した。

知っ得エピソード

茶道の道具をつくっていた!?

茶道の道具をしまう桐箱《きりばこ》や、刀の下《さ》げ緒《お》などに使われている、幅《はば》が狭《せま》く平たい織物《おりもの》の紐《ひも》のことを「真田紐《さなだひも》」という。この名の由来《ゆらい》は、真田家《さなだけ》にある。昌幸《まさゆき》、幸村《ゆきむら》親子が、九度山《くどやま》にいたときに生活費《せいかつひ》を稼《かせ》ぐためにつくっていたからとも、昌幸《まさゆき》が刀の柄《つか》に巻《ま》くのに使ったからだともいわれている。

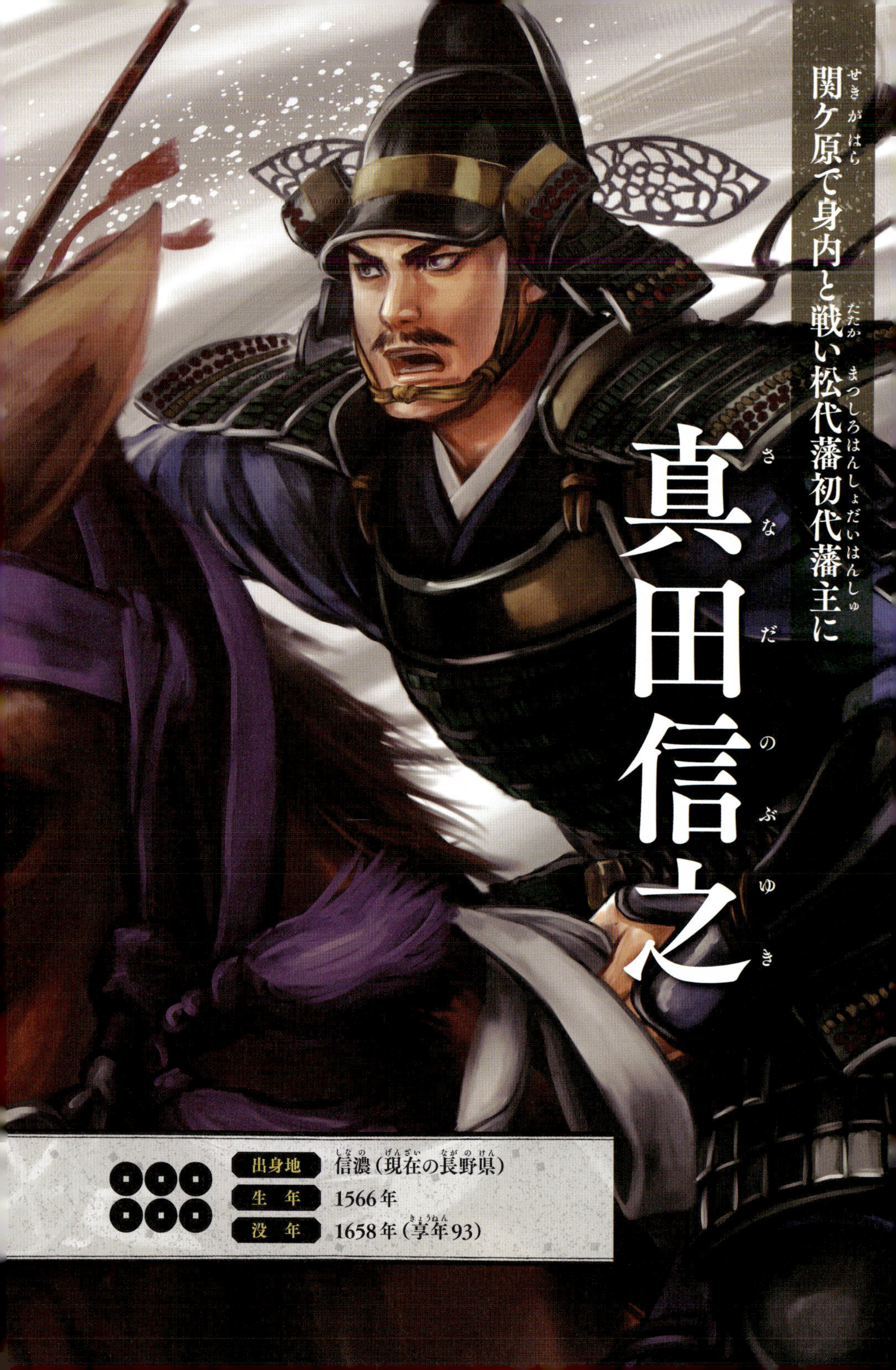

関ケ原《せきがはら》で身内と戦《たたか》い松代藩初代藩主《まつしろはんしょだいはんしゅ》に

真田信之《さなだのぶゆき》

出身地	信濃《しなの》（現在《げんざい》の長野県《ながのけん》）
生　年	1566年
没　年	1658年（享年《きょうねん》93）

徳川家康《とくがわいえやす》に味方して真田《さなだ》の家を守る

真田昌幸《さなだまさゆき》P.212の長男で、弟の幸村《ゆきむら》P.216とは1歳《さい》ちがい。地味ながら堅実《けんじつ》な人柄《ひとがら》であったという。

1585年の第一次上田合戦《だいいちじうえだかっせん》P.224で父とともに徳川軍《とくがわぐん》を破《やぶ》る。のちに徳《とく》川家康《がわいえやす》P.182は真田氏《さなだし》との関係《かんけい》を強化するため、徳川《とくがわ》四天王のひとり本多忠《ほんだただ》勝《かつ》P.193の長女・小松姫《こまつひめ》を、信之《のぶゆき》と結婚《けっこん》させた。政略結婚《せいりゃくけっこん》ではあったが、夫《ふう》婦仲《ふなか》はよく、小松姫《こまつひめ》は終生信之《のぶゆき》を支《ささ》え続《つづ》けたという。

関ケ原《せきがはら》の戦《たたか》いP.230では、父の考えで信之《のぶゆき》は家康側《いえやすがわ》につき、昌幸《まさゆき》と弟・幸《ゆき》村《むら》は石田三成《いしだみつなり》P.126側《がわ》についた。三成側《みつなりがわ》と家康側《いえやすがわ》と二手に分かれることで、勝敗《しょうはい》がどちらに転んでも真田家《さなだけ》が生き残《のこ》るようにという考えだ。

そして、家康《いえやす》の息子の秀忠《ひでただ》P.190軍《ぐん》に従《したが》った信之《のぶゆき》が攻《せ》めることとなった城《しろ》は、父と弟が籠城《ろうじょう》している上田城《うえだじょう》であった。戦《たたか》いの前に信之《のぶゆき》が秀忠側《ひでただがわ》の使者として昌幸《まさゆき》を訪問《ほうもん》。降伏《こうふく》を迫《せま》るが受け入れてもらえず、いよいよ戦《たたか》いが始まる。軍配《ぐんばい》は、父と弟に上がった。しかし、関ケ原《せきがはら》の戦《たたか》い自体は徳《とく》川方《がわがた》についた信之《のぶゆき》の勝利《しょうり》となる。

信之《のぶゆき》は合戦《かっせん》後、処刑《しょけい》を言いわたされた父と弟の助命嘆願《じょめいたんがん》をする。家康《いえやす》はなかなか許《ゆる》さなかったが、信之《のぶゆき》が「代わりに切腹《せっぷく》する」とすごんだので、ようやく許《ゆる》しを得《え》た。その感謝《かんしゃ》と徳《とく》川《がわ》へ忠誠心《ちゅうせいしん》を示《しめ》すため、信之《のぶゆき》は、もとは「信幸《のぶゆき》」だったが、徳川《とくがわ》を苦しめた昌幸《まさゆき》との関係《かんけい》を絶《た》った証《あかし》として「幸」を捨《す》て「信之《のぶゆき》」に改《あらた》めた。

1622年、幕府《ばくふ》の命令《めいれい》で信濃《しなの》（現在《げんざい》の長野県《ながのけん》）松代藩《まつしろはん》を興《おこ》す。幕《ばく》末《まつ》まで続《つづ》く松代藩《まつしろはん》の礎《いしずえ》を築《きず》き、真《さな》田《だ》の家名を残《のこ》した。

知っ得エピソード

家族の絆《きずな》…仕送《しおく》りで親兄弟を援助《えんじょ》

関ケ原《せきがはら》の戦《たたか》いで親兄弟とたもとを分かった信之《のぶゆき》だが、処《しょ》刑《けい》を言いわたされた昌幸《まさゆき》たちの助命嘆願《じょめいたんがん》を行っている。そのかいあって、昌幸《まさゆき》と幸村《ゆきむら》は九度山《くどやま》への島流しで済《す》んだ。その後も信之《のぶゆき》は九度山《くどやま》に毎年ひそかに生活費《せいかつひ》を送ったり、家臣《かしん》を見舞《みま》いに向かわせたり、世話を焼《や》いていたという。

大坂《おおさか》の陣《じん》で家康《いえやす》を追いつめるも討死《うちじに》

真《さな》田《だ》幸《ゆき》村《むら》

出身地	信濃《しなの》（現在《げんざい》の長野県《ながのけん》）
生　年	1567年
没　年	1615年（享年《きょうねん》49）

幸村《ゆきむら》ってどんな人？

真《さな》田《だ》幸《ゆき》村《むら》のつくられたイメージ

大坂《おおさか》の陣《じん》P.234 P.238などで、徳川軍《とくがわぐん》を追いつめた猛将《もうしょう》として名高い幸村《ゆきむら》。こうした徳川《とくがわ》を翻弄《ほんろう》し続《つづ》けた姿《すがた》が、物語のなかの「幸村《ゆきむら》」をつくりだしたのだろう。

本当の名前は、信繁《のぶしげ》といい、幸村《ゆきむら》というのは、江戸《えど》時代に出された本『難波戦記《なんばせんき》』に登場するときの名前だ。そのなかの大坂《おおさか》の陣《じん》のシーンで、幸《ゆき》村《むら》は大坂城《おおさかじょう》のまわりに抜《ぬ》け穴《あな》をつくり、神出鬼没《しんしゅつきぼつ》にあちらこちらに現《あらわ》れて徳川軍《とくがわぐん》を翻弄《ほんろう》している。また、大《たい》正《しょう》時代に流行した本『立川文庫《たつかわぶんこ》』のなかでは、「真田十勇士《さなだじゅうゆうし》」P.220と呼《よ》ばれる家臣《かしん》たちを従《したが》えて縦横無尽《じゅうおうむじん》に暴《あば》れまわっている。現在《げんざい》の私《わたし》たちがもつ幸村像《ゆきむらぞう》は、こうして形づくられた部分が大きい。

現実《げんじつ》でも物語でも勇猛《ゆうもう》な幸村《ゆきむら》だが、実はふだんはめったに腹《はら》を立てることはなかったという。もの静《しず》かで、心やさしい人物だったようだ。

どんな人生を送ったの？

家康《いえやす》を倒《たお》すため大坂城《おおさかじょう》で奮戦《ふんせん》する

信濃《しなの》（現在《げんざい》の長野県《ながのけん》）武田氏《たけだし》の家《か》臣《しん》だった真田昌幸《さなだまさゆき》P.212の次男として生まれる。兄に1歳《さい》年上の信之《のぶゆき》P.214がいた。父・昌幸《まさゆき》は真田家《さなだけ》の生き残《のこ》りのために、次つぎと主君を替《か》えていたが、１５８５年、今度は上杉家《うえすぎけ》を頼《たよ》ろうとしていた。その忠誠《ちゅうせい》の証《あかし》として、幸村《ゆきむら》が人質《ひとじち》に出される。幸村《ゆきむら》が19歳《さい》のとき上杉景勝《うえすぎかげかつ》P.150の春日山城《かすがやまじょう》へ行くが、わずかその1年後、豊臣秀《とよとみひで》吉《よし》P.104のもとへ行くことに。父の昌幸《まさゆき》

知っ得エピソード

意外《いがい》と楽しみもあった？九度山《くどやま》での蟄居《ちっきょ》時代

関ケ原《せきがはら》の戦《たたか》いP.230で敗北《はいぼく》し、九度山《くどやま》で謹慎《きんしん》していた幸村《ゆきむら》。「謹慎《きんしん》生活の苦労《くろう》で、すっかり老《ふ》けこんでしまった」と義《ぎ》兄《けい》への手紙でこぼしているが、妻《つま》や子供《こども》を呼《よ》び寄《よ》せたうえに、ここで子供《こども》も生まれている。酒や連歌《れんが》も楽しんでいたようで、意外《いがい》にも苦しいことばかりではなかったようだ。

が秀吉《ひでよし》についたためだ。人質《ひとじち》とはいえ、幸村《ゆきむら》は手厚《てあつ》い待遇《たいぐう》を受け、そのまま秀吉《ひでよし》のそばに仕《つか》えるようになった。さらに豊臣家《とよとみけ》からも信頼《しんらい》の厚《あつ》い大谷吉継《おおたによしつぐ》P.130の娘《むすめ》を妻《つま》に迎《むか》えている。

関ケ原《せきがはら》の戦《たたか》いP.230では、父とともに石田三成《いしだみつなり》P.126側《がわ》につく。居城《きょじょう》である上田城《うえだじょう》に籠城《ろうじょう》し、関ケ原《せきがはら》へと向かう家康《いえやす》の息子・秀忠《ひでただ》P.190を足止めさせるP.228。この結果《けっか》、秀忠《ひでただ》は関ケ原《せきがはら》の決戦《けっせん》に間に合わず、家康《いえやす》を激怒《げきど》させた。

関ケ原《せきがはら》の戦《たたか》い後、家康側《いえやすがわ》についていた兄・信之《のぶゆき》が、父と弟の命ごいをしたので領地《りょうち》こそ取りあげられたものの、命は助かった。九度山《くどやま》（和歌山県《わかやまけん》）で謹慎《きんしん》生活を送ることになる。

しかし大坂冬《おおさかふゆ》の陣《じん》P.234に向け、各地《かくち》の大名や浪人《ろうにん》を集める豊臣秀頼《とよとみひでより》P.210から招《まね》かれて大坂城《おおさかじょう》に入る。幸村《ゆきむら》は真田丸《さなだまる》と呼《よ》ばれる陣地《じんち》をつくり、徳川軍《とくがわぐん》を待《ま》ち構《かま》えた。幸村《ゆきむら》におびきだされた徳川軍《とくがわぐん》が真田丸《さなだまる》に突撃《とつげき》したところを、幸村軍《ゆきむらぐん》が一斉《いっせい》に鉄砲《てっぽう》を撃《う》ちこんだ。この作戦《さくせん》が成功《せいこう》し、徳川軍《とくがわぐん》に大きな被害《ひがい》をあたえた。幸村《ゆきむら》は哀《あわ》れに思い、途中《とちゅう》で射撃《しゃげき》をやめてしまうほどだったという。このとき家康《いえやす》は、「信濃《しなの》一国をあたえる」という条件《じょうけん》で、幸村《ゆきむら》を徳川軍《とくがわぐん》へ誘《さそ》った。しかし打倒《だとう》家康《いえやす》を目指す幸村《ゆきむら》は断固拒否《だんこきょひ》。

翌年《よくねん》の夏《なつ》の陣《じん》P.238でも、幸村《ゆきむら》は奮戦《ふんせん》。家康《いえやす》をあと一歩で殺《ころ》せるところまで迫《せま》ったが、かなわず茶臼山《ちゃうすやま》で戦死《せんし》した。この奮戦《ふんせん》ぶりを徳川方《とくがわがた》の武将《ぶしょう》が「日本一《ひのもといち》の兵《つわもの》」と評《ひょう》したという。

フォーカス! 真田丸《さなだまる》

大坂城《おおさかじょう》を守るための城《しろ》の一部だった

真田丸《さなだまる》とは、大坂冬《おおさかふゆ》の陣《じん》のために真田幸村《さなだゆきむら》が築《きず》いた出城《でじろ》（出丸《でまる》）である。出城《でじろ》とは、城《しろ》本体から離《はな》れたところにもうけられた城《しろ》の区画《くかく》だ。

大坂城《おおさかじょう》は、北側《きたがわ》、東側《ひがしがわ》、西側《にしがわ》を川に囲《かこ》まれた場所にあるが、南側《みなみがわ》は手薄《てうす》だ。堀《ほり》はあるが、川よりも攻《せ》めやすい場所になる。そのために出城《でじろ》を築《きず》いて、守りの拠点《きょてん》にしようとつくられたのが真田丸《さなだまる》なのだ。井伊家《いいけ》を始め、腕《うで》の立つ武将《ぶしょう》たちが、この真田丸《さなだまる》に邪魔《じゃま》されて大坂城《おおさかじょう》攻《ぜ》めに苦戦《くせん》した。

幸村《ゆきむら》のつくった真田丸《さなだまる》の跡《あと》の一部は、現在三光神社《げんざいさんこうじんじゃ》になっている。

名刀にクローズアップ

伝・幸村所用　薙刀、采配

でん・ゆきむらしょよう　なぎなた、さいはい

幸村《ゆきむら》を討《う》ちとった兵《へい》が持ち帰った薙刀《なぎなた》と采配《さいはい》

刀データ

所有者	真田幸村《さなだゆきむら》
作　者	不明《ふめい》
刀《とう》　身《しん》	刃長《はちょう》・約《やく》65cm
所《しょ》　蔵《ぞう》	越葵文庫《えっきぶんこ》

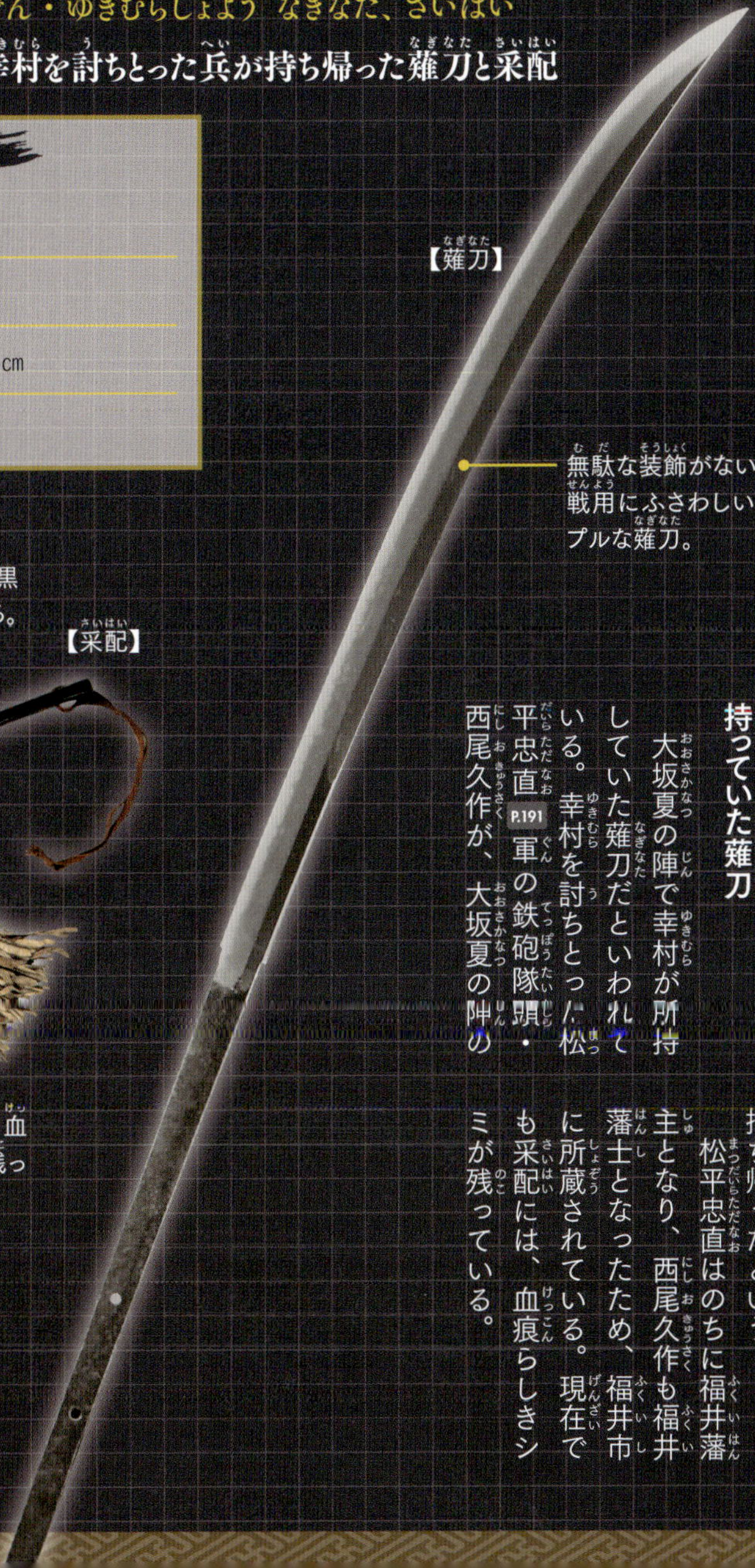

【薙刀《なぎなた》】
無駄《むだ》な装飾《そうしょく》がない、実《じっ》戦用《せんよう》にふさわしいシンプルな薙刀《なぎなた》。

【采配《さいはい》】
持ち手は竹製《たけせい》で、黒い漆《うるし》が塗《ぬ》られている。
紙の房《ふさ》の部分に、血《けっ》痕《こん》のようなシミが残《のこ》っている。

幸村《ゆきむら》が死の寸前《すんぜん》まで持っていた薙刀《なぎなた》

大坂夏《おおさかなつ》の陣《じん》で幸村《ゆきむら》が所持していた薙刀《なぎなた》だといわれている。幸村《ゆきむら》を討《う》ちとった松《まっ》平《だいら》忠直《ただなお》 P.191 軍《ぐん》の鉄砲《てっぽう》隊《たい》頭・西尾久作《にしおきゅうさく》が、大坂夏《おおさかなつ》の陣《じん》の後に幸村《ゆきむら》の薙刀《なぎなた》と采配《さいはい》を、持ち帰ったという。

松平忠直《まつだいらただなお》はのちに福井藩《ふくいはん》主《しゅ》となり、西尾久作《にしおきゅうさく》も福井《ふくい》藩士《はんし》となったため、福井市《ふくいし》に所蔵《しょぞう》されている。現在《げんざい》でも采配《さいはい》には、血痕《けっこん》らしきシミが残《のこ》っている。

真田《さなだ》十勇士《じゅうゆうし》

大正《たいしょう》時代にヒットした『立川文庫《たつかわぶんこ》』に登場する、幸村《ゆきむら》に仕《つか》える10人の家臣《かしん》のこと。あくまで架空《かくう》のキャラクターだが、史実《しじつ》をもとにした人物もいる。史実《しじつ》と同じく徳川家《とくがわけ》と敵対《てきたい》するが、奇想天外《きそうてんがい》な忍術《にんじゅつ》など、個性豊《こせいゆた》かな攻撃《こうげき》で敵《てき》を翻弄《ほんろう》している。

十勇士《じゅうゆうし》のリーダー的存在《てきそんざい》

猿飛佐助《さるとびさすけ》

十勇士《じゅうゆうし》の筆頭格《ひっとうかく》で、甲賀流忍術《こうかりゅうにんじゅつ》を取得《しゅとく》した忍者《にんじゃ》。修行中《しゅぎょうちゅう》のところを、幸村《ゆきむら》に見《み》出《いだ》され仕《つか》えるようになる。作品のなかでは、大坂《おおさか》の陣《じん》などで、神出鬼没《しんしゅつきぼつ》に戦場《せんじょう》を動き回り、徳川軍《とくがわぐん》を混乱《こんらん》させた。

観音寺《かんのんじ》の猿飛佐助像《さるとびさすけぞう》

愛媛県今治市《えひめけんいまばりし》にある観音寺《かんのんじ》の猿飛《さるとび》佐助像《さすけぞう》。今治市《いまばりし》は『立川文庫《たつかわぶんこ》』の作者ゆかりの地。

穴山小助《あなやまこすけ》と激突《げきとつ》した槍《やり》の名手

由利鎌之助《ゆりかまのすけ》

鎖鎌《くさりがま》と槍《やり》の名人。十勇士《じゅうゆうし》メンバーの穴《あな》山小助《やまこすけ》と一騎打《いっきう》ちで戦《たたか》うが、決着がつかず翌日《よくじつ》に持ちこしに。翌日鎌之助《よくじつかまのすけ》ははりきるあまり、幸村《ゆきむら》の落とし穴《あな》にはまってしまう。幸村《ゆきむら》の策《さく》に感服《かんぷく》し、忠誠《ちゅうせい》を誓《ちか》った。

幸村《ゆきむら》の身代わりとなって戦死《せんし》…

穴山小助《あなやまこすけ》

武田氏《たけだし》の重臣《じゅうしん》・穴山梅雪《あなやまばいせつ》の甥《おい》という設《せっ》定《てい》。梅雪《ばいせつ》は実在《じつざい》の人物。幸村《ゆきむら》の側近《そっきん》として働《はたら》く。背格好《せかっこう》が幸村《ゆきむら》と似《に》ており、影武《かげむ》者《しゃ》をつとめることも多く、大坂夏《おおさかなつ》の陣《じん》で、幸村《ゆきむら》の代わりに影武者《かげむしゃ》となり戦死《せんし》。

怪力《かいりき》キャラの僧侶《そうりょ》

三好清海入道《みよしせいかいにゅうどう》

母親が真田家《さなだけ》の親類《しんるい》だった縁《えん》で、幸村《ゆきむら》に仕《つか》えることになった。体が大きく怪力《かいりき》の僧侶《そうりょ》。大きな鉄の棒《ぼう》をブンブンと振《ふ》り回し、大岩をちぎって投げつけるという痛快《つうかい》な攻撃《こうげき》がトレードマーク。

徳川秀忠殺害《とくがわひでたださつがい》を試《こころ》みるが切腹《せっぷく》

三好伊佐入道《みよしいさにゅうどう》

三好清海入道《みよしせいかいにゅうどう》の弟。山賊《さんぞく》をしていたが、生《い》き別《わか》れていた兄・清海《せいかい》と再会《さいかい》し、清海《せいかい》の口添《くちぞ》えで幸村《ゆきむら》に仕《つか》える。大坂夏《おおさかなつ》の陣《じん》では、変装《へんそう》して徳川秀忠《とくがわひでただ》の軍《ぐん》にもぐりこんで追いつめるが、失敗《しっぱい》に終わり切腹《せっぷく》。

幼《おさな》いころから幸村《ゆきむら》を支《ささ》えた重臣《じゅうしん》

海野六郎《うんのろくろう》

海野氏《うんのし》は真田家《さなだけ》の重臣《じゅうしん》として仕《つか》える家《いえ》柄《がら》で、六郎《ろくろう》も幼少《ようしょう》のころから幸村《ゆきむら》に仕《つか》えている。十勇士《じゅうゆうし》では最古参《さいこさん》のメンバーとなる。幸村《ゆきむら》の代わりに世のなかの政情《せいじょう》を調べたりしている。また、実在《じつざい》の人物に同姓《どうせい》同名の真田家《さなだけ》家臣《かしん》が存在《そんざい》しており、彼《かれ》がモデルになったといわれている。

錦絵《にしきえ》「真田父子上田籠城図《さなだふしうえだろうじょうず》」

錦絵《にしきえ》に描《えが》かれた、幸村《ゆきむら》や海野六郎《うんのろくろう》たち。右から海《うん》野六郎《のろくろう》、穴山小助《あなやまこすけ》、真田昌幸《さなだまさゆき》、幸村《ゆきむら》。

強力な火薬兵器《へいき》を多く製造《せいぞう》

望月六郎《もちづきろくろう》

望月氏《もちづきし》は真田家《さなだけ》の重臣《じゅうしん》で、幼《おさな》いころから幸村《ゆきむら》の側近《そっきん》として仕《つか》える。幸村《ゆきむら》の信頼《しんらい》は厚《あつ》く、幸村《ゆきむら》の嫡男《ちゃくなん》の後見人《こうけんにん》を任《まか》されるほどだった。火薬のあつかいに長《た》け、爆《ばく》弾《だん》や地雷《じらい》など多くの武器《ぶき》をつくりだしている。大坂夏《おおさかなつ》の陣《じん》などで、それらの武器《ぶき》が活躍《かつやく》している。

水軍《すいぐん》をたくみに率《ひき》いる

根津甚八《ねづじんぱち》

父と死に別《わか》れた後、海賊《かいぞく》の首領《しゅりょう》となり活動していたところを、幸村《ゆきむら》にヘッドハンティングされ家臣《かしん》になる。海賊《かいぞく》出身だけあって、水軍《すいぐん》の指揮《しき》は右に出るものはいない。大坂夏《おおさかなつ》の陣《じん》ではおとりになるため「自分が幸村《ゆきむら》だ」と名乗りでて、突撃《とつげき》するが、討死《うちじに》。

自《みずか》ら家臣《かしん》になった鉄砲《てっぽう》の名人

筧《かけい》 十蔵《じゅうぞう》

豊臣家《とよとみけ》の大名・蜂須賀家《はちすかけ》の家臣《かしん》の家に生まれたという設定《せってい》。豊臣家《とよとみけ》の大坂城《おおさかじょう》に幸村《ゆきむら》が訪《おとず》れた際《さい》に幸村《ゆきむら》に出会い、その人《ひと》柄《がら》に惹《ひ》かれて家臣《かしん》になった。鉄砲《てっぽう》の名手として名高く、大坂冬《おおさかふゆ》の陣《じん》のときには、鉄砲隊《てっぽうたい》を指揮《しき》して徳川軍《とくがわぐん》に大ダメージをあたえている。

猿飛佐助《さるとびさすけ》のライバル忍者《にんじゃ》

霧隠才蔵《きりがくれさいぞう》

伊賀流忍術《いがりゅうにんじゅつ》を使う忍者《にんじゃ》で、猿飛佐助《さるとびさすけ》とはライバル関係《かんけい》。佐助《さすけ》との忍術《にんじゅつ》対決でお互《たが》いの力を認《みと》め合うと、佐助《さすけ》の仲介《ちゅうかい》で幸《ゆき》村《むら》に従《したが》うようになった。幸村《ゆきむら》に仕《つか》える前は山賊《さんぞく》をしていたという。「霧隠《きりがくれ》」という名前の通り、霧《きり》や雨を操《あやつ》る忍術《にんじゅつ》を得意《とくい》としている。

大坂《おおさか》の陣《じん》で壮絶《そうぜつ》な討死《うちじに》をとげる

後《ご》藤《とう》又《また》兵《べ》衛《え》

出身地	播磨《はりま》（現在《げんざい》の兵庫県《ひょうごけん》）
生　年	1560年
没　年	1615年（享年《きょうねん》56）

黒田家《くろだけ》と不仲《ふなか》になり各地《かくち》の武将《ぶしょう》をわたり歩く

黒田官兵衛《くろだかんべえ》P.122の時代から黒田家《くろだけ》に仕《つか》え、その息子の長政《ながまさ》P.200にも仕《つか》えた。早くに父を亡《な》くした又兵衛《またべえ》は、官兵衛《かんべえ》に養育《よういく》され長政《ながまさ》とともに育つ。関《せき》ケ原《がはら》の戦《たたか》いP.230では、石田三成《いしだみつなり》P.126の家《か》臣《しん》で槍《やり》の名手の大橋掃部《おおはしかもん》を討《う》ちとるという武功《ぶこう》をあげた。しかし、戦後《せんご》、長政《ながまさ》と仲《なか》たがいし突然黒田家《とつぜんくろだけ》を出てしまう。細川忠興《ほそかわただおき》P.135や、池田輝政《いけだてるまさ》P.135を頼《たよ》ったが、長政《ながまさ》に邪魔《じゃま》をされ長く仕《つか》えることができず、浪人《ろうにん》となる。

その後、豊臣秀頼《とよとみひでより》P.210に招《まね》かれて大《おお》坂城《さかじょう》に入城《にゅうじょう》する。大坂夏《おおさかなつ》の陣《じん》P.238では、濃霧《のうむ》によって味方と合流できずに、3000の軍《ぐん》で、その10倍以上《いじょう》の幕《ばく》府軍《ふぐん》を相手に孤軍奮闘《こぐんふんとう》。敵軍《てきぐん》の銃弾《じゅうだん》を浴《あ》びて、壮絶《そうぜつ》に果《は》てた姿《すがた》は、後世に語《かた》り継《つ》がれた。

知っ得エピソード

各地《かくち》に残《のこ》る又兵衛《またべえ》生存説《せいぞんせつ》

又兵衛《またべえ》は大坂夏《おおさかなつ》の陣《じん》の後、実は生き延《の》びていたという説《せつ》が残《のこ》る。奈良県《ならけん》にある「又兵《またべ》衛桜《えざくら》」が立つ地は、大坂《おおさか》を脱《だっ》出《しゅつ》した又兵衛《またべえ》が住んだ屋敷跡《やしきあと》といわれ、大分県《おおいたけん》には又兵衛《またべえ》の墓《はか》があり、この地で豊臣家《とよとみけ》の再興《さいこう》をねらうがかなわず、死去したという。

大坂城《おおさかじょう》で秀頼《ひでより》親子とともに自刃《じじん》

大野治長《おおのはるなが》

出身地	山城《やましろ》（現在《げんざい》の京都府《きょうとふ》）
生　年	不明《ふめい》
没　年	1615年（享年《きょうねん》？）

淀殿《よどどの》の信頼《しんらい》も厚《あつ》い 豊臣《とよとみ》の命運を担《にな》った家臣《かしん》

母親が豊臣秀吉《とよとみひでよし》P.104の妻《つま》・淀殿《よどどの》P.101のお守役《もりやく》で、淀殿《よどどの》とは幼馴染《おさななじみ》のような間柄《あいだがら》であったこともあり、厚《あつ》い信頼《しんらい》を寄《よ》せられていた。

豊臣秀頼《とよとみひでより》P.210に仕《つか》え、大坂冬《おおさかふゆ》の陣《じん》P.234あたりから実権《じっけん》をにぎるようになるが、冬《ふゆ》の陣《じん》の取り決めを無視《むし》した徳川方《とくがわがた》が大坂城《おおさかじょう》の内堀《うちぼり》を埋《う》め立《た》てたことに抗議《こうぎ》するも、聞き入れられないなど、頼《たよ》りなさがあった。

大坂夏《おおさかなつ》の陣《じん》P.238で敗戦《はいせん》があきらかになると、治長《はるなが》は淀殿《よどどの》たちをなんとか生かそうと考えた。秀頼《ひでより》の妻《つま》の千姫《せんひめ》を使者にたて、淀殿《よどどの》・秀頼《ひでより》親子の助《じょ》命嘆願《めいたんがん》をする。千姫《せんひめ》は家康《いえやす》の孫《まご》でもあったのだ。しかし、家康《いえやす》は治長《はるなが》の願《ねが》いを許《ゆる》さなかった。結局《けっきょく》、治長《はるなが》は秀頼《ひでより》親子とともに自刃《じじん》の道をたどる。

知っ得エピソード

血塗《ちぬ》られた 大野《おおの》一族の末路《まつろ》

秀頼《ひでより》には治長《はるなが》だけでなく、治胤《はるたね》、治房《はるふさ》、治純《はるずみ》という弟たちも仕《つか》えていた。治胤《はるたね》は大坂《おおさか》落城《らくじょう》時に逃亡《とうぼう》したが、捕縛《ほばく》され堺《さかい》で処刑《しょけい》。治房《はるふさ》も大坂城《おおさかじょう》は脱《だっ》したが、京都《きょうと》で捕《とら》えられ斬《ざん》首《しゅ》。治純《はるずみ》は徳川家《とくがわけ》の家臣《かしん》だったというが、大坂《おおさか》の陣《じん》以降《いこう》のことは伝《つた》わってない。

真田軍
徳川軍《とくがわぐん》が上田城《うえだじょう》に侵入《しんにゅう》したところで、真田軍《ぐん》が火を放ち視界《しかい》をさえぎった。
徳川軍《とくがわぐん》
逃《に》げた真田軍《さなだぐん》を追って上田城《うえだじょう》に入るが、真田軍《さなだぐん》の総攻撃《そうこうげき》にあう。
上田城《うえだじょう》

1585年

第《だい》一《いち》次《じ》上《うえ》田《だ》合《かっ》戦《せん》

合戦場所《かっせんばしょ》

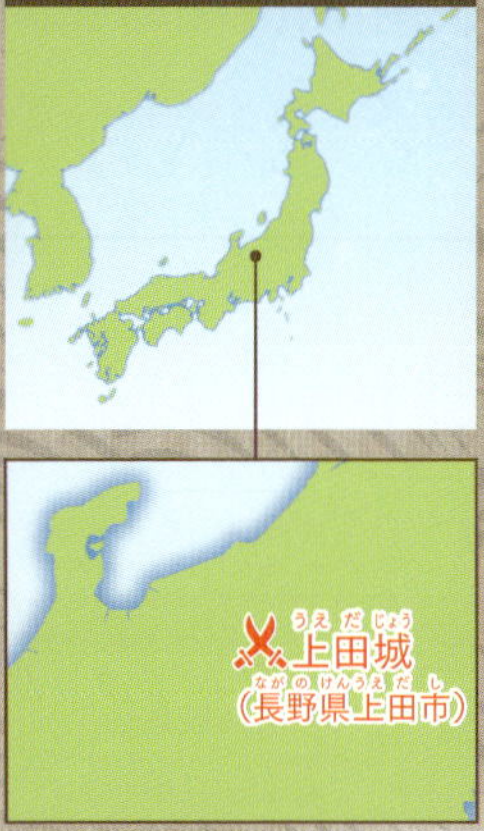
上田城《うえだじょう》
（長野県上田市《ながのけんうえだし》）

合戦《かっせん》のきっかけは真田領《さなだりょう》の沼田城《ぬまたじょう》

徳川《とくがわ》氏《し》対真田《さなだ》氏《し》の、因縁《いんねん》対決の始まりとなる第一次上田合戦《だいいちじうえだかっせん》。そのきっかけは真田《さなだ》氏《し》の沼田城《ぬまたじょう》だった。沼田城《ぬまたじょう》は、真田《さなだ》氏《し》が武田家《たけだけ》の家臣《かしん》だったときに、攻《せ》め落《お》とした城《しろ》である。武田家滅亡《たけだけめつぼう》後、真田《さなだ》氏《し》は真田家《さなだけ》の生《い》き残《のこ》りをかけて北条《ほうじょう》氏《し》や徳川《とくがわ》氏《し》など、つく主君を替《か》えていた。その過程《かてい》で沼田《ぬまた》は真田《さなだ》の手を離《はな》れることもあったが、徳川《とくがわ》につき再《ふたた》び真田領《さなだりょう》となっていた。１５８２年、真田《さなだ》氏《し》の主君・徳《とく》

柵《さく》
交差《こうさ》するように設置《せっち》され、城《しろ》から撤退《てったい》しにくいようになっている。真田軍《さなだぐん》のしかけ。
真田軍《さなだぐん》
神川《かんがわ》から撤退《てったい》するように見せかけて、城内《じょうない》で徳川軍《とくがわぐん》を待ちぶせ。

川家康《がわいえやす》P.182と、敵対関係《てきたいかんけい》にあった北《ほう》条氏《じょうし》が和解《わかい》することとなった。このときに和解条件《わかいじょうけん》のひとつとして登場したのが、沼田城《ぬまたじょう》だった。家《いえ》康《やす》は真田氏《さなだし》の許可《きょか》なく北条氏《ほうじょうし》に沼《ぬま》田城《たじょう》を差《さ》しだしてしまう。

昌幸《まさゆき》は、これに激怒《げきど》した。実は、昌幸《まさゆき》が家康《いえやす》の家臣《かしん》になる際《さい》に、家《いえ》康《やす》から沼田城《ぬまたじょう》は真田《さなだ》の城《しろ》とするという条件《じょうけん》を提示《ていじ》されていた。それをのんで徳川《とくがわ》の家臣《かしん》になったという経緯《けいい》があったのだ。

勝

倍以上《ばいいじょう》の軍勢《ぐんぜい》を迎《むか》え撃《う》つ作戦《さくせん》は…？

真田昌幸《さなだまさゆき》・信之《のぶゆき》

戦力《せんりょく》
約《やく》2000人

VS

徳川家《とくがわけ》を裏切《うらぎ》った真田家《さなだけ》を討《う》ってやる！

鳥居元忠《とりいもとただ》

負

戦力《せんりょく》
約《やく》7000人

← 次のページへ続《つづ》く

昌幸《まさゆき》の裏切《うらぎ》りに 家康《いえやす》が激怒《げきど》

家康《いえやす》は1584年、昌幸《まさゆき》に沼田《ぬまた》城《じょう》を北条《ほうじょう》へ差《さ》しだすように迫《せま》る。昌幸《まさゆき》のとった行動は、上杉景勝《うえすぎかげかつ》P.150に応援《おうえん》を頼《たの》むことだった。つまり、家康《いえやす》を裏切《うらぎ》り、上杉《うえすぎ》氏《し》につくということだ。1585年、景勝《かげかつ》から承諾《しょうだく》の手紙が届《とど》く。

昌幸《まさゆき》が裏切《うらぎ》ろうとしているという報告《ほうこく》を受けた家康《いえやす》は激怒《げきど》し、出《しゅっ》兵《ぺい》を決めた。徳川軍《とくがわぐん》は、昌幸《まさゆき》が築《ちく》城《じょう》した上田城《うえだじょう》を目指した。

一方、徳川軍《とくがわぐん》の先発隊《せんぱつたい》の鳥居元《とりいもと》忠《ただ》P.189、大久保忠世《おおくぼただよ》P.197は、上田城《うえだじょう》の東側《ひがしがわ》を流れる神川《かんがわ》をわたる。これに続《つづ》いて徳川《とくがわ》の本陣《ほんじん》が神川《かんがわ》をわたろうとしたとき、神川《かんがわ》上流から真《さな》田軍《だぐん》が攻撃《こうげき》をしかけた。不意《ふい》をつかれた徳川軍《とくがわぐん》は大混乱《だいこんらん》におちいる

第一次《だいいちじ》上田《うえだ》合戦《かっせん》合戦《かっせん》地図

真田軍《さなだぐん》とその動き
徳川軍《とくがわぐん》とその動き
戸石城《といしじょう》
3
撤退《てったい》する徳川軍《とくがわぐん》を、追《つい》撃《げき》する真田軍《さなだぐん》。
4
戸石城《といしじょう》を守備《しゅび》していた真田信之《さなだのぶゆき》も追撃《ついげき》に加《くわ》わる。
上田城《うえだじょう》
伊勢崎城《いせさきじょう》
上田城《うえだじょう》大手門《おおてもん》
神川《かんがわ》
2
徳川軍《とくがわぐん》が上田城《うえだじょう》に入ると、真田昌幸《さなだまさゆき》の総攻《そうこう》撃《げき》を受ける。徳川軍《とくがわぐん》は上田城《うえだじょう》から撤退《てったい》する。
千曲川《ちくまがわ》
1
鳥居元忠《とりいもとただ》率《ひき》いる徳川軍《とくがわぐん》は、上田城《うえだじょう》に進軍《しんぐん》し、神《かん》川《がわ》付近《ふきん》で真田軍《さなだぐん》と衝突《しょうとつ》。真田軍《さなだぐん》が撤退《てったい》したので、徳川軍《とくがわぐん》はそれを追撃《ついげき》。
依田川《よだがわ》
徳川軍《とくがわぐん》

が、応戦《おうせん》する。しかし、真田軍《さなだぐん》は突然攻撃《とつぜんこうげき》をやめて撤退《てったい》し始めた。これを見た徳川軍《とくがわぐん》は体勢《たいせい》を整えて、撤退《てったい》する真田軍《さなだぐん》の後を追う。

徳川軍《とくがわぐん》を引《ひ》き寄《よ》せ城内《じょうない》で集中攻撃《こうげき》をかける

徳川軍《とくがわぐん》は、昌幸《まさゆき》の作戦《さくせん》にまんまと引っかかる。真田軍《さなだぐん》に続《つづ》いて徳《とく》川軍《がわぐん》は上田城内《うえだじょうない》へと走りこんだ。

大手門《おおてもん》、三《さん》の丸《まる》、二《に》の丸《まる》を通過《つうか》し、さらに城《しろ》の中心である本丸《ほんまる》へとつき進む。このとき、待《ま》ち構《かま》えていた真田軍《さなだぐん》の兵《へい》が一斉《いっせい》に徳川軍《とくがわぐん》に襲《おそ》いかかってきた。撤退《てったい》したのは、城《しろ》へ誘《さそ》うための罠《わな》だったのだ。

予期せぬ攻撃《こうげき》に徳川側《とくがわがわ》は戦《たたか》うどころではなく逃《に》げまどうが、真田《さなだ》軍《ぐん》がしかけた柵《さく》が行く手をはばむ。

さらに、真田軍《さなだぐん》が放った火の煙《けむり》で視界《しかい》をうばわれ、やっと城《しろ》を脱出《だっしゅつ》しても、真田《さなだ》の追撃部隊《ついげきぶたい》に近くの戸石城《といしじょう》を守っていた昌幸《まさゆき》の息子・信之《のぶゆき》P.214が率《ひき》いる別働隊《べつどうたい》が加《くわ》わり、徳川軍《とくがわぐん》に背後《はいご》から襲《おそ》いかかった。徳川軍《とくがわぐん》には1300人もの死者が出たという。

その後、家康《いえやす》は重臣《じゅうしん》の離反《りはん》が重なり真田《さなだ》との戦《たたか》いどころではなくなって撤退《てったい》。合戦《かっせん》は終結《しゅうけつ》する。

第一次上田合戦《だいいちじうえだかっせん》 ハイライト

1600年

第《だい》二《に》次《じ》上田《うえだ》合戦《かっせん》

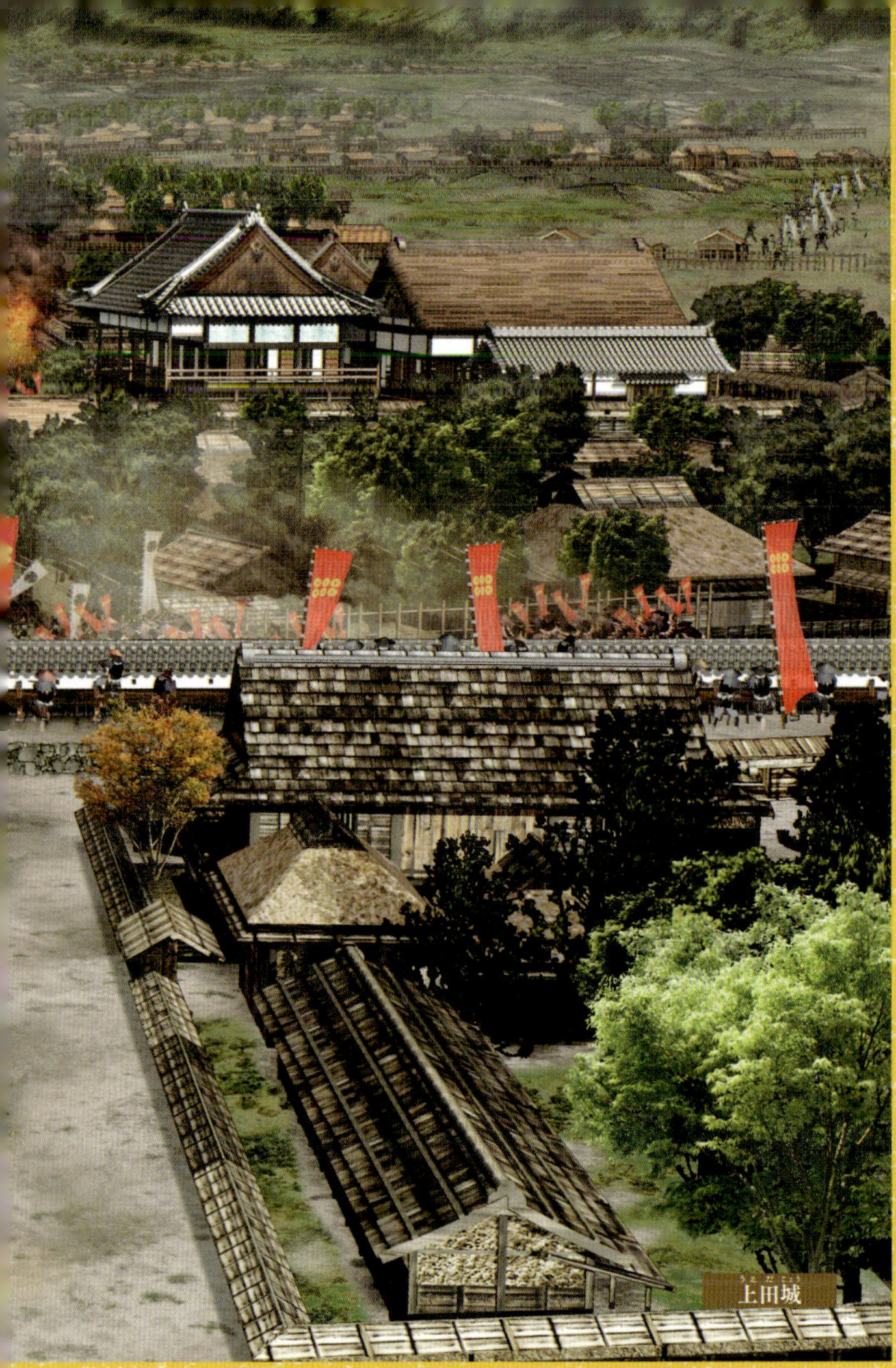

上田城

合戦場所《かっせんばしょ》

上田城《うえだじょう》
（長野県上田市《ながのけんうえだし》）

真田《さなだ》に打ち負かされ関ケ原《せきがはら》の戦《たたか》いに遅刻《ちこく》

関ケ原《せきがはら》の戦《たたか》い P.230 で、徳川家康《とくがわいえやす》 P.182 は徳川軍《とくがわぐん》を二手に分けた。家康《いえやす》の三男・秀忠《ひでただ》 P.190 は、その一軍《いちぐん》を率《ひき》いて西へ向かう。途中《とちゅう》の上田城《うえだじょう》で石《いし》田三成《だみつなり》 P.126 側《がわ》の真田昌幸《さなだまさゆき》 P.212 ・幸村《ゆきむら》 P.216 親子が待《ま》ち構《かま》えていた。

秀忠《ひでただ》は「城《しろ》を明けわたせ」と言うが、昌幸《まさゆき》はこれを拒否《きょひ》。昌幸《まさゆき》の態度《たいど》に、秀忠《ひでただ》はかつての恨《うら》みを晴らそうと、欲《よく》を出してしまったようだ。徳川軍《とくがわぐん》は、以前《いぜん》に上田城《うえだじょう》で真田《さなだ》に負かされた（第一次上田合《だいいちじうえだかっ》

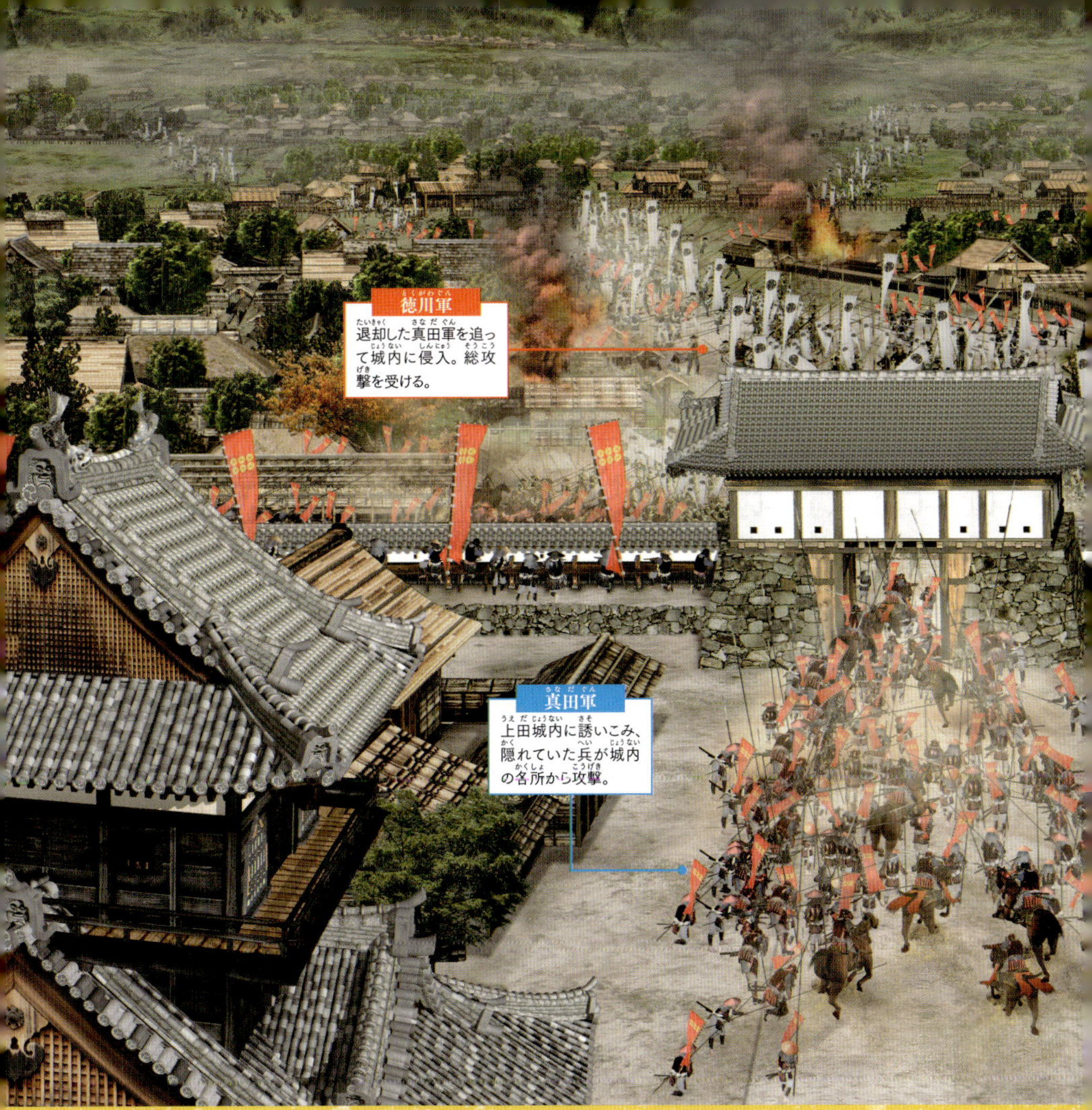
徳川軍《とくがわぐん》
退却《たいきゃく》した真田軍《さなだぐん》を追って城内《じょうない》に侵入《しんにゅう》。総攻撃《そうこうげき》を受ける。
真田軍《さなだぐん》
上田城内《うえだじょうない》に誘《さそ》いこみ、隠《かく》れていた兵《へい》が城内《じょうない》の各所《かくしょ》から攻撃《こうげき》。

戦《せん》 P.224 ）苦い過去《かこ》がある。上田城攻《うえだじょうぜ》めに踏《ふ》みきった秀忠《ひでただ》は、挑発《ちょうはつ》のために上田城《うえだじょう》の周《まわ》りの稲《いね》を刈《か》り始める。そこへ真田《さなだ》の兵《へい》が出撃《しゅつげき》するが、すぐに退却《たいきゃく》。徳川軍《とくがわぐん》はその兵《へい》を追い、上田城内《うえだじょうない》に誘《さそ》いこまれてしまう。すると鉄砲《てっぽう》でねらい撃《う》ちされ、徳川軍《とくがわぐん》に大きな被害《ひがい》がでた。

結局《けっきょく》ここで足止めをくらい、秀忠《ひでただ》は関ケ原《せきがはら》の戦《たたか》いの本戦《ほんせん》に遅刻《ちこく》。家康《いえやす》に厳《きび》しく叱《しか》られてしまうこととなった。

勝

再《ふたた》び大軍《たいぐん》で攻《せ》められ、どう戦《たたか》うか…。

真田昌幸《さなだまさゆき》・幸村《ゆきむら》

戦力《せんりょく》
約《やく》3500人

VS

かつて真田《さなだ》に徳《とく》川《がわ》が負けたときのリベンジ!

徳川秀忠《とくがわひでただ》

戦力《せんりょく》
約《やく》3万8000人

負

1600年

関ケ原《せきがはら》の戦《たたか》い

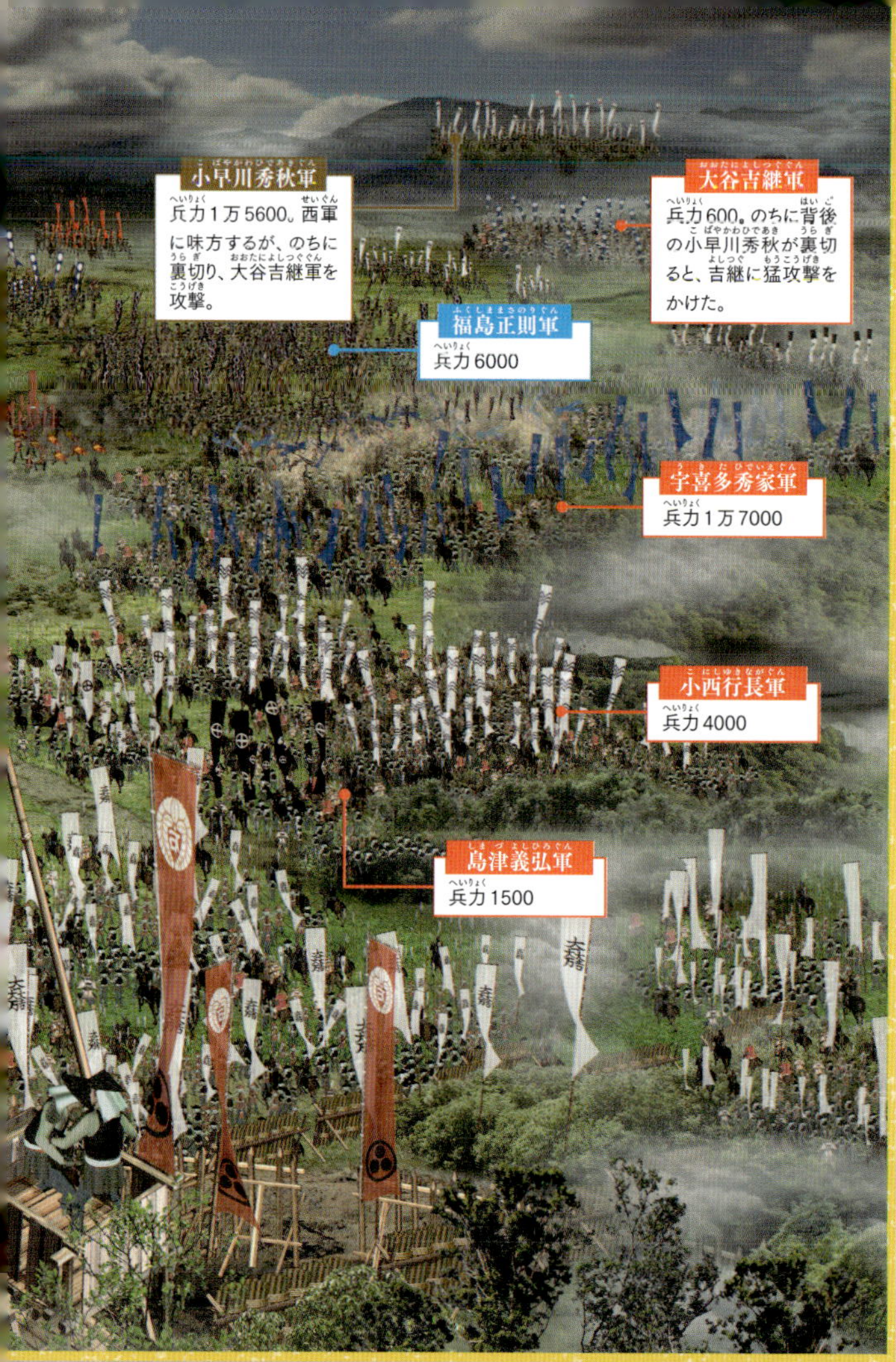
小早川秀秋軍《こばやかわひであきぐん》
兵力《へいりょく》1万5600。西軍《せいぐん》に味方するが、のちに裏切《うらぎ》り、大谷吉継軍《おおたによしつぐぐん》を攻撃《こうげき》。
大谷吉継軍《おおたによしつぐぐん》
兵力《へいりょく》600。のちに背後《はいご》の小早川秀秋《こばやかわひであき》が裏切《うらぎ》ると、吉継《よしつぐ》に猛攻撃《もうこうげき》をかけた。
福島正則軍《ふくしままさのりぐん》
兵力《へいりょく》6000
宇喜多秀家軍《うきたひでいえぐん》
兵力《へいりょく》1万7000
小西行長軍《こにしゆきながぐん》
兵力《へいりょく》4000
島津義弘軍《しまづよしひろぐん》
兵力《へいりょく》1500

三成《みつなり》、家康打倒《いえやすだとう》を決意し立ち上がる

豊臣秀吉《とよとみひでよし》P.104は、幼《おさな》い跡継《あとつ》ぎ・秀頼《ひでより》P.190のために、五大老《ごたいろう》と五奉行《ごぶぎょう》という機関《きかん》をつくった。名だたる武将《ぶしょう》を任命《にんめい》し、秀頼《ひでより》を補佐《ほさ》するように遺言《ゆいごん》。しかし、五大老《ごたいろう》の前田利家《まえだとしいえ》P.114が亡《な》くなると、この体制《たいせい》は崩壊《ほうかい》する。徳川家康《とくがわいえやす》P.182は京都《きょうと》の伏見城《ふしみじょう》に入り政治《せいじ》を代行し、やがて天下人《てんかびと》のようにふるまうようになった。この家康《いえやす》の態度《たいど》に五奉行《ごぶぎょう》の石田三成《いしだみつなり》P.126は憤慨《ふんがい》し、家康討伐《いえやすとうばつ》を考えるようになる。

合戦場所《かっせんばしょ》

関ケ原《せきがはら》
（岐阜県不破郡関ケ原町《ぎふけんふわぐんせきがはらちょう》）

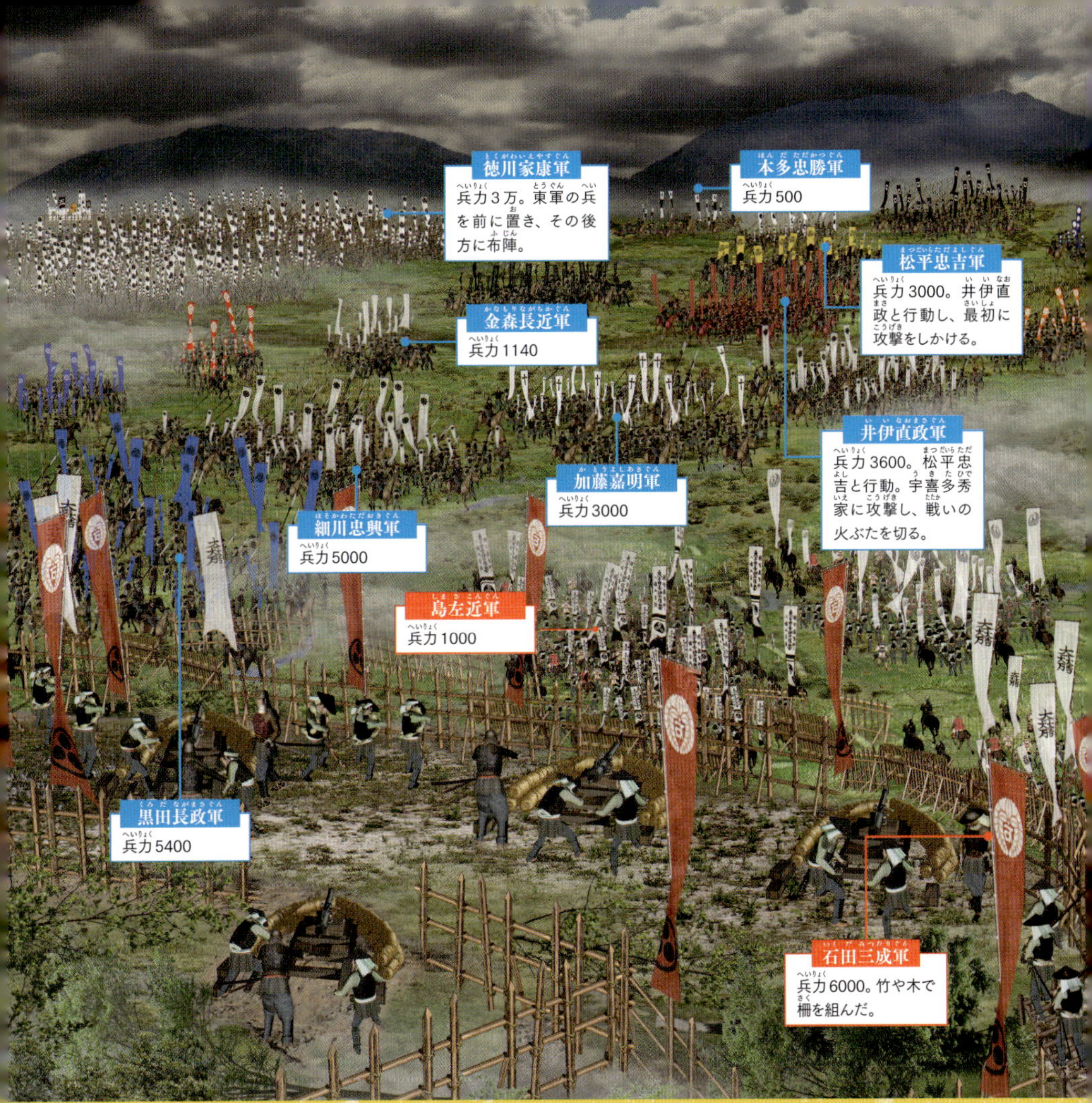

徳川家康軍《とくがわいえやすぐん》
兵力《へいりょく》3万。東軍《とうぐん》の兵《へい》を前に置《お》き、その後方に布陣《ふじん》。
本多忠勝軍《ほんだただかつぐん》
兵力《へいりょく》500
松平忠吉軍《まつだいらただよしぐん》
兵力《へいりょく》3000。井伊直政《いいなおまさ》と行動し、最初《さいしょ》に攻撃《こうげき》をしかける。
金森長近軍《かなもりながちかぐん》
兵力《へいりょく》1140
井伊直政軍《いいなおまさぐん》
兵力《へいりょく》3600。松平忠吉《まつだいらただよし》と行動。宇喜多秀家《うきたひでいえ》に攻撃《こうげき》し、戦《たたか》いの火ぶたを切る。
加藤嘉明軍《かとうよしあきぐん》
兵力《へいりょく》3000
細川忠興軍《ほそかわただおきぐん》
兵力《へいりょく》5000
島左近軍《しまさこんぐん》
兵力《へいりょく》1000
黒田長政軍《くろだながまさぐん》
兵力《へいりょく》5400
石田三成軍《いしだみつなりぐん》
兵力《へいりょく》6000。竹や木で柵《さく》を組んだ。

1600年、家康《いえやす》の「京都《きょうと》に来るように」という命令《めいれい》に、上杉景勝《うえすぎかげかつ》P.150が反発したため、家康《いえやす》は上杉《うえすぎ》討伐《とうばつ》に出兵《しゅっぺい》。家康《いえやす》の関心《かんしん》が上杉《うえすぎ》に向いている間に、三成《みつなり》は家康《いえやす》を倒《たお》すための準備《じゅんび》を進めた。だがこの上杉攻《うえすぎぜ》めこそが、三成《みつなり》を油断《ゆだん》させる家康《いえやす》の作戦《さくせん》だったようだ。

三成《みつなり》は盟友《めいゆう》の大谷吉継《おおたによしつぐ》P.130を始め、武将《ぶしょう》たちに家康打倒《いえやすだとう》を呼《よ》びかけた。その結果《けっか》、大坂《おおさか》にいた五奉行《ごぶぎょう》や毛利輝元《もうりてるもと》P.202などの大勢力《だいせいりょく》が三成側《みつなりがわ》に

勝
徳川家康《とくがわいえやす》
戦力《せんりょく》
約《やく》7万4000人
豊臣方《とよとみがた》の三成《みつなり》を討《う》って、天下をとる!
VS
豊臣《とよとみ》の天下をおびやかす、家康《いえやす》を討《う》つ!
石田三成《いしだみつなり》
戦力《せんりょく》
約《やく》8万4000人
負

 ← 次のページへ続《つづ》く

つくことになった。一方家康《いえやす》は上《うえ》杉《すぎ》攻《ぜ》めに参加《さんか》している武将《ぶしょう》たちと話し合い、上杉《うえすぎ》を攻《せ》めずに引き返すことになった。上杉攻《うえすぎぜ》めの軍勢《ぐんぜい》は、そのまま家康《いえやす》に味方する。

三成《みつなり》をおびきだし野戦《やせん》にもちこむ

家康《いえやす》はいったん居城《きょじょう》の江戸城《えどじょう》に帰ってから西へと進む。自《みずか》らが率《ひき》いる西軍《せいぐん》の拠点《きょてん》・大垣城《おおがきじょう》にいた三《みつ》成《なり》は、家康《いえやす》が江戸城《えどじょう》にいないことに驚《おどろ》いたという。しかも家康《いえやす》は大《おお》垣城《がきじょう》を攻《せ》めずに、三成《みつなり》の本拠地《ほんきょち》がある西へ兵《へい》を進めようとしている。三成《みつなり》はあわてて城《しろ》を出て、関ケ原《せきがはら》で徳川軍《とくがわぐん》を迎《むか》え撃《う》つことを決めた。実は、家康《いえやす》は野戦《やせん》が得意《とくい》なので、大垣城《おおがきじょう》での籠城戦《ろうじょうせん》は避《さ》けたかった。三成《みつなり》は、関ケ原《せきがはら》までまんまとおびきだされてしまったのだ。

関ケ原《せきがはら》の戦《たたか》い合戦《かっせん》地図

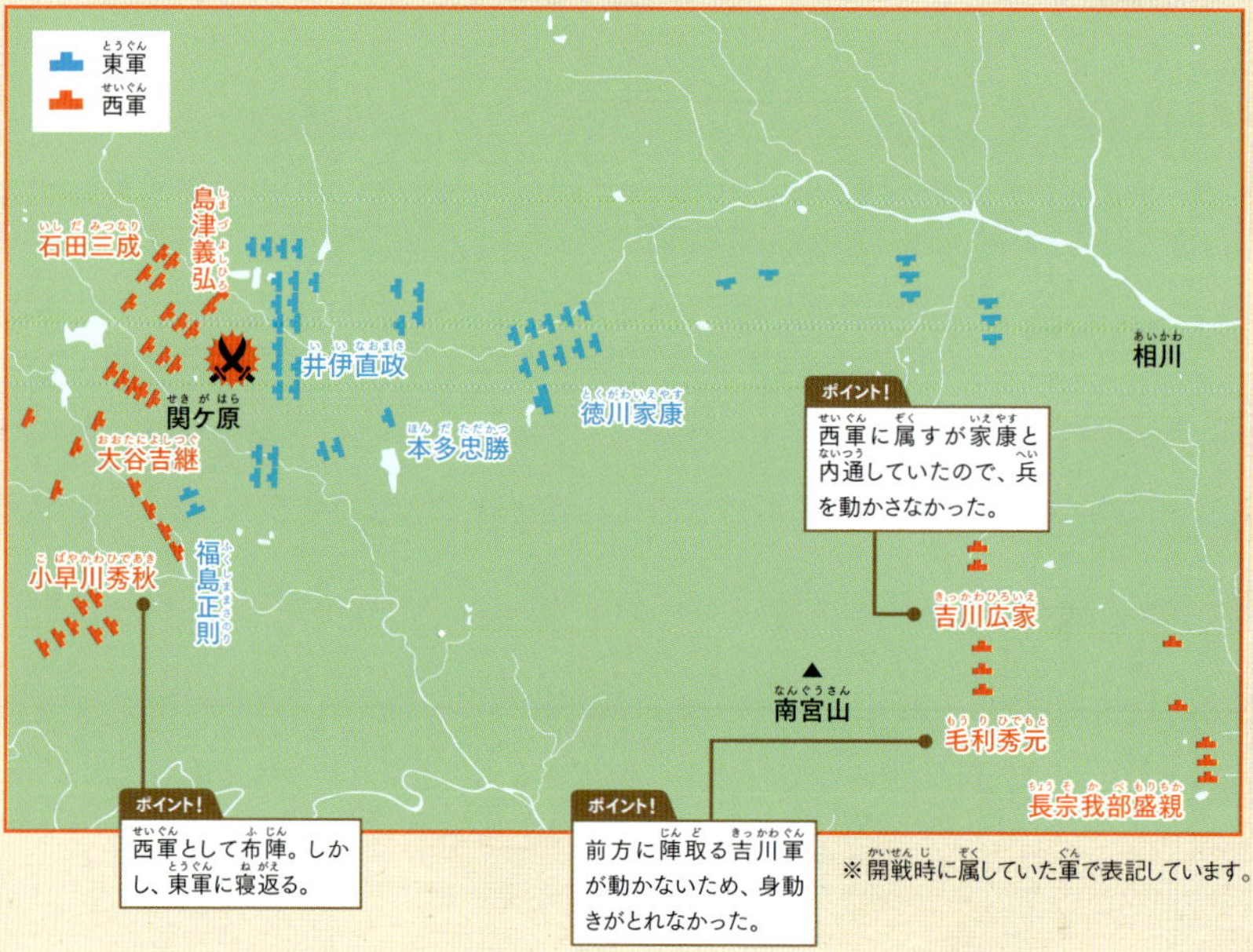
東軍《とうぐん》
西軍《せいぐん》
石田三成《いしだみつなり》
島津義弘《しまづよしひろ》
井伊直政《いいなおまさ》
関ケ原《せきがはら》
大谷吉継《おおたによしつぐ》
本多忠勝《ほんだただかつ》
徳川家康《とくがわいえやす》
相川《あいかわ》
福島正則《ふくしままさのり》
小早川秀秋《こばやかわひであき》
吉川広家《きっかわひろいえ》
南宮山《なんぐうさん》
毛利秀元《もうりひでもと》
長宗我部盛親《ちょうそかべもりちか》
ポイント!
西軍《せいぐん》に属《ぞく》すが家康《いえやす》と内通《ないつう》していたので、兵《へい》を動かさなかった。
ポイント!
西軍《せいぐん》として布陣《ふじん》。しかし、東軍《とうぐん》に寝返《ねがえ》る。
ポイント!
前方に陣取《じんど》る吉川軍《きっかわぐん》が動かないため、身動きがとれなかった。

※開戦時《かいせんじ》に属《ぞく》していた軍《ぐん》で表記しています。

勝敗《しょうはい》を決めたのは小早川《こばやかわ》の裏切《うらぎ》り

関ケ原《せきがはら》の地で家康《いえやす》率《ひき》いる東軍《とうぐん》と西軍《せいぐん》が対峙《たいじ》する。戦《たたか》いは、家康《いえやす》の四男・松平忠吉《まつだいらただよし》P.188と井伊直政《いいなおまさ》P.194が西軍《せいぐん》の宇喜多秀家《うきたひでいえ》P.136へ攻撃《こうげき》をしかけたことでスタートする。西軍《せいぐん》には島津義弘《しまづよしひろ》P.162や毛利秀元《もうりひでもと》など、まだ動かずに待機《たいき》するだけの軍《ぐん》もいたが、一進一退《いっしんいったい》の攻防《こうぼう》が続《つづ》き、戦《たたか》いはなかなか決着がつかなかった。

そのうちに、徐々《じょじょ》に西軍《せいぐん》が優位《ゆうい》となるが、頼《たよ》りにしていた毛利《もうり》の大軍勢《だいぐんぜい》が、まだ動かない。毛利軍《もうりぐん》は、前方にいる吉川広家《きっかわひろいえ》P.204の軍《ぐん》が動かないために、身動きが取れずにいたのだ。実はこれも事前に広《ひろ》家《いえ》と通じていた家康《いえやす》の策《さく》で、毛利《もうり》を食い止める広家《ひろいえ》の行動は作戦《さくせん》通りだった。

さらに、戦局《せんきょく》を一変《いっぺん》させる出来事が起こる。西軍《せいぐん》・小早川秀秋《こばやかわひであき》P.206の裏切《うらぎ》りだ。突如《とつじょ》、小早川軍《こばやかわぐん》は大《おお》谷《たに》吉継《よしつぐ》P.130軍《ぐん》を急襲《きゅうしゅう》。吉継《よしつぐ》は小早川《こばやかわ》の裏切《うらぎ》りを予測《よそく》していたため奮戦《ふんせん》するが、かなわず壊滅《かいめつ》する。これを機《き》に、ほかの西軍《せいぐん》の軍勢《ぐんぜい》もことごとく潰《つぶ》れていく。ついに三成軍《みつなりぐん》も敗走《はいそう》し、東軍勝利《とうぐんしょうり》に終わった。

関ヶ原《せきがはら》の戦《たたか》いハイライト

秀吉《ひでよし》の死後、石田三成《いしだみつなり》と徳川家康《とくがわいえやす》の対立が激化《げきか》。
西軍《せいぐん》三成《みつなり》
ついに関ケ原《せきがはら》にて対峙《たいじ》することに。
東軍《とうぐん》・家康《いえやす》
関ヶ原《せきがはら》
東軍《とうぐん》・井伊直政《いいなおまさ》と松平忠吉《まつだいらただよし》の攻撃《こうげき》により開戦《かいせん》。
撃《う》てい!!
パァーン…
数で勝《まさ》る西軍《せいぐん》・三成《みつなり》がおしていたが…。
西軍《せいぐん》・小早川秀秋《こばやかわひであき》の裏切《うらぎ》りで形勢逆転《けいせいぎゃくてん》。
東
ぐうう…
ワー
ワー
その後も次つぎと寝返《ねがえ》られ…。
西軍《せいぐん》は総《そう》くずれとなり、三成《みつなり》は敗走《はいそう》。
ワー
勝利《しょうり》は東軍《とうぐん》・家康《いえやす》のものとなった。

大坂城

1614年

大坂冬《おおさかふゆ》の陣《じん》

合戦場所《かっせんばしょ》

大坂城《おおさかじょう》
（現在《げんざい》の大阪府《おおさかふ》大阪市《おおさかし》）

家康《いえやす》の言いがかりにより争《あらそ》いが勃発《ぼっぱつ》

関ケ原《せきがはら》の戦《たたか》い P.230 ののち、徳川家《とくがわいえ》康《やす》 P.182 は、江戸《えど》で幕府《ばくふ》を開いた。自《みずか》らが征夷大将軍《せいいたいしょうぐん》となって、徳川政《とくがわせい》権《けん》をスタートさせる。しかし、家《いえ》康《やす》には気がかりなことがあった。豊臣秀吉《とよとみひでよし》 P.104 の息子・秀頼《ひでより》 P.210 が大坂《おおさか》城《じょう》にいることだ。家康《いえやす》は将軍《しょうぐん》の位《くらい》を息子の秀忠《ひでただ》 P.190 にゆずることで、世間に征夷大将軍《せいいたいしょうぐん》は代だい徳川家《とくがわけ》がつとめ、徳川政権《とくがわせいけん》が続《つづ》いていくということを印象《いんしょう》づけた。

しかし、秀頼《ひでより》が生きている限《かぎ》り、

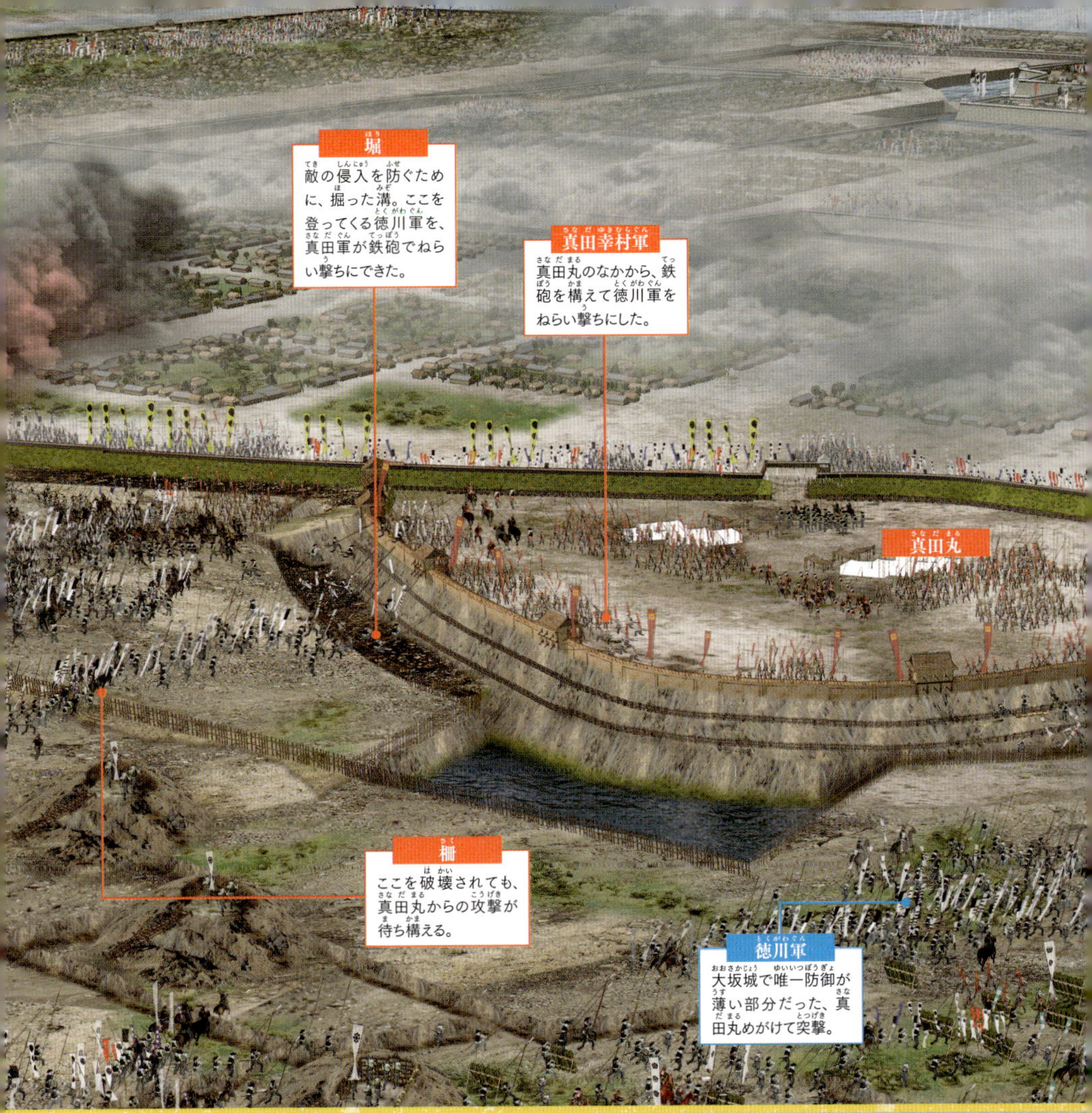

堀《ほり》
敵《てき》の侵入《しんにゅう》を防《ふせ》ぐために、掘《ほ》った溝《みぞ》。ここを登ってくる徳川軍《とくがわぐん》を、真田軍《さなだぐん》が鉄砲《てっぽう》でねらい撃《う》ちにできた。
真田幸村軍《さなだゆきむらぐん》
真田丸《さなだまる》のなかから、鉄砲《てっぽう》を構《かま》えて徳川軍《とくがわぐん》をねらい撃《う》ちにした。
真田丸《さなだまる》
柵《さく》
ここを破壊《はかい》されても、真田丸《さなだまる》からの攻撃《こうげき》が待《ま》ち構《かま》える。
徳川軍《とくがわぐん》
大坂城《おおさかじょう》で唯一防御《ゆいいつぼうぎょ》が薄《うす》い部分だった、真田丸《さなだまる》めがけて突撃《とつげき》。

秀吉《ひでよし》に仕《つか》えていた武将《ぶしょう》たちが、いつ秀頼《ひでより》を担《かつ》ぎだして、徳川家《とくがわけ》をつぶそうとするか、わからない。そう考えた家康《いえやす》は、京都《きょうと》の方広寺《ほうこうじ》の鐘《かね》を秀頼《ひでより》につくらせ、それに刻《きざ》まれた言葉に対して「徳川家《とくがわけ》を倒《たお》そうとしている言葉が刻《きざ》まれている」と言いがかりをつけた。そして、それに対する謝罪《しゃざい》を要求《ようきゅう》した。

その要求《ようきゅう》は、秀頼《ひでより》の母・淀殿《よどどの》P.101が人質《ひとじち》として江戸《えど》に行く、秀頼《ひでより》が大坂《おおさか》を去り別《べつ》の地へ行くなど、か

勝

徳川家康《とくがわいえやす》

戦力《せんりょく》
約《やく》20万人

豊臣家《とよとみけ》を倒《たお》して、徳川政権《とくがわせいけん》を盤石《ばんじゃく》なものに！

VS

徳川家《とくがわけ》を討《う》って、再《ふたた》び豊臣家《とよとみけ》が天下をとる！

豊臣秀頼《とよとみひでより》

戦力《せんりょく》
約《やく》10万人

負

← 次のページへ続《つづ》く

つての天下人《てんかびと》・秀吉《ひでよし》の息子としては、とても受け入れられないものだった。秀頼《ひでより》は浪人《ろうにん》を集め、大坂《おおさか》城《じょう》に籠城《ろうじょう》するための準備《じゅんび》を進めた。このとき九度山《くどやま》で謹慎《きんしん》していた真《さな》田幸村《だゆきむら》P.216などにも声をかけている。

意見の割《わ》れる豊臣軍《とよとみぐん》 幸村《ゆきむら》が奮戦《ふんせん》する

総大将《そうだいしょう》は秀頼《ひでより》であったが、このとき22歳《さい》とまだ若《わか》かったため実際《じっさい》に指揮《しき》をとったのは、淀殿《よどどの》も懇意《こんい》にしていた重臣《じゅうしん》の大野治長《おおのはるなが》P.223だ。治長《はるなが》は、はじめから籠城《ろうじょう》を考えていたが、歴戦《れきせん》の勇者《ゆうしゃ》である真田幸《さなだゆき》村《むら》や後藤又兵衛《ごとうまたべえ》P.222が反対した。幸《ゆき》村《むら》らは「援軍《えんぐん》の来るあてがないのなら、籠城《ろうじょう》しても勝ち目がない」と主張《しゅちょう》。結局幸村《けっきょくゆきむら》らは、自《みず》ら大坂《おおさか》城《じょう》の外に出て戦《たたか》うことを選《えら》んだ。とくに目ざましい活躍《かつやく》を見せた

大坂冬《おおさかふゆ》の陣《じん》合戦《かっせん》地図

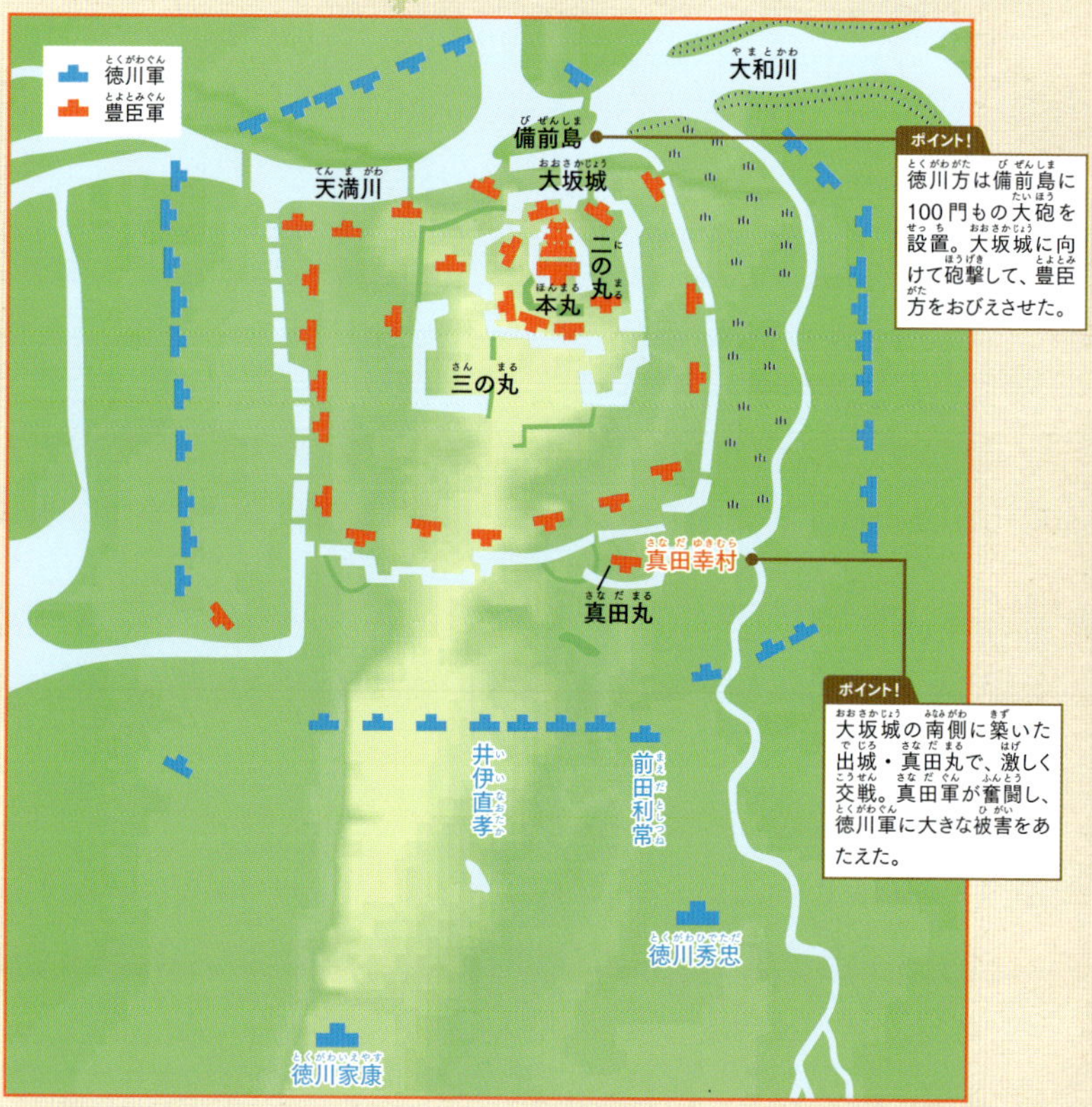

徳川軍《とくがわぐん》
豊臣軍《とよとみぐん》
大和川《やまとかわ》
備前島《びぜんしま》
天満川《てんまがわ》
大坂城《おおさかじょう》
二《に》の丸《まる》
本丸《ほんまる》
三《さん》の丸《まる》
真田幸村《さなだゆきむら》
真田丸《さなだまる》
井伊直孝《いいなおたか》
前田利常《まえだとしつね》
徳川秀忠《とくがわひでただ》
徳川家康《とくがわいえやす》
ポイント!
徳川方《とくがわがた》は備前島《びぜんしま》に100門もの大砲《たいほう》を設置《せっち》。大坂城《おおさかじょう》に向けて砲撃《ほうげき》して、豊臣《とよとみ》方《がた》をおびえさせた。
ポイント!
大坂城《おおさかじょう》の南側《みなみがわ》に築《きず》いた出城《でじろ》・真田丸《さなだまる》で、激《はげ》しく交戦《こうせん》。真田軍《さなだぐん》が奮闘《ふんとう》し、徳川軍《とくがわぐん》に大きな被害《ひがい》をあたえた。

のは、幸村《ゆきむら》だった。大坂城《おおさかじょう》の南側《みなみがわ》に真田丸《さなだまる》という出城《でじろ》（出丸《でまる》）をつくり、戦《たたか》いの拠点《きょてん》とする。真田丸《さなだまる》は約《やく》180メートル四方で、塀《へい》と柵《さく》をめぐらして、急ごしらえながら櫓《やぐら》も建《た》てられていた。

開戦《かいせん》すると、真田丸《さなだまる》めがけて井《い》伊《い》直孝《なおたか》、前田利常《まえだとしつね》、藤堂高虎《とうどうたかとら》 P.199 など徳川方《とくがわがた》の武将《ぶしょう》が猛攻撃《もうこうげき》をかけてきた。これを読んでいた幸村《ゆきむら》は、すでに対策《たいさく》を練《ね》っていた。攻《せ》めてくる兵《へい》をあざむき突進《とっしん》させたところを、横から鉄砲《てっぽう》で攻撃《こうげき》したのだ。真田丸《さなだまる》の戦《たたか》いで、徳川方《とくがわがた》に大量《たいりょう》の死者がでたという。

大砲《たいほう》におびえ豊臣方《とよとみがた》、降伏《こうふく》

しかし、いくら幸村《ゆきむら》が奮闘《ふんとう》しても、徳川軍《とくがわぐん》は20万人の大軍《たいぐん》で大坂《おおさか》城《じょう》を包囲《ほうい》している。さらに、戦《たたか》う前から意見が対立して、豊臣方《とよとみがた》の足なみはそろってない。

次第に劣勢《れっせい》になる豊臣方《とよとみがた》。家康《いえやす》は大坂城《おおさかじょう》に向けて大砲《たいほう》を撃《う》ちこんだ。すると、城内《じょうない》にいた淀殿《よどどの》たちはすっかりおびえてしまい、家康《いえやす》側《がわ》が提案《ていあん》する和解案《わかいあん》をのんだのである。こうして、大坂冬《おおさかふゆ》の陣《じん》は幕《まく》を閉《と》じた。

大坂冬《おおさかふゆ》の陣《じん》ハイライト

徳川家《とくがわけ》と豊臣家《とよとみけ》の関係《かんけい》が一触即発状態《いっしょくそくはつじょうたい》のなか、
幸村《ゆきむら》は徳川《とくがわ》の攻撃《こうげき》に備《そな》えて「真田丸《さなだまる》」を築《きず》き戦《いくさ》に備《そな》えた。
トン
カン
家康《いえやす》は兵《へい》をあげ
大坂城《おおさかじょう》を20万の兵《へい》で包囲《ほうい》。
しかし「真田丸《さなだまる》」により強化された大坂城《おおさかじょう》の守りは固《かた》く
撃《う》てー
大打撃《だいだげき》を受《う》けた徳川軍《とくがわぐん》は…
大砲《たいほう》を撃《う》ち揺《ゆ》さぶりをかけ…
ひいいいいい
豊臣家《とよとみけ》に和議《わぎ》を受け入れさせた。

1615年

大坂夏の陣《おおさかなつのじん》

徳川家康本陣《とくがわいえやすほんじん》
幸村軍《ゆきむらぐん》の攻撃《こうげき》に、一時後退《こうたい》させられる。

合戦場所《かっせんばしょ》

大坂城《おおさかじょう》
（現在《げんざい》の大阪府《おおさかふ》大阪市《おおさかし》）

丸裸同然《まるはだかどうぜん》の大坂城《おおさかじょう》で徳川家《とくがわけ》と戦《たたか》う

大坂冬《おおさかふゆ》の陣《じん》P.234で、豊臣秀頼《とよとみひでより》P.210は徳川家康《とくがわいえやす》P.182の和解案《わかいあん》を受け入れた。その条件《じょうけん》のひとつに、大坂城《おおさかじょう》の堀《ほり》を埋《う》め立《た》てるというものがあった。堀《ほり》がなければ、城《しろ》は丸裸同然《まるはだかどうぜん》。城《しろ》の防御性《ぼうぎょせい》は、格段《かくだん》に低《ひく》くなる。大坂城《おおさかじょう》は敵《てき》から身を守ることはできない城《しろ》になってしまった。

1615年、秀頼側《ひでよりがわ》が兵《へい》を集め、堀《ほり》も再建《さいけん》していると知った家康《いえやす》は再《ふたた》び戦《たたか》いを挑《いど》んだ。とはいえ大坂《おおさか》城《じょう》はまだ堀《ほり》がないので城《しろ》の外で戦《たたか》

真田幸村軍《さなだゆきむらぐん》
全員が幸村《ゆきむら》と同じく赤一色の装束《しょうぞく》で揃《そろ》え、「真田《さなだ》の赤備《あかぞな》え」と呼《よ》ばれた。
真田幸村《さなだゆきひら》
家康《いえやす》の本陣《ほんじん》めがけて突進《とっしん》。

う作戦《さくせん》に出るしかない。指揮《しき》をとる大野治長《おおのはるなが》P.223は、真田幸村《さなだゆきむら》P.216、後藤又兵衛《ごとうまたべえ》P.222と相談し、徳川側《とくがわがわ》が攻《せ》めてくるであろう大坂城《おおさかじょう》の南側《みなみがわ》に兵力《へいりょく》を集め、迎《むか》え撃《う》つ作戦《さくせん》に出た。しかし、堀《ほり》のない大坂城《おおさかじょう》は簡単《かんたん》に攻《せ》められてしまう。

又兵衛《またべえ》は伊達政宗《だてまさむね》P.140勢《ぜい》と戦《たたか》い戦死《せんし》。幸村《ゆきむら》も徳川軍本隊《とくがわぐんほんたい》と戦《たたか》って討死《うちじに》する。秀頼《ひでより》と母《はは》・淀殿《よどどの》P.101も治長《はるなが》とともに大坂城《おおさかじょう》で自害《じがい》。豊臣氏《とよとみし》はここに滅亡《めつぼう》した。

勝

徳川家康

戦力《せんりょく》
約《やく》15万人

今度こそ豊臣家《とよとみけ》を滅亡《めつぼう》に追いこんでやる！

VS

次は負けない！豊臣家《とよとみけ》の天下を再《ふたた》び…。

豊臣秀頼《とよとみひでより》

戦力《せんりょく》
約《やく》5万人

負

戦国《せんごく》“キーワード”辞典《じてん》

この本で使われている、意味がわかりづらい言葉を50音順《おんじゅん》で紹介《しょうかい》！
また、刀や作戦《さくせん》、城《しろ》についての用語も徹底解説《てっていかいせつ》する。

【家督《かとく》】

家の長《おさ》（リーダー）のこと。基本的《きほんてき》には家長の長男が代だい受《う》け継《つ》いだが、主君の命令《めいれい》や下剋《げこく》上《じょう》によって、弟が継《つ》いだり、他家の養子《ようし》が継《つ》ぐこともあった。

【管領《かんれい》】

「役職《やくしょく》」のこと。

→関東管領《かんとうかんれい》

室町幕府《むろまちばくふ》が、関東《かんとう》の政治《せいじ》をとりまとめるために、鎌倉《かまくら》（神奈川県《かながわけん》）においた役職《やくしょく》。

→幕府管領《ばくふかんれい》

室町幕府《むろまちばくふ》において、将軍《しょうぐん》に次いで2番目の権威《けんい》をもった役職《やくしょく》。室町幕府将軍《むろまちばくふしょうぐん》・足利氏《あしかがし》の一門である斯波氏《しばし》、細川氏《ほそかわし》、畠山氏《はたけやまし》の3つの家が交代で就任《しゅうにん》した。

【ききん】

農作物が実らず、食べものが足りなくなって、民《たみ》が苦しむこと。疫病《えきびょう》と同じく、「神罰《しんばつ》」などととらえられていた。

【キリシタン大名《だいみょう》】

イエス・キリストを救《すく》い主《ぬし》とする「キリスト教」を信仰《しんこう》した大名のこと。豊臣秀吉《とよとみひでよし》、徳川家康《とくがわいえやす》らはキリスト教を禁止《きんし》し、キリシタン大名を厳《きび》しく取《と》り締《し》まった。

【具足《ぐそく》】

具足《ぐそく》は「十分に備《そな》わっている」という意味で、それが転じて甲冑《かっちゅう》や鎧《よろい》のことを指す。

【軍配《ぐんばい》】

武将《ぶしょう》が、戦《いくさ》を指揮《しき》するときに使う、うちわ形の道具のこと。「軍配《ぐんばい》うちわ」の略《りゃく》。

【足軽《あしがる》】

兵士《へいし》のなかで、もっとも下級の歩兵《ほへい》。基本的《きほんてき》には武士《ぶし》ではなく、大部分が戦《いくさ》のときに臨時《りんじ》に召《しょう》集《しゅう》された農民《のうみん》だった。

【安堵《あんど》】

戦国《せんごく》時代においては、大名などが、武将《ぶしょう》などに「土地をおさめてもよい」と認《みと》めること。

→本領安堵《ほんりょうあんど》

忠誠《ちゅうせい》を誓《ちか》った武将《ぶしょう》に、本来おさめていた土地を今後も所有してよいと保証《ほしょう》すること。

【一揆《いっき》】

戦国《せんごく》時代においては、様ざまな理由によって結《けっ》託《たく》した者たちが、幕府《ばくふ》や領主《りょうしゅ》などに対して、一《いっ》致《ち》団結《だんけつ》して起こす暴動《ぼうどう》のこと。

【隠居《いんきょ》】

生きているうちに家督《かとく》を後継者《こうけいしゃ》にゆずり、第一線から退《しりぞ》くこと。

【討死《うちじに》】

戦《いくさ》で、敵《てき》に討《う》たれて死ぬこと。戦死《せんし》と同じ意味で使われる。

【疫病《えきびょう》】

集団《しゅうだん》でかかる、はやり病《やまい》のこと。昔ははやり病《やまい》が、神が人間にくだした「神罰《しんばつ》」などととらえられた。

【改易《かいえき》】

現在《げんざい》の立場から外され、新しい職《しょく》に変更《へんこう》になること。また、領地《りょうち》をすべて没収《ぼっしゅう》されること。

“刀剣《とうけん》”について

武士《ぶし》の“魂《たましい》”といえる刀剣《とうけん》。日本刀の各部分《かくぶぶん》の名《めい》
称《しょう》をおぼえよう！

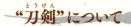

【拵《こしらえ》】
刀身《とうしん》を入れる外装《がいそう》のこと。「刀装《とうそう》」と呼《よ》ぶことも。

【刀身《とうしん》】

拵《こしらえ》以外《いがい》の、刀の“本体”を指す。


【鞘《さや》】

刀身《とうしん》をおさめる外側《そとがわ》のおおいのこと。一般的《いっぱんてき》には、「刃《は》」部分をおさめるところ。


【刃文《じんもん》】

刀身《とうしん》に表れる、刃《は》の模様《もよう》。


【銘《めい》】

基本的《きほんてき》には、刀の作者が自分の名前を彫《ほ》ったもの。


【柄《つか》】

刀の、持つ部分。

へし切長谷部《きりはせべ》／
所蔵《しょぞう》：福岡市博物館《ふくおかしはくぶつかん》

【出家《しゅっけ》】

家を出て、仏道《ぶつどう》の修行《しゅぎょう》をすること。大名の妻《つま》は、夫《おっと》が死ぬと出家《しゅっけ》することが多かった。


【上洛《じょうらく》】

京都《きょうと》の朝廷《ちょうてい》のもとへ行くこと。戦国武将《せんごくぶしょう》が上洛《じょうらく》を目指したのは、朝廷《ちょうてい》から職《しょく》を賜《たまわ》り、「天下をおさめてよい」という確約《かくやく》をもらうためだった。


【正室《せいしつ》】

戦国《せんごく》時代においては、武将《ぶしょう》の正式な妻《つま》のこと。基本的《きほんてき》に、正室《せいしつ》は武将《ぶしょう》ごとにひとりだけであった。この時代、基本的《きほんてき》には「実家優先《ゆうせん》」で、女性《じょせい》は嫁《とつ》ぎ先の動向を知らせる役割《やくわり》をもっていた。

→側室《そくしつ》
後継者《こうけいしゃ》をもうけるためにおかれた、正室以外《せいしついがい》の「愛人《あいじん》」のこと。当時、側室《そくしつ》をもつほうが一般《いっぱん》的《てき》で、正室《せいしつ》のみという武将《ぶしょう》はめずらしかった。


【下剋上《げこくじょう》】

下位《かい》の者（臣下《しんか》や弟）が、上位《じょうい》の者（大名や兄）に打ち勝つこと。さらに、上位《じょうい》の者の地位《ちい》をうばうこと。


【石高《こくだか》】

土地における、米の生産性《せいさんせい》を表す単位《たんい》で、１石《こく》は、人ひとりが１年に食べる米の量《りょう》。石高《こくだか》は、大名が養《やしな》える兵士《へいし》の数も表している。


【小姓《こしょう》】

身分の高い人に仕《つか》え、雑用《ざつよう》や護衛《ごえい》の任《にん》についた少年のこと。


【五大老《ごたいろう》】

豊臣政権《とよとみせいけん》の末期《まっき》において、豊臣家《とよとみけ》の政治《せいじ》を主だって担当《たんとう》した5人の大大名のこと。徳川家康《とくがわいえやす》、前田利家《まえだとしいえ》、宇喜多秀家《うきたひでいえ》、上杉景勝《うえすぎかげかつ》、毛利輝元《もうりてるもと》の5名を指す。小早川隆景《こばやかわたかかげ》も大老《たいろう》であったが、「五大老《ごたいろう》」の名がつく前に亡《な》くなったため、ここには属《ぞく》さない。

→五奉行《ごぶぎょう》
豊臣政権《とよとみせいけん》の実務《じつむ》を担《にな》った、5人の武将《ぶしょう》。五《ご》大老《たいろう》と異《こと》なり、秀吉側近《ひでよしそっきん》の家臣《かしん》が名を連《つら》ねる。石田三成《いしだみつなり》、増田長盛《ましたながもり》、長束正家《なつかまさいえ》、浅野《あさの》長政《ながまさ》、前田玄以《まえだげんい》の5名を指す。


【小者《こもの》】

武将《ぶしょう》の身の回りの世話や、雑用《ざつよう》をするための者のこと

【守護《しゅご》】

戦国《せんごく》時代においては、室町幕府《むろまちばくふ》によって国ごとにおかれた役職《やくしょく》。軍事《ぐんじ》、行政《ぎょうせい》の指揮官《しきかん》。

→守護代《しゅごだい》
守護《しゅご》の下におかれた、守護《しゅご》が留守《るす》にしている間などに、代理で政治《せいじ》を行う役職《やくしょく》のこと。

【大将《たいしょう》】

全軍《ぜんぐん》を指揮《しき》する将《しょう》のこと。総大将《そうだいしょう》ともいう。戦《せん》国《ごく》時代の戦《いくさ》においては、大将《たいしょう》を討《う》つと、ほかの兵《へい》が残《のこ》っていても負けとなった。


【大名《だいみょう》】

本書では、戦国《せんごく》大名を指す。国のトップとして、軍事《ぐんじ》や政治《せいじ》を取りしきる役割《やくわり》のこと。

→武将《ぶしょう》
兵《へい》を率《ひき》いる将《しょう》のこと。大名を含《ふく》めて武将《ぶしょう》と呼《よ》ぶことも、大名をのぞいた配下の家臣《かしん》たちを武将《ぶしょう》と呼《よ》ぶこともある。


【蟄居《ちっきょ》】

罰則《ばっそく》のひとつで、自宅《じたく》の一室に閉《と》じこめられ、外出などの様ざまな活動を禁止《きんし》されること。


【嫡男《ちゃくなん》】

一般的《いっぱんてき》には、正室が生んだ男の子のうち、一番年長の子。基本的《きほんてき》には、跡継《あとつ》ぎになった。


【茶人《ちゃじん》】

茶の湯に通じた人のこと。茶を好《この》む人を指すこともある。


【中央政権《ちゅうおうせいけん》】

行政《ぎょうせい》や政治《せいじ》を、あるひとつの組織《そしき》がルールをとり決めて行うこと。たとえば、天下を統一《とういつ》した豊《とよ》臣政権《とみせいけん》に、日本の政治《せいじ》や軍事《ぐんじ》のすべての権限《けんげん》が集まっていたことなどを指す。


【転封《てんぽう》】

大名《だいみょう》がおさめる領地《りょうち》を、別《べつ》の場所に変《か》えること。


【東軍《とうぐん》】

関ケ原《せきがはら》の戦《たたか》いで争《あらそ》った2つの勢力《せいりょく》のうち、徳川《とくがわ》家康《いえやす》を総大将《そうだいしょう》とした軍《ぐん》。

→西軍《せいぐん》
関ケ原《せきがはら》の戦《たたか》いで、石田三成《いしだみつなり》らに味方した軍《ぐん》。正式な総大将《そうだいしょう》は、毛利輝元《もうりてるもと》である。

“城《しろ》”について

ひと言で“城《しろ》”といっても、実はいろいろな種類《しゅるい》がある。城《しろ》の種類《しゅるい》と設備《せつび》をくわしく見ていこう。

“城《しろ》”にまつわる用語

【山城《やまじろ》】

敵《てき》が攻《せ》めにくいように、山の上に築《きず》いた城《しろ》のこと。戦国《せんごく》時代において、もっともポピュラーな城《しろ》だ。主に軍事拠点《ぐんじきょてん》としての役《やく》割《わり》をもっていた。


【平城《ひらじろ》】

戦国《せんごく》時代後期になって増《ふ》えた、平地に築《きず》かれる城《しろ》のこと。敵《てき》の攻撃《こうげき》を防《ぼう》御《ぎょ》するための場所ではなく、政治《せいじ》や経済《けいざい》の拠点《きょてん》としての役割《やくわり》を担《にな》うために建《た》てられた。


【天守《てんしゅ》】

城《しろ》の象徴《しょうちょう》となる建物《たてもの》。「大名の住居《じゅうきょ》」というイメージがあるが、天守に住んだのは安土城《あづちじょう》の織田信長《おだのぶなが》のみで、多くは倉庫《そうこ》にしたり、客を招《まね》いたときに見せたりしたようだ。


【砦《とりで》】

本城《ほんじょう》とは別《べつ》の場所に築《きず》く、小さな城《しろ》のこと。敵《てき》の攻撃《こうげき》をしのぐためにつくられた。


【本丸《ほんまる》】

城《しろ》は“郭《くるわ》”と呼《よ》ばれるいくつかの防衛《ぼうえい》のための部屋のようなものから成《な》る。本丸《ほんまる》は、そのもっとも重《じゅう》要《よう》な場所で、通常《つうじょう》、城《しろ》の最深部《さいしんぶ》にあり、大将《たいしょう》がいることが多かった。


【外郭《がいかく》】

城《しろ》や城下町《じょうかまち》の周囲《しゅうい》をグルッと囲《かこ》む“かこい”のこと。とくに有名なのは、小《お》田原《だわら》攻《ぜ》めのときに北条氏《ほうじょうし》がつくったもので、全長9キロメートルもあったといわれる。


【堀《ほり》】

敵《てき》の侵入《しんにゅう》を防《ふせ》ぐために、城《しろ》のまわりに掘《ほ》った“みぞ”のこと。水が張《は》られているものを「水堀《みずぼり》」、張《は》られていないものを「空《から》堀《ぼり》」と呼《よ》ぶ。


【土塁《どるい》】

敵《てき》の侵入《しんにゅう》を防《ふせ》ぐために、城《しろ》のまわりに土を盛《も》ってつくった“壁《かべ》”のこと。堀《ほり》をつくったときに出た土を盛《も》ることが多かったようだ。

【兵糧《ひょうろう》】

戦《いくさ》の際《さい》の、兵《へい》の食料《しょくりょう》のこと。日本では、主食の「米」を指すことが多い。


【本陣《ほんじん》】

戦《いくさ》のとき、軍《ぐん》の大将《たいしょう》がいる場所のこと。


【謀反《むほん》】

臣下《しんか》の者が、主君に反逆《はんぎゃく》して兵《へい》を起こすこと。本能寺《ほんのうじ》の変《へん》で主君・織田信長《おだのぶなが》を討《う》った、明智光秀《あけちみつひで》が代表的《だいひょうてき》。


【擁《よう》する】

戦国《せんごく》時代においては、自分の勢力下《せいりょくか》に従《したが》えること。または、主人として立てること。


【和睦《わぼく》】

争《あらそ》いをやめて仲《なか》なおりすること。そのための条件《じょうけん》などを相談することを「和議《わぎ》」という。


【幕藩体制《ばくはんたいせい》】

幕府《ばくふ》と藩《はん》を基盤《きばん》にし、封建的支配《ほうけんてきしはい》を行った江戸《えど》時代の社会体制《たいせい》。


【幕府《ばくふ》】

鎌倉《かまくら》時代以降《いこう》の武家《ぶけ》社会で、日本の武家《ぶけ》の最高権力者《さいこうけんりょくしゃ》、またはその家のこと。

→江戸幕府《えどばくふ》
関ケ原《せきがはら》の戦《たたか》いで西軍《せいぐん》に勝利《しょうり》した徳川家康《とくがわいえやす》が、1603年に開いた政権《せいけん》。

→室町幕府《むろまちばくふ》
足利尊氏《あしかがたかうじ》が、1336年に開いた政権《せいけん》。15代にわたって続《つづ》いたが、織田信長《おだのぶなが》によって滅亡《めつぼう》に追いこまれた。


【藩《はん》】

江戸《えど》時代に、1万石以上《まんごくいじょう》の領地《りょうち》をもつ大名《だいみょう》が支配《しはい》した地域《ちいき》のこと。

“戦《いくさ》”について

戦《いくさ》には様ざまな種類《しゅるい》があるが、戦国《せんごく》時代はそのなかでも「野戦《やせん》」と「攻城戦《こうじょうせん》」の2種《しゅ》が行われることが多かった。

「野戦《やせん》」は、周囲《しゅうい》に城《しろ》などの建造物《けんぞうぶつ》がない場所で行う、陸上《りくじょう》での戦闘《せんとう》のこと。「攻城戦《こうじょうせん》」は、城《しろ》にこもった相手を攻撃《こうげき》する戦《いくさ》のことだ。ちなみに、攻撃《こうげき》をしかけてきた敵《てき》を城《しろ》にこもって迎《むか》え撃《う》つ戦《いくさ》を、「籠城戦《ろうじょうせん》」という。

さらに、戦《いくさ》では武将《ぶしょう》や軍師《ぐんし》によって、様ざまな「戦術《せんじゅつ》」が用いられた。そのなかで、代表的《だいひょうてき》なものをいくつか紹介《しょうかい》しよう。

戦国《せんごく》時代の有名な“戦術《せんじゅつ》”

【奇襲《きしゅう》】

敵《てき》が予想しないような方法《ほうほう》、タイミングで攻撃《こうげき》をしかけること。


【兵糧攻《ひょうろうぜ》め】

周囲《しゅうい》の米をすべて買いあげるなどの方法《ほうほう》で、敵《てき》の食料《しょくりょう》の補給《ほきゅう》を断《た》ち、兵糧不足《ひょうろうぶそく》に追いこんで飢《う》えさせる攻《せ》め方《かた》。主に攻城戦《こうじょうせん》で用いられる。「渇殺《かつえごろ》し」と呼《よ》ばれることも。


【水攻《みずぜ》め】

堤防《ていぼう》を築《きず》いて川の水を引きこむなどして、敵《てき》の城《しろ》や陣地《じんち》を水に沈《しず》める戦術《せんじゅつ》。敵《てき》の兵力《へいりょく》をそぐ、援軍《えんぐん》との連携《れんけい》を阻止《そし》する、兵糧《ひょうろう》の補給路《ほきゅうろ》を断《た》つなどの効果《こうか》がある。


【釣《つ》り野伏《のぶ》せ】

別働隊《べつどうたい》が敵《てき》にぶつかって退却《たいきゃく》をよそおい、追いかけてきたところを、茂《しげ》みにかくしておいた伏兵《ふくへい》が攻撃《こうげき》する戦術《せんじゅつ》。島津軍《しまづぐん》が用いた。


【啄木鳥戦法《きつつきせんぽう》】

敵《てき》の本陣《ほんじん》を、別働隊《べつどうたい》で背後《はいご》から攻《せ》め、出てきたところを本軍《ほんぐん》で一気に攻撃《こうげき》し、討《う》ちとる戦術《せんじゅつ》。武田軍《たけだぐん》が用いた。

戦国《せんごく》時代年表

戦国《せんごく》時代の主な事件《じけん》や合戦《かっせん》を紹介《しょうかい》。数かずの武将《ぶしょう》が勢力《せいりょく》をふるった戦国《せんごく》時代が丸わかり！

1467年
応仁《おうにん》・文明《ぶんめい》の乱《らん》 ⬇ 室町幕府《むろまちばくふ》の有力者・細川勝元《ほそかわかつもと》と山名宗全《やまなそうぜん》が衝突《しょうとつ》。泥沼化《どろぬまか》し、全国にもこの対立が広がっていく。戦国《せんごく》時代が幕《まく》を開ける

1495年
北条早雲《ほうじょうそううん》が小田原城《おだわらじょう》を攻《せ》める

1534年
織田信長《おだのぶなが》が生まれる

1537年
豊臣秀吉《とよとみひでよし》が生まれる

1542年
徳川家康《とくがわいえやす》が生まれる

1543年
日本に鉄砲《てっぽう》が伝来《でんらい》する

1546年
河越夜戦《かわごえやせん》 P.34 ⬇ 北条氏康《ほうじょううじやす》が両上杉氏《うえすぎし》を破《やぶ》る

1549年
三好長慶《みよしながよし》が将軍《しょうぐん》・足利義輝《あしかがよしてる》と細川晴元《ほそかわはるもと》を京都《きょうと》から追放

1551年
陶晴賢《すえはるかた》の謀反《むほん》により、大内義隆《おおうちよしたか》が自害《じがい》する

1552年
織田信長《おだのぶなが》が家督《かとく》を相続《そうぞく》する
斎藤道三《さいとうどうさん》が主君の土岐氏《ときし》を追放する
関東管領《かんとうかんれい》の上杉氏《うえすぎし》が上杉謙信《うえすぎけんしん》を頼《たよ》る

1553年
川中島《かわなかじま》の戦《たたか》い（第一次） ⬇ 武田信玄《たけだしんげん》と上杉謙信《うえすぎけんしん》が衝突《しょうとつ》。引き分けに終わる。以後《いご》、全部で5回にわたって川中島《かわなかじま》で戦《たたか》う

1554年
武田信玄《たけだしんげん》、北条氏康《ほうじょううじやす》、今川義元《いまがわよしもと》が同盟《どうめい》を結《むす》ぶ
豊臣秀吉《とよとみひでよし》が織田信長《おだのぶなが》に仕《つか》えるようになる

1555年
川中島《かわなかじま》の戦《たたか》い（第二次） ⬇ 武田信玄《たけだしんげん》と上杉謙信《うえすぎけんしん》が衝突《しょうとつ》。引き分けに終わる
厳島《いつくしま》の戦《たたか》い P.36 ⬇ 毛利元就《もうりもとなり》が陶晴賢《すえはるかた》を破《やぶ》る

1557年
川中島《かわなかじま》の戦《たたか》い（第三次） ⬇ 武田信玄《たけだしんげん》と上杉謙信《うえすぎけんしん》が衝突《しょうとつ》。引き分けに終わる
織田信長《おだのぶなが》が弟の信勝《のぶかつ》を殺害《さつがい》

1560年

桶狭間《おけはざま》の戦《たたか》い P.86 ➡ 織田信長《おだのぶなが》が今川義元《いまがわよしもと》を破《やぶ》る

1561年

上杉謙信《うえすぎけんしん》が関東管領《かんとうかんれい》になる

川中島《かわなかじま》の戦《たたか》い（第四次） P.40 ➡ 武田信玄《たけだしんげん》と上杉謙信《うえすぎけんしん》が衝突《しょうとつ》。引き分けに終わる

1562年

織田信長《おだのぶなが》と徳川家康《とくがわいえやす》が同盟《どうめい》を結《むす》ぶ

1564年

川中島《かわなかじま》の戦《たたか》い（第五次） ➡ 武田信玄《たけだしんげん》と上杉謙信《うえすぎけんしん》が衝突《しょうとつ》。引き分けに終わる

1566年

月山富田城《がっさんとだじょう》の戦《たたか》い P.44 ➡ 毛利元就《もうりもとなり》が尼子義久《あまごよしひさ》を破《やぶ》る

松永久秀《まつながひさひで》と三好三人衆《みよしさんにんしゅう》が将軍《しょうぐん》・足利義輝《あしかがよしてる》を殺《ころ》す

1568年

織田信長《おだのぶなが》が京都《きょうと》に入り、足利義昭《あしかがよしあき》を将軍《しょうぐん》に就任《しゅうにん》させる

1570年

姉川《あねがわ》の戦《たたか》い P.90 ➡ 織田《おだ》・徳川軍《とくがわぐん》が浅井《あざい》・朝倉軍《あさくらぐん》を破《やぶ》る

織田信長《おだのぶなが》が石山本願寺《いしやまほんがんじ》と対立

1571年

織田信長《おだのぶなが》が比叡山延暦寺《ひえいざんえんりゃくじ》を焼《や》き討《う》ちにする

1572年

三方ヶ原《みかたがはら》の戦《たたか》い ➡ 武田信玄《たけだしんげん》が徳川家康《とくがわいえやす》を破《やぶ》る

1573年

武田信玄《たけだしんげん》が病死《びょうし》する

織田信長《おだのぶなが》が足利義昭《あしかがよしあき》を京都《きょうと》から追放する

一乗谷城《いちじょうだにじょう》の戦《たたか》い ➡ 織田信長《おだのぶなが》が朝倉義景《あさくらよしかげ》を破《やぶ》る

小谷城《おだにじょう》の戦《たたか》い ➡ 織田信長《おだのぶなが》が浅井長政《あざいながまさ》を破《やぶ》る

1574年

織田信長《おだのぶなが》が伊勢長島《いせながしま》の一向一揆《いっこういっき》を倒《たお》す

1575年

長篠《ながしの》・設楽原《したらがはら》の戦《たたか》い P.94 ➡ 織田《おだ》・徳川軍《とくがわぐん》が武田勝頼《たけだかつより》を破《やぶ》る

織田信長《おだのぶなが》が越前《えちぜん》の一向一揆《いっこういっき》を倒《たお》す

1576年

織田信長《おだのぶなが》、安土城《あづちじょう》に移《うつ》る

木津川口《きづがわぐち》の戦《たたか》い（第一次） ➡ 毛利水軍《もうりすいぐん》が織田信長《おだのぶなが》を破《やぶ》る

1577年

織田信長《おだのぶなが》が安土城下《あづちじょうか》に楽市令《らくいちれい》をだし、自由な商業活動を認《みと》める

手取川《てどりがわ》の戦《たたか》い ➡ 上杉謙信《うえすぎけんしん》が織田軍《おだぐん》を破《やぶ》る

織田信長《おだのぶなが》が松永久秀《まつながひさひで》をほろぼす

1578年

上杉謙信《うえすぎけんしん》が病死《びょうし》する

1578年

御館《おたて》の乱《らん》 ⬇ 上杉景勝《うえすぎかげかつ》が上杉景虎《うえすぎかげとら》を破《やぶ》る

荒木村重《あらきむらしげ》が織田信長《おだのぶなが》に謀反《むほん》を起こす

木津川口《きづがわぐち》の戦《たたか》い（第二次） ⬇ 織田信長《おだのぶなが》が毛利水軍《もうりすいぐん》を破《やぶ》る

1579年

耳川《みみかわ》の戦《たたか》い ⬇ 島津軍《しまづぐん》が大友軍《おおともぐん》を破《やぶ》る

織田信長《おだのぶなが》の命令《めいれい》で、徳川家康《とくがわいえやす》が息子の信康《のぶやす》を切腹《せっぷく》させる

1580年

石山合戦《いしやまかっせん》 P.92 ⬇ 織田信長《おだのぶなが》が顕如《けんにょ》を破《やぶ》る

柴田勝家《しばたかついえ》が加賀《かが》の一向一揆《いっこういっき》を鎮圧《ちんあつ》する

1582年

天正遣欧少年使節《てんしょうけんおうしょうねんしせつ》がローマに向けて出発する

織田《おだ》・徳川軍《とくがわぐん》によって武田勝頼《たけだかつより》がほろぼされる

備中高松城《びっちゅうたかまつじょう》の戦《たたか》い P.166 ⬇ 豊臣秀吉《とよとみひでよし》が清水宗治《しみずむねはる》を破《やぶ》る

本能寺《ほんのうじ》の変《へん》 P.98 ⬇ 明智光秀《あけちみつひで》が織田信長《おだのぶなが》を破《やぶ》る

豊臣秀吉《とよとみひでよし》、織田信長《おだのぶなが》死去の報《しら》せを聞いて、備中高松《びっちゅうたかまつ》城攻《じょうぜ》めから手を引き、京都《きょうと》へ向かう

山崎《やまざき》の戦《たたか》い ⬇ 豊臣秀吉《とよとみひでよし》が明智光秀《あけちみつひで》を破《やぶ》る

織田信長《おだのぶなが》の後継者《こうけいしゃ》を決めるため、清洲会議《きよすかいぎ》が開かれる

1583年

賤ヶ岳《しずがたけ》の戦《たたか》い P.168 ⬇ 豊臣秀吉《とよとみひでよし》が柴田勝家《しばたかついえ》を破《やぶ》る

豊臣秀吉《とよとみひでよし》、大坂城《おおさかじょう》を築城《ちくじょう》する

1584年

沖田畷《おきたなわて》の戦《たたか》い ⬇ 島津軍《しまづぐん》が龍造寺軍《りゅうぞうじぐん》を破《やぶ》る

小牧《こまき》・長久手《ながくて》の戦《たたか》い P.172 ⬇ 徳川家康《とくがわいえやす》が豊臣秀吉《とよとみひでよし》を破《やぶ》る

1585年

長宗我部元親《ちょうそかべもとちか》が四国統一《しこくとういつ》に迫《せま》る

豊臣秀吉《とよとみひでよし》が関白《かんぱく》に就任《しゅうにん》する

四国攻《しこくぜ》め ⬇ 豊臣軍《とよとみぐん》が長宗我部元親《ちょうそかべもとちか》を破《やぶ》る

第一次上田合戦《だいいちじうえだかっせん》 P.224 ⬇ 真田軍《さなだぐん》が徳川軍《とくがわぐん》を破《やぶ》る

1586年

徳川家康《とくがわいえやす》が豊臣秀吉《とよとみひでよし》に降伏《こうふく》

豊臣秀吉《とよとみひでよし》が太政大臣《だいじょうだいじん》になる

1587年

九州攻《きゅうしゅうぜ》め ⬇ 豊臣軍《とよとみぐん》が島津軍《しまづぐん》を破《やぶ》る

豊臣秀吉《とよとみひでよし》がキリスト教を禁止《きんし》する

1588年

豊臣秀吉《とよとみひでよし》、刀狩《かたなが》り令《れい》をだす

1589年

摺上原《すりあげはら》の戦《たたか》い ⬇ 伊達政宗《だてまさむね》が蘆名軍《あしなぐん》を破《やぶ》る

1590年

小田原《おだわら》攻《ぜ》め P.174 ➡ 豊臣秀吉《とよとみひでよし》が北条軍《ほうじょうぐん》を破《やぶ》る

伊達政宗《だてまさむね》が豊臣秀吉《とよとみひでよし》に降伏《こうふく》

徳川家康《とくがわいえやす》が江戸《えど》に移《うつ》る

1591年

千利休《せんのりきゅう》が切腹《せっぷく》する

豊臣秀吉《とよとみひでよし》が検地《けんち》を行う

豊臣秀吉《とよとみひでよし》が関白職《かんぱくしょく》を甥《おい》の秀次《ひでつぐ》にゆずる

1592年

文禄《ぶんろく》の役《えき》 P.178 ➡ 豊臣秀吉《とよとみひでよし》が朝鮮《ちょうせん》に出兵《しゅっぺい》。引き分けに終わる

1593年

豊臣秀頼《とよとみひでより》が生まれる

1595年

豊臣秀次《とよとみひでつぐ》が謀反《むほん》をうたがわれ自害《じがい》する

1597年

慶長《けいちょう》の役《えき》 P.178 ➡ 豊臣秀吉《とよとみひでよし》が朝鮮《ちょうせん》に出兵《しゅっぺい》。2年後、秀吉《ひでよし》の死により終結《しゅうけつ》

1598年

五大老《ごたいろう》・五奉行《ごぶぎょう》を設置《せっち》する

豊臣秀吉《とよとみひでよし》が病死《びょうし》する

1599年

前田利家《まえだとしいえ》が病死《びょうし》する

1600年

徳川家康《とくがわいえやす》が上杉氏《うえすぎし》に謀反《むほん》のうたがいをかけ、会津攻《あいづぜ》めを行う

石田三成《いしだみつなり》が挙兵《きょへい》して打倒家康《だとういえやす》を目指す

第二次上田合戦《だいにじうえだかっせん》 P.228 ➡ 真田軍《さなだぐん》が徳川軍《とくがわぐん》を破《やぶ》る

関ケ原《せきがはら》の戦《たたか》い P.230 ➡ 徳川家康《とくがわいえやす》が石田三成《いしだみつなり》を破《やぶ》る

1603年

徳川家康《とくがわいえやす》が江戸幕府《えどばくふ》を開く

1605年

徳川家康《とくがわいえやす》が征夷大将軍《せいいたいしょうぐん》の座《ざ》を息子・徳川秀忠《とくがわひでただ》にゆずる

1607年

徳川家康《とくがわいえやす》が江戸城《えどじょう》から駿府城《すんぷじょう》に移《うつ》り、隠居《いんきょ》する

1612年

江戸幕府《えどばくふ》がキリスト教を禁止《きんし》する

1614年

大坂冬《おおさかふゆ》の陣《じん》 P.234 ➡ 徳川軍《とくがわぐん》が豊臣軍《とよとみぐん》を破《やぶ》る

1615年

大坂夏《おおさかなつ》の陣《じん》 P.238 ➡ 徳川軍《とくがわぐん》が豊臣軍《とよとみぐん》を破《やぶ》る。豊臣家《とよとみけ》はほろびる

江戸幕府《えどばくふ》、武家諸法度《ぶけしょはっと》を制定《せいてい》する

1616年

徳川家康《とくがわいえやす》が病死《びょうし》する

武将《ぶしょう》“生没年《せいぼつねん》”

1573年
室町幕府《むろまちばくふ》が滅亡《めつぼう》

意外に長生きな武将《ぶしょう》から、若《わか》くして散《ち》った武将《ぶしょう》まで、
本書に登場する主要《しゅよう》な武将《ぶしょう》の生没年《せいぼつねん》を一挙紹介《いっきょしょうかい》!

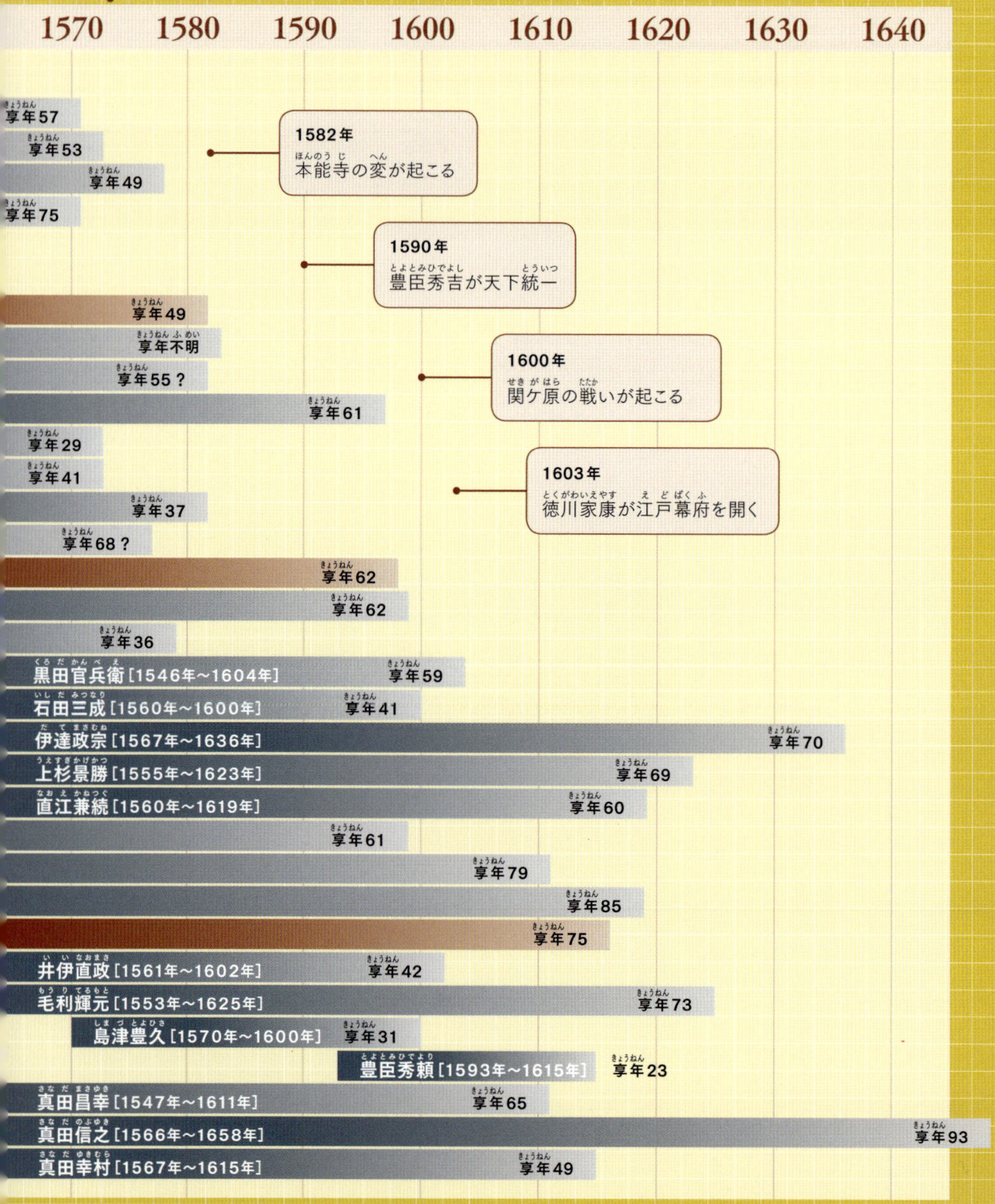

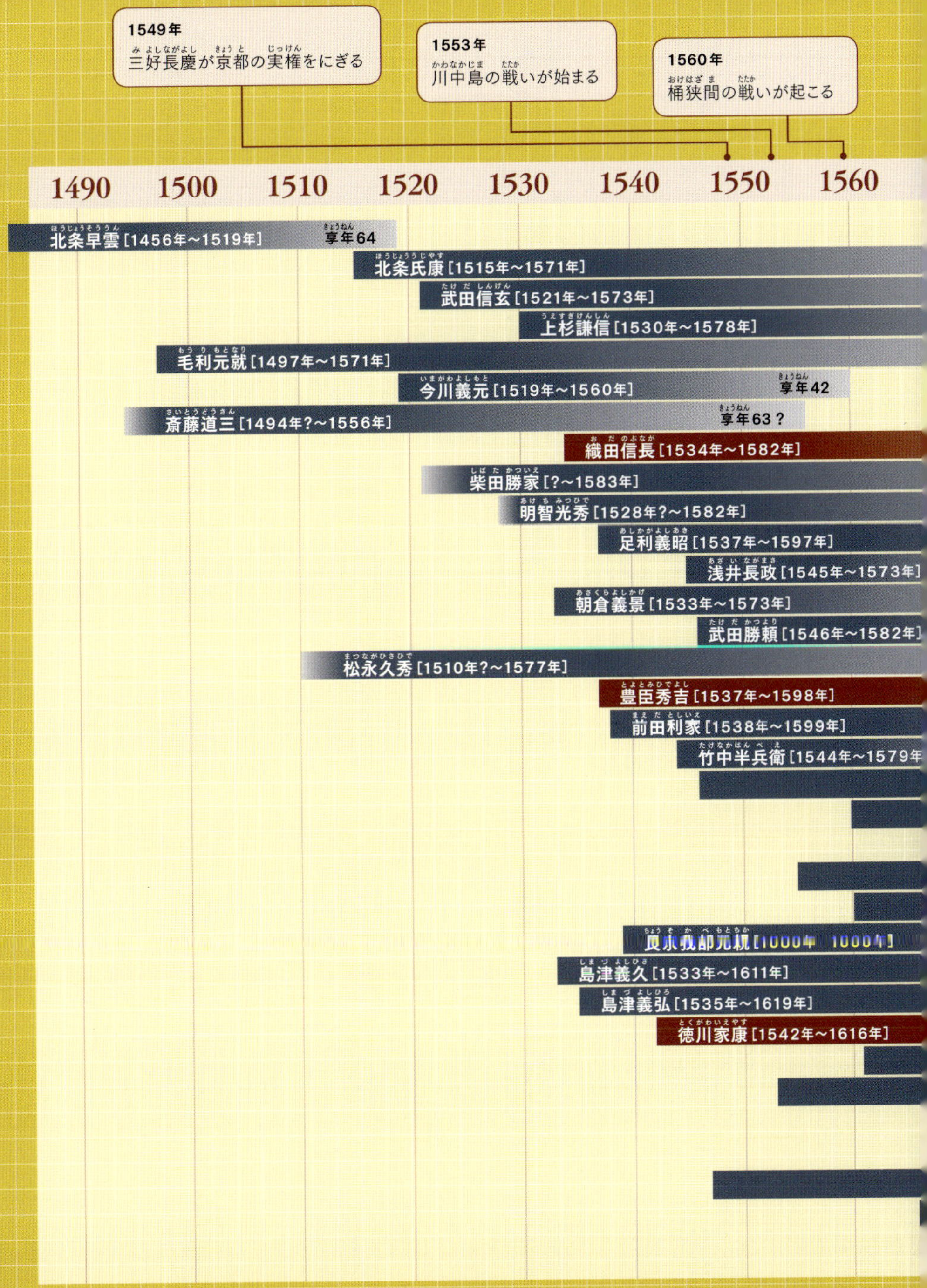

1549年
三好長慶《みよしながよし》が京都《きょうと》の実権《じっけん》をにぎる
1553年
川中島《かわなかじま》の戦《たたか》いが始まる
1560年
桶狭間《おけはざま》の戦《たたか》いが起こる
1490
1500
1510
1520
1530
1540
1550
1560
北条早雲《ほうじょうそううん》[1456年~1519年]
享年《きょうねん》64
北条氏康《ほうじょううじやす》[1515年~1571年]
武田信玄《たけだしんげん》[1521年~1573年]
上杉謙信《うえすぎけんしん》[1530年~1578年]
毛利元就《もうりもとなり》[1497年~1571年]
今川義元《いまがわよしもと》[1519年~1560年]
享年《きょうねん》42
斎藤道三《さいとうどうさん》[1494年?~1556年]
享年《きょうねん》63？
織田信長《おだのぶなが》[1534年~1582年]
柴田勝家《しばたかついえ》[?~1583年]
明智光秀《あけちみつひで》[1528年?~1582年]
足利義昭《あしかがよしあき》[1537年~1597年]
浅井長政《あざいながまさ》[1545年~1573年]
朝倉義景《あさくらよしかげ》[1533年~1573年]
武田勝頼《たけだかつより》[1546年~1582年]
松永久秀《まつながひさひで》[1510年?~1577年]
豊臣秀吉《とよとみひでよし》[1537年~1598年]
前田利家《まえだとしいえ》[1538年~1599年]
竹中半兵衛《たけなかはんべえ》[1544年~1579年
長宗我部元親《ちょうそかべもとちか》
島津義久《しまづよしひさ》[1533年~1611年]
島津義弘《しまづよしひろ》[1535年~1619年]
徳川家康《とくがわいえやす》[1542年~1616年]

戦国《せんごく》時代の"国"マップ

戦国《せんごく》時代は、今のような「都道府県《とどうふけん》」ではなく、
"国"で領地《りょうち》が分けられていた。
戦国《せんごく》時代の"国"の名前を、
今の地図と比較《ひかく》して見てみよう。

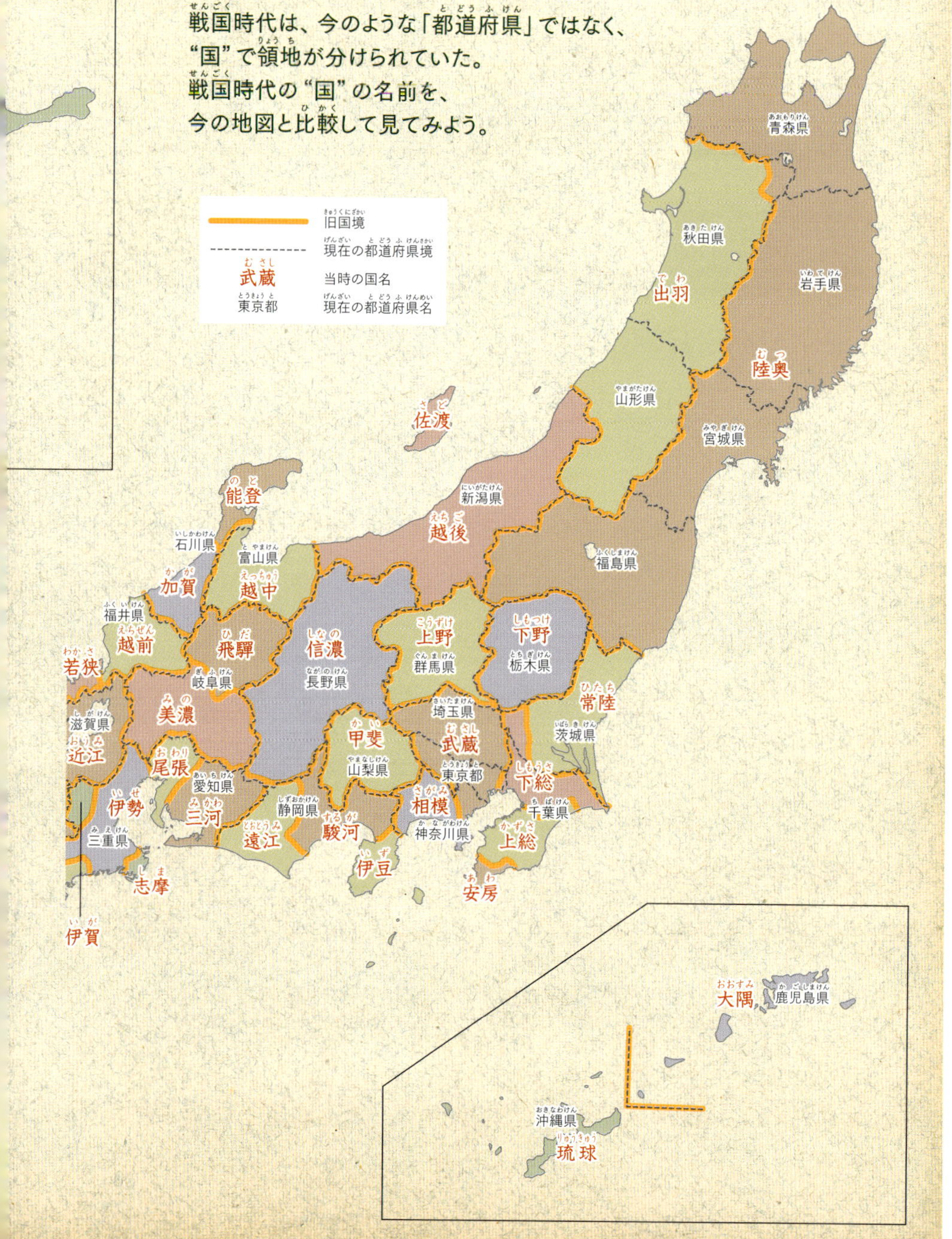

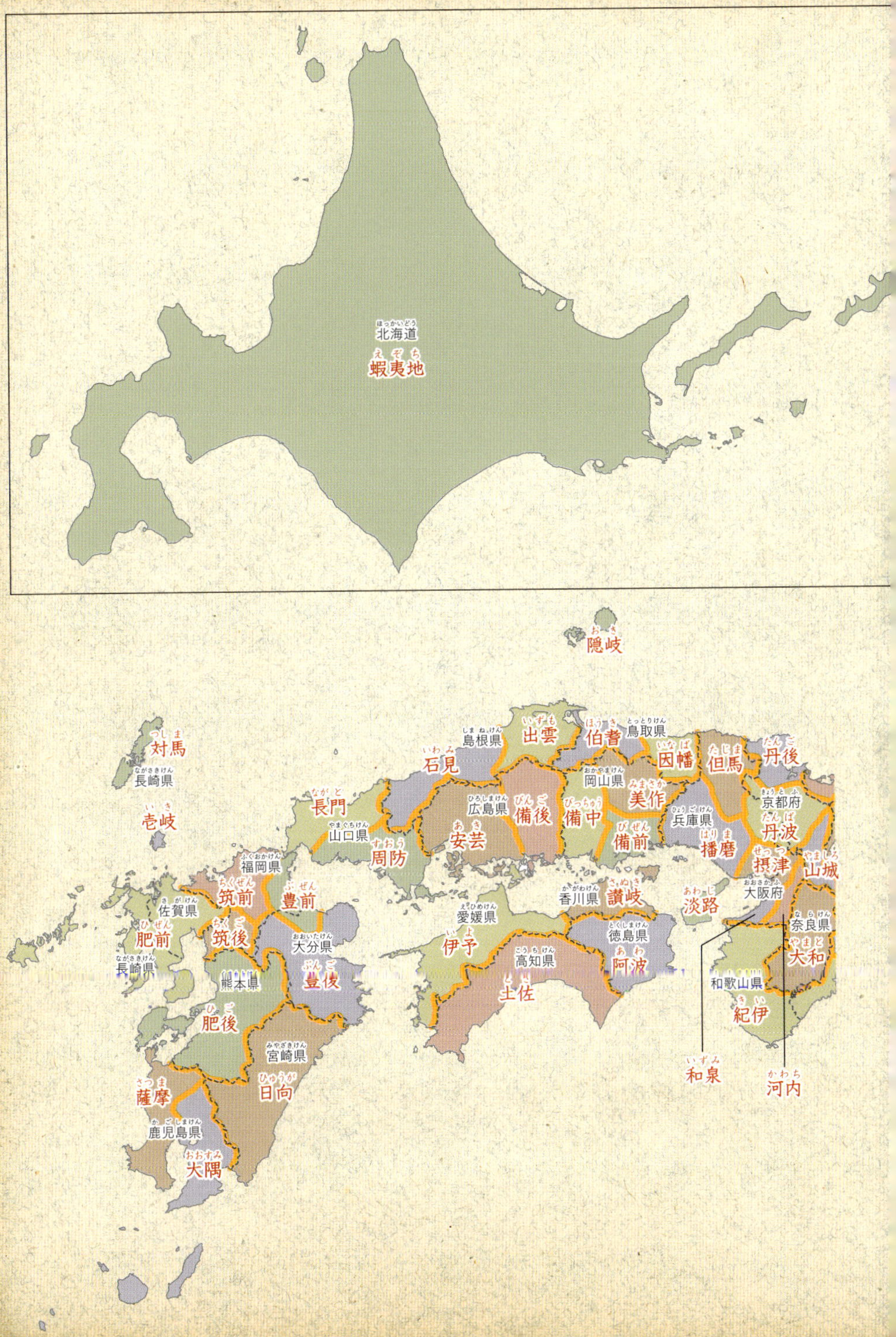

北海道《ほっかいどう》
蝦夷地《えぞち》
隠岐《おき》
対馬《つしま》
長崎県《ながさきけん》
壱岐《いき》
島根県《しまねけん》
出雲《いずも》
伯耆《ほうき》
鳥取県《とっとりけん》
石見《いわみ》
因幡《いなば》
但馬《たじま》
丹後《たんご》
長門《ながと》
岡山県《おかやまけん》
美作《みまさか》
広島県《ひろしまけん》
備後《びんご》
備中《びっちゅう》
京都府《きょうとふ》
山口県《やまぐちけん》
安芸《あき》
兵庫県《ひょうごけん》
丹波《たんば》
周防《すおう》
備前《びぜん》
播磨《はりま》
摂津《せっつ》
山城《やましろ》
福岡県《ふくおかけん》
筑前《ちくぜん》
豊前《ぶぜん》
香川県《かがわけん》
讃岐《さぬき》
淡路《あわじ》
大阪府《おおさかふ》
佐賀県《さがけん》
愛媛県《えひめけん》
肥前《ひぜん》
筑後《ちくご》
奈良県《ならけん》
大分県《おおいたけん》
伊予《いよ》
徳島県《とくしまけん》
大和《やまと》
長崎県《ながさきけん》
高知県《こうちけん》
阿波《あわ》
熊本県
豊後《ぶんご》
和歌山県
土佐《とさ》
肥後《ひご》
紀伊《きい》
宮崎県《みやざきけん》
和泉《いずみ》
河内《かわち》
日向《ひゅうが》
薩摩《さつま》
鹿児島県《かごしまけん》
大隅《おおすみ》

豊臣秀長　とよとみひでなが……112
豊臣秀吉　とよとみひでよし……104、166、168、172、174、178
豊臣秀頼　とよとみひでより……210、234、238
鳥居元忠　とりいもとただ……189、224

な

直江兼続　なおえかねつぐ……154
長束正家　なつかまさいえ……110
鍋島直茂　なべしまなおしげ……82
南光坊天海　なんこうぼうてんかい……201
南部信直　なんぶのぶなお……139
丹羽長秀　にわながひで……64
根津甚八　ねづじんぱち……221
濃姫　のうひめ……55

は

羽柴秀勝　はしばひでかつ……113
蜂須賀正勝　はちすかまさかつ……136
服部正成　はっとりまさなり……189
平手政秀　ひらてまさひで……54
熙子　ひろこ……63
福島正則　ふくしままさのり……132、200、230
北条氏政　ほうじょううじまさ……146、174
北条氏康　ほうじょううじやす……12、34
北条幻庵　ほうじょうげんあん……15
北条早雲　ほうじょうそううん……10
北条綱成　ほうじょうつなしげ……15、34
細川忠興　ほそかわただおき……135、137、230
細川藤孝　ほそかわふじたか……69
堀尾吉晴　ほりおよしはる……111
本多忠勝　ほんだただかつ……193、230
本多正信　ほんだまさのぶ……189

ま

前田慶次　まえだけいじ……118
前田利家　まえだとしいえ……114、168
まつ……101
松平忠輝　まつだいらただてる……188
松平忠直　まつだいらただなお……191
松平忠吉　まつだいらただよし……188、230
松平信康　まつだいらのぶやす……188、192
松田憲秀　まつだのりひで……15
松永久秀　まつながひさひで……84
三好伊三入道　みよしいさにゅうどう……220
三好三人衆　みよしさんにんしゅう……83
三好清海入道　みよしせいかいにゅうどう……220
三好長慶　みよしながよし……83
毛利輝元　もうりてるもと……174、202、230
毛利元就　もうりもとなり……24、36、44
最上義光　もがみよしあき……138
望月六郎　もちづきろくろう……221
森 可成　もり よしなり……66
森 蘭丸　もり らんまる……66

や

山内一豊　やまうちかずとよ……119
山県昌景　やまがたまさかげ……19
山本勘助　やまもとかんすけ……19
結城秀康　ゆうきひでやす……191
由利鎌之助　ゆりかまのすけ……220
淀殿（茶々）　よどどの（ちゃちゃ）……101、211、234、238

ら

龍造寺隆信　りゅうぞうじたかのぶ……82
六角義賢　ろっかくよしかた……76

黒田官兵衛　くろだかんべえ……122、166
黒田長政　くろだながまさ……123、200、230
顕如　けんにょ……77、92
高坂昌信　こうさかまさのぶ……19
香宗我部親泰　こうそかべちかやす……159
後藤又兵衛　ごとうまたべえ……222
小西行長　こにしゆきなが……134、178、230
小早川隆景　こばやかわたかかげ……36、148
小早川秀秋　こばやかわひであき……206、230
金地院崇伝　こんちいんすうでん……201

さ

雑賀孫一　さいかまごいち……110
斎藤道三　さいとうどうさん……32
斎藤利三　さいとうとしみつ……63
斎藤義龍　さいとうよしたつ……76
酒井忠久　さかいただつぐ……192
榊原康政　さかきばらやすまさ……196
佐久間信盛　さくまのぶもり……54
佐竹義重　さたけよししげ……145
佐竹義宣　さたけよしのぶ……145
佐々成政　さっさなりまさ……68
真田信之　さなだのぶゆき……214、224
真田昌幸　さなだまさゆき……79、212、224、228
真田幸村　さなだゆきむら……216、228、234、238
猿飛佐助　さるとびさすけ……220
三法師　さんぼうし……57
柴田勝家　しばたかついえ……58、168
島 左近　しま さこん……131、230
島津豊久　しまづとよひさ……208
島津義久　しまづよしひさ……160
島津義弘　しまづよしひろ……162、230
清水宗治　しみずむねはる……147、166
尚寧　しょうねい……165
陶 晴賢　すえ はるかた……29、36
仙石秀久　せんごくひでひさ……111
千利休　せんのりきゅう……137
十河存保　そごうながやす……159

た

大道寺盛昌　だいどうじもりまさ……15
高橋紹運　たかはしじょううん……81
高山右近　たかやまうこん……65、137
滝川一益　たきがわかずます……64
武田勝頼　たけだかつより……17、78、94
武田信玄　たけだしんげん……16、40
武田信繁　たけだのぶしげ……19
竹中半兵衛　たけなかはんべえ……120
立花道雪　たちばなどうせつ……81
立花宗茂　たちばなむねしげ……164
伊達政宗　だてまさむね……140
谷 忠澄　たに ただずみ……159
千代　ちよ……101
長宗我部信親　ちょうそかべのぶちか……157、207
長宗我部元親　ちょうそかべもとちか……156、174
長宗我部盛親　ちょうそかべもりちか……207
津軽為信　つがるためのぶ……139
築山殿　つきやまどの……188
天正遣欧少年使節　てんしょうけんおうしょうねんしせつ……65
藤堂高虎　とうどうたかとら……199
徳川家康　とくがわいえやす……90、94、172、182、224、230、234、238
徳川秀忠　とくがわひでただ……190、228
豊臣秀次　とよとみひでつぐ……112

人物さくいん

あ

明智秀満　あけちひでみつ …… 63
明智光秀　あけちみつひで …… 33、60、98
明智光慶　あけちみつよし …… 63
浅井長政　あざいながまさ …… 72、90
朝倉義景　あさくらよしかげ …… 74、90
足利義昭　あしかがよしあき …… 70
蘆名盛氏　あしなもりうじ …… 138
穴山小助　あなやまこすけ …… 220
尼子経久　あまごつねひさ …… 28
尼子晴久　あまごはるひさ …… 28
荒木村重　あらきむらしげ …… 68、137
安国寺恵瓊　あんこくじえけい …… 205
井伊直虎　いいなおとら …… 102
井伊直政　いいなおまさ …… 194、230
池田恒興　いけだつねおき …… 55、172
池田輝政　いけだてるまさ …… 135
石川数正　いしかわかずまさ …… 189
石田三成　いしだみつなり …… 126、130、230
一定兼定　いちじょうかねさだ …… 159
稲葉一鉄　いなばいってつ …… 54
今川義元　いまがわよしもと …… 30、86
岩村殿　いわむらどの …… 55
上杉景勝　うえすぎかげかつ …… 150
上杉謙信　うえすぎけんしん …… 20、40
宇喜多秀家　うきたひでいえ …… 136、178、230
海野六郎　うんのろくろう …… 221
お市の方　おいちのかた …… 100
大内義隆　おおうちよしたか …… 29
大久保忠世　おおくぼただよ …… 197
大久保彦左衛門　おおくぼひこざえもん …… 198
太田牛一　おおたぎゅういち …… 55
大谷吉継　おおたによしつぐ …… 130、230
大友宗麟　おおともそうりん …… 80
大野治長　おおのはるなが …… 223
大政所　おおまんどころ …… 111
奥平貞昌　おくだいらさだまさ …… 189
織田信雄　おだのぶかつ …… 56、172
織田信孝　おだのぶたか …… 57
織田信忠　おだのぶただ …… 56
織田信長　おだのぶなが …… 33、48、73、86、90、92、94、98
織田秀信　おだひでのぶ …… 57

か

甲斐姫　かいひめ …… 102
筧 十蔵　かけい じゅうぞう …… 221
片桐且元　かたぎりかつもと …… 111
片倉小十郎　かたくらこじゅうろう …… 144
加藤清正　かとうきよまさ …… 133
加藤嘉明　かとうよしあき …… 110、230
金森長近　かなもりながちか …… 54、230
蒲生氏郷　がもううじさと …… 69、137
ガラシャ（玉）　ガラシャ（たま） …… 102
河尻秀隆　かわじりひでたか …… 54
北政所（おね）　きたのまんどころ …… 100
吉川広家　きっかわひろいえ …… 204
吉川元春　きっかわもとはる …… 149
京極高次　きょうごくたかつぐ …… 134
霧隠才蔵　きりがくれさいぞう …… 221
九鬼嘉隆　くきよしたか …… 67

イラストレーター紹介《しょうかい》

添田《そえだ》一平《いっぺい》

北条氏康、武田信玄、今川義元、織田信長、明智光秀、浅井長政、武田勝頼、大友宗麟、前田利家、黒田官兵衛、加藤清正、千利休、片倉小十郎、小早川隆景、上杉景勝、長宗我部元親、島津義弘、立花宗茂、尚寧、徳川家康、本多忠勝、井伊直政、大久保彦左衛門、黒田長政、吉川広家、豊臣秀頼、真田昌幸、真田幸村、後藤又兵衛

ヤマザキミコ

北条早雲、上杉謙信、毛利元就、斎藤道三、柴田勝家、足利義昭、朝倉義景、顕如、松永久秀、豊臣秀吉、山内一豊、竹中半兵衛、石田三成、大谷吉継、島左近、福島正則、伊達政宗、北条氏政、清水宗治、吉川元春、直江兼続、島津義久、徳川秀忠、酒井忠次、榊原康政、大久保忠世、藤堂高虎、毛利輝元、安国寺恵瓊、小早川秀秋、島津豊久、真田信之、大野治長

げんまい

「知っ得エピソード」カットイラスト、「フォーカス！」カットイラスト、「合戦ハイライト」4コマまんが

もくり

お市の方、北政所（おね）、淀殿（茶々）、まつ、千代、ガラシャ（玉）、井伊直虎、甲斐姫

写真資料出典《しりょうしゅってん》

14　小田原城／小田原市役所
15　北条幻庵の屋敷跡／小田原市役所
18　孫子の旗／雲峰寺　提供：甲州市教育委員会
19　武田二十四将図／山梨県立博物館
22　馬上杯／上杉神社
23　謙信景光／埼玉県立歴史と民俗の博物館
27　色々威腹巻／毛利博物館
46　鬼丸国綱／宮内庁
46　日本号／福岡市博物館（撮影・要史康）
51　岐阜城の信長像／岐阜市役所
53　へし切長谷部／福岡市博物館（撮影・要史康）
54　金森長近像／高山市観光協会
55　織田信長公銅像と濃姫像／清須市役所
62　坂本城跡／大津市歴史博物館
63　瓢軍談五十四場 三十八 右馬之助馬をもつて湖水を渡す／国立国会図書館
65　天正遣欧使節の肖像画／京都大学附属図書館
67　九鬼大隅守船柵之図／大阪城天守閣
109　一期一振藤四郎／宮内庁
110　加藤嘉明の肖像／松山観光コンベンション協会
111　松江城／松江観光協会
116　金沢城／金沢市役所
117　朱塗台雲龍金蒔絵鞘 大小／尾山神社
118　素懸紫糸威朱五枚胴具足／（財）宮坂考古館
124　中津城／奥平家歴史資料館
125　日光一文字／福岡市博物館（撮影・要史康）
128　三成の兜（復元）／関ケ原町歴史民俗資料館
129　日向正宗／三井記念美術館
142　山形文様陣羽織／仙台市博物館
143　黒漆五枚胴具足／仙台市博物館
152　上杉早虎（輝虎）書状／新潟県立歴史博物館
153　姫鶴一文字／米沢市上杉博物館
159　安芸城跡／安芸市立歴史民俗資料館
180　忍者装束／伊賀流忍者博物館
180　包位磁石／伊賀流忍者博物館
180　鉄びし／伊賀流忍者博物館
180　手裏剣／伊賀流忍者博物館
185　駿府城の家康像／駿府城公園観光文化施設管理運営共同事業体
187　ソハヤノツルギ／久能山東照宮
188　二俣城跡／浜松観光コンベンションビューロー
188　築山殿の肖像／西来院
189　松本城／松本市
218　三光神社（真田丸跡地）／三光神社
219　薙刀（伝・真田幸村所用）／越葵文庫　提供：福井市立郷土歴史博物館
220　猿飛佐助像／観音寺
221　真田父子上田籠城図／上田市立博物館蔵

監修

小和田哲男

1944年、静岡県生まれ。早稲田大学大学院文学研究科博士課程修了。現在、静岡大学名誉教授、文学博士。専門は日本中世史、とくに戦国時代史。著書に『戦国の合戦』『戦国の城』『戦国の群像』（学研新書）、『名軍師ありて、名将あり』（NHK出版）、『黒田官兵衛 智謀の戦国軍師』（平凡社新書）などがある。NHK大河ドラマ『秀吉』『功名が辻』『天地人』『江〜姫たちの戦国〜』『軍師官兵衛』『おんな城主 直虎』の時代考証を担当。

Staff

イラスト ――― 添田一平、ヤマザキミコ、げんまい、もくり

デザイン・DTP ― 北路社（梅里珠美）

DTP ――― 有限会社ゼスト（長谷川慎一）

CG製作 ――― 成瀬京司

地図製作 ――― ジェオ

校正 ――― 株式会社鷗来堂

執筆協力 ――― 加唐亜紀

編集協力 ――― 株式会社スリーシーズン（朽木 彩、永渕美加子、松本ひな子、鈴木由紀子、若月友里奈）

超図解！ 戦国武将事典

2018年5月12日 発行

監修者 小和田哲男
発行者 佐藤龍夫
発行 株式会社大泉書店
〒162-0805 東京都新宿区矢来町27
電話 03-3260-4001（代表）
FAX 03-3260-4074
振替 00140-7-1742
URL http://www.oizumishoten.co.jp/
印刷 ラン印刷社
製本 明光社

ISBN978-4-278-08520-4 C8076 R36

参考文献

『ビジュアル 戦国1000人』
小和田哲男監修／世界文化社

『ビジュアル 日本史ヒロイン1000人』
安西篤子・小和田哲男・河合敦編著／世界文化社

『新・歴史群像シリーズ1 関ヶ原の戦い』

『新・歴史群像シリーズ3 信長・秀吉・家康』

『新・歴史群像シリーズ5 闘神 武田信玄』

『新・歴史群像シリーズ10 真田三代』

『新・歴史群像シリーズ16 上杉謙信』

『新・歴史群像シリーズ19 伊達政宗』
／すべて学研

『戦国時代用語辞典』
外川淳編著／学研

『織田信長軍団100人の武将』
谷口克広・岡田正人監修／新人物文庫

『ビジュアル百科 日本史1200人 1冊でまるわかり！』
入澤宣幸著／西東社

『戦国武将ものしり事典』
奈良本辰也監修／主婦と生活社

『刀剣目録』
小和田泰経／新紀元社

『大判ビジュアル図解 大迫力！ 写真と絵でわかる日本の合戦』
加唐亜紀著／西東社

『決定版 知れば知るほど面白い！ 家紋と名字』
網元光悦／西東社

『イラスト図解 忍者』
川上仁一監修／日東書院